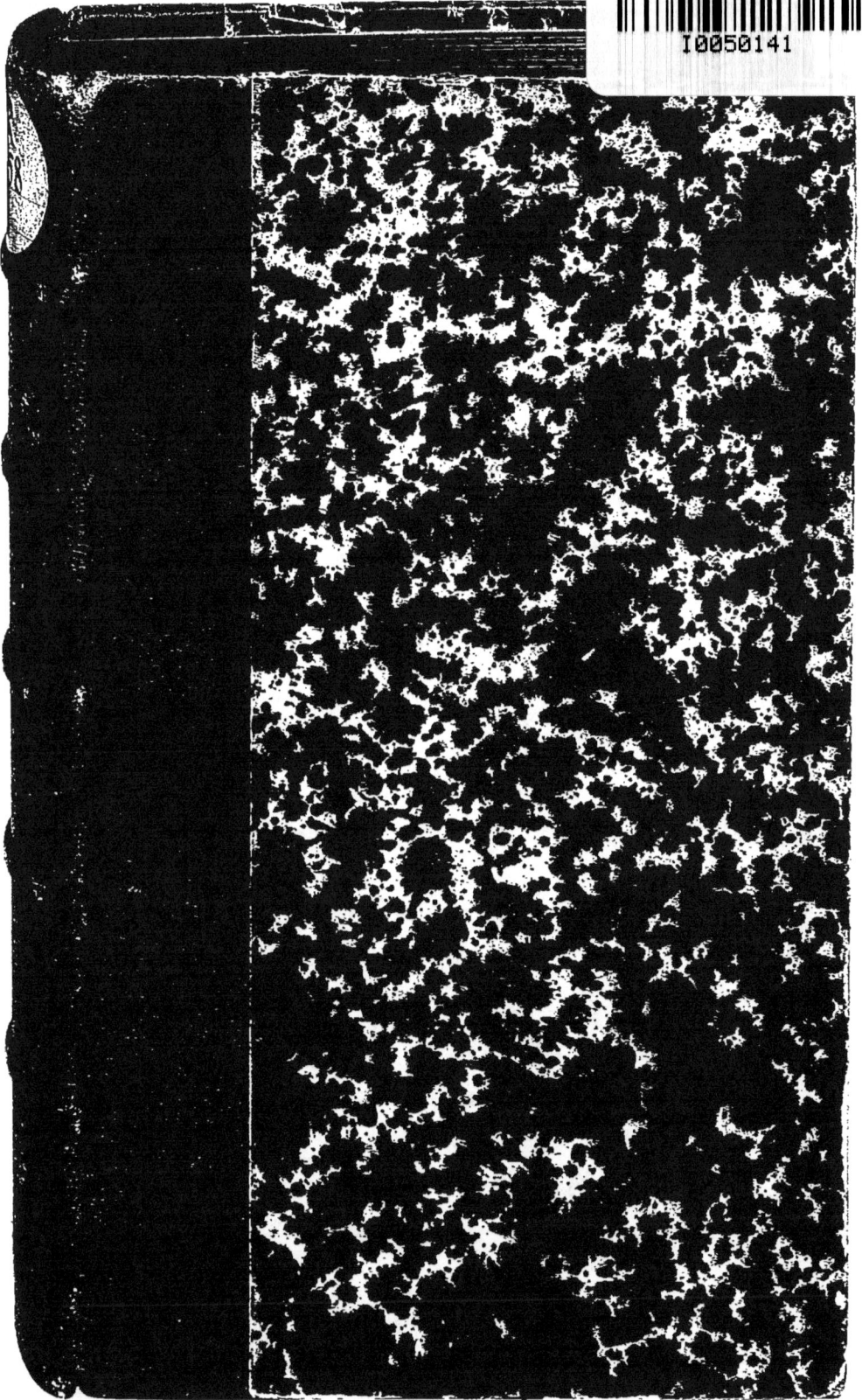

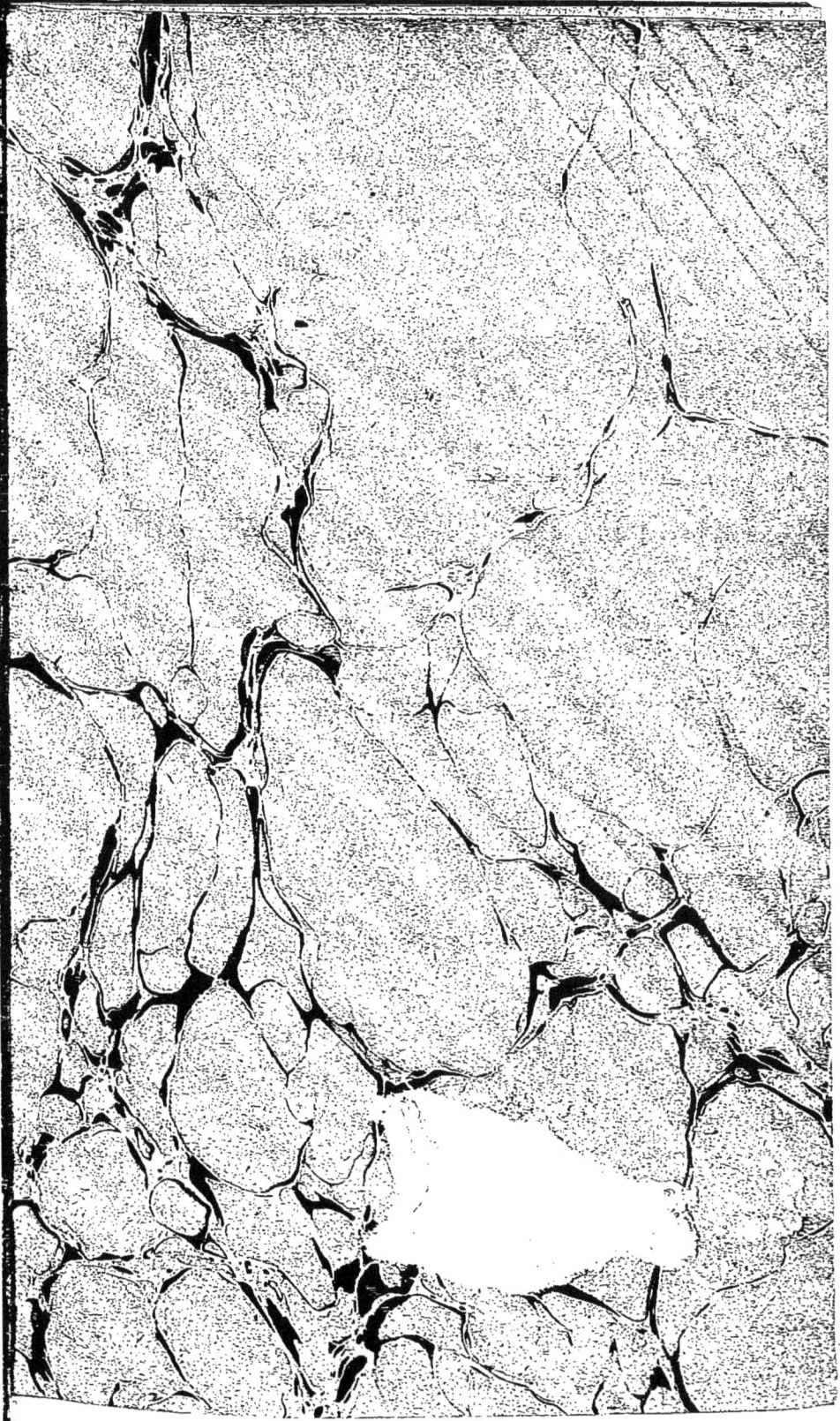

THÉORIE ET HISTOIRE

DES

CONVERSIONS DE RENTES

NANTES. — IMPRIMERIE DE H. DELLINGER ET FILS, RUE SANTEUIL, 8

THÉORIE ET HISTOIRE

DES

CONVERSIONS DE RENTES

suivies d'une étude

SUR

LA CONVERSION DU 5 % FRANÇAIS

PAR

H. LABEYRIE

Tout pour les contribuables.
(Garnier-Pagès ainé).

PARIS

GUILLAUMIN ET Cie, ÉDITEURS

de la Collection des principaux Économistes, du Journal des Économistes,
du Dictionnaire de l'Économie politique,
du Dictionnaire universel du Commerce et de la Navigation. etc.

RUE RICHELIEU, 14

—

1878

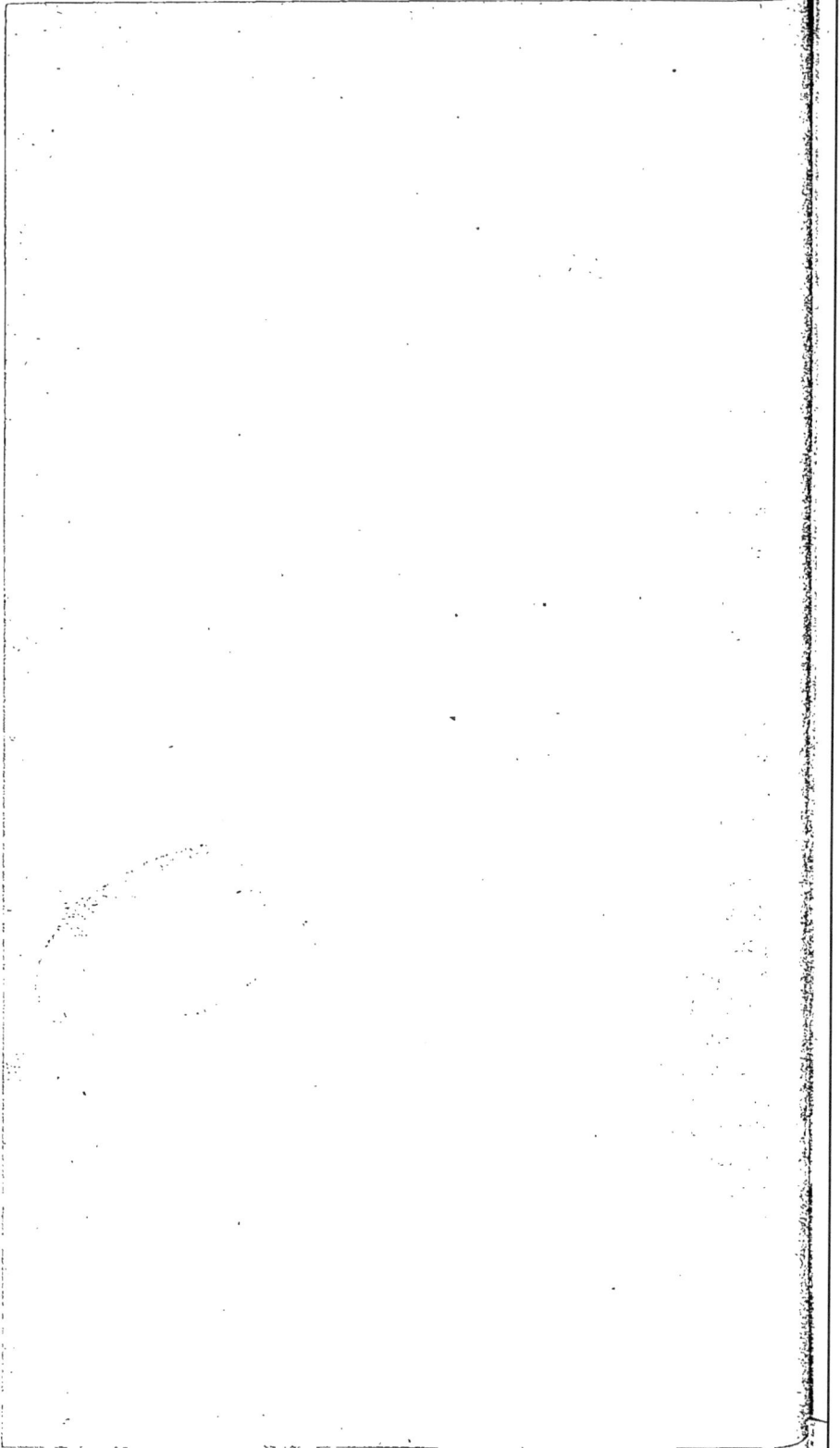

AVANT-PROPOS

Il n'a été publié, jusqu'à ce jour, aucun travail d'ensemble sur les Conversions des dettes publiques, et cependant la question de la Conversion est constamment débattue depuis que le nouveau 5 % français a dépassé le cours de 100 fr. Les nombreux inté- ressés qui voudraient connaître les principes, les effets, les divers systèmes, l'histoire des Conversions, n'ont à leur disposi- tion aucun ouvrage spécial.

En 1822, il a bien paru, sous le nom de M. Laffitte, une bro- chure *sur la réduction de la rente;* mais les théories émises par le célèbre banquier sont répudiées par tous les écrivains finan- ciers. Les autres opuscules qui ont été publiés en grand nombre sous la Restauration et la Monarchie de Juillet, se préoccupent surtout de la légalité et de l'opportunité de l'exercice du droit de remboursement; on y chercherait en vain des renseignements intéressants. Sur l'histoire des Conversions, les documents sont encore plus rares que sur la théorie. On ne pourrait que s'a- dresser à un chapitre du savant *Traité de la Science des Finances,* de M. Leroy-Beaulieu; mais le remarquable écrivain financier ne pouvait s'étendre sur les conséquences des opérations réalisées, et il passe complétement sous silence les propositions faites, de 1824 à 1846, dans les deux Chambres, et les discussions qui les ont suivies.

Il existait donc une lacune regrettable dans la bibliographie financière. L'ouvrage qui est soumis au public sous le titre de *Théorie et Histoire des Conversions de rentes,* comblera cette lacune, et, quelque insuffisant qu'il soit, il aura une incontestable utilité pour toutes les personnes qui s'occupent de Finances. — Il est divisé en quatre Livres qui étaient indiqués par le sujet.

Il était nécessaire de poser d'abord quelques principes généraux sur la constitution des dettes publiques, sur la nécessité de les réduire, et sur les divers modes d'amortissement. C'est l'objet du premier Livre.

Le second Livre traite de la théorie des Conversions ; il met en lumière les mérites et les vices des divers systèmes proposés pour permettre à l'État de profiter de l'amélioration de son crédit.

Dans le troisième Livre, on trouvera l'histoire des Conversions réalisées à l'étranger et dans notre pays, une appréciation de leurs résultats financiers et économiques, et un résumé de toutes les instructives discussions qui ont eu lieu devant le Parlement français. Ces débats semblent oubliés; on doit le déplorer. S'ils étaient mieux connus, bien des théories fausses, bien des procédés détestables rentreraient dans l'ombre ; bien des hésitations cesseraient. On lira surtout avec intérêt l'analyse des discours prononcés par un orateur éloquent et un grand citoyen, Garnier-Pagès aîné, qui, dès 1840, a fait triompher le système des Conversions en rentes au pair.

Le quatrième Livre, enfin, rappelle l'origine du 5 % français, et il donne, sur l'élévation des cours de la nouvelle rente, sur l'opportunité de la Conversion, sur les voies et moyens de l'opération, et sur ses conséquences financières et politiques, des renseignements curieux.

Les préfaces les plus courtes sont les meilleures; l'auteur le sait, et cependant il ajoutera encore quelques mots indispensables. Il réclamera d'abord la bienveillance toute particulière du lecteur ; il croit y avoir quelques titres. En écrivant ce livre, il n'a suivi que les inspirations de sa conscience. Quand on parle de la Conversion, on oublie presque toujours les contribuables, qui pourtant paient les intérêts de la dette, et dont la voix devrait être écoutée, aussi bien que celle des capitalistes et des rentiers. Par ses modestes fonctions, l'auteur est en contact continuel avec les contribuables; il entend leurs doléances, il voit leurs souffrances. Il a tenté de se constituer leur avocat : s'il peut, pour sa faible part, aider au triomphe de leurs droits trop oubliés, il se déclarera satisfait.

Le but poursuivi n'est pas le seul motif à invoquer en faveur de l'indulgence. Cet ouvrage a dû être composé en province, où il est impossible de se procurer les comptes des Finances, les Budgets, les livres spéciaux, les collections de journaux et de revues qu'il était indispensable de consulter, où les conseils, la discussion qui éclaire font autant défaut que les documents. Tous les hommes de travail comprendront les difficultés qu'il a fallu vaincre pour réunir les matériaux nécessaires à une histoire à peu près complète des Conversions. — Le lecteur voudra bien remarquer, en outre, que ce livre a dû être écrit avec une grande rapidité; il était nécessaire de lui conserver un certain caractère d'actualité.

En terminant cet avant-propos, l'auteur désire exprimer toute sa profonde gratitude pour les encouragements qu'il a reçus d'un chef aimé et respecté, et il adresse ses meilleurs remerciements à M. Morin, bibliothécaire de la ville de Nantes, économiste aussi savant que modeste, chez lequel il a trouvé une complaisance inépuisable, et dont les sages avis lui ont été bien précieux.

H. L.

Nantes, 22 septembre 1878.

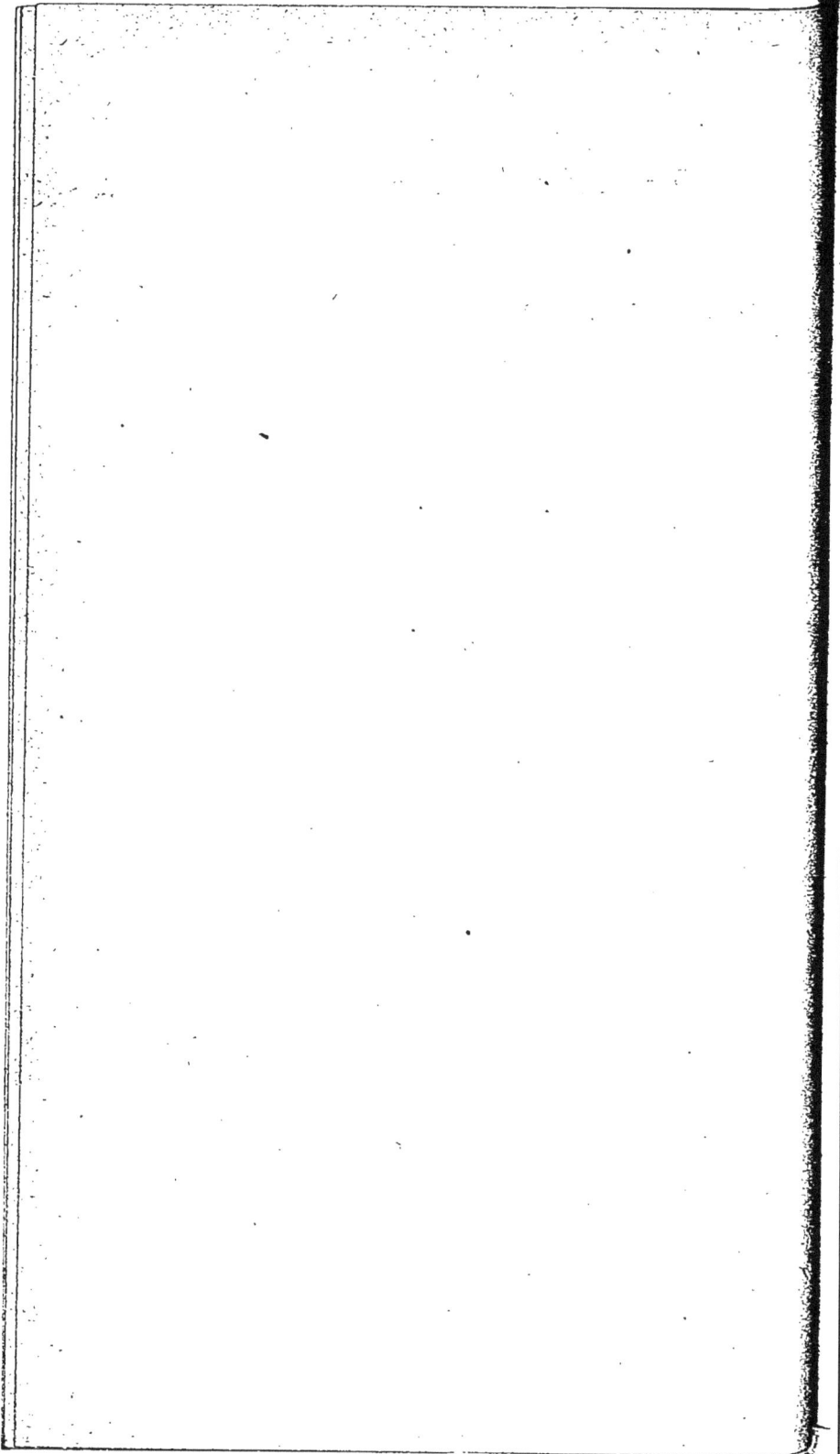

THÉORIE ET HISTOIRE

CONVERSIONS DE RENTES

LIVRE PREMIER

NOTIONS GÉNÉRALES SUR LES DETTES PUBLIQUES ET L'AMORTISSEMENT

CHAPITRE Ier

Constitution de la dette des États.

§ 1er — *Origine de la dette.*

Comme l'a dit Proudhon, l'impôt n'est ni un tribut, ni une redevance, ni un loyer, ni un honoraire, ni une offrande, ni une assurance. L'impôt est un échange : services contre services, selon la formule de Bastiat. Dans une démocratie bien organisée, l'État doit rendre ses services au prix qu'ils lui coûtent, c'est-à-dire au prix de revient, et ces services doivent toujours être d'une utilité positive. Chaque citoyen paie sa quote-part des dépenses qu'exigent ces services, passés, présents ou futurs, rendus par l'État à la communauté, c'est-à-dire, à la nation :

cette quote-part appelée impôt ou contribution ne peut être prise que sur le produit brut annuel du pays. (1)

Mais il se présente des circonstances où ce produit annuel est insuffisant pour acquitter les services que l'État a la mission de rendre à la nation : une guerre, des travaux publics urgents exigent des dépenses telles que si chaque citoyen devait immédiatement payer la part qui lui incombe, la majorité serait dans l'obligation d'entamer son capital. Tous les membres de la communauté n'ont pas un capital disponible, facilement aliénable ; beaucoup n'ont comme ressources que leur travail ou leur industrie ; ceux même qui ont des valeurs facilement négociables, les vendraient à perte dans le moment où l'impôt est insuffisant pour couvrir les charges annuelles. Les citoyens pourraient, il est vrai, pour payer la contribution extraordinaire nécessitée par la guerre ou les travaux publics, s'adresser à l'emprunt ; mais ils ne le feraient qu'à des conditions désastreuses ; dans les campagnes, dans les petites villes, l'argent ne serait prêté qu'à des taux usuraires.

L'État au contraire trouvera sans aucun doute les sommes indispensables à des conditions plus avantageuses ; dans les pays bien administrés, son crédit est supérieur à celui de l'immense majorité des contribuables. Il est donc naturel que l'État se mette au lieu et place de chaque citoyen et cherche lui-même des prêteurs : chaque membre de la communauté paiera ensuite sa quote-part de l'intérêt des capitaux ainsi empruntés pour lui. On peut dire que la dette publique devrait être composée uniquement des sommes que l'impôt ne peut trouver dans le produit annuel

(1) Nous ne parlons pas de la remarquable formule de M. Ménier, sa définition : « l'impôt représente la mise en œuvre et les frais généraux d'exploitation de capital national, » est plus financière qu'économique et exigerait un commentaire pour être comprise de lecteurs peu initiés à ces questions. Malgré certaines critiques, la définition de Proudhon nous paraît avoir le mérite de bien régler les droits et les devoirs des citoyens et de l'État.

du pays, et qui pourtant sont rendues indispensables par des faits fortuits.

Malheureusement, il n'en est pas toujours ainsi. L'État peut être mal administré; les dépenses sont souvent trop élevées parce que les services demandés à l'État sont trop nombreux, ou bien parce qu'ils coûtent trop cher. Les recettes peuvent être, de leur côté, trop faibles parce que les impôts sont trop modérés, ou qu'une crise passagère s'oppose à leur rentrée: il n'y a pas alors équilibre entre les recettes et les dépenses. Si cet état de choses continue pendant une longue série d'années, il y aura impossibilité de demander aux contribuables de combler ce déficit accumulé, et il faudra de nouveau recourir à l'emprunt.

L'intérêt bien entendu de la grande majorité des citoyens exige donc quelquefois que l'État, au lieu de s'adresser à l'impôt, cherche des prêteurs qui consentent à lui fournir les sommes qui lui sont nécessaires. Dans tout emprunt contracté par une nation, se trouvent en présence trois parties: les contribuables qui auront à payer les intérêts, les capitalistes qui avancent leurs capitaux, l'État qui sert d'intermédiaire et de caution. Quels sont les rapports de l'État, être moral, personne civile, représentant l'ensemble des citoyens et répondant pour tous, avec les capitalistes? En d'autres termes, l'utilité, la nécessité de l'emprunt étant admises dans quel cas et comment l'État fera-t-il appel aux capitaux, au crédit?

Qui dit crédit, dit terme: le crédit est le terme accordé à une des parties contractantes. *Do ut des;* mais je donne de suite, tu me rendras dans six mois, dans un an: tu me paieras tant pour loyer et prime d'assurance. Cette opération si simple se complique dans la pratique par l'arrivée de nombreux intermédiaires, banquiers, escompteurs, etc., mais elle n'est pas modifiée. Dans le commerce un délai d'usage est ordinairement accordé au débiteur. Le banquier-escompteur, par ses ouvertures de crédit et par l'escompte, diminue le délai au profit du créancier. Il se procure les fonds nécessaires à ces diverses opérations en acceptant des dépôts portant un faible intérêt et toujours remboursables.

L'État qui est en même temps créancier des impôts et débiteur du prix des dépenses a souvent, comme les particuliers, comme les négociants, besoin de temps, de crédit ; ses fonctionnaires, ses agents, ses fournisseurs, ses entrepreneurs ne peuvent attendre la rentrée des impôts ; il faut pourtant les payer. L'État s'adresse alors à ses Trésoriers-Généraux qui lui font des avances, au public qui prend des bons de Caisse portant intérêt et appelés bons du Trésor. Mais il est rare qu'en fin d'année les recettes et les dépenses se balancent exactement ; si les recettes dépassent, l'excédant reste dans les Caisses de l'État ; si les dépenses l'emportent au contraire, si l'État est débiteur, il attire des dépôts de capitaux pour combler l'insuffisance de ses revenus. Ces déficits s'appellent *découverts* et les capitaux sont fournis par les fonctionnaires sous le titre de cautionnements, et par les communes, les établissements de bienfaisance, la Caisse des Dépôts et Consignations, les Caisses d'Épargne, etc. Toutes ces opérations sont faites par l'État lui-même ; mais alors qu'il agit comme banquier, il s'intitule *le Trésor*. Le Trésor, qui semble avoir une personnalité propre et indépendante de celle de l'État, se charge de centraliser toutes les écritures, d'effectuer toutes les opérations à court terme, et de réaliser par suite les emprunts qui doivent être remboursés dans un délai déterminé, les bons du Trésor, les obligations du Trésor.

L'État, au contraire, agit directement lorsqu'il croit avoir besoin, à tort ou à raison, d'un délai illimité ; il appelle alors les capitaux sans se préoccuper de la somme dont il se constitue débiteur et il ne s'inquiète que de l'intérêt annuel qu'il aura à servir.

La nation n'est pas destinée à périr. Elle est présumée

immortelle. D'un autre côté, elle n'est pas libre d'augmenter indéfiniment la contribution que paiera chaque citoyen. Dans les gouvernements modernes, une portion considérable des taxes assises est soumise à un certain aléa : les rentrées régulières ne sont jamais assurées surtout avec les impôts de consommation, si impressionnables et si variables dans leur rendement, et cependant les dépenses ne peuvent être subitement réduites. En raison de sa perennité, l'État ne doit pas s'effrayer d'une dette perpétuelle, et en raison de la variabilité de ses revenus, la sagesse lui conseille de ne prendre des engagements obligatoires que pour la plus petite somme annuelle possible. Il se trouve donc dans des conditions différentes des particuliers qui n'ont qu'un avenir limité devant eux et qui peuvent le plus souvent équilibrer leurs ressources et leurs dépenses.

Cette double situation a amené les États modernes à constituer les dettes qu'ils contractent d'une façon toute particulière. Ils ne peuvent s'engager à payer les sommes empruntées à une époque fixe et déterminée. Leurs créanciers n'ont aucun intérêt à exiger ce remboursement, qui deviendrait souvent une entrave et une gêne pour leur débiteur, parce qu'ils ont l'espérance de trouver toujours d'autres capitalistes qui se mettront en leur lieu et place, et leur achèteront leurs titres. L'État se contente donc, lorsqu'il a recours au crédit, de vendre une promesse de rente de 6 fr., de 5 fr., de 3 fr.; mais, comme il prévoit qu'un jour il pourra vouloir se libérer, il se réserve de racheter cette rente moyennant un capital fixe. Le capital convenu est 100 fr.; il est invariable. La rente promise sera plus ou moins élevée, suivant le taux du crédit, et encore plus suivant la prudence des gouvernements, comme nous le verrons plus tard. Le prix auquel les capitalistes achètent la rente varie également, et est d'autant plus élevé que la confiance dans les institutions et la force de l'État emprunteur est plus ou moins grande, et que les capitaux disponibles sont plus ou moins abondants.

De ce mode d'emprunt, qui est adopté par la plupart des peuples modernes, sont nées les dénominations de *cinq pour cent, quatre pour cent, trois pour cent*. L'emprunt contracté, les deux termes nommés ne varient pas : l'État paiera toujours cinq, quatre ou trois francs de revenu pour un titre nominal de 100 fr. et aura toujours la faculté de rembourser ce capital de 100 fr. La dette, constituée ainsi s'appelle dette consolidée ou dette perpétuelle : la perpétuité n'est stipulée qu'au profit de l'État, qui ne sera jamais tenu de payer le capital. On comprend que, dans ces conditions, le prix auquel s'échangent les titres de sa dette lui importe peu, s'il n'a pas l'intention de demander de nouveaux capitaux ; que les porteurs d'une rente de 5 fr. ne la cèdent qu'à 90 fr. ou à 120 fr., l'État n'a rien y voir, du moment qu'il est assuré de servir régulièrement ses intérêts annuels. Ce prix, comme celui où les rentes auront été prises au début, variera suivant les circonstances intérieures et extérieures ; ou pour mieux dire la quotité d'intérêt, exigée par les capitalistes pour une somme fixe, sera modifiée par le taux du loyer ordinaire de l'argent dans le pays et par la confiance qu'inspire l'État ; les capitalistes ne prendront la rente cinq pour cent qu'à 6 % s'ils ne veulent l'acheter qu'à 83 fr. 33 ; ils se contenteront de 4 % s'ils consentent à la payer 125 fr.

Les États ont essayé de plusieurs autres combinaisons pour se procurer des capitaux, émissions de rentes viagères, d'annuités payables pendant un certain nombre d'années, d'obligations ou de rentes remboursables à époque fixe. Pour le moment, il nous suffit d'avoir indiqué le procédé généralement employé, et il convient d'examiner rapidement la moralité et la forme des emprunts contractés en rentes perpétuelles.

§ 2. — *Modes successifs des emprunts publics en rentes.*

L'État, comme mandataire des contribuables, comme représentant de la communauté, ne doit-il pas avant tout éviter de recourir à l'emprunt ? Tous les économistes sont d'accord sur ce point. Selon Adam Smith, « les » dettes ont cet inconvénient néfaste de ne pouvoir dimi- » nuer ; en temps de paix, les dépenses sont à peu près » égales aux recettes, et les gouvernements n'ont ni la » volonté ni les moyens d'augmenter les revenus. Si la » guerre survient, ils ont recours à l'emprunt : la charge » est divisée entre tous les citoyens, qui n'en sont pas » écrasés d'abord, et ils trouvent une compensation dans » la distraction de lire les gazettes et dans l'espérance » des conquêtes et des victoires. La paix revient, mais » les impôts restent, et on ne songe pas à diminuer la » dette pour ne pas faire crier le peuple qui ne compren- » drait pas que la fin de la guerre fût suivie d'une augmen- » tation de charges. Si un faible amortissement est » accordé, le moindre événement qui exige une dépense » extraordinaire l'absorbe aussitôt. » Après ce tableau si exact et si triste, il n'est pas surprenant que le père de l'Économie politique blâme « le progrès des dettes énormes » qui écrasent à présent toutes les grandes nations de » l'Europe et qui probablement les ruineront toutes à la » longue. »

On pourrait multiplier les citations à l'infini, mais à quoi bon ? Il n'est pas un contribuable qui ne soit con- vaincu que l'emprunt est un mal, puisqu'il faut ensuite en servir les intérêts. Les effets indirects des emprunts ont pu, il est vrai, être utiles quelquefois en favorisant l'épargne, en popularisant les titres de valeurs mobi- lières, en permettant d'exécuter rapidement de grands travaux publics, en épargnant aux générations présentes des charges sous le poids desquelles elles auraient succombé. La dette qui reste n'en est pas moins un mal, un danger.

L'État, il est vrai, ne peut, dans certaines éventualités exceptionnelles, se dispenser d'emprunter, dans l'intérêt même de la communauté et de chacun de ses membres. Mais il convient que les conditions de ces emprunts soient aussi favorables que possible à chaque contribuable dans le présent et à la communauté dans l'avenir : l'impôt est la base des ressources de l'État, l'emprunt doit être l'exception, et lorsqu'il n'a pu être évité, il doit être comblé par l'impôt dans un délai aussi court que les circonstances le permettront. Nous ne nous occupons pas en ce moment des causes, des excuses, de la légitimité des emprunts ; nous avons seulement à rechercher par quels moyens ils doivent être contractés, et puisque le type admis des emprunts publics est la négociation de rentes, nous devons nous demander dans quelles conditions il est préférable d'émettre ces rentes.

Le capital reconnu et remboursable étant toujours de 100 fr., le capital reçu sera différent, dans une situation identique, selon que l'État promettra une rente de 5 fr., ou de 4 fr., ou de 3 fr. Dans le premier cas si le taux du crédit de l'État est de 5 %, il encaissera 100 fr. et l'on dira que l'emprunt est émis au pair, le pair étant le capital dont l'État se reconnaît débiteur. Dans le second cas, il touchera 80 fr. et dans le troisième 60 fr.; l'emprunt sera émis au-dessous du pair ou avec augmentation fictive du capital nominal. Ces derniers chiffres de 80 fr. et de 60 fr. seront légèrement modifiés, parce que le prêteur, espérant un remboursement ultérieur de 100 fr. et calculant que cette chance de remboursement représente dans le temps présent une plus-value de 1 fr. ou de 2 fr., consentira à prendre 4 fr. de rente pour 81 fr., et 3 fr. de rente pour 62 fr. Mais l'État, s'engageant à rembourser 19 fr. de plus pour 4 fr. de rente, et pour 3 fr. de rente 38 fr. de plus que le capital réellement encaissé, trouvera-t-il une compensation suffisante dans la légère différence en plus qu'il touchera au moment de l'émission de l'emprunt? Sans se livrer à des calculs compliqués, le simple bon sens suffit à répondre qu'une opération qui consiste à recevoir 81 ou 62 et à promettre 100 est une opération désastreuse.

Dans les siècles précédents, cette méthode n'était employée que par les gouvernements aux abois. En Angleterre elle est presque inconnue jusqu'en 1780 ; ce pays demande au crédit de 1755 à 1780, par dix-huit emprunts, 85 millions de liv. sterl. et sa dette nominale ne s'augmente que de 86,380,000 liv. sterl. Quinze de ces emprunts avaient été émis strictement au pair. En France jusqu'en 1816, les emprunts étaient contractés à des taux divers, selon l'état du crédit, au denier vingt, au denier dix-huit, au denier seize, mais il y avait parité entre le capital reçu et le capital reconnu.

Au contraire, depuis ces deux dates, dans les deux pays, l'usage presque constant a été de ne plus se préoccuper du capital nominal de la dette, et de chercher seulement à tirer profit pour la charge annuelle des intérêts, de l'appât offert aux prêteurs d'une prime considérable de remboursement. D'où vient ce changement étrange dans les habitudes des deux pays? Les gouvernements et les membres des parlements se sont-ils moins préoccupés de l'avenir? Ont-ils pensé, comme on le prétend aujourd'hui, que les générations futures sont solidaires des générations passées? Nullement : la pratique des emprunts avec augmentation du capital nominal tient à deux causes spéciales : 1º les illusions produites par le système d'amortissement avec intérêts composés; 2º l'influence des banquiers cosmopolites et leur intrusion dans les conseils du pouvoir.

En Angleterre, l'émission des emprunts à un faible taux coïncide avec l'adoption des idées du docteur Price sur l'amortissement. La première édition des *Observations sur des tontines, des annuités, etc.*, de cet auteur, a paru, en effet, à Londres, en 1769; son *Appel au public au sujet de la dette nationale* est de 1774; sa quatrième édition des *Observations* date de 1783 et inaugure, selon Bailly, une nouvelle ère dans la science. Le système de William Pitt sur l'amortissement fut créé en 1786 et c'est à partir de 1798 que l'Angleterre contracta ses emprunts au-dessous du pair; de 1798 à 1802, elle demande au crédit 217 millions de liv. sterl. et augmente de 329 millions de liv. le capital nominal de la dette, soit de plus des deux tiers.

En France, le système des dettes contractées avec augmentation du capital nominal est également le résultat des illusions produites par l'amortissement; mais il est dû surtout à l'ingérence et à la pression des chefs de grandes maisons de banque. Ce dernier point est incontestable pour notre pays: on sait que, lors de notre premier grand emprunt de 1816, le duc de Richelieu était résolu à ne pas dissimuler le taux du crédit; le premier et le plus instruit de nos négociants, appelé par le ministre aux conférences préliminaires, voulait lui aussi que le taux de 7 1/2 % fût franchement avoué par la France et que par conséquent le capital ne subsistât que pour ce qu'il était en réalité. Mais le banquier anglais Bahring sentit qu'alors la France pourrait un jour se libérer en rendant le capital; il exigea, en échange de son concours, la fiction nominale de 100 fr. de capital pour chaque 5 fr. de rente, et la fusion des rentes créées par le nouvel emprunt dans la masse de toute la dette (1). Le ministère passa sous les fourches caudines du banquier et 30 millions de rentes furent négociées en 5 % au prix moyen de 57 fr. 51 c.; l'État encaissa 345,065,000 francs et se reconnut débiteur de 600 millions.

Tous les économistes, les historiens, les financiers, ont

(1) Voir Dufresne de Saint-Léon. — *Études du crédit public et des dettes publiques.* Paris, Bossange, père. — Page 60 et suivantes.

du reste blâmé cette déplorable pratique. En Angleterre où ce système a pris naissance les écrivains le jugent avec la plus grande sévérité. « Le capital fondé, dit Robert » Hamilton (1), ne devrait jamais excéder la somme levée; » un taux d'intérêt serait alloué pour ce capital, tel que » le prêteur voudrait l'accepter ; on doit réprouver le sys- » tème d'emprunt avec accroissement de capital et un » intérêt nominal inférieur. » John Sinclair s'exprime avec encore plus de force. « Le premier principe à établir par » l'État (2), c'est de n'être jamais engagé à payer un *iota* » de plus que le capital réellement emprunté. Ajouter un » capital artificiel à un capital réel, obliger l'État à payer » 100 fr. lorsque peut-être il n'en a pas reçu plus de 50 » ou 60, c'est la plus spécieuse de toutes les opérations » financières, et tout ministre qui proposerait au parle- » ment un pareil projet devrait être mis en accusation. »

En France, nos ministres des Finances n'ont pas su se soustraire à l'influence de la haute banque; cependant un de nos plus intègres et plus remarquables adminis- trateurs du Trésor, le baron Louis (3), s'exprimait ainsi au sujet des emprunts au-dessous du pair. « J'emprunte- » rais, si j'étais réduit par la nécessité, si je ne pouvais pas » obtenir de meilleures conditions, à 6, 7, 8, 9 %, 10 % » même, à de gros intérêts, tant qu'on voudra ; mais » jamais avec augmentation de capital, parce que dans » les temps meilleurs je rachèterais avec l'amortisse- » ment, tandis qu'au contraire, avec un intérêt modique » et un capital immense, je ne pourrais jamais racheter » et finirais par succomber. »

Ces courtes citations suffisent pour démontrer combien le système des emprunts adoptés par la France et l'Angle- terre est pernicieux; c'est le système des fils de famille, des prodigues qui, ayant recours aux usuriers, souscrivent

---

(1) *Histoire critique et raisonnée de l'Angleterre.* Tome II.
(2) *Histoire du revenu de l'Empire Britannique.*
(3) Cité par M. Dupin dans un discours de 1840.

des billets pour une somme supérieure à celle qu'ils reçoivent réellement. Ceux-ci ont du moins pour excuse
qu'ils ne pourraient pas emprunter à d'autres conditions.
Les États n'ont pas même ce prétexte : ils trouvent facilement preneurs pour des rentes émises au pair ou aux
environs du pair. En 1830, le 12 janvier, la maison Rothschild se rendait adjudicataire au prix de 102 fr. 07 c. 1/2
d'un emprunt de 80 millions en 4 %. Un autre emprunt
de 150 millions était, le 8 août 1832, adjugé en 5 % aux
maisons Rothschild, Davilliers et Hottinguer, au taux de
98 fr. 50 ; les frais de l'émission étant à la charge des
adjudicataires, c'était à peu près pour l'État l'équivalent
d'un emprunt au pair. En 1855, pendant la guerre de
Crimée, au mois d'avril, l'Angleterre empruntait 400
millions en 3 % au pair ; elle accordait, il est vrai, à
chaque souscripteur de 100 liv. sterl. une annuité de 14
schellings 6 deniers pendant trente ans ; mais cet avantage modifiait l'intérêt à servir et non le capital à rembourser. La Belgique a fait également plusieurs emprunts
au pair. Ces divers exemples prouvent qu'il n'y a pas
nécessité pour les États de donner à leurs prêteurs des
primes de remboursement dont les intermédiaires sont
seuls à profiter.

Cette pratique rationnelle aurait dû être suivie toutes les
fois que les emprunts sont assez peu considérables pour
être absorbés par l'épargne existant dans le pays ; sous
la monarchie de Juillet et sous l'Empire, il n'est pas douteux que les émissions de rentes auraient pu être faites
sans inconvénient au pair ou à des taux se rapprochant
du pair. Mais il existe des circonstances où l'épargne
accumulée du pays n'est pas suffisante pour prendre
dans un court délai tous les titres d'un emprunt ; dans
d'autres cas, le crédit de l'État est si compromis que sa
clientèle ordinaire n'osera pas se charger des rentes
émises. Des intermédiaires s'interposent alors entre l'État
et les rentiers ; il faut leur offrir les chances d'une plus-

value suffisante pour qu'ils consentent, en prenant les rentes émises, à attendre que la confiance soit rétablie ou que l'épargne se soit reformée. On peut donc admettre qu'il soit indispensable quelquefois de contracter des emprunts à des taux fort inférieurs au pair. L'emprunt Morgan, les emprunts de 2 et de 3 milliards ont été contractés dans ces circonstances exceptionnelles ; le gouvernement de la Défense Nationale et le gouvernement de M. Thiers ont laissé une marge entre le prix d'émission et le pair ; cet écart a été suffisant pour assurer le succès de ces emprunts ; il a été pourtant beaucoup moins considérable que dans la plupart des emprunts contractés depuis 1832 jusqu'en 1870.

Nous pouvons donc conclure de ce qui précède que dans les temps normaux les emprunts en rentes perpétuelles doivent toujours être contractés au pair à des taux d'intérêt quelconques ; qu'il faut qu'un pays soit dans une situation très-précaire pour consentir une prime de remboursement ; et que cette prime doit être calculée de façon à ce qu'elle soit épuisée, d'après les probabilités, au moment où les titres du nouvel emprunt auront quitté les portefeuilles des intermédiaires, c'est-à-dire de la spéculation, pour passer entre les mains des véritables rentiers.

CHAPITRE II

De la nécessité de réduire la dette.

La dette de l'État existe, faut-il la réduire? La question posée dans ces termes simples et précis appelle une réponse qui ne saurait être douteuse. Mais dans la pratique la question se complique: il ne s'agit plus seulement de l'État et de ses créanciers; le contribuable se fait entendre et, comme la réduction de la dette ne peut s'opérer en général que par des augmentations de taxes, il déclare être déjà trop chargé et ne pouvoir supporter une aggravation; il a malheureusement trop souvent raison; il aime mieux contribuer à payer indéfiniment l'intérêt de la dette que, par un sacrifice immédiat, en diminuer le fardeau pour un avenir qu'il ne verra sans doute pas. Nous n'avons pas à nous occuper ici du contribuable, de ses plaintes, de ses charges; nous supposons la réduction de la dette possible; en conséquence, nous rechercherons seulement si la communauté qui ne périt pas, si l'État qui doit s'occuper autant de l'avenir que du présent ont l'impérieux devoir de réduire le poids de la dette.

Nous ne nous sommes pas étendu sur les inconvénients théoriques des emprunts et sur les motifs qui engageaient à s'adresser plutôt aux impôts qu'à l'emprunt. Ayant à rechercher une solution pratique, il était logique d'admettre les faits pour ce qu'ils étaient; mais les arguments qui ont décidé les économistes à repousser les emprunts sont les mêmes que ceux qui doivent inciter le financier à faire disparaître au moyen de l'impôt la dette une fois qu'elle existe. Ces arguments sont puisés dans des considérations économiques, morales et politiques.

§ 1er. — *Considérations économiques.*

Au XVIIIe siècle, les effets économiques des emprunts étaient peu connus; Voltaire et Condorcet prétendaient qu'un État qui ne doit qu'à lui-même ne s'appauvrit pas; les dettes publiques, écrivait Melon, sont des dettes que la main droite, le contribuable, doit et paie à la main gauche, le rentier. Il n'a pas été difficile de démontrer, en allant au fond des phénomènes économiques, combien cette observation superficielle était dénuée de fondement.

D'une part, le capital demandé par l'emprunt peut être gaspillé ou détruit dans une guerre, par de folles dépenses de luxe, des travaux mal faits ou improductifs : ce capital se trouve alors aussi bien anéanti que s'il avait été jeté au fond de la mer, et la nation est appauvrie de toute la somme empruntée. Le capital peut aussi, il est vrai, avoir été utilement employé en travaux publics, en routes, en chemin de fer, en écoles; il est alors représenté par un autre capital et le contribuable qui jouit de ces routes, de ces chemins de fer, de ces écoles, paie le prix de cette jouissance au rentier qui a avancé le capital nécessaire pour faire ces dépenses utiles. Dans ce cas, la main droite semblerait payer à la main gauche; il n'en est même pas ainsi.

En effet, les frais de perception des impôts et les frais de paiement de la dette augmentent sensiblement les intérêts à servir au capital. Une route m'est nécessaire pour mon exploitation, j'emprunte 100 fr., j'exécute les travaux et je n'ai à payer que 5 pour l'intérêt du capital emprunté. Mais si au lieu d'agir moi-même je m'adresse à l'État, que se passera-t-il? Nous supposons les conditions de l'emprunt égales : l'État demandera donc au crédit 100 fr. et paiera une rente de 5 fr. que je commencerai par lui donner sous forme d'impôt. Mais, pour recevoir cette somme de mes mains, il faudra un percepteur; pour la payer au rentier, il faudra un payeur; le percepteur et le payeur recevront le prix de leur peine, que j'estime 1. J'aurai donc à payer, en plus des 5 fr. de rente, 1 fr. pour rétribuer ces deux fonctionnaires. L'État paiera 6 fr. que je lui donnerai, tandis que directement je n'aurais payé que 5 fr.; et cette différence sera perpétuelle comme la dette. Il y aura donc perte de force et perte de capital.

Mais il existe un autre argument plus grave de diminuer la dette, sur lequel les économistes n'ont pas assez appuyé. Ils ne se préoccupent que de la communauté et ne tournent pas assez leurs regards vers le représentant de la communauté, l'État. En comptabilité commerciale, une balance peut présenter un résultat favorable, quoiqu'un compte spécial soit dans une situation mauvaise; dans un pays les finances de l'État ne sont qu'un compte particulier, mais comme ce compte peut avoir une influence morale et décisive sur toute la balance, il faut s'en inquiéter et s'en préoccuper.

Si l'État emprunte toujours sans rendre jamais, qu'arrivera-t-il? Nous supposons que les capitaux demandés au crédit sont utilement et fructueusement employés (nous verrons tout à l'heure qu'il n'en est pas ainsi). L'argent prêté à l'État sert à tracer des routes, à jeter des ponts, à construire des chemins de fer, à élever des écoles; une théorie toute moderne affirme que dans ce cas l'extinction de la dette est inutile et que le capital emprunté existe à jamais. Examinons.

Tout travail humain s'use, se détériore et tend à disparaître: tout négociant le sait et agit en conséquence. L'industriel amortit son usine et ses machines; le commerçant amortit son matériel et même ses marchandises; l'armateur amortit son navire; et après quelques bonnes années vous les voyez se frottant les mains et dire: « Mes machines, mon matériel, mon navire ne me coûtent plus que tant. » L'État ne devrait-il pas suivre cet exemple ? Dans un siècle, toutes les écoles auront été reconstruites, les routes refaites, les chemins de fer n'auront peut-être que la valeur de vieilles ferrailles ; le capital primitif employé à ces travaux n'existera plus et cependant l'État n'en continuera pas moins à payer éternellement l'intérêt de ce capital.

Du reste, à quoi bon s'attarder sur ce point et faire de la théorie ? Les faits sont concluants. Les travaux publics ne donnent qu'exceptionnellement lieu à des emprunts et les dettes des États ont pour cause presque unique la guerre.

Les sommes que l'Angleterre a dû demander à l'emprunt pour subvenir aux dépenses extraordinaires de guerre pendant deux siècles s'élèvent à plus de 31 milliards de francs ; la dette actuelle ne dépasse pas 19 milliards 383 millions de francs. On peut donc dire avec raison que tout le capital emprunté par nos voisins a été absorbé par la guerre et en conséquence anéanti : les budgets ont été suffisants pour couvrir largement les dépenses annuelles et ont pu diminuer la dette de près de 12 milliards.

En France, l'examen de nos budgets et de l'origine de nos rentes donne les mêmes résultats. La partie de notre dette qui a la guerre comme cause, pour la période antérieure à 1830, s'élève en capital constitué en 5 %
à........................... F. 3.979.118.380 (1)

En 4 %..................... 78.374.000

Pour la période de 1852 à 1869,
en 4 1/2 %, à 390.000.000

Pour la période de 1852 à 1869,
en 3 %, à 3.921.460.433 (2)

Total du capital de la dette ayant
pour origine directe la guerre..... F. 8.368.952.813

(1) Nous comprenons dans cette somme les rentes antérieures à 1814 qui ont pour origine ou les guerres ou nos discordes civiles.
(2) L'emprunt de 429 millions de 1868 a donné lieu à l'émission de 19,514,315 fr.

2

Mais cette énumération serait incomplète si on n'y ajoutait le capital de la dette contractée par suite de nos diverses dissensions intestines. Il convient d'ajouter de ce chef :

Le capital des rentes remises aux émigrés en 1825.................. F.   866.510.990

Le capital des emprunts, et des consolidations de bons du Trésor, de fonds de la Caisse d'Épargne en 1831 et 1832..........................   515.580.320

Le capital des dettes contractées et des consolidations qui ont suivi la révolution de 1848 et qui ont été la conséquence incontestable de cette révolution.......................   1.274.215.050

Augmentation de la dette par suite de révolutions.................. F. 2.656.306.360

Nous avons laissé de côté les consolidations de rentes rachetées par la caisse d'amortissement; nous n'avons voulu prendre que des chiffres ayant pour origine certaine la guerre extérieure et les troubles intérieurs. Mais nous devons encore ajouter l'augmentation du capital nominal de notre dette qui a suivi la conversion de 1862 : cette opération n'a eu d'autre but que de procurer au Trésor des ressources nécessaires pour couvrir les frais des guerres de Syrie, de Chine et du Mexique; il y a encore de ce chef un capital de 1,599,000,000 francs.

Ces trois chiffres donnent le total des sommes dues par la France qui ont pour origine unique la guerre avec l'étranger et les discordes intérieures ; elles représentent

---

de rentes; comme il devait être affecté au découvert de 1867, à des dépenses extraordinaires pour la guerre et la marine et à des travaux publics, nous n'avons pris pour nos calculs que 10 millions de rentes que nous avons supposés appliqués seuls aux dépenses de guerre. Nos autres calculs ont été également très-modérés.

un capital de 12,624,259,000 fr. et elles ont donné lieu à l'émission de rentes s'élevant à 441,178,000 fr.

Or, au 1er janvier 1869, la dette de notre pays se décomposait ainsi :

4 1/2 °/₀ en rentes F. 37,447,700	en principal F.	832,171,244
4 °/₀ — 446,396	—	11,452,400
3 °/₀ — 310,040,967	—	10,334,698,900
Totaux — F. 347,935,063	— F.	11,178,022,544

La comparaison de ces divers chiffres est instructive : du chef de la guerre et des révolutions, la France s'est endettée en capital de 12 milliards et demi, exigeant des intérêts annuels de plus de 440 millions ; et pourtant, au 1er janvier 1869, la dette ne s'élevait plus qu'à 11 milliards en capital et à 347 millions en intérêts. Les budgets annuels et l'élévation du crédit avaient donc suffi pour éteindre un milliard et demi en capital, et près de 100 millions en intérêts annuels. Ces chiffres seraient sensiblement plus élevés si nous avions tenu compte des consolidations de rentes qui sont de véritables emprunts nouveaux et qui ont eu le plus souvent pour cause la guerre ou nos discordes ; ces consolidations se sont élevées à plus de 4 milliards en capital. Nous avons arrêtés nos calculs à 1869 ; il est bien évident qu'ils ne pourraient être que confirmés par les faits survenus depuis 1870.

La conséquence inéluctable à tirer de ces chiffres, c'est que tout le fardeau de la dette est dû à la guerre, et que tous les intérêts payés par la France proviennent d'un capital anéanti à jamais. C'est donc avec raison que J.-B. Say a dit : « Une nation est plus pauvre de tout ce qu'elle doit. » Il n'est pas admissible qu'un pays ne cherche pas par tous les moyens en son pouvoir à reconstituer le capital détruit par ses fautes : la science économique lui en fait un devoir, rendu encore plus impérieux par des considérations morales, d'équité et de justice.

§ 2. — *Considérations morales.*

Une génération doit supporter le poids entier de ses erreurs, de ses entraînements, de ses fautes et de ses crimes ; elle n'a pas le droit de rejeter sur les générations suivantes toutes les charges qui sont dues à ses folies. Le devoir des hommes d'État est de faire comprendre à la nation cette vérité qui a été trop méconnue ; un peuple doit reconnaître qu'en conscience il est responsable de ses actes, et qu'il est contraire à toute notion de justice de laisser aux âges suivants le fardeau entier des fautes du passé. « Après nous le déluge, » peut être dit par un roi, jamais par un peuple immortel. La solidarité existe bien en fait entre toutes les générations d'un pays ; il est nécessaire de la reconnaître pour l'établissement et le maintien du crédit ; mais en droit elle mérite d'être repoussée ou au moins atténuée dans la mesure du possible. Un peuple doit tenir à honneur de faire tous ses efforts pour diminuer non-seulement les charges qui proviennent de son fait pendant le temps présent, mais encore celles qui lui ont été léguées par le passé : à cette condition seulement, il sera juste que les enfants acceptent la succession de leurs pères. Une conduite différente n'aurait d'autre mobile qu'un égoïsme sans excuse.

Certains écrivains estiment cependant que cette raison de diminuer la dette n'est que sentimentale. Une génération, disent-ils, transmet à la suivante tout son actif ; il est d'autant plus juste qu'elle lui transmette en même temps son passif, que, chez une nation civilisée et progressive, l'actif dont une génération enrichit le fond social dépasse notablement le passif dont elle le grève. Il suffit que les charges, créées et transmises par une génération à la suivante, restent très-en-dessous de l'ensemble des progrès matériels, des découvertes techniques, des accumulations de capitaux qui ont été l'œuvre de cette génération.

Il y a, ce nous semble, dans cette argumentation, une erreur économique produite par une double confusion. Les progrès matériels, les découvertes techniques, les accumulations de capitaux sont l'œuvre des individus et de l'humanité entière et non de la nation prise comme corps politique. En outre, la nation qui profite de ces découvertes, qui peut les porter à son actif, n'est pas encore l'Etat. Quelle relation peut-on établir entre les admirables inventions auxquelles notre temps doit sa prospérité et la dette publique ? La boussole, l'imprimerie, la vapeur, l'électricité, la lettre de change, les chèques, la liberté de pensée, l'égalité, les droits politiques sont-ils dus uniquement aux générations de ce siècle ? En devons-nous compte, nous Français, aux siècles passés, à la Chine, à l'Amérique, à l'Italie, à l'Angleterre, à l'Allemagne ? Comment établirons-nous ce bilan ? Chaque jour l'humanité fait un progrès ; tous les avantages matériels et moraux nous les devons à Bacon, à Guttemberg, à Watt, à Franklin, à Voltaire, à tous les immortels penseurs et inventeurs qui n'appartiennent à aucun peuple, à aucun temps.

Nos fautes et nos dettes sont au contraire à nous et bien à nous : c'est à nous à réparer les unes en soldant les autres. Le rôle de l'État n'est pas d'enrichir le pays ; il fait bien quelques travaux qui contribuent à l'aisance générale ; mais, nous l'avons vu, ces travaux sont facilement et largement payés par les taxes annuelles, ce qui est juste et naturel, puisque chaque année il est nécessaire d'entreprendre de nouvelles routes, de construire de nouvelles écoles. Les dépenses faites pour les chemins de fer pourraient seules entrer en ligne de compte et être données aux générations à venir en compensation de nos dettes.; mais les lignes dont la nu-propriété appartient à l'État ne lui feront retour que dans 80 ou 90 ans. Quelle sera leur valeur à cette époque? De nouveaux progrès, de nouvelles inventions les rendront peut-être inutiles. Dans tous les cas, le capital qui sera remis dans presque un siècle à l'État ne représente actuellement qu'une annuité relativement peu importante et ce capital ne donnera sans aucun doute alors que des revenus annuels bien faibles, parce qu'on exigera de l'État, entrepreneur de transport, des tarifs réduits.

L'actif de l'État se compose donc de zéro ou presque zéro, et son passif s'élève à des sommes qui dépassent vingt milliards, sur lesquels dix proviennent de nos fautes personnelles. Notre génération depuis sept ans a donné assez de preuves de courage, d'énergie, de mâles vertus pour que nous ayons la confiance qu'elle ne faillira pas à son devoir, et pour que nous soyons certains qu'aussitôt que l'outillage du pays, ses moyens de défense et son organisation scolaire seront complétés, elle se mettra bravement à l'œuvre et attaquera le capital de la dette.

§ 3. — *Considérations politiques.*

La réduction de la dette est une loi économique; elle est un devoir de conscience envers l'avenir; mais elle est encore et surtout une nécessité politique.

La dette a pour origine unique en Angleterre, la guerre; en France, la guerre et les commotions intérieures. Voilà un fait précis qui doit servir d'enseignement. Selon le dicton, l'argent est le nerf de la guerre; un peuple qui a à lutter pour ses libertés contre des factions remuantes, ou qui est entouré de voisins hostiles, est destiné à subir des crises redoutables dans lesquelles il sera obligé de recourir au crédit, que Laffitte a appelé spirituellement l'artillerie financière des peuples. Si l'État est déjà embarrassé par le poids d'une dette considérable, il n'aura pas sa liberté d'action : le plus léger mouvement populaire à l'intérieur peut entraîner un temps d'arrêt dans la rentrée et le rendement des taxes portées à leur limite extrême ; une complication, dans les relations extérieures nécessite des armements, une mobilisation de l'armée, des approvisionnements, toutes mesures qui, avec le système actuel des armées européennes, exigent des dépenses immenses. Comment un pays gêné, accablé par les charges antérieures, pourra-t-il subir ces crises subites et dangereuses? Nous ne parlons même pas d'une guerre malheureuse, d'une révolution sociale ; quand il s'agit pour un pays d'une question de vie ou de mort, les considérations d'argent, de crédit ont peu de poids.

En se mettant simplement en face d'éventualités où les libertés d'un peuple et sa dignité sont en jeu, on peut affirmer que les dettes accumulées sont une cause de gêne, d'infériorité relative pour l'État ou les mandataires du pays. S'il s'agit surtout d'un péril extérieur, l'influence légitime de l'État endetté sera amoindrie : il est donc urgent, indispensable de se débarrasser en temps de paix des charges accumulées pendant les années de guerre.

Cette considération politique est si grave que les économistes, les écrivains financiers, les hommes d'État en ont fait la base principale de leurs arguments en faveur de la réduction des dettes publiques.

Smith, J. B. Say, Mac Culloch, J. St. Mill, sont si hostiles aux emprunts qu'ils voudraient que les charges extraordinaires de la guerre fussent immédiatement demandées au pays par des taxes supplémentaires. De trop longues citations seraient superflues ; il n'est cependant pas inutile de rappeler l'opinion des deux derniers écrivains qui ne sont pas restés dans les sphères spéculatives. « Ce

» n'est pas seulement, dit Mac Culloch, d'après ses
» effets immédiats qu'il faut juger une opération finan-
» cière; nos observations doivent s'étendre aux effets plus
» éloignés... Le défaut radical du système des emprunts
» consiste dans l'illusion dans laquelle il laisse le public,
» il ne trouble, pour ainsi dire, en rien sa quiétude. Son
» action est lente et presque imperceptible. Il ne demande
» que de petits sacrifices, mais il ne rend jamais ce qu'il
» a une fois saisi. La politique, l'injustice et l'ambition
» rendent peu à peu de nouvelles pertes inévitables. Un
» pareil système est essentiellement vicieux et trompeur.
» Tout d'un coup la fortune publique est grevée de paie-
» ments plus grands pour faire face seulement aux *inté-*
» *rêts* de la dette qu'il n'en aurait fallu pour défrayer
» toutes les dépenses de la guerre. »

J. Stuart Mill est encore plus absolu : après avoir critiqué d'une façon générale l'emprunt, il dit qu'il y a pour
rembourser la dette les mêmes motifs qu'il y avait d'abord
pour empêcher de la contracter et il pense que le meilleur
moyen serait une contribution générale pour payer d'un
seul coup la dette publique.

Un autre économiste qui parle en homme d'État, Rossi,
appuie surtout sur la nécessité politique de réduire la
dette. Nous ne pouvons résister au désir de citer le résumé de la 17e leçon du 4e volume de son cours : « Hors
» des cas de nécessité ou d'utilité patente, les em-
» prunts sont aussi nuisibles aux gouvernements qu'aux
» particuliers. C'est une manière fâcheuse d'endormir
» le pays, tout en le chargeant d'un poids considé-
» rable, parce qu'on ne lui demande que l'intérêt
» annuel. On le grève ainsi d'une rente perpétuelle, et
» surtout on le met par des dettes légèrement contractées,
» hors d'état de se suffire à lui-même ou de trouver des
» secours assez considérables le jour où un besoin se
» présente. Il faut toujours que les gouvernements,
» comme les familles, ménagent des ressources qui

» peuvent être nécessaires dans les grandes occasions,
» dans le cas où il s'agirait de la défense même de l'État,
» de la question vitale pour tout pays, c'est-à-dire de son
» indépendance et de sa liberté. »

Les hommes d'État, vraiment soucieux des intérêts et
de l'avenir de leur pays, ont partagé les idées des économistes. On sait avec quelle énergie M. Thiers a toujours
défendu le principe de l'amortissement et quelle insistance il a mise à faire adopter par l'Assemblée Nationale,
malgré nos charges accablantes, un remboursement annuel de 200 millions. M. Gladstone, en Angleterre, est également un partisan résolu de la réduction des dettes ; après
la guerre de Crimée, pendant laquelle la puissance d'ac-
croissemnent de la dette avait été trois fois plus forte que
celle de décroissement pendant la période de paix de 1815
à 1855, le chef des Wighs, dans un admirable discours,
appelait l'attention du Parlement sur cette disproportion
qu'il importait d'atténuer : « Quelle opinion, disait-il,
» aurait-on d'un homme qui, en une année de bonne
» récolte, consommerait tous ses produits, sans rien ré-
» server pour les jours de disette. Sans doute, l'emprunt,
» par les moyens de soulagement qu'il procure et les
» faibles charges qu'il paraît imposer en échange, est
» chose séduisante ; mais comme la Renommée dont
» les pieds s'enfoncent dans le sol tandis que sa tête
» se cache dans les nues ; comme le jeune lionceau
» d'Eschyle qui s'amuse d'abord avec les enfants et les
» chiens de la maison et, devenu fort, dévore ses habi-
» tants ; les embarras financiers arrivent d'une façon
» insidieuse, s'aggravent peu à peu et un jour vient où
» ils s'imposent d'une façon accablante. Il faut donc
» profiter des jours de prospérité et de paix pour dimi-
» nuer la dette publique. »

Après ce magnifique langage d'un homme d'État habile,
d'un financier expérimenté, il est inutile d'ajouter un
mot, et l'on peut conclure hardiment que le premier

devoir d'un peuple qui veut reconstituer son capital anéanti, qui veut être juste envers les générations futures et qui surtout veut avoir une politique libre et fière, est de diminuer le fardeau de sa dette par tous les moyens légitimes qui sont en son pouvoir.

CHAPITRE III

Des moyens de réduire le capital de la dette.

§ 1ᵉʳ. — *Diminution latente du poids de la dette par l'effet du temps.*

Certains publicistes indiquent un moyen bien facile de réduire la dette ; il consisterait à laisser agir le temps. Plusieurs faits économiques, disent-ils, tendent à faire paraître le fardeau d'une dette nationale moins lourd d'une génération à l'autre, et, par suite, à rendre inutiles les privations qu'un État pourrait s'imposer pour réduire sa dette, puisque le poids de cette dette diminue par la force du temps.

Le premier de ces faits est la dépréciation des métaux précieux comme conséquence des découvertes de mines inépuisables d'or et d'argent, du perfectionnement des moyens de crédit, de l'extension des lettres de change, des chèques, des chambres de compensation. Le second fait est l'accroissement de la richesse nationale, résultat des inventions modernes, de l'accumulation des capitaux, de l'*utilité gratuite* chaque jour accrue. On ajoute une troisième cause latente de diminution de la dette qui est spéciale à la France, c'est la jouissance des chemins de fer qui viendra dans un nombre déterminé d'années s'ajouter à la nu-propriété appartenant actuellement à l'État.

Ces considérations ne manquent pas de valeur ; elles ont été présentées dernièrement au public par un écrivain remarquable qui a su conquérir en quelques années une autorité méritée comme économiste et financier (1). Nous croyons pourtant qu'elles ne sont pas de nature à faire adopter la politique d'expectative qui en serait la conséquence.

Pour admettre que les faits économiques signalés diminuent dans une proportion suffisante le poids de la dette, il faut se maintenir dans une sphère spéculative et supposer que les circonstances n'obligeront jamais dans l'avenir à recourir à l'emprunt. On ne peut nier que les intérêts, servis par l'État pour sa dette perpétuelle, restant stationnaires, seraient acquittées plus facilement par les générations futures ; mais il est probable qu'aux intérêts actuels s'ajouteront d'autres charges occasionnées par des guerres, des commotions intérieures, des crises économiques, des travaux publics. Il reste donc indispensable pour que la dette n'augmente pas, de profiter des années prospères pour la diminuer.

D'ailleurs les phénomènes que nous venons de résumer n'ont pas une action aussi incontestable et aussi rapide qu'on le suppose. Nous ne reviendrons pas sur ce que nous avons dit dans le chapitre précédent relativement à la valeur actuelle de la propriété des voies ferrées qui ne doit faire retour à l'État que dans 80 ans environ, et qui ne produira sans aucun doute que des bénéfices fort modestes par suite de l'abaissement des tarifs : mais il est indispensable de faire quelques observations au sujet des autres faits économiques sur lesquels on s'appuie pour ne pas attaquer le capital de la dette.

En France, les impôts de consommation produisent près de la moitié des recettes totales ; ils sont payés surtout par les travailleurs sur lesquels ils pèsent lourdement. Or la dépréciation des métaux précieux a une influence

---

(1) M. Leroy-Beaulieu qui vient d'être élu membre de l'Institut. Voir son *Traité de la sciences des finances*. Paris. Guillaumin, t. II, p. 309 et 310.

plus rapide sur les produits naturels ou manufacturés dont la valeur résulte des transactions du monde entier, que sur les salaires qui sont établis d'après l'offre et la demande dans un pays ou même une localité. En outre, les besoins du travailleur augmentent avec l'extension de la richesse générale. Ces deux phénomènes économiques sur lesquels notre cadre ne nous permet pas de nous étendre, sont incontestables; il en résulte que malgré le développement de la fortune publique et la dépréciation des métaux précieux, le travailleur, l'ouvrier, le salarié de toutes les classes est relativement aussi gêné, sinon plus (1) à mesure que le salaire augmente, parce que ce salaire augmente dans une proportion moins rapide que les objets nécessaires à la vie et que les besoins réels ou factices. Les causes de diminution latente du poids des impôts et par suite de la dette n'agissent donc pas également et aussi rapidement au profit de tous les membres de la communauté et surtout des plus malheureux.

Il est cependant incontestable que la dépréciation des métaux précieux et l'augmentation de la richesse publique rendront moins sensible dans l'avenir et pour la généralité des contribuables les charges qui résultent de la dette. Mais dans quelles proportions? Il est bien difficile de l'établir. Une rente de 5 fr. pourra, à perpétuité, être payée par une pièce de 5 fr., et si la valeur de cette pièce diminue, le sacrifice relatif du pays diminuera dans la même proportion. Mais en même temps cette même pièce ne pourra plus servir à payer la journée d'un commis qui aura besoin de 6 ou de 7 fr. pour vivre, ni une quan-

(1) Nous ne parlons ici, le lecteur l'a compris, que de l'effet temporaire de la dépréciation des métaux précieux sur les salaires. Il est indéniable que, de l'ensemble des faits économiques, résulte un accroissement du bien-être général. On connaît, sur ce sujet, les admirables déductions de Bastiat, dans ses *Harmonies économiques,* et son célèbre axiome: « A mesure que les capitaux s'accroissent, » la part *absolue* des capitalistes dans les produits totaux augmente, et leur » part *relative* diminue. Au contraire, les travailleurs voient augmenter leur part » dans les deux sens. »

tité égale de foin, de blé, de fer. Il faudra donc que les taxes produisent davantage pour combler le déficit. Or, la plupart des impôts n'étant pas établis *ad valorem*, mais demandant seulement une. somme fixe pour un fait déterminé, il sera indispensable de les augmenter ; plusieurs taxes, telles que l'impôt foncier, les droits de douane qui sont établis d'après des traités de commerce pour une longue période, sont rebelles à ces accroissements subits et réitérés.

Il faut encore remarquer que la dépréciation des métaux précieux qui a été si rapide dans ces vingt-cinq dernières années peut subir un temps d'arrêt et même de recul. Plus de la moitié de l'Europe est privée dans ses transactions de métaux précieux, et se trouve aux prises avec les difficultés d'un papier-monnaie déprécié. L'Espagne, l'Italie, la Russie, l'Autriche, la Turquie absorberont un jour ou l'autre des quantités considérables d'or et d'argent, car on ne peut admettre que ces pays restent indéfiniment dans une situation anormale. Les États-Unis ne sont pas encore débarrassés de leur monnaie fiduciaire; toute l'Amérique du Sud subit une crise monétaire intense, et le Brésil, qui jusqu'à ce jour avait résisté à la contagion, vient d'être obligé de décréter le cours forcé de ses billets d'État (1). Dans presque toute cette partie du monde, autrefois si riche, l'exportation de la monnaie d'or et d'argent est interdite, et les paiements en Europe ne peuvent s'opérer qu'en un change dérisoire et au prix des sacrifices les plus lourds. On peut dire que la France, l'Angleterre et l'Allemagne sont, dans le monde civilisé, les seuls pays qui jouissent des bienfaits d'une situation monétaire normale : cet état de choses ne sera pas éternel et on doit entrevoir le moment où les besoins de métaux précieux seront presque doublés. Alors, quels que soient les produits des mines d'Australie et du Texas, quel que

(1) Fin juillet 1876.

soit le développement du chèque et des chambres de compensation, on verra tout au moins s'arrêter la dépréciation sur laquelle on s'appuie pour conseiller de regarder avec indifférence le capital de la dette.

Malgré notre respect pour l'autorité de l'écrivain auquel nous avons fait allusion, il nous paraîtrait dangereux de partager son opinion optimiste (1), et nous considérerions comme bien folle et bien imprudente la politique financière qui consisterait à laisser faire le temps pour diminuer les charges de la dette publique.

§ 2. — *De la banqueroute.*

Après avoir élagué de la discussion ce moyen empirique et trop facile, il convient de rechercher les procédés qu'un g ouvernement peut employer pour réduire le poids de la dette. Il n'en existe que deux à notre connaissance : réduire arbitrairement les intérêts et plus radicalement cesser de les payer, ou amortir.

Nous n'insisterons pas sur le premier de ces procédés : pour un État aussi bien que pour un particulier, violer ses engagements, rompre le contrat qui lie à un créancier, suspendre ses paiements, c'est la faillite, et on peut ajouter que pour l'État, c'est toujours la banqueroute. « Les dépenses seront en effet, toujours excessives, » et « dans l'intention de retarder sa faillite, l'État se sera certainement livré à des emprunts, circulations d'effets ou autres moyens ruineux de se procurer des fonds » (2).

Par suite du système d'emprunts à outrance, la ban-

---

(1) M. Leroy-Beaulieu présente pour la France d'autres considérations qui s'opposent à l'exercice d'un amortissement immédiat, l'extinction des annuités à courte échéance et de la garantie d'intérêts des chemins de fer, le chiffre élevé des taxes qu'il faut réduire avant tout, etc.; nous nous rangerions sur ce point à son avis, mais nous ne faisons en ce moment que de la théorie et nous ne nous occupons pas d'une situation particulière.

(2) C. de Com., art, 585, § 1 et 3.

queroute totale ou partielle, la *hideuse* banqueroute est souvent la seule ressource qui reste aux États de sortir de leurs embarras. Sans parler du régime sans contrôle, sans garantie et sans frein qui a précédé notre Révolution, et a édicté de fréquentes réductions arbitraires de rentes, la France a déjà été acculée, en 1797, à la nécessité de ne pas tenir ses engagements.

Depuis longtemps, le Trésor ne payait plus aux rentiers que le quart des intérêts annuels, et leur remettait pour les autres quarts des bons sur les biens des émigrés. Les titres de 5 fr. de rentes étaient cotés alors de 7 à 10 fr. La banqueroute existait en fait, et le Directoire, sous le ministère de Ramel, la régularisa : les créanciers de l'État reçurent en titres nouveaux *le tiers consolidé* de leurs rentes primitives, qui fut seul inscrit sur le Grand-Livre; on leur remboursa les deux autres tiers en bons échangeables contre des biens nationaux.

Cette néfaste mesure mérite toutes les sévérités de l'histoire ; il faut pourtant avouer qu'elle était inévitable et que la responsabilité ne saurait en être rejetée tout entière sur le Directoire qui l'a prononcée. Pendant huit ans, la Révolution avait reculé tant qu'elle l'avait pu cette fatale échéance, rendue nécessaire par les dissipations de la royauté, les attaques, à l'intérieur et à l'extérieur, des partisans de l'ancien régime. Depuis cette époque, le crédit de l'État s'est peu à peu constitué, et a été établi sur des bases inébranlables par le courage dont le duc de Richelieu et les hommes d'État de la Restauration ont fait preuve, en reconnaissant toutes les dettes contractées avant le retour des Bourbons. Mais les souvenirs du tiers consolidé ne doivent pas s'effacer : il est nécessaire de se rappeler que les dettes follement accumulées aboutissent un jour ou l'autre à une catastrophe : la Turquie, le Pérou, l'Espagne, en font la triste expérience; l'abus du crédit tue le crédit.

§ 3. — *De l'amortissement à l'aide d'une caisse spéciale.*

L'amortissement reste donc le seul moyen honnête, sérieux, loyal, de diminuer la dette. Il semble que tous les financiers devraient être d'accord sur le sens du mot, sinon sur les procédés les meilleurs d'amortir : il n'en est rien, et nous sommes obligés d'entrer dans quelques explications.

Si un État affectait une somme fixe, invariable, à la réduction de la dette, et si les budgets étaient établis annuellement avec un excédant de recettes toujours égal, la somme allouée pour l'amortissement devrait être très-élevée, ou la libération totale serait reportée à une époque très-éloignée : ainsi un million affecté à l'extinction d'une dette de 100 millions, n'absorberait cette dette qu'au bout de cent années.

D'un autre côté, dans les gouvernements parlementaires aussi bien que dans les gouvernements absolus, il est à craindre que les dépositaires du pouvoir n'aient pas le courage de réserver, chaque année, une somme fixe assez importante pour la diminution de la dette.

On a cherché par diverses combinaisons, d'une part à activer la puissance d'amortissement, et d'autre part à lier les mains des mandataires du pays et à les obliger de respecter la dotation primitive affectée à l'amortissement. Quelles sont ces combinaisons?

On a calculé d'abord qu'en affectant un tant pour cent annuel à l'extinction d'un capital, et en ajoutant à ce tantième fixe les intérêts produits par la portion du capital éteint annuellement, on arriverait mathématiquement à l'absorption totale de ce capital dans un nombre d'années très-rapide. Ainsi, un versement de 1 fr. placé à 4 % constitue, au bout de quarante et un ans et douze jours, un capital de 100 fr., dont 41 fr. 03 c. seront représentés par les versements annuels et 58 fr. 97 c. par les intérêts accumulés. Si les placements étaient opérés en 5 %, le capital de 100 fr. serait reconstitué en trente-six ans et deux cent soixante et un jours. De même, 36 centimes 68 placés annuellement à 3 % éteignent, au bout de soixante-quinze ans, un capital de 100 fr.; 27 fr. 51 c. seulement seront dus aux versements annuels et 72 fr. 49 c. à l'accumulation des intérêts.

Ces calculs mathématiques ont été l'origine de la théorie de l'amortissement avec intérêts composés que nous pouvons définir : un système d'épargne qui a pour objet de reconstituer un capital ou de rembourser un emprunt au moyen d'une somme fixe, augmentée annuellement des intérêts composés afférents aux fractions du capital ou de l'emprunt précédemment reconstituée ou remboursée (1).

Tous les systèmes d'amortissement reposent uniquement sur cette propriété de l'accumulation des intérêts : il ne faut pas l'oublier. Pour amortir rapidement avec une somme fixe faible, le paiement du total des intérêts de la dette primitive doit être continué jusqu'à extinction totale de la dette.

Le principe admis, il fallait l'appliquer et la véritable difficulté commence : il s'agissait de découvrir un mécanisme qui assurât la continuation du paiement intégral des intérêts jusqu'à libération complète. Les gouvernements auraient pu affecter à l'amortissement une dotation fixe et établir les budgets annuels avec un excédant annuel comprenant cette dotation et le montant des intérêts des titres rachetés ou remboursés : les rentes amorties seraient alors immédiatement annulées. Mais comment espérer que pendant trente, cinquante, quatre-vingts années consécutives les pouvoirs publics auraient le courage, l'énergie, l'esprit de suite nécessaire pour maintenir cette dotation avec les intérêts accumulés? Il était indispensable de

---

(1) Cette définition est celle de M. Ad. Blaise (des Vosges), dans le *Dictionnaire de l'économie politique,* article : Amortissement.

rendre l'amortissement obligatoire; on a eu recours d'abord dans ce but à la création d'une caisse spéciale.

En 1716, l'Angleterre a organisé pour la première fois l'amortissement avec une caisse spéciale qui recevait un fonds de 8,050,000 francs annuels : les résultats furent médiocres, parce qu'en même temps qu'on rachetait un capital de 166 millions de francs, on empruntait d'un autre côté 154 millions. Mais après l'apparition (1769) du livre du docteur Price sur les *annuités reversibles,* dans lequel les effets des intérêts composés étaient démontrés, l'amortissement avec intérêts composés fut érigé en système et considéré comme une panacée universelle. En 1786, la thérie du docteur Price fut mise en pratique par William Pitt et l'amortissement réorganisé sur de nouvelles bases. 25 millions de francs devaient être remis chaque année entre les mains de la commission spéciale chargée du rachat de la dette : on ajouta à ce fonds permanent et immuable l'intérêt de la dette déjà rachetée et les annuités viagères ou terminables qui arriveraient à terme. Une restriction était cependant portée à la règle : le fonds ne devait pas dépasser 100 millions par année; pendant sept années, cette nouvelle caisse fonctionna utilement et 225 millions de francs en capital furent absorbés par l'amortissement. En 1792, la dotation fixe fut augmentée d'un pour cent qui était prélevé sur le montant total de chaque emprunt nouveau; on crut être ainsi assuré d'amortir tout emprunt en quarante-cinq années. En réalité, cette manière d'agir était défectueuse : on empruntait pour rembourser au moment même où l'intérêt était élevé.

Pendant la guerre avec la France, diverses modifications furent apportées en système adopté, sans en dénaturer le principe et l'amortissement fonctionna assez régulièrement jusqu'en 1829. Il fut démontré alors, avec la dernière évidence, que les résultats obtenus étaient désastreux parce qu'on n'avait cessé d'emprunter à des conditions onéreuses, pendant qu'on rachetait à des cours élevés. Le procédé de l'amortissement avec intérêts composés et une dotation fixe fut abandonné et remplacé par des rachats opérés au moyen du quart seulement des excédants de recettes trimestriels : les titres ainsi rachetés sont définitivement annulés.

En 1816, le système anglais fut adopté par les hommes d'État de la Restauration au moment même où des appels considérables et incessants étaient faits au crédit. Une caisse spéciale d'amortissement fut créée sur le principe des intérêts composés et avec une dotation de 20 millions, qui fut élevée ensuite à 40 millions. Afin d'en assurer le fonctionnement, la loi du 28 avril 1816 déclarait qu' : « il » ne pourrait être porté atteinte dans aucun cas et sous » aucun prétexte à la dotation de cet établissement qui » était placé de la manière la plus spéciale sous la sur- » veillance et la garantie de l'autorité législative. » La loi de 1825 suspendit l'action de l'amortissement sur les rentes ayant dépassé le pair.

La loi du 19 juin 1833 modifia le principe de la fixité de la dotation de l'amortissement, tout en maintenant l'accumulation des intérêts des rentes rachetées ; elle répartit la dotation primitive, au marc le franc, entre les quatre natures de rentes et ordonna qu'à l'avenir tout emprunt serait doté d'un fonds d'amortissement qui ne pourrait être moindre de 1 % du capital nominal des rentes créées.

Enfin, en 1866, un nouveau système fut inauguré par M. Fould : un tantième pour cent des emprunts n'était plus affecté à l'extinction des emprunts ; la caisse d'amortissement recevait des ressources propres et spéciales.

Depuis la loi de 1833, les rachats de la caisse d'amortissement devaient se faire avec concurrence et publicité : un tableau placé à la Bourse indiquait chaque jour la somme en capital qui était affecté à chaque nature de rentes.

Malgré toutes les précautions prises, les résultats obtenus par les caisses spéciales d'amortissement ont été plus que modestes. Aussi après un engouement général et les plus folles illusions, l'amortissement à intérêts composés, fonctionnant au moyen d'une caisse spéciale, a été abandonné tant en France qu'en Angleterre par les financiers et les hommes politiques. Après avoir cru qu'il éteindrait toutes les dettes dans un avenir prochain, l'opinion en nie maintenant l'utilité pratique et même la possibilité théorique : il y a, à notre avis, exagération dans le deux sens.

En France et en Angleterre, la dette publique n'est pas divisée en coupures fixes et immuables : chaque créancier de l'État a un compte individuel dans le grand-livre pour le montant de la rente dont il est titulaire; à chaque vente ou mutation pour décès, le compte primitif est annulé et un compte nouveau est ouvert au nom de l'acquereur ou de l'héritier. Dans les deux pays il ne pouvait être procédé à l'amortissement qu'au moyen des rachats des rentes à la Bourse et au cours du jour : or, ces rachats ne sauraient s'opérer que par l'intermédiaire de commissaires spéciaux ou d'une caisse spéciale. La constitution matérielle de la dette rendait donc nécessaire la création d'un établissement chargé des rachats des titres, et tant que le grand-livre, en France, ne sera pas organisé sur de nouvelles bases, il nous paraît impossible que l'action de l'amortissement ne soit pas confié à une caisse spéciale sous la surveillance de commissaires offrant des garanties morales. L'arbitraire d'un ministre n'est pas admissible.

Le système des rachats sur le marché et aux cours du jour des rentes soumises à l'action de l'amortissement était-il bon? D'une part, il était dans la nature des choses, puisque tout autre procédé était impraticable. D'un autre côté, les rachats étant faits au-dessous du pair, laissent toujours un bénéfice à l'État : au lieu de payer 100 fr. une rente de 3 fr., il pouvait l'acquérir à 60. 70, 80 fr. L'amortissement devenait ainsi plus rapide et les remplois étaient faits à un intérêt plus élevé qu'on ne l'avait calculé.

Les effets de l'amortissement n'ayant pas répondu aux espérances qu'il avait fait naître, on en conclut que son principe est erroné et on discute les effets produits par l'intérêt composé. « Un centime, dit-on, placé sous Charlemagne, aurait donné un revenu de 100 milliards à chaque Français en 1830; ce résultat mathématiquement vrai est absurde; donc l'amortissement qui a pour base le même calcul est également faux. » En raisonnant ainsi on ne fait pas attention que dans un cas le placement est indéfini, ce qui est impossible, tandis que dans le cas de la dette d'un État, il porte sur une somme fixe et vraie et que le remploi est toujours facile.

Quoi qu'il en soit, le système d'amortissement tel qu'il a été organisé en France et en Angleterre, devait amener des déceptions inévitables, parce qu'il ne tenait pas compte des faits contingents au milieu desquels il avait à s'exercer : racheter des rentes d'une main et en émettre de nouvelles de l'autre était une opération désastreuse, puisque l'État payait cher ce qu'il vendait bon marché. En outre, le principe n'a jamais été respecté : des rentes rachetées ont été négociées de nouveau, et pendant une longue période l'amortissement a été suspendu.

Les déceptions amenées par l'amortissement ne sont pas inhérentes au système qui en théorie reste parfaitement exact. Son seul tort est d'avoir été mal appliqué ; on s'est figuré que par lui-même, il devait avoir des résultats particuliers, tandis qu'il ne devait servir qu'à l'emploi intelligent et reproductif des excédants de recette à l'extinction de la dette. Ni un mécanisme financier, ni une opération d'écritures, ni un jeu d'intérêts ne peuvent créer des ressources. Comme l'a dit J.-B. Say, « il n'y a qu'un » moyen de se libérer : c'est de conserver chaque année » une part de ses revenus destinée à former un nouveau » capital. » C'est là, il est vrai, toute la difficulté.

§ 4. — *De l'amortissement par annuités.*

Le système de 1816 et de 1833 est insuffisant pour obliger les mandataires du pays à conserver une part de revenus destinée à l'amortissement; il est abandonné et il serait inutile de remonter le courant de l'opinion. Les économistes et les financiers ont donc été amenés à rechercher un nouveau mécanisme : voici dans quelles conditions.

Les compagnies de chemins de fer et les grandes sociétés industrielles ne pouvaient être autorisées à émettre des rentes comme l'État : ayant une durée limitée, leurs emprunts devaient être entièrement libérés pendant la période de leur existence. Elles ont contracté leur dette au moyen de titres remboursables en un certain nombre d'années : le type généralement adopté a été l'obligation de 500 fr. rapportant 3 % soit 15 fr., et amortissable en 99 ans, au moyen de tirages au sort. Ces obligations ont été livrées au public par les grandes compagnies à des prix variant de 250 à 330 fr. ; après une certaine méfiance, elles ont été accueillies avec faveur par l'épargne, qui a la certitude de recevoir une forte prime de remboursement.

L'amortissement combiné pour ces obligations a pour base la théorie des intérêts composés ; mais, au lieu de faire deux parts pour les intérêts et la dotation annuelle nécessaire à l'amortissement, les Sociétés dont nous parlons ont calculé l'annuité totale qui serait à payer pour le service de l'intérêt et de l'amortissement réunis ; ainsi l'annuité qui acquittera une obligation de 500 fr. à 3 % en quatre-vingt-dix-neuf ans sera de 15 fr. 849. Elles inscrivent donc dans leurs comptes le montant total de l'annuité qui doit éteindre leur dette ; cette annuité reste invariable; la part payée pour intérêts diminue bien chaque année, mais elle grossit la part affectée à l'amortissement.

Ce procédé offre un avantage incontestable : le contrat qui lie les Compagnies à leurs créanciers les oblige à payer non-seulement un intérêt convenu, mais encore à acquitter annuellement une annuité fixe. L'amortissement est donc obligatoire, et aucune considération ne peut le suspendre.

Des hommes d'État et des économistes ont vu dans ce système la solution du problème de l'amortissement ; ils ont donc demandé qu'à l'avenir l'État émît ses emprunts au moyen d'obligations remboursables par annuités et par voie de tirage au sort. Cette proposition est d'autant plus séduisante que l'annuité nécessaire pour l'amortissement est à peine supérieure à l'intérêt seul, lorsque la période d'amortissement est très-prolongée, et que la différence est à peu près compensée par l'abandon que le prêteur fait d'une partie de l'intérêt pour jouir des chances de la prime de remboursement. On cite même des cas où l'annuité totale, pour l'intérêt et l'amortissement d'une dette, était inférieure à l'intérêt seul d'une autre dette offrant les mêmes garanties, mais non soumise au remboursement.

Sans rechercher l'exactitude de cette observation, on doit se demander si le nouveau système répondra à toutes les espérances qu'il fait naître.

Quels sont d'abord les points de ressemblance entre les deux mécanismes ?

Avec le système organisé par les lois de 1816, 1825 et de 1833, l'État s'engageait seulement moralement à amortir ; il n'existait pas de lien de droit entre l'État et ses créanciers ; la dotation et les intérêts figuraient dans deux chapitres différents ; une caisse spéciale était nécessaire ; les rentes à éteindre devaient être rachetées sur le marché aux cours du jour ; la caisse d'amortissement devenait propriétaire des rentes rachetées qui n'étaient pas annulées ; les opérations étaient quotidiennes, compliquées, et donnaient lieu à des écritures nombreuses.

Avec l'amortissement au moyen d'annuités, l'amortissement est obligatoire en droit à l'égard des créanciers ; l'annuité nécessaire pour l'extinction de la dette doit figurer seule au budget, en un seul article ; le concours d'une caisse spéciale n'est pas indispensable ; les rentes ou obligations ne sont plus rachetées, mais remboursées au pair après désignation du sort ; les titres remboursés sont annulés définitivement ; l'amortissement ne donne lieu qu'à une ou deux opérations annuelles.

Telles sont les différences : quels sont les points de ressemblance ? Les deux systèmes ont pour base unique la théorie des intérêts composés ; de quelque façon que procède l'État, il devra, pour se libérer rapidement, affecter à l'amortissement une dotation fixe et continuer le paiement intégral des intérêts primitifs d'un emprunt jusqu'à extinction complète de la dette. Dans les deux cas également, l'État pourra continuer à emprunter pendant qu'il amortira et rendre ainsi l'amortissement illusoire.

Quels sont maintenant les inconvénients du système de l'amortissement par annuités ? M. Fr. Bartholony, président du Conseil d'administration du Chemin de fer d'Orléans, qui était bien à même d'apprécier le système des dettes constituées en obligations, va nous faire connaître un premier défaut :

« J'ai été frappé depuis longtemps, écrivait-il en 1859,
» (1) des inconvénients et des dangers inhérents à cette
» fabrication continuelle d'obligations en petites coupures
» qui fait créer des montagnes de papier couvert de si-
» gnatures, oblige, pour les tirages au sort, à des forma-
» lités embarrassantes et entraîne une multitude de soins
» en exposant les Compagnies à de fréquentes erreurs.
» Aussi, dès 1853, avais-je demandé qu'il fût créé un
» grand-livre où serait inscrite en rentes 3 %, dans

(1) *Simple exposé de quelques idées financières et industrielles*. Paris, 1859.

» chaque Compagnie, la dette constituée par elle comme
» procède l'État pour ses propres besoins (1). »

Le danger serait encore plus grave pour l'État, dont la
dette représente un capital nominal si élevé.

Ce défaut n'est pas le plus sérieux : les obligations
qu'on indique comme type parfait de la dette sont ordinairement émises au taux de 3 %. Or, une dette contractée en 3 %, qu'elle soit représentée par des titres de
rentes perpétuelles ou par des coupures fixes et amortissables, augmente fictivement le capital de toute la
différence entre le taux d'émission et le capital nominal.
Nous n'avons pas besoin de revenir sur ce que nous
avons dit sur ce sujet au chapitre Ier; nous ferons remarquer seulement, au point de vue spécial de l'amortissement, l'anomalie d'un procédé qui commence par
accroître le capital nominal de la dette sous prétexte de
réduire cette même dette dans l'avenir. Un emprunt émis
en 3 % au cours de 75 fr. augmente le capital de la dette
d'un tiers ; l'annuité qui amortira cet emprunt en soixante-
quinze années n'aura absorbé le capital fictif, dont l'État
se reconnaît débiteur et qu'il n'a pas reçu, qu'au bout
de trente-sept années. Pendant trente-sept ans, on ne
rembourse pas le capital reçu, on fait seulement disparaître le capital fictif.

Ces deux défauts, malgré leur gravité, ne doivent pas
faire repousser le système d'amortissement agissant au
moyen d'annuités fixes et invariables.

(1) Depuis 1859, M. Bartholony a changé d'opinion, car, en 1871, il a proposé
à l'État de contracter ses grands emprunts de 2 et de 3 milliards en obligations
remboursables en quatre-vingt-dix-neuf années. Peut-on taxer d'inconséquence
cet habile financier ? Nullement. En 1859 et en 1871, il a poursuivi le même but
dans l'intérêt des Compagnies de chemins de fer : obtenir que la dette de ces
Compagnies et la dette de l'État aient un même type de titres, arriver à ce que
l'État absorbât la dette des Compagnies, ou tout au moins que les obligations de
chemins de fer fussent admises à la cote à terme, afin que leur infériorité vis-à-
vis des rentes de l'État disparût. Ce but était franchement avoué en 1859 par
M. Bartholony, qui demandait en outre l'annulation de l'annuité de 123 millions
laissée à l'amortissement.

Pour empêcher l'encombrement des titres résultant du type d'obligations, les nouveaux emprunts pourraient être divisés en séries fixes d'un capital assez faible pour que l'amortissement pût absorber chaque année une série au moins. On pourrait ainsi maintenir les très-petites coupures, qui favorisent les habitudes d'épargne du pays, et en même temps réunir les titres appartenant au même titulaire dans la même série. Rien ne s'opposerait même à ce que le Grand-Livre de la dette fût réorganisé d'après ce procédé dans l'avenir.

Il serait aussi aisé de ne pas augmenter le capital nominal : comme nous l'avons déjà vu des rentes émises au pair ou au moins à un taux très-rapproché du pair, pour laisser une faible prime de remboursement aux premiers souscripteurs, sont parfaitement acceptées par l'épargne : il n'y a aucune raison de supposer que des rentes, amortissables dans un certain nombre d'années, ne jouiraient pas de la même faveur.

Avec ces deux tempéraments, le système de l'amortissement par annuité et tirage au sort présenterait encore un défaut : l'amortissement est strictement obligatoire, et il doit être continué dans les mêmes proportions pendant les années de crise, de disette, de guerre, aussi bien que pendant les années de prospérité. Par suite de l'aléa qui existe dans ses recettes et ses dépenses, l'État devrait s'engager annuellement pour le minimum possible : c'est le grand avantage des rentes perpétuelles. Avec les rentes amortissables en un nombre d'années fixe, l'État est tenu de payer, non-seulement ce minimum, qui est l'intérêt, mais encore une somme invariable pour l'amortissement : les conditions de l'amortissement sont même le plus souvent indiquées sur les titres de la dette : il existe un contrat véritable entre ses créanciers et l'État, qui ne saurait, sous aucun prétexte, manquer à son engagement.

L'amortissement nous paraît si indispensable à la bonne administration financière d'un pays, que, malgré le danger qui naît de l'obligation absolue de maintenir l'annuité fixée primitivement, le type des rentes amortissables nous paraît devoir être adopté dans les conditions que nous venons d'indiquer. C'est le seul moyen d'assurer un amortissement régulier dans l'avenir.

La France vient, du reste, d'entrer dans cette voie, et a renoncé à son vieux type de rentes perpétuelles. Sur la proposition du ministre des finances, les Chambres ont voté une loi qui autorise l'émission de rentes 3 % amortissables en soixante-quinze années, pour un capital réel de 439 millions. Un premier lot de ces nouvelles rentes a été offert le 17 juillet 1878 au public et a été enlevé à des prix peut-être exagérés, mais qui démontrent dans tous les cas la puissance du crédit de la France et l'accumulation de l'épargne à la recherche d'un emploi productif. La nouvelle section du Grand-Livre, ouverte par la loi du 11 juin 1878, sera divisée en 175 séries égales. Les coupures, au nombre de 8, varieront de 15 fr. à 3,000 fr. Le tirage au sort désignera chaque année une ou plusieurs séries : ce n'est donc pas absolument le système des obligations qui a été adopté, et le ministre a sagement évité l'encombrement des titres.

La seule critique que l'on pourrait adresser à la nouvelle dette est qu'elle est constituée en 3 % et qu'elle augmente fictivement le capital de la dette. Il faut pourtant reconnaître que le ministre des finances avait des raisons graves d'adopter les rentes à ce taux : le 5 %, le 4 1/2 et le 4 % dépassent en ce moment le pair, et étant soumis au remboursement, leur taux de capitalisation est inférieur au véritable taux du crédit de l'État. D'un autre côté, on ignorait comment la nouvelle rente serait accueillie par le public ; c'était une expérience à tenter, et il était nécessaire d'attirer les capitaux par une prime de remboursement assez élevée. Enfin, les nouvelles rentes étant destinées à remplacer des obligations émises ou à émettre par les chemins de fer, il était naturel d'offrir à l'épargne des titres présentant les mêmes avantages.

Pour l'avenir cependant, il nous semblerait dangereux de suivre ce précédent, et nous pensons qu'il conviendrait, tout en adoptant le type des rentes amortissables par annuités au moyen du tirage au sort de séries, de ne pas augmenter le capital fictif de la dette, et d'émettre ces rentes au pair.

Quelques pays ont adopté pour l'amortissement un système intermédiaire. En Belgique, en Hollande et dans toute l'Allemagne, les emprunts ont toujours été constitués en titres de coupures portant un numéro invariable ; grâce à ce procédé, l'amortissement a pu agir en rachetant les titres quand ils étaient au-dessous du pair, et en les remboursant au pair par voie de tirage au sort lorsqu'ils avaient dépassé le pair. Il faut reconnaître que ces nations sont les seules de l'Europe chez lesquelles l'amortissement ait donné de bons résultats et soit parvenu à diminuer sensiblement la dette. Ce système est du reste, en théorie, le meilleur, puisqu'il permet d'amortir dans toutes les circonstances et dans les conditions les plus favorables à l'État. Mais, en pratique, il pourrait donner lieu aux mêmes déceptions que l'amortissement avec caisse spéciale, puisqu'il ne rend pas l'amortissement strictement obligatoire.

Dans une démocratie organisée en république, telle que la France, les assemblées qui possèdent la plénitude du pouvoir sont fréquemment renouvelées, et elles n'auraient sans doute pas l'esprit de suite nécessaire pour maintenir les taxes à l'aide desquelles la dette pourrait être atténuée. L'Angleterre est un pays aristocratique : les classes dirigeantes qui détiennent le pouvoir devraient être amenées par leur organisation, leurs majorats, leurs

immenses propriétés, leurs substitutions, à être aussi sou-
cieuses de l'avenir que du présent ; cependant, depuis
que l'amortissement ne jouit pas d'une dotation fixe, de
1829 à 1869, les sommes appliquées à l'atténuation de la
dette n'ont pas dépassé 30,000,000 de fr. par an. En
France, plus la démocratie a fait des progrès, plus le rôle
de l'amortissement a été amoindri; sous la Restauration,
il agissait énergiquement ; sous la monarchie de Juillet,
qui plaçait le gouvernement entre les mains de la classe
moyenne, il a été maintenu en principe, mais faiblement
appliqué; sous l'Empire, il en était fait à peine mention.
Nous ne nous fierons donc pas au procédé employé par
la Belgique, la Hollande ou la Prusse, et nous pensons
qu'il est plus sage de ne rien livrer au hasard ou à la faiblesse humaine.

Nous n'avons parlé jusqu'à présent que des modes
d'amortir la dette en capital et au moyen de paiements
annuels et fractionnaires. Il existe un moyen plus radical
d'éteindre une dette publique, ou tout au moins d'en réduire les intérêts annuels : c'est de rembourser en bloc et
d'une façon définitive tous les créanciers de l'État porteurs d'une même nature de titres. Ce remboursement réel
ou fictif peut donner lieu à des combinaisons financières
très-variées dont les résultats sont fructueux pour un
pays : ce sont ces combinaisons, ces opérations qui font
l'objet de ce traité.

Avant d'étudier le mécanisme de ces opérations, d'en
retracer l'histoire dans le passé, et d'en indiquer l'application dans l'avenir, il était indispensable de rechercher
l'origine de la dette, les divers moyens de la contracter,
et les modes ordinaires de l'amortir. Les questions que
nous avons rapidement passées en revue dans ce premier
livre ont une influence capitale; et de leurs solutions

dépend le choix auquel s'arrêteront l'homme d'État et le financier entre les diverses combinaisons que nous allons étudier. Nous croyons donc devoir résumer les observations qui précèdent en quelques propositions : celles-ci nous serviront de jalons pour la discussion qui va suivre.

— Quand l'État emprunte, chaque membre de la nation s'endette.

— L'État emprunteur doit agir comme chaque citoyen le ferait s'il empruntait directement, et ne s'engager à rembourser que la somme reçue réellement, c'est-à-dire constituer sa dette en titres au pair ou très-rapprochés du pair.

— Une nation étant plus pauvre de tout ce qu'elle doit, il s'ensuit qu'elle s'enrichit réellement en payant ses dettes.

— Les causes qui obligent les États à emprunter se renouvellent sans cesse ; les dettes accumulées sans trêve aboutissent toujours à la banqueroute.

— Une nation dont la dette est arrivée à son maximum d'intensité doit, si elle veut faire toujours honneur à ses engagements, ne reculer devant aucun sacrifice pour l'atténuer en capital.

— Tout amortissement ne peut s'opérer sérieusement qu'au moyen de l'excédant net et annuel des recettes sur les dépenses.

— L'amortissement ne peut agir rapidement que par le jeu des intérêts composés.

— Dans les démocraties parlementaires, le meilleur système d'amortissement est celui où la dotation annuelle de l'amortissement sera le mieux préservée contre toute atteinte ultérieure.

— Pour garantir la dotation et les réserves de l'amortissement, il est nécessaire d'établir un lien de droit entre l'État et ses créanciers.

— Ce lien de droit résultera de l'engagement formel, inscrit sur les titres d'un emprunt, de rembourser tout cet emprunt en un certain nombre d'années, au moyen du tirage au sort de ces titres ou mieux de séries comprenant un certain chiffre de rentes.

— Le service d'un emprunt amortissable devra être garanti par l'inscription au budget, en une somme totale, de l'annuité nécessaire pour l'amortissement et les intérêts.

LIVRE II

THÉORIE DES CONVERSIONS DE RENTES

CHAPITRE 1ᵉʳ

Des conversions en général.

En empruntant, l'État s'est engagé à payer un intérêt annuel fixe, ou à rembourser un capital de 100 fr. Plusieurs économistes, et surtout Florez Estrada, sont tellement hostiles au système des emprunts et des dettes publiques, qu'ils conseillent, par un effort héroïque, de rembourser en une fois tout le capital dû aux créanciers de l'État; du moment, disent-ils, que les intérêts sont servis exactement, le capital représenté par ces intérêts existe dans le pays, et il pourrait être demandé en une seule contribution. En théorie, le raisonnement est exact; mais l'esprit saisit immédiatement toutes les difficultés qui s'opposeraient à l'application de ce système radical.

L'impôt, avons-nous dit, ne peut être prélevé que sur le revenu; or, la plupart des nations de l'Europe ont des revenus inférieurs au capital de la dette due par l'État. D'après le savant mémoire présenté récemment à la Société de statistique de Londres par M. Robert Giffen, la richesse nationale de l'Angleterre s'élèverait à la somme de 212 milliards et demi, produisant annuellement, à

4

3 1/2 %, environ 7 milliards et demi. Au 31 mars 1877, la dette fondée s'élevait en capital à près de 18 milliards. Le revenu intégral de l'Angleterre serait donc absorbé pendant plus de deux années et demie par le paiement du capital de sa dette. Dans les mêmes conditions, la libération de la France exigerait sans doute un plus grand nombre d'années. Devant ces chiffres, il nous semble inutile d'insister sur l'impossibilité du remboursement en bloc d'une dette considérable au moyen de l'impôt.

Mais il peut exister de nombreuses circonstances où un État aura intérêt à rembourser une dette contractée dans certaines conditions onéreuses et où il y aura possibilité pour lui de se procurer les capitaux nécessaires à cette restitution.

Le contrat qui lie l'État à ses prêteurs a tous les caractères, la nature, les effets du contrat ordinaire de prêt, appelé *constitution de rente* et réglé par les articles 1909, 1910 et 1911 du Code civil :

ART. 1909. — On peut stipuler un intérêt moyennant un capital que le porteur s'interdit d'exiger. Dans ce cas, le prêt prend le nom de constitution de rente.

ART. 1911. — La rente constituée en perpétuel est essentiellement rachetable. Les parties peuvent seulement convenir que le rachat ne sera pas fait avant un délai qui ne pourra excéder dix ans, ou sans avoir averti le créancier au terme d'avance qu'elles auront déterminé.

La seule différence (1) est que l'État ne pourra jamais être contraint de rembourser son prêteur. Mais le jour où il lui plaît d'offrir ce remboursement, qui ne peut lui être

_____

(1) On a indiqué une autre différence : d'après le Code civil, une rente perpétuelle peut être rachetée, moyennant le remboursement de la somme primitivement payée, tandis que l'État ne serait admis qu'à rembourser une somme fictive plus forte que celle reçue par lui. On oublie que l'État, d'après le titre remis par lui à son prêteur, se reconnaît débiteur de la somme de 100 fr.; il a reçu moins, peu importe. Le Code civil ne donnerait pas le droit à un majeur de demander la rescision d'un contrat fait dans de semblables conditions : pourquoi l'État l'aurait-il ?

imposé, il en est le maître. Ce droit a été contesté autrefois à l'État, nous verrons plus tard par qui, dans
quelles conditions et sous quels prétextes (v. livre III, chapitre VIII); mais actuellement il n'est plus mis en question
et il est inutile d'insister.

Le droit de l'État étant admis, quels seront les cas où
il en sera fait usage? Pour plus de clarté, procédons par
exemple et par analyse.

Un État, à la suite d'une guerre, d'une crise, emprunte
en 5 %, c'est-à-dire qu'il vend des rentes annuelles de
5 fr., qu'il ne pourra rembourser qu'avec un capital de
100 fr. Il trouve des prêteurs qui achètent ces rentes
moyennant une somme de 82 fr. Pour chaque somme
versée de 82 fr., l'État paiera un intérêt de 5 fr. et restera
toujours débiteur du capital reconnu de 100 fr. Le premier
acquéreur ou souscripteur de la rente pourra la vendre à
son tour 80 fr. ou 90 fr.; l'État restera spectateur indifférent de cette transaction, qui n'aura pas pour résultat
de modifier son contrat. Mais si, par suite de phénomènes
économiques et politiques, la rente de 5 fr. est payée
par de nouveaux acquéreurs 110 fr., 125 fr., que se passera-t-il?

Des capitalistes viendront trouver le représentant de
l'État et lui tiendront ce langage : « Vous devez 100 fr.
pour 5 fr. de rente; or, on consent à payer 125 fr. pour
ces mêmes 5 fr. de rente; le capitaliste qui donne 125 fr.
n'en retire qu'un revenu annuel de 4 pour 100. Nous
nous chargeons de vous procurer un capital de 100 fr.
contre 4 fr. de rente annuelle; vous pourrez alors rembourser le prêteur de 5 fr. de rente, éteindre cette dette,
la remplacer par une autre qui ne vous coûtera que 4 fr.
d'intérêt annuel; vous bénéficierez ainsi du cinquième de
la rente servie à vos anciens créanciers. » L'État accepterait évidemment; voilà un premier cas où il y aurait
intérêt à rembourser la dette et à s'adresser à de nouveaux
prêteurs.

Au lieu d'emprunter en rentes perpétuelles, l'État a émis des obligations de 500 fr. à 6 % remboursables par voie de tirage au sort en quinze années. L'annuité sera de 51 fr. 48 c., soit 30 fr. pour les intérêts et 21 fr. 48 c. pour l'amortissement. La charge sera énorme pour le budget; si les impôts sont élevés et mal assis, elle sera écrasante. Que l'État puisse emprunter en rentes perpétuelles au même taux, il sera amené à rembourser ces obligations immédiatement et à demander au crédit la somme nécessaire; il n'aura plus à payer que l'intérêt de 100 fr.

Autres exemples : Une dette a été contractée payable en or; ce métal fait prime; l'État pourra avoir avantage à rembourser cette dette spéciale et à en contracter une nouvelle, payable en argent ou en papier-monnaie ayant cours légal dans le pays.

Les titres d'un emprunt ont été garantis contre toute imposition; l'État veut soumettre sa dette à une taxe; il rembourse ces titres primitifs au moyen d'un emprunt nouveau, qui ne jouira pas de la même garantie.

On pourrait citer plusieurs autres cas; mais ces exemples suffisent pour faire comprendre que, dans certaines circonstances, un État a intérêt à rembourser une dette ancienne au moyen de capitaux demandés à un emprunt nouveau. Il est dans la même situation qu'un emprunteur ordinaire. Un industriel est à la veille de déposer son bilan; il trouve un généreux ami qui, contre bonne hypothèque, lui prête cent mille francs à 6 % pour 5 ans; grâce à cet argent, notre industriel fait honneur à ses engagements et rétablit ses affaires. A l'expiration du délai, il n'a pas encore reconstitué le capital nécessaire pour rembourser sa dette, mais son crédit s'est affermi, et il trouve un nouveau prêteur qui se contentera de 5 %. Il s'empressera de rembourser son ami, qui lui reprochera son ingratitude; mais personne ne le blâmera, et il aura 1,000 fr. de moins à sortir de sa caisse par année.

Jusqu'à présent, nous avons supposé que le remboursement de la dette que l'État aura intérêt à éteindre sera effectué au moyen d'un nouvel emprunt contracté à des conditions meilleures. L'opération sera double, un emprunt et un remboursement ; or, un emprunt offre toujours des inconvénients, il remue une masse de capitaux, nécessite des frais d'émission ; le remboursement lui-même ne pourra s'effectuer sans une dépense pour l'État.

N'existe-t-il pas un moyen d'éviter ce double mouvement, cette double opération ? N'est-il pas évident que la plupart des porteurs des titres à rembourser, embarrassés de l'emploi de leurs capitaux, se présenteront eux-mêmes pour souscrire au nouvel emprunt qui doit les désintéresser ? Avant de s'adresser au crédit, l'État n'aura-t-il pas intérêt à proposer à ses créanciers primitifs d'accepter volontairement les conditions qui lui seraient faites par de nouveaux prêteurs ? S'il agit ainsi, il arrivera au même résultat, et il réalisera ce qu'en langue financière on appelle une CONVERSION (1). D'après ce qui précède, nous pouvons définir ce procédé d'une manière générale:

Une Conversion est une opération au moyen de laquelle un État rembourse une catégorie de ses créanciers, soit par la remise pure et simple du capital nominal qui leur est dû, soit par la remise d'un nouveau titre d'une dette constituée à des conditions différentes.

Cette définition générale peut s'appliquer à toutes les Conversions légitimes. Presque toujours les opérations de ce genre portent sur des dettes contractées en rentes perpétuelles et ont avant tout pour but d'obtenir un réduction

(1) Le mot conversion n'est pas seulement employé en langue financière pour désigner les opérations de crédit que nous étudions : il a d'autres acceptions. L'administration des finances s'en sert toutes les fois qu'un changement de titres est opéré sans qu'il y ait mutation de propriétaire : ainsi, lorsque le porteur d'une rente nominative désire l'échanger contre un titre au porteur, il y a conversion, et reconversion lorsque le titre au porteur est échangé contre un titre nominatif. Dans le cours de ce traité, nous réserverons l'expression de conversion pour les opérations de crédit dans lesquelles le titre de la dette reçoit dans son essence même une modification.

proportionnée à l'amélioration du crédit, dans le service
des intérêts. Ces Conversions étant les plus fréquentes
dans le passé, les plus probables dans l'avenir, les plus
faciles et les plus productives dans leurs résultats, nous
allons nous en occuper uniquement.

On sait que l'intérêt est composé de trois éléments différents : le loyer du capital, la prime d'assurance destinée
à couvrir le risque, et, dans un grand nombre de cas, le
droit de commission, le salaire de l'intermédiaire qui met
l'emprunteur en rapport avec le prêteur. Dans les emprunts contractés par l'État, ces trois éléments se trouvent
le plus souvent réunis, mais dans des proportions très-
différentes. Si l'emprunt est considérable et dépasse la
puissance d'épargne de plusieurs années, le salaire de
l'intermédiaire sera important. Si l'appel au crédit est fait
à la suite d'une révolution par un gouvernement faible
dont les chances de durée sont limitées, la prime d'assurance représentera une somme élevée dans le taux de
l'intérêt. La base qui a subi dans le passé les variations
les moins sensibles est le loyer du capital : on peut dire
que, dans notre pays, pour les prêts à long terme, ce
loyer seul, dégagé des autres éléments, n'a guère dépassé
jusqu'à présent 4 1/2 et n'a pas été inférieur à 3 1/2 %
pour les capitaux mobiliers.

Dans la composition de l'intérêt, un des éléments est
destiné à être éliminé : aussitôt que l'emprunt de l'État est
classé, l'intermédiaire disparaît et son salaire, sa commission n'entrent plus en ligne de compte. Si la rente a été
émise au pair, au taux de 5 %, un pour cent dans les
emprunts considérables pourra être considéré comme le
bénéfice que se réservent les capitalistes qui se chargent
temporairement de l'emprunt : c'est même pour s'assurer
la réalisation de ce bénéfice que les banquiers ont imaginé

le système des emprunts avec augmentation de capital. En prêtant leurs capitaux à 6 %, ils ont exigé que l'État se reconnût débiteur de 100 fr. contre un versement réel de 83 fr. 33, c'est-à-dire qu'il constituât l'emprunt en 5 %. Ils avaient ainsi la certitude de ne pas être arrêtés dans la liquidation des rentes souscrites, avant que celles-ci eussent atteint le cours de 100 fr., et de pouvoir réaliser le capital représenté par le un pour cent compris dans l'intérêt comme prix de leur intervention.

Une autre portion de l'intérêt doit également disparaître: mais l'élimination est parfois plus lente. L'emprunt est contracté le plus souvent pendant une guerre avec l'étranger, ou à la suite d'une révolution : dans les deux cas, le capital prêté court des risques, et le prêteur, pour se couvrir, exige une prime d'assurances. Dans certains pays, cette prime est à peu près nulle, on peut même dire qu'elle n'existe pas. L'Angleterre, par sa position insulaire, est à l'abri de toute conquête; aussi, pendant la guerre de Crimée, a-t-elle pu emprunter dans des conditions exceptionnellement favorables. La France est moins bien partagée: cependant la prime d'assurances n'y figure que dans une proportion bien faible et souvent inappréciable comme base de l'intérêt. A certains moments, notre pays a pu emprunter au prix du loyer ordinaire des capitaux : les emprunts de 1830, de 1847 et le dernier emprunt de cette année ont été contractés à moins de 4 %.

Le loyer du capital, qui est l'élément inéluctable de l'intérêt, qui en est la base essentielle, peut varier lui-même et varie en fait à l'infini. Son taux est soumis à la loi de l'offre et de la demande, et dépend de la richesse générale, de l'abondance des capitaux, des besoins de l'industrie et du commerce, des habitudes d'ordre, d'économie, de prudence d'un pays; il tend toujours à décroître, et, sans pouvoir tomber à zéro, il peut descendre à un chiffre insignifiant. On a vu l'intérêt des sommes remboursables à première réquisition tomber à 1 et 1/2 % : les prêts à

long terme pourront être constitués dans l'avenir à un
taux aussi faible.

Tout ceci est élémentaire et il est inutile d'y insister ;
en résumé, l'intérêt d'un emprunt public comprend, dans
certaines circonstances, trois éléments ; deux de ces éléments sont destinés à être éliminés, et le troisième, base de
l'intérêt, le prix du loyer du capital, a une tendance naturelle à décroître. Il s'ensuit que les conditions du crédit
s'améliorent sans cesse et que les progrès de cette amélioration sont d'autant plus rapides que la prime d'assurance et le salaire des intermédiaires étaient entrés en
proportions plus fortes dans l'établissement du taux de
l'intérêt.

Tels sont les enseignements de la science. Comment les
choses se passent-elles en fait ? Examinons.

Les États, lorsqu'ils contractent un emprunt, traversent
le plus souvent une crise. Les recettes annuelles sont in-
suffisantes pour payer les charges annuelles, ou parce qu'il
est nécessaire de faire face à des dépenses exceptionnelles,
ou parce que, par suite d'un mouvement intérieur, d'une
crise commerciale, les impôts ont été inférieurs aux prévisions ; alors les transactions sont rares, les capitaux craintifs, le numéraire se cache, le taux général du loyer de l'argent est élevé, le crédit se réserve. L'État qui veut emprunter
est obligé de se soumettre à la situation générale du marché et d'offrir aux capitaux, pour les attirer, des avantages
particuliers. Les conditions ne seront pas trop onéreuses,
si le montant de l'emprunt ne dépasse pas la puissance
annuelle de l'épargne du pays ; il pourra être placé au pair,
si l'intérêt offert est égal à celui qui est admis dans les
transactions ordinaires. La première amélioration dans le
crédit permettra alors à l'État de chercher à rembourser
cette dette. Mais ce cas est exceptionnel. Lorsqu'un gouvernement se résout à faire appel aux capitaux dans les
époques de crise, il faut qu'il soit forcé de se procurer
des sommes considérables ; si les sommes sont peu im-

portantes, il préférera s'adresser à des moyens de Trésorerie ou à des prêteurs temporaires.

Les sommes demandées au crédit, aux époques où le
taux du loyer des capitaux est élevé, seront donc ordinairement supérieures à l'épargne de plusieurs années.
L'État sera alors dans la dure nécessité de réclamer le
concours d'intermédiaires et de leur payer une commission. Cette commission sera toujours un intérêt supplétif;
cet intérêt pourrait être garanti pendant un certain nombre
de mois ou d'années, comme cela se pratique en Belgique.
En France, les banquiers ont obtenu, comme nous l'avons
vu, une combinaison qui leur assure la réalisation du
capital représenté par cet accroissement d'intérêt et ont
amené l'État à émettre des rentes au-dessous du pair.

Les banquiers, les spéculateurs escomptant le rétablissement de la paix, la reprise des affaires, le retour du calme, et,
disposant de capitaux considérables, par suite de la stagnation des transactions, se rendent donc acquéreurs des
fonds émis ainsi au-dessous du pair; l'écart entre le prix
d'émission et le pair leur permet d'espérer un bénéfice plus
ou moins important, qui sera le prix de leur concours. La
paix se signe, l'ordre se rétablit, les impôts rentrent régulièrement, le crédit général s'affermit, et, celui de l'État en
profitant, les fonds publics suivent ce mouvement et se
capitalisent à un taux moins élevé. L'épargne se reforme;
elle considère les titres de la dette de l'État comme le placement le plus sûr et le plus commode, elle se jette sur
les rentes; la spéculation rend alors peu à peu les titres
qu'elle avait souscrits aux véritables rentiers, à ceux qui
désirent les conserver en portefeuille; l'emprunt se trouve
classé.

Ce travail est plus ou moins rapide, selon les circonstances et selon l'importance des emprunts. Si aucun
fait nouveau ne vient diminuer la confiance ou assombrir
l'avenir, les rentes, qui ont été émises à un taux légèrement inférieur à celui du loyer de l'argent dans le pays au

moment de l'emprunt, ne tarderont pas à se capitaliser d'une façon plus élevée que ce même taux en temps de prospérité. Ce phénomène curieux est incontestable et facile à expliquer, alors même que l'intérêt ne comprendrait pas une part pour la commission des intermédiaires et pour la prime d'assurances.

D'une part, en effet, la spéculation, au moment de l'émission des rentes, cherche à se les procurer aux meilleures conditions ; elle comprime les cours ; après la souscription, elle veut se défaire des rentes qu'elle a acquises et elle est unanime à pousser à la hausse. D'autre part, l'épargne, dans la situation indiquée, n'a pas pu absorber tout l'emprunt ; mais à mesure qu'elle se reforme, elle prend ces titres de la dette de l'État, qu'elle préfère à tous les autres, et elle leur donne une plus-value. Le petit capitaliste cherche avant tout la sécurité pour son capital et la régularité dans le paiement des intérêts : aux époques de crise, il aimera autant prêter sur hypothèque, parce qu'il doute de la solvabilité de l'État ; il aura un revenu plus faible, mais il ne craindra pas pour son capital si chèrement épargné. Pendant les années de prospérité, cette appréhension s'évanouira et il demandera des intérêts régulièrement payés.

On conçoit donc quelle différence énorme peut exister entre le taux auquel un État trouvera des prêteurs, puisque, selon les circonstances, il est considéré comme le meilleur ou le pire des débiteurs. La France, qui, depuis trois quarts de siècle, a montré la fidélité la plus scrupuleuse à tenir ses engagements, et dont la richesse, sauf des temps d'arrêt, s'est toujours progressivement accrue, a emprunté à des taux qui ont varié entre 8 pour cent et moins de 4 pour cent.

L'emprunt que nous avons supposé émis à 82 fr., s'est, par suite des faits que nous venons de décrire, élevé à 100 fr., c'est-à-dire au pair, au chiffre auquel l'État aurait le droit d'offrir le remboursement. A ce taux, la rente subira un temps d'arrêt forcé et sa progression sera plus lente ; l'acheteur de 5 fr. de rente saura en effet qu'il s'expose à recevoir le remboursement de 100 fr., et il hésitera à donner plus de 100 fr. ou même cette somme, parce qu'il craindra d'être obligé de chercher un nouveau placement. Il se résoudra cependant à payer ce prix, si, sur le marché des valeurs, il ne trouve pas un autre titre qui, à sécurité égale, lui donne un intérêt semblable. En temps de prospérité, le taux de la rente au-dessous du pair indique à l'État le *maximum* de son crédit ; au-dessus du pair il en représente au contraire le *minimum*. Il y aura donc certitude de trouver de nouveaux prêteurs au taux établi par ce minimum.

Si la rente s'élève à un prix supérieur de plusieurs unités au-dessus du pair, la différence dont il s'agit s'accentuera. Le cours de la rente 5 % étant de 105 fr., le crédit de l'État sera forcément meilleur que le taux 4 fr. 75 % représenté par ces chiffres ; l'acquéreur aura calculé en effet qu'il peut perdre 5 fr. sur le capital et il aura escompté cette perte possible ; il serait donc disposé à accepter une réduction de 25 c. sur son revenu. On peut même dire qu'il l'a acceptée d'avance : il a consenti à recevoir 4 fr. 75 pour un capital de 105 fr., à plus forte raison serait-il heureux de recevoir une rente de 4 fr. 75 à la place du remboursement de 100 fr. que l'État aurait le droit de lui faire et avec lequel il ne pourrait se procurer qu'une rente de 4 fr. 52 c. 1/2.

A ce moment, l'État pourra profiter de l'amélioration de son crédit, il le devra même dans l'intérêt des contribuables. Comment continuerait-il à payer une rente de 5 fr. pour un capital de 100 fr., alors que, d'après les indications du marché et les cours de ses titres, qui sont établis librement et résultent de l'offre et de la demande, il a la certitude de trouver le même capital moyennant la promesse d'une rente de 4 3/4 ? Au lieu de contracter un emprunt pour acquitter la dette 5 %, l'État fera une *Conversion de rentes* : il proposera aux porteurs du 5 % de consentir à une réduction de revenu d'un quart % s'ils ne préfèrent recevoir le capital dû : à ceux qui accepteront cette proposition il remettra, en échange du titre de 5 fr. de rente, un nouveau titre de 4 3/4 de rente. Le 5 % sera *converti* en 4 3/4 %.

Les faits qui viennent d'être décrits permettraient de définir la Conversion de rentes: une opération par laquelle l'État offre, aux porteurs d'un fonds constitué en rentes perpétuelles, l'option entre le remboursement des titres au pair et une réduction de leur revenu. Cette définition est celle de la plupart des écrivains financiers, et l'opinion en est arrivée à confondre ces trois termes : la *Conversion* de la rente, le *remboursement* de la rente, la *réduction* de la rente ; dans la langue usuelle, ils sont presque devenus synonymiques. Il y a là une confusion et un danger : le rentier, qui ne voit que la réduction de son revenu, ne comprend pas le mécanisme de l'opération, et il accuse l'État d'avoir réduit arbitrairement la rente. Ce préjugé existe dans bien des esprits et il est important de réagir et de lutter contre cette erreur. Aussi modifierons-nous la définition consacrée et adopterons-nous celle-ci, qui insiste sur le fait du remboursement et le précise :

Par la Conversion de la rente, l'État, profitant de l'amélioration de son crédit, rembourse la totalité d'un fonds constitué en remettant à chaque porteur d'une unité de rente, à son choix, soit le capital au pair de son titre, soit une inscription d'un nouveau fonds portant un intérêt moindre.

Le remboursement seul est dans le droit de l'État, on ne saurait trop le répéter ; la réduction seule ne pourrait jamais être opérée et serait une banqueroute. En 1840, dans une loi de conversion, la commission de la Chambre des députés avait inséré que la nouvelle rente serait garantie pendant dix ans contre une réduction nouvelle ; M. Lacave-Laplagne, derrière l'autorité duquel nous aurons plusieurs fois à nous abriter, protesta énergiquement et fit remarquer que l'État n'avait pas à garantir les rentiers contre une réduction qui serait illégale ; il obtint que ce mot malencontreux fût remplacé par le *remboursement*, qui était seul dans le droit du Trésor.

La confusion naît de ce que le nouveau et l'ancien titre se trouvent entre les mains du même rentier. Il semble que la rente primitive ait été réduite ; il n'en est rien. La dette convertie n'existe plus, elle est purement et simplement remboursée ; l'État s'est libéré d'une manière définitive. Aux uns il a restitué le capital dont il s'était reconnu débiteur ; aux autres il a remis l'équivalent de ce capital, représenté par l'inscription d'une nouvelle rente ; cette rente sera plus faible que l'ancienne, mais elle sera toujours au minimum la contre-partie exacte du capital dû. En fait, à l'égard des rentiers qui accepteront un nouveau titre réduit, la Conversion sera simple dans son mécanisme ; en droit elle représentera une double opération : un remboursement et un emprunt.

Cela est si vrai que dans notre pays, où les combinaisons financières, auxquelles donne lieu le maniement du crédit, sont restées si longtemps inconnues ou mal comprises, les premières mesures de Conversion proposées par le Gouvernement avaient pour but d'autoriser un emprunt au moyen duquel la dette à convertir serait remboursée ; un droit de préférence était seulement accordé aux souscriptions des porteurs de la rente qu'il s'agissait de réduire. Ce n'est qu'à la suite de longues discussions, lorsque l'exemple des faits accomplis en Angleterre a été mieux connu, que l'on a renoncé à faire une double opération, et que l'on a trouvé la véritable théorie des Conversions de rentes.

Nous avons raisonné jusqu'à présent, dans l'hypothèse,

que le fonds soumis à la Conversion était constitué en rentes perpétuelles ; il ne faudrait pas en conclure que les rentes perpétuelles peuvent seules subir les réductions qui sont la conséquence de l'amélioration du crédit. Les rentes amortissables par annuités pourraient tout aussi bien donner lieu à des conversions. L'annuité comprend l'intérêt et la somme nécessaire à l'amortissement qui doit être achevé dans une période déterminée. Mais cet amortissement peut toujours être anticipé, et le remboursement immédiat peut être offert par l'État. Il faut convenir cependant que les titres de cette espèce se prêtent moins facilement aux conversions que les rentes perpétuelles ; ordinairement, ils sont émis à un taux très-éloigné du pair et, par suite, ils ne peuvent faire l'objet d'une proposition de remboursement au pair. Ils pourraient, il est vrai, et ils devraient être constitués au pair ; mais comme ils sont toujours sous la menace du remboursement par l'amortissement, ces titres s'élèvent plus difficilement au-dessus du pair et sont moins sensibles aux améliorations du crédit. Il n'y aurait cependant aucune difficulté théorique à les convertir, si l'État s'était réservé le droit d'anticiper l'époque du remboursement et d'user de cette faculté après un certain nombre d'années (1).

Les rentes amortissables, émises au pair ou aux environs du pair, pourraient même être l'objet de conversions plus fréquentes que les rentes perpétuelles ; ces opérations pourraient en effet avoir pour but non-seulement de faire subir à l'intérêt payé une réduction proportionnée à l'abaissement du prix du loyer des capitaux, mais encore de modifier les conditions de l'amortissement.

L'opération faite en 1875 sur les obligations Morgan en est un exemple : l'État a profité alors de l'amélioration de

(1) Lors de l'émission au pair de rentes, qu'elles soient perpétuelles ou amortissables ; l'État doit toujours faire abandon pendant un certain nombre d'années de son droit de remboursement. (v. plus loin, chapitre IV).

son crédit et a prolongé la période d'amortissement de ces titres. (v. livre III, chapitre XI).

De quelque façon du reste que la dette soit constituée, la conversion sera un mode de *remboursement* Ce principe a une gravité capitale ; nous allons en étudier les conséquences.

CHAPITRE II

Principes généraux des Conversions.

De la définition que nous avons donnée de la Conversion découlent les principes, les règles, les conditions auxquels doivent être soumises les opérations de ce genre et dont un gouvernement loyal ne saurait se départir.

Le *premier principe*, le plus important, on pourrait dire l'unique, est l'offre sincère du remboursement.

Un État qui veut modifier les conditions du contrat intervenu entre lui et ses créanciers, n'a à sa disposition qu'un moyen légitime de se dégager : c'est de faire disparaître la totalité des titres de la dette dont il veut réduire les charges, de l'éteindre, de le rembourser. Il s'est engagé à servir un intérêt de tant pour cent, ou à rendre un capital fixe, invariable ; ce capital n'est exigible à aucune époque, mais les intérêts doivent être payés à des termes convenus. Si l'État veut dénouer le traité qui le lie à son prêteur, il faut qu'il remplisse la partie de son contrat qui est invariable de sa nature. L'amélioration du crédit peut permettre de payer un intérêt moins élevé, mais aucun fait ne peut altérer le montant de la dette en capital.

L'État, comme un particulier, est tenu de remplir strictement ses engagements, et un particulier qui trouve qu'une dette contractée est trop onéreuse, n'a qu'un moyen de se dégager, rembourser le capital promis. Il est impossible à l'État de sortir de ce dilemme : ou remplir toutes les conditions de sa dette, payer exactement l'intérêt convenu, amortir aux époques fixées, conserver le gage assuré; ou bien rembourser le capital constitué. S'il voulait prolonger les délais de l'amortissement, diminuer les garanties, réduire la rente annuelle, sans offrir le remboursement immédiat et intégral, il se mettrait en état de faillite, il violerait ses engagements, il userait de la force contre ses créanciers impuissants. Jamais un gouvernement loyal n'a osé obliger ses prêteurs à des conditions nouvelles, sans leur proposer de leur rembourser le capital de leur créance.

Mais il ne suffit pas que l'État propose le remboursement, il faut que cette offre soit sérieuse. On a prétendu qu'il n'en serait jamais ainsi, qu'il était impossible de se procurer le capital nécessaire pour rembourser un fonds de plusieurs milliards, de le laisser inactif en attendant les réclamations, et que par suite, l'offre faite aux rentiers ne pouvait être qu'un leurre ou une menace. Il importe de dissiper ce malentendu.

Il est certain jusqu'à l'évidence qu'un ministre des finances qui veut convertir une nature de rente représentant un capital de 4 ou 5 milliards, ne commencera pas par accumuler dans les caisses du Trésor cette somme énorme, qui n'existerait sans doute pas en numéraire dans le pays; même pour un remboursement d'un fonds de 500 millions, il serait insensé, sinon impossible, d'avoir d'avance cette somme en métaux précieux ou en billets de banque. Mais une Conversion est une opération de crédit, et à ce titre elle ne peut reposer que sur la fiction qui préside à toutes les opérations de crédit. Si cette fiction n'existait pas, les sociétés en seraient réduites à ne faire leurs échanges que par le procédé primitif du troc.

Un banquier a-t-il dans son coffre-fort la représentation en numéraire de tout le papier qui circule sous sa signature? Une banque qui reçoit des dépôts et qui doit les rembourser à première réquisition, en conservera-t-elle le montant et le laissera-t-elle improductif? L'État lui-

5

même qui se charge de l'emploi des fonds déposés aux caisses d'épargne serait-il dans la possibilité de les restituer du jour au lendemain ? Si tous les porteurs des billets de la Banque de France qui sont payables à vue, se donnaient rendez-vous à la même heure aux guichets de cet établissement, auraient-ils la chance de rapporter des écus ou des pièces de 20 fr. ? L'État, quand il offre le remboursement, est dans la même situation que les institutions de crédit ou de dépôts qui promettent le paiement en espèce, à présentation ou à vue, de chèques, de livrets, de billets ; elles ont la certitude de pouvoir rembourser, parce qu'elles ont en portefeuille des valeurs égales à leur dette, lettres de change, titres de rentes, etc., facilement négociables et réalisables en quelques jours, et parce qu'elles sont assurées que tous les ayants-droit ne réclameront pas leurs capitaux et surtout ne les réclameront pas au même moment.

L'État se trouvera dans une semblable situation lorsqu'il fera une Conversion : la même fiction existera à son profit. La seconde alternative laissée aux rentiers doit être telle, que les demandes de remboursement ne puissent être que tout à fait exceptionnelles. Il suffira ainsi, pour que l'offre du remboursement soit sérieuse, que la Conversion remplisse les autres conditions indispensables de régularité que nous allons indiquer. Quant aux réclamations des rentiers qui exigeraient le paiement du capital, elles pourraient être facilement satisfaites au moyen d'une émission de bons du Trésor, d'une levée sur le compte-courant du Trésor à la Banque et d'autres moyens de trésorerie : la difficulté est, non de faire face aux demandes de remboursement, mais de les rendre impossibles.

Deuxième principe.—La rente qu'il s'agit de convertir doit avoir dépassé le pair : cette règle n'est qu'un corollaire de la précédente.

Il est bien certain que, si l'État offre de rembourser le capital d'un titre de 100 fr., et si ce titre ne vaut sur le marché que 98 fr. ou 99 fr., tous les porteurs réclameront immédiatement le remboursement proposé. De quelle quotité la rente à convertir devra-t-elle avoir dépassé le pair? il est assez difficile de préciser ce point; la réponse dépendrait des autres conditions de la Conversion. On peut néanmoins dire *a priori* que la rente devra être cotée à quelques unités, deux ou trois, au-dessus du taux de remboursement. Comme nous l'avons vu, la crainte du remboursement à 100 fr. enrayera le mouvement de hausse, et affaiblira le taux relatif de capitalisation aussitôt que le cours de 100 fr. aura été atteint. Le cours de 102 ou de 103 fr. indiquera ainsi que le taux véritable du crédit est au moins de 4 fr. 90 ou de 4 fr. 85. En fait, ce taux sera certainement supérieur au moins de quelques centimes.

Nous aurons plus loin à rechercher à quel chiffre il peut être évalué par hypothèse. Pour le moment, il suffit de savoir que l'État pourrait emprunter au-dessous du taux de 5 % et qu'il a par suite avantage à rembourser la dette contractée à ce taux; si elle est à 102 fr. ou à 103 fr., il le fera sans danger. L'annonce du remboursement entraînera un certain mécontentement chez les rentiers : plusieurs d'entre eux voudront réaliser leurs titres et pour éviter de les échanger contre le capital nominal, profiteront de la plus-value résultant des cours. Il faut donc prévoir une légère baisse et avoir une certaine marge pour laisser passer le premier moment d'effroi.

Le cours minimum de conversion, que nous fixons à 102 ou 103 fr., devra d'ailleurs, pour les mêmes motifs, être sérieusement établi et accepté par l'épargne, par les capitaux de placement. En 1852, M. Bineau a voulu baser une conversion sur les cours de 102 ou 103 fr.; mais ils n'avaient été obtenus que par la spéculation qui escomptait une hausse future; les rentiers n'avaient pas encore voulu se soumettre à ce taux de capitalisation et les achats du comptant étaient rares : l'opération faillit échouer. Ce danger aurait été évité si ces cours de 102 ou 103 fr. avaient été établis depuis une année ou au moins depuis cinq ou six mois.

Troisième principe.— Le fonds à remettre en échange du fonds converti doit avoir une valeur au moins égale au pair de ce dernier. — Cette règle est toujours une conséquence ou un corollaire de la première : il est incontestable que, si on offre au porteur de la rente à convertir un titre qui vaut moins de 100 fr., il préférera réclamer le prix de sa rente, c'est-à-dire 100 fr. Ceci paraît élémentaire, et pourtant, dans la pratique, cette règle si simple en apparence peut rencontrer certaines difficultés d'application.

En 1824, toute la dette française était constituée en 5 % : le ministre des finances, fort de l'appui des banquiers les plus autorisés de l'Europe, voulut offrir aux rentiers l'échange contre un titre de 4 fr. de rente en 3 %. Ce titre avait-il une valeur réelle de 100 fr., d'après la situation du crédit de l'État ? M. de Villèle et les banquiers l'affirmaient; mais comme le 3 %, n'existait pas encore, n'avait pas de cours établi, ils s'appuyaient seulement sur une hypothèse. Le résultat de l'opération tentée en 1825 et les faits qui ont suivi ont prouvé, comme nous le verrons plus tard (1), qu'ils se trompaient.

Actuellement, la dette publique est divisée en quatre fonds perpétuels, constitués à des taux différents ; une cinquième nature de rentes vient d'être livrée depuis peu au public. Les cours respectifs du 5, du 4 1/2, du 4, et du 3 % en rentes perpétuelles et du 3 % amortissable donneront le taux exact du crédit de l'État ; il n'en est pas moins intéressant au point de vue théorique de rechercher

(1) Voir livre III, chapitre III.

quel serait ce taux dans le cas où une dette serait unifiée et où le fonds unique devrait faire l'objet d'une Conversion. Alors même qu'il existerait un second fonds, mais constitué à un taux faible et très-éloigné du pair, cet examen aurait encore son utilité. Le fonds éloigné du pair ne donne pas plus, en effet, le taux réel du crédit de l'État que la rente qui a dépassé le pair. Ainsi le 3 % qui aurait atteint le cours de 75 fr. et serait capitalisé à 4 % n'indiquerait pas qu'un emprunt pourrait être contracté en 4 % émis au pair. La rente, qui est très-éloignée du pair profite, surtout dans les époques prospères, d'une plus-value calculée sur ses chances de hausse dans l'avenir. Cette possibilité d'élévation est évaluée par l'épargne et surtout par la spéculation qui, ayant la perspective d'un bénéfice à venir sur le capital, consentent à recevoir un intérêt moindre dans le présent. Il y a donc lieu d'examiner les deux cas où la rente à convertir existera seule et où ses cours n'auront pour contrôle que ceux d'une rente très-éloignée du pair.

Nous avons pris pour chiffres jusqu'à présent, le cours de 102 ou 103 fr. pour un fonds 5 % dont le remboursement est offert aux rentiers et il a été établi que ce cours indique le minimum du taux auquel l'État pourrait emprunter. Poussons plus loin notre analyse et admettons par hypothèse que le taux réel du crédit serait représenté par du 4 1/2 %. Si, d'après l'opinion publique, éclairée par les discussions des Chambres et de la presse, la Conversion doit se faire à ce taux, les 2 ou 3 fr. au-dessus du cours de 100 fr. ne pourront être que l'évaluation de l'intérêt supplémentaire, qui sera payé avant la réalisation de la mesure, d'après les probabilités, c'est-à-dire 4 ou 6 fois les 50 c. de revenu annuel au-dessus de 4 1/2. En fait, comme une Conversion peut être retardée par des événements fortuits, tant qu'elle n'a pas été prononcée par une loi, cette évaluation sera toujours faite largement. Mais si la mesure est annoncée, si le public sait que le gouvernement est dans l'intention de la proposer et que les Chambres sont favorables, le calcul s'établira avec plus de rigueur. Le cours de 103 fr. ne représentera plus alors qu'une ou deux annuités ; la différence donnera le véritable taux de capitalisation, déduction faite de la réduction qui, d'après les prévisions, devra être opérée.

Supposons maintenant le cours de 113 ou 114 fr. pour une rente 5 % et l'opinion préparée à une Conversion très-prochaine ; ce cours sera composé d'une ou de deux annuités égales à la différence prévue entre le revenu actuel et le nouveau revenu réduit, et du capital nécessaire pour acquérir ce revenu nouveau. Si l'on pense que la Conversion sera faite avec une réduction de 1/2 %, le cours de 113 fr., distraction faite de 50 c. pour une annuité, indiquera que le véritable taux du crédit de l'État sera du 4 %; il y aura donc une grande modération à convertir la rente en 4 1/2 %. On le voit, ce taux résultera de l'opinion générale sur l'époque et les clauses de la Conversion. Le gouvernement devra donc faire connaître d'avance ses intentions et tâter le terrain pour savoir si le marché les admet. C'est un des plus graves inconvénients de la constitution d'une dette en un fonds unique : avec une seule nature de rentes qui a atteint le pair, l'État ignore le taux réel de son crédit.

Avec une rente au-dessus du pair, et une rente très-éloignée du pair, la difficulté est moindre. Si la rente 5 % est à 113 fr. et la rente 3 % à 77 fr., l'une sera capitalisée à 4 fr. 42 c. % et l'autre à 3 fr. 90 c. % ; mais la première sera comprimée par la crainte de la Conversion, et la seconde recevra une plus-value par ses chances de hausse. La vérité sera à peu près entre ces deux taux ; on pourra s'arrêter au chiffre moyen de capitalisation, soit 4 fr. 16 c. % ; comme la première cause agit plus énergiquement que la seconde, l'État qui offrira aux porteurs du 5 % une rente de 4 fr. 16 c. % sera certain de leur offrir un titre ayant une valeur un peu supérieure au capital nominal.

En résumé, dans le cas ou la rente à convertir existe seule, il sera nécessaire d'agir avec une grande prudence et de ne faire subir qu'une réduction très-faible, eu égard aux indications générales du marché ; dans le cas où une rente éloignée du pair existe en même temps que la rente à convertir, la moyenne entre le taux de capitalisation de ces deux rentes donnera le taux minimum certain du crédit public. Dans les deux alternatives, il faudra avoir la certitude que le prix auquel serait coté le nouveau titre à créer serait au moins l'équivalent du pair de la rente à rembourser.

Quatrième principe.— Les trois règles précédentes ne seraient pas encore suffisantes pour assurer le succès d'une Conversion. Une Conversion est un véritable emprunt, et pour attirer, pour retenir les capitaux, pour emprunter ou convertir, il est nécessaire d'offrir quelques avantages aux rentiers. Ces avantages devraient être même plus importants dans le second cas que dans le premier. Un emprunt peut échouer, l'État en sera quitte pour offrir de nouvelles conditions ; une Conversion doit réussir à tout prix, car si les propositions faites aux rentiers ne sont pas acceptées, il faudra leur rembourser le capital dû ; l'échec entraînerait une crise intense, et pour réaliser ce remboursement, l'État serait forcé de consentir à des clauses très onéreuses.

Nous sommes en conséquence amenés à poser cette quatrième règle : l'État devra, avec l'alternative du remboursement, proposer un titre qui donne aux rentiers un bénéfice actuel et immédiatement réalisable. Par exemple, si la Conversion d'un fonds en 5 % est possible, d'après les cours, en 4 1/4 %, elle ne devra être opérée qu'en 4 1/2 %. D'autres combinaisons permettraient d'atteindre le même but ; ainsi, une annuité supplémentaire pourrait être accordée pour quelques années ; des rentes au-dessous du pair ayant des chances d'augmentation de capital pourraient être offertes, etc. Le point important est qu'un avantage soit laissé aux rentiers qui accepteraient la Conversion ; avant tout, les demandes de remboursement doivent être évitées, cette nécessité est d'autant plus impérieuse qu'un certain délai est indispensable pour permettre aux porteurs du fonds converti de faire connaître leurs intentions. Pendant cette période, une baisse est possible et doit être prévue. En admettant cette baisse, la valeur du titre offert doit être encore supérieure au montant du capital à rembourser.

Un *cinquième principe*, qui porte plutôt sur la forme que sur le fond de la Conversion, exige que les propositions à faire aux rentiers soient simples, claires et précises. M. le Mis d'Audiffret s'exprime à ce sujet de la manière suivante, dans son remarquable ouvrage sur le *Système financier de la France* :

« La première condition d'une opération de cette nature
» est de se montrer assez simple, assez claire, pour être
» facilement comprise par tous les intérêts et pour mettre
» la loyauté de l'Administration à l'abri de tout soupçon
» de surprise et d'iniquité. Le Pouvoir doit surtout éviter
» les apparences de la violence ou de la ruse pour l'exé-
» cution d'une entreprise dont le succès est tout entier
» dans la confiance et la résignation de son créancier à
» l'évidence d'un droit rigoureux. Toute combinaison
» aléatoire qui ne s'expliquerait qu'aux yeux exercés de
» l'agiotage, toute compensation entre le capital et les
» intérêts, difficiles à saisir par l'inexpérience craintive
» de la plupart des rentiers, serait plus nuisible que pro-
» fitable à l'État. Toute complication dans les formes, de
» nature à tromper les calculs du sens le plus vulgaire,
» *toute différence* dans la manière de *traiter les mêmes*
» *droits*, briserait pour toujours les anciennes transac-
» tions et ne permettrait pas de former les liens d'un
» contrat plus avantageux.

» Ainsi la droiture de l'Administration doit lui défendre
» d'adopter tout système qui ne se réduirait pas à l'échange
» pur et simple d'un titre d'un intérêt trop élevé contre
» une rente inférieure, en évitant l'accroissement du ca-
» pital, et qui n'aurait pas d'autre but que constater, par
» une offre aussi équitable que sérieuse, la valeur réelle
» sur le marché de l'effet public temporairement comprimé
» au-dessous de son cours véritable. Elle devrait donc
» s'adresser en même temps et avec les mêmes proposi-
» tions, à tous les porteurs du 5 %, pour consommer en
» une seule fois ce grand acte de justice nationale, qui
» pourrait s'accomplir sans efforts, si la conscience pu-
» blique avait fixé d'avance le moment de son exécution
» et le prix du sacrifice qu'il impose. »

Dans le passage qu'on vient de lire, le célèbre écrivain
financier dont la science déplore la perte récente, se tait
sur l'offre du remboursement qui, pour nous, est le principe essentiel, et il critique les Conversions avec augmentation de capital ; nous traiterons cette question dans un
chapitre suivant, mais nous retenons de cette citation ce
qui a trait à la nécessité de conditions claires et facilement
compréhensibles ; nous en tirons également une nouvelle
règle.

Sixième principe.— Une Conversion doit être obligatoire
et générale, et s'adresser à tous les titres qui composent
une nature de la dette. — On a tenté en France deux Conversions qui ne se conformaient pas à cette règle, et
l'État a cru pouvoir se dispenser alors d'offrir le remboursement ; on a appelé ces opérations *Conversions facultatives.* Il est nécessaire d'abord de faire remarquer qu'en
réalité toute Conversion doit être *facultative,* puisque le
créancier, qui ne veut pas laisser modifier la nature de
son titre, a le droit d'en réclamer le remboursement ; il
reste donc toujours libre d'accepter les nouvelles conditions qui lui sont offertes, ou de recevoir le capital qui

lui est dû. Pour que la Conversion se réalise, son consentement exprès ou tacite est nécessaire; la Conversion qui ne
serait pas facultative dissimulerait une véritable banqueroute.

Dans ce que l'on appelle à tort Conversion facultative, le choix est laissé au rentier, non plus entre le
remboursement ou des conditions nouvelles, mais entre
la conservation de son titre primitif et de tous les avantages qui y sont inhérents, ou la remise d'un nouveau
titre. Il est facile de comprendre que, pour engager le rentier à renoncer aux clauses de son contrat, par exemple
à une partie de l'intérêt qui lui est dû, il est indispensable de lui offrir en échange un avantage plus
considérable que celui qu'il abandonne. Mais l'État débiteur et le rentier créancier sont seuls en présence : si l'un
fait un bénéfice, l'autre fera une perte : il n'est donné à
personne de créer des capitaux, des valeurs, et l'État qui
offrira un capital, ou une valeur, ou une garantie nouvelle
à son créancier, pour le décider à changer son titre ancien contre un nouveau titre, sera plus pauvre de tout ce
qu'il aura donné. Si l'avantage qui est offert n'est qu'illusoire, l'État ne perd rien, mais il trompe le rentier et il
mérite d'être blâmé encore plus sévèrement.

Or, ces deux conditions se rencontrent toujours dans les
Conversions facultatives : l'État propose à ses rentiers un bénéfice s'ils veulent consentir amiablement à des clauses nouvelles ; mais pour les décider, l'État est amené à exagérer
la valeur de ce bénéfice ; tout en faisant un marché onéreux pour lui, l'État lèse ses créanciers. Les deux opérations qui ont été faites en France sous le nom de Conversions facultatives ont été, en effet, aussi nuisibles aux
rentiers qu'à l'État : nous les étudierons plus tard en
détail.

Il est un cas spécial où l'État semblerait pouvoir,
d'après plusieurs financiers, se servir de ce moyen sans
encourir de reproches, c'est celui où la réduction pro-

posée serait plus élevée que ne le comporteraient les indications du marché.

Une Conversion a été opérée dans ces conditions exceptionnelles en Angleterre. La situation du crédit ne
permettait pas d'offrir le choix entre le remboursement
et une diminution d'intérêt d'une unité : les cours indi-
quaient seulement la possibilité d'une réduction d'intérêt de 70 ou 80 centimes. Le gouvernement proposa aux
rentiers d'accepter volontairement une diminution de 1 fr.
au moyen de deux réductions sucessives de 50 centimes,
et pour les décider à admettre cette réduction exagérée,
il garantit ceux qui consentiraient à la conversion contre
toute nouvelle réduction pendant huit années. Les événements donnèrent raison au gouvernement : le crédit
continuant à s'élever, il punit les rentiers qui n'a-
vaient pas accepté bénévolement la première réduction,
en leur imposant quelques années après une Conversion régulière avec diminution d'une unité entière dans le service
des intérêts, alors que les consentants à la Conversion
facultative ne subissaient encore qu'une réduction d'une
demi-unité.

Cette mesure a été approuvée par la plupart des
écrivains financiers, qui en ont aperçu seulement les
résultats : elle nous paraît cependant devoir être blâmée
en elle-même. Si une crise économique, une guerre, des
troubles intérieurs succèdent à l'époque où une Conversion facultative a été effectuée, les heureuses prévisions
que l'on avait fait entrevoir aux rentiers sont loin de se
réaliser, et, au lieu de la hausse annoncée, la baisse des
fonds publics survient. Ceux qui ont eu confiance dans
les promesses du gouvernement, qui ont obéi à son impulsion, se trouvent lésés et ont le droit de se plaindre ;
ils ne touchent plus qu'un intérêt réduit, et la garantie
qu'ils ont reçue a été rendue illusoire par les événements.
Les rentiers au contraire qui ont refusé de consentir aux
conditions proposées, reçoivent une récompense de leur

résistance et ils continuent à toucher l'intégralité de leur
revenu.

Cette inégalité serait choquante, injuste et immorale :
il ne dépend pas des gouvernements de la faire disparaître, et le succès de l'opération réalisée en 1749 par
l'Angleterre, ne doit pas faire fermer les yeux sur les vices
du procédé employé. La Conversion ne doit être ni un
expédient, ni une aventure ; elle ne peut être que la cons-
tatation et la réalisation d'une amélioration du crédit de
l'État ; aussi doit-elle être générale et s'adresser à tous
les titres qui composent le fonds que l'on veut faire
disparaître.

En résumé, l'État qui voudra modifier les clauses du
traité intervenu entre lui et ses créanciers, c'est-à-dire
opérer une Conversion, devra tout d'abord proposer le
remboursement du capital nominal représenté par la
rente à convertir, ou l'acceptation de nouvelles conditions.
Ces conditions seront, sans aucun doute, favorablement
accueillies et le remboursement du capital ne sera pas
réclamé : si la rente à convertir dépasse le pair, si le nouveau titre proposé a une valeur supérieure au capital dû,
si la mesure est claire et facilement intelligible pour
les rentiers, si enfin elle est générale et s'applique à
l'ensemble d'un fonds constitué en rentes de même nature.

CHAPITRE III

Effets généraux des Conversions.

La Conversion doit laisser l'alternative entre le remboursement du capital dû et la remise d'un nouveau titre. Jusqu'à présent, nous nous sommes occupés du premier terme de l'alternative: du remboursement. Les économistes, les écrivains financiers, les hommes d'État sont à peu près d'accord sur les règles générales qui doivent présider aux Conversions ; mais ils diffèrent sur le but que doit atteindre une opération de ce genre, sur les effets qui en seront le résultat, et, par suite, ils ont proposé différents systèmes. Les moyens d'exécution varient selon le but qui est poursuivi. Avant donc de rechercher quel sera le second terme de l'alternative, quelles conditions nouvelles seront offertes aux rentiers, il convient, au moment de réaliser une Conversion, de se poser les questions suivantes : Quels seront les résultats financiers de l'opération ? Quelles doivent être ses conséquences économiques ? La mesure est-elle juste à l'égard des rentiers ?

§ 1er. — La Conversion produit une économie.

La conversion devient possible lorsque le crédit public permet à l'État d'obtenir des conditions nouvelles et meilleures de ses créanciers. On a vu qu'en décomposant l'opération, elle réalise une libération et un emprunt. Une dette avait été contractée en 5 %, elle est remboursée, et une nouvelle dette est constituée par exemple en 4 1/2 % ;

l'État et les contribuables bénéficieront de la différence d'intérêt entre 4 1/2 et 5 % : il y aura donc une économie réelle et définitive d'un demi pour cent dans le service des intérêts annuels. Une dette en 5 % exigeait 50 millions par année : elle est convertie en 4 1/2, elle ne réclamera plus que 45 millions ; l'économie sera de 5 millions. Tant que la dette existera, elle sera acquittée par une somme annuelle de 45 millions et les 5 millions épargnés pourront servir à contracter un emprunt nouveau, à faire face aux exigences du budget, ou à diminuer les taxes. Le premier résultat de la Conversion sera donc l'économie : voilà un premier effet financier évident, incontestable, sur lequel il est inutile d'insister, tant il est clair. L'opération n'offrira-t-elle pas d'autres avantages ?

Dans un article paru en 1862 dans la *Revue des Deux-Mondes*, M. Forcade s'exprimait ainsi à ce sujet : « Outre l'avantage des économies, une mesure de con-
» version peut être utile au point de vue général par
» l'influence qu'elle doit exercer sur l'abaissement du
» loyer des capitaux. Enfin, il est encore d'un intérêt
» général de ramener par des conversions la représen-
» tation du crédit de l'État vers un fonds unique, celui qui
» est établi sur le taux de l'intérêt le plus bas et qui est
» le plus éloigné du pair. »

Les Conversions amènent-elles une réduction du loyer général des capitaux ? est-il sage de chercher à unifier la dette ? Ces deux questions ont une importance considérable pour la solution pratique de la Conversion.

§ 2. — *Influence de la Conversion sur le loyer des capitaux.*

On prétend que le taux des rentes donne la mesure exacte du minimum d'intérêt que les capitaux exigent : on en conclut que, si on pouvait arriver à diminuer le chiffre de capitalisation de la rente, on amènerait dans tout le pays un abaissement du taux du loyer de l'argent. Cette influence exercée par la rente sur le marché des capitaux est certaine, mais on en a fort exagéré la portée et on n'a pas vu dans quels moments cette action était surtout énergique.

Lorsque l'État émet un emprunt pour une somme élevée, la prudence lui fait une loi de proposer ses rentes à un prix très-modéré ; il veut avant tout assurer le succès de son opération. A ce moment, tous les capitaux disponibles se jettent sur cette émission et évitent de s'engager dans les affaires particulières ; pendant les semaines qui précèdent l'emprunt, ils se réservent et attendent pour profiter de l'occasion qui se présente ; après l'émission, ces capitaux ne peuvent sortir immédiatement de la rente, il faut permettre à l'épargne de venir les remplacer et laisser aux cours le temps de s'élever : on conçoit facilement que, pendant toute cette période qui sera plus ou moins longue, selon les circonstances, l'intérêt général de l'argent se trouve surélevé par suite de la raréfaction de capitaux produite par l'emprunt. Mais l'équilibre ne tarde pas à se rétablir ; la loi toute-puissante de l'offre et de la demande donne à la rente nouvelle sa valeur réelle ; la solvabilité de l'État, l'importance de ses engagements, l'époque d'exigibilité de sa dette flottante, le chiffre de ses recettes et de ses dépenses, la prudence de sa politique, l'honnêteté, la capacité, jusqu'à l'âge et la santé de ses hommes d'État, tout est connu à la Bourse, tout est discuté, pesé et en dernière analyse évalué.

En outre, les titres de la dette publique ne sont pas seuls offerts au public, à l'épargne, aux capitaux disponibles ; à côté d'eux, il existe d'autres titres émis par d'autres Etats, des valeurs de banque, des valeurs industrielles. Et derrière la Bourse se trouvent le monde des affaires et son crédit particulier ; la Banque, dont le taux d'escompte varie suivant ses engagements, ses réserves de métaux précieux et de billets, et les demandes du commerce ; l'agriculture et ses nombreux prêts fonciers et hypothécaires. Toutes les transactions qui se font dans le pays entier influent sur le cours de la rente autant que la cote de la rente agit sur les affaires générales.

Mais le taux du loyer de l'argent ne dépend pas seulement de la situation du crédit d'un pays, maintenant que par la rapidité et la facilité des communications, le crédit reçoit le contre-coup de tous les événements qui se passent dans le monde entier. La France n'était pas engagée dans le conflit oriental ; le pays était assuré que les hommes d'État qui dirigent ses affaires étaient résolus à maintenir la paix et à rester spectateurs de la lutte qui pouvait s'engager entre la Russie et l'Angleterre, et cependant la nouvelle de la démission de lord Derby a entraîné une baisse de 3 francs sur nos fonds publics. Ce seul fait montre quelle étroite solidarité s'établit entre tous les marchés de l'Europe.

On ne saurait nier qu'aux époques normales, le cours des rentes, c'est-à-dire le taux de capitalisation de la dette de l'État, ne serve de thermomètre au prix général du loyer des capitaux ; mais de même que la colonne de mercure n'agit pas sur la température ambiante qu'elle mesure, le cours des rentes n'est que l'effet et non la cause d'une situation générale. Au contraire, au moment où l'État fait des appels au crédit, l'intérêt qu'il offre à ses prêteurs exerce une influence sérieuse sur le prix du loyer des capitaux dans le pays. Cette distinction est importante.

Les Conversions ne sont en effet possibles qu'aux époques de calme, de prospérité, de plénitude du crédit. Le taux auquel l'État trouverait des prêteurs ne comprend plus alors, comme base, le salaire des intermédiaires, et la prime d'assurances ne figure que pour un chiffre inappréciable : ce taux, dégagé de ces deux éléments si variables, est donc composé uniquement du prix du loyer du capital prêté. Or, il s'agit justement de ramener à ce taux l'intérêt exagéré qui est payé aux rentiers et qui n'est plus en rapport avec l'état du crédit. Quelles que soient les combinaisons adoptées, il n'est pas possible d'abaisser arbitrairement et d'une manière factice le loyer des capitaux. L'État n'est pas le maître comme on l'a prétendu (1), de fixer de sa propre autorité le taux de son crédit, qui reste soumis à toutes les vicissitudes, les appréciations et même les caprices du marché. On peut même dire que toute réduction arbitraire et exagérée de l'intérêt payé par l'État, loin d'amener une diminution générale dans le loyer exigé par les capitaux, aurait pour conséquence une diminution de la confiance, une baisse des fonds publics et une élévation de ce loyer. La Conversion est la consécration d'un fait : l'amélioration du crédit ; elle ne saurait le précéder. Il ne faut donc pas chercher dans les mesures de ce genre un moyen direct d'abaisser le taux du loyer des capitaux. En 1862, M. Fould a voulu agir ainsi, et nous verrons plus loin les conséquences néfastes de l'opération qu'il a tentée sous un vain prétexte.

Doit-on conclure de ce qui précède que les conversions faites à propos n'exerceront pas une influence favorable sur le crédit ? Bien loin de là. Il est certain qu'une rente ayant dépassé depuis longtemps le pair sera enrayée dans son mouvement ascensionnel, et que ses cours alourdis pourront fausser l'opinion sur le crédit de l'État et sur le taux réel de l'intérêt moyen. Il est nécessaire de faire disparaître cette cause de trouble dans les transactions, en convertissant le plus tôt possible cette rente.

M. Lacave-Laplagne, dans un savant rapport présenté en 1836 à la Chambre des députés, a indiqué avec lucidité l'influence du cours des rentes sur l'ensemble des transactions.

« Le cours de nos rentes, dit-il, exerce, on ne saurait

---

(1) Voir l'opinion de J. Laffitte au chapitre vii, même livre.

» le nier, une action immense sur le taux de l'intérêt dans
» les transactions particulières. Toutes les fois, par con-
» séquent, que des circonstances étrangères à la confiance
» qu'inspire l'État, et au crédit dont il jouit, agissent sur
» le cours, et sont cause qu'il n'exprime pas exactement
» la mesure de ce crédit, ces circonstances réagissent
» sur toutes les transactions et introduisent un élément
» erronné dans la fixation des conditions qui y sont por-
» tées. Dans quelque sens que cette erreur se manifeste,
» il serait du devoir du gouvernement d'y porter remède....
» Ce devoir est bien plus impérieux encore lorsque ces
» influences, étrangères à la véritable situation du crédit,
» ont pour résultat d'occasionner une hausse factice de
» l'intérêt. Personne ne conteste tout ce qu'une pareille
» hausse a de désastreux pour l'agriculture, les fabriques
» et le commerce. Nos enquêtes commerciales montrent
» que l'élévation du taux de l'intérêt est une des princi-
» pales causes de l'infériorité de quelques-unes de nos
» industries. Or, il est un point à l'abri de toute contesta-
» tion, c'est que la menace du remboursement arrête
» l'essor de la rente 5 %. »

L'exacte vérité est signalée par M. Lacave-Laplagne : la
rente est arrêtée dans son essor par la menace du remboursement et une hausse factice de l'intérêt est produite;
il est du devoir du gouvernement de détruire l'obstacle qui
s'oppose à ce que la véritable situation du crédit soit indiquée par le cours des rentes. Mais, aussitôt que les rentes
seront dégagées de l'élément erronné qui les comprimait,
que l'intérêt payé aux créanciers de l'État aura subi la
réduction corrélative à l'amélioration du crédit, l'État aura
rempli tous ses devoirs à l'égard du pays, des contribuables et de lui-même. Il ne peut faire davantage, et encore
une fois, il ne dépend pas de lui de produire un abaissement factice dans le prix du loyer des capitaux : aucune
mesure ne peut amener ce résultat.

§ 3. — *L'unification de la dette sera-t-elle demandée à la Conversion.*

La Conversion dans un pays où il existe plusieurs natures de rentes doit-elle avoir pour but d'amener l'unité dans les types de la dette ? Cette question est corrélative de celle-ci : y a-t-il intérêt pour l'État à unifier sa dette ? Des rentes constituées à différents taux exercent-elles une influence pernicieuse sur le crédit de l'État ?

En 1825, M. de Villèle, en proposant la Conversion facultative du 5 % en 4 1/2 % et en 3 %, déclarait vouloir rendre au crédit de l'État l'élasticité incompatible avec une dette compacte et composée d'une seule espèce de rente ; la Conversion facultative du 4 1/2 en 3 % tentée en 1862, par M. Fould, avait au contraire pour but, d'après le ministre, de ramener l'unité dans notre dette, et d'empêcher que notre crédit ne fut comprimé par la concurrence existant entre deux fonds publics. Le prétexte de ces deux Conversions est donc contradictoire ; où est la vérité ? M. de Villèle avait-il raison en 1825 de créer le 3 % à côté du 5 % ? En 1862, M. Fould doit-il être approuvé pour avoir essayé de faire disparaître le 4 1/2 ? Les deux ministres ont une réputation méritée d'habileté ; l'un et l'autre avaient une grande expérience du marché de nos fonds publics et de ses exigences, et ils étaient conseillés par les sommités de la haute banque. Comment se fait-il qu'ils aient poursuivi deux buts si opposés ?

On peut tout d'abord se demander si les raisons invoquées par M. de Villèle et M. Fould étaient sincères : il est certain que les deux Conversions facultatives offertes aux rentiers par ces ministres devaient avoir, dans l'esprit de leurs auteurs, d'autres conséquences que celles qu'ils signalaient en faveur du crédit. Le premier voulait faciliter le paiement de l'indemnité d'un milliard aux émigrés ; le second désirait diminuer la dette flottante sans rouvrir le livre de la dette publique et sans augmenter les charges annuelles et immédiates du pays. On ne peut douter cependant que le ministre de la Restauration ait pensé qu'une dette compacte et composée d'une seule espèce de fonds était vicieuse, et que le ministre de l'Empire ait été persuadé que l'unité de la dette offrait des avantages incontestables. Il n'est pas sans intérêt d'étudier ces deux opinions : car si l'on admet qu'un pays doit chercher, avant tout, à unifier sa dette, on sera amené à conclure qu'une Conversion, aussitôt qu'elle est possible, doit avoir lieu dans le fonds capitalisé au taux le plus bas. Si, au contraire, il est prouvé que le crédit n'exige pas que les fonds publics soient ramenés rapidement à l'unité, un des principaux arguments en faveur de la Conversion du 5 % en 3 % sera détruit.

Les partisans de l'unité de la dette consolidée sont nombreux, nous devons l'avouer; au nom de M. Fould, il faut ajouter celui de M. le Mis d'Audiffret dans le passé, et actuellement de M. Germain. Ils prétendent que plusieurs fonds publics cotés simultanément à la Bourse se font une concurrence nuisible qui produit l'abaissement des cours : est-ce bien exact?

Jamais, pendant une période aussi longue, les cours du 3 % n'ont été aussi faibles que pendant les années écoulées depuis la Conversion de 1862 jusqu'au moment où le 5 % a été émis. Cette faiblesse était-elle la conséquence de l'isolement dans lequel se trouvait notre principal fonds? Il existe plusieurs motifs de le penser. Avec des valeurs à des taux différents, comme le 5 et le 3 %, tous les rentiers peuvent satisfaire leurs goûts. Ceux qui désirent un intérêt élevé s'adressent au 5 %; ceux qui préfèrent un placement sûr, définitif, avec chance d'augmentation du capital, achètent du 3 %. La haute banque maintient toujours un juste équilibre entre les cours de ces fonds. On sait que les haussiers sont plus nombreux, plus riches, plus énergiques que les baissiers : si une de nos rentes est momentanément délaissée par l'épargne, la spéculation la soutiendra pour maintenir la marge légitime qui doit exister avec l'autre type. Si, au contraire, il n'y avait qu'une sorte de rente, elle serait entre les mains des plus forts spéculateurs qui, à leur gré, la feraient monter ou baisser.

L'épargne recherche, autant que possible, le placement au taux le plus élevé ; son ambition est de recevoir l'intérêt légal, soit 5 %. Aussitôt que le 5 % s'approche du pair, il trouve une clientèle nombreuse. Comme la différence de capitalisation entre le 5 % et le 3 % est de 50 centimes environ, le 3 % ne saurait descendre au-dessous de 66 fr. tant que le 5 % ne sera pas lui-même au-dessous du pair. Dans le cas où la rente serait unifiée en 3 %, ce fonds pourrait tomber facilement, en temps de panique à la Bourse, dans les cours de 60 fr., c'est-à-dire jusqu'au moment où le véritable rentier l'arrêterait dans sa chute afin d'avoir du 5 % net.

Si l'on consulte le tableau de capitalisation de nos différents fonds depuis 1825, on pourra vérifier l'exactitude de ces observations (1). En 1848, 1849 et 1850, les cours du 5 % ont été relativement plus fermes que ceux du 3 % : en 1850 même, le 5 % qui a été coté en moyenne à 95 fr. 03 et qui rapportait 5 26 % était capitalisé à un taux plus élevé que le 3 %, côté à 56 67, soit à 5 29 % : la différence était de 0 fr. 03 au profit du 5 %. Il est probable que pendant ces trois années la baisse aurait été encore plus énergique sur le 3 %, si ce fonds n'avait pas été soutenu par l'autre rente : la spéculation épuisée abandonnait son fonds favori, pendant que l'épargne continuait à se porter vers le 5 %.

La concurrence dont s'effraient les partisans d'une dette en un seul fonds ne serait inquiétante que si le

_____

(1) Ce tableau très-intéressant a été publié par M. Courtois. *Opérations des Bourses de Commerce.* 5ᵉ édit., p. 138 et 139.

crédit de l'État et la situation économique du pays élevaient les cours du 5 % à un chiffre très-supérieur au pair : le 5 % arrêté dans la hausse par la menace du remboursement comprimerait le 3 %. Mais cette crainte est illusoire; car ce jour-là la Conversion serait possible et devrait être réalisée. Le 5 % serait remplacé par du 4 1/2 ou du 4 %, et le fonds le plus éloigné du pair prendrait un nouvel essor. L'exemple de l'Angleterre fortifie ces hypothèses basées sur la raison : tant que nos voisins ont eu des fonds à convertir, leur 3 % a eu une tendance à la hausse; il a longtemps touché et dépassé le pair. Depuis que leur dette est unifiée, leurs consolidés sont plus lourds, et malgré l'abondance sans précédent des capitaux à la recherche d'un emploi, ils restent au-dessous du pair de plusieurs unités.

Dans la pratique, du reste, le titre représentant la dette d'un pays ne peut être unique, parce que l'origine de la dette elle-même est multiple et que le crédit de l'État a varié. Nous avons vu que les économistes, les écrivains financiers, les hommes politiques sont unanimes à demander que les emprunts soient contractés au taux le plus rapproché du pair. Un pays est donc amené à emprunter à 6, 5 ou 4 % selon l'état de son crédit; en temps de prospérité, il empruntera à 4 %; l'année suivante, si une guerre survient, il offrira 6 % à ses prêteurs. Devra-t-il, dès que la paix sera rétablie, ramener sa nouvelle dette au taux le plus faible? Il aurait été tout aussi sage alors de commencer par là en empruntant à ce taux, et on connaît les inconvénients des dettes contractées dans ces conditions.

Les titres de la dette seront donc variés comme ses origines; loin que le crédit de l'État ait à souffrir de cette diversité, il y trouvera de nombreux avantages. La conduite la plus sage sera donc, non pas d'unifier brusquement la dette, mais de la diriger vers l'unité par des Conversions successives. Les guerres, les travaux publics se chargeront de maintenir la variété dans les fonds publics : les banquiers, les agioteurs pourront seuls se plaindre. Les premiers regretteront qu'il existe un fonds donnant un intérêt relativement élevé, qui empêche le public de se jeter sur les affaires patronnées par eux ; les seconds déploreront de ne pas être entièrement maîtres du marché et de ne pouvoir peser selon leurs convenances sur un fonds unique sans contrepoids. Mais les rentiers et l'État ont le même intérêt à ce que la dette ne soit pas compacte et qu'elle ne soit pas livrée exclusivement au bon plaisir du monde de la Bourse.

On peut concéder (1) qu'il est regrettable d'avoir du 5, du 4 1/2, du 4 et du 3 %. Le 4 1/2 % et surtout le 4 % sont à peine cotés à la Bourse : leur marché est trop étroit pour que leurs cours indiquent le taux véritable du crédit de l'État. Il serait préférable de n'avoir pas des fonds aussi peu importants ; mais l'un d'eux, au moins, est appelé à disparaître prochainement, si on entre sérieusement dans la voie des Conversions. Cette concession faite, il est impossible d'admettre que le crédit exige d'unifier par tous les moyens et sans délai toute la dette consolidée. Cette unification n'offre aucun avantage à l'État ni aux rentiers, c'est-à-dire aux deux parties intéressées.

§ 4. — *Effets de la Conversion à l'égard des contribuables, des rentiers et de la Bourse.*

L'amélioration du taux général du loyer des capitaux, d'une part, ne pouvant être obtenue directement par des réductions légitimes de l'intérêt servi par l'État à ses créanciers, et, d'autre part, l'unification de la dette publique n'amenant aucun résultat appréciable pour le crédit, le seul effet sérieux, inéluctable de la Conversion, sa seule

---

(1) Voir M. Leroy-Beaulieu, *Traité de la Science des finances*, t. II, p. 275.

utilité, est l'économie. Les ministres des finances du gouvernement de Juillet, MM. d'Argout, Duchâtel, Lacave-Laplagne, Pelet (de la Lozère) et M. Thiers, ont tous émis cette opinion, et ont dissipé les illusions de beaucoup de bons esprits qui entrevoyaient dans la Conversion des conséquences économiques plus importantes.

L'économie dans les dépenses publiques est, du reste, un but assez noble pour satisfaire l'ambition d'un ministre des finances soucieux des intérêts qui lui sont confiés. On prétend quelquefois que pour une économie de quelques millions qui seront absorbés par les exigences nouvelles des budgets, il est inutile de jeter le trouble dans les habitudes des nombreux porteurs de la rente, et qu'il est bien cruel de leur faire subir une perte. Pour nous, l'intérêt des contribuables doit primer tous les autres intérêts : il faut ignorer les sacrifices, les privations qu'imposent les taxes exagérées sur la classe la plus nombreuse, pour ne pas chercher par tous les moyens à réduire les impôts et à soulager les contribuables. Or, il n'existe pas de moyen plus simple, plus légitime, plus facile et plus pratique d'obtenir une économie que d'offrir aux rentiers le remboursement ou la réduction de leur revenu.

L'État a le droit de faire cette proposition ; elle est juste, on ne peut le nier ; mais est-elle équitable ? Le rentier ne mérite-t-il pas une certaine bienveillance, lui qui a confié ses capitaux à l'État au moment où le crédit était ébranlé ? On parle souvent du patriotisme de l'argent ; on en a vu rarement les effets. En 1830, le nouveau pouvoir a demandé à la classe bourgeoise qui avait fait la révolution de Juillet et qui devait en profiter, de sous-crire à un emprunt émis en 5 % au pair. En 1848, des rentes ont été offertes aux mêmes conditions aux capitaux qui avaient un intérêt évident à éviter les désordres entraînés par la misère et la banqueroute. Ces deux emprunts dits *patriotiques* ont misérablement échoué, parce que le crédit de l'État à ces deux époques n'était pas représenté par la rente 5 % au pair. Il est triste de l'avouer, mais l'argent n'a pas de patriotisme. Les capitaux ne sont livrés à l'État que parce qu'une rémunération, proportionnée au taux du crédit, leur est offerte. Cette rémunération qui s'appelle intérêt leur est due tant qu'il n'est pas possible de trouver de nouveaux capitaux à meilleur marché : mais à ce moment toute la bienveillance des pouvoirs publics doit être réservée aux côntribuables et non aux rentiers.

A l'égard de ceux-ci, quels seraient du reste les effets de la Conversion si elle est loyalement conduite ? Les premiers souscripteurs à l'emprunt ont joui de l'intérêt promis, et comme, en fait, le plus souvent la dette est contractée au-dessous du pair, ils feront un bénéfice sur le capital : ceux-là ne sont pas à plaindre. Les derniers acheteurs de leur côté ont calculé, en entrant dans la rente qui a dépassé le pair, que la Conversion était prochaine : ils ont consenti à payer 102, 103, 110 fr., non une rente de 5 fr., puisqu'ils savaient qu'une réduction était imminente, mais une rente de 4 fr. 50 ou de 4 fr., selon les prévisions de l'opinion. Aussi, toutes les fois qu'une Conversion a été faite en temps opportun, la nouvelle rente remise a atteint presqu'immédiatement les cours de la rente convertie. Le créancier de l'État ne perd donc rien sur son capital qu'il retrouve intact.

La Conversion est d'ailleurs toujours facultative et le rentier a le droit de réclamer le remboursement du capital représenté par son titre. S'il ne le fait pas et s'il accepte le nouveau titre qui lui est offert, c'est qu'avec son capital il ne pourrait obtenir un placement aussi avantageux. Il est obligé de se soumettre aux conditions du marché : il ne serait pas plus admis à se plaindre de la réduction que lui impose la force des choses, qu'à réclamer contre la dépréciation des métaux précieux. Un même capital ne peut pas produire toujours des jouissances égales : le

travail seul a le privilége de recevoir une rémunération
relative qui va toujours en augmentant.

La Conversion qui a des conséquences si utiles pour
l'État et pour les contribuables, et pénibles, mais justes,
à l'égard des rentiers, entraîne un mouvement de
capitaux qui présente certains avantages. Elle détruit
l'obstacle qui enrayait la hausse des fonds publics et des
autres valeurs ; elle jette sur le marché les capitaux des
rentiers non consentants à la Conversion qui ont réclamé
leur remboursement, et des rentiers qui, effrayés ou
mécontents, méconnaissent leur véritable intérêt et ven-
dent leurs titres. La haute Banque profite de ce moment
favorable pour lancer de nouvelles affaires et émettre des
actions, des obligations qui permettent aux rentiers de
remployer leurs capitaux disponibles. De nombreux intermédiaires tirent des bénéfices considérables de ce mouvement ; aussi ne doit-on pas être surpris que le monde
de la Bourse et de la spéculation soit toujours disposé à
accueillir avec faveur les mesures de ce genre. Cet effet
des Conversions n'est que secondaire, mais il devait être
signalé.

CHAPITRE IV

Conversions en rentes au pair.

Les effets de la Conversion étant connus, le but qui doit être atteint par une opération de cette nature étant précisé, il devient facile d'indiquer quelle nature de rente doit être offerte aux créanciers de l'État dont le titre a dépassé le pair : ce sera évidemment celle qui doit produire l'économie la plus considérable, celle qui sera la plus favorable à l'État.

La Conversion permet de profiter de l'amélioration du crédit public et de faire subir à tout ou partie de la dette une réduction. Rien ne sera plus simple que d'offrir aux rentiers le choix entre le remboursement et un titre nouveau portant un intérêt moindre, mais sans modification dans le capital de la dette.

Les titres d'un emprunt contracté en 5 % sont cotés à la Bourse 105 fr. : d'après les données du marché, les cours des autres fonds publics, les propositions de la finance, le gouvernement est certain de se procurer des capitaux au taux de 4 1/2 %. Il pourra offrir aux porteurs de l'emprunt de leur rendre, non le capital reçu, mais le capital dont l'État s'est reconnu débiteur, soit 100 fr. par 5 fr. de rente, ou bien un nouveau titre également de 100 fr. de capital nominal, mais ne donnant droit qu'à un intérêt annuel de 4 fr. 50 %. L'opération ainsi conçue ne modifiera pas le capital de la dette ; elle était de 100 fr. par 5 fr. de rente, elle continuera à être de 100 fr. par 4 fr. 50 de rente : c'est ce qu'on a appelé les *Conversions en rentes au pair.*

§ 1er. — *Avantages des Conversions en rentes au pair.*

On aperçoit immédiatement les avantages de ce procédé honnête et loyal. Tous les rentiers comprendront la proposition qui leur est faite ; ils auront seulement à calculer si avec les 100 fr. que leur propose l'État pour le remboursement de leur inscription de 5 fr. de rente, ils pourraient se procurer une valeur offrant des conditions égales de sécurité et donnant un intérêt supérieur à 4 1/2 %. Si la loi qui prononce la Conversion a été conçue conformément aux principes généraux que nous avons indiqués au chapitre II de ce livre, il est certain que l'immense majorité des rentiers acceptera la réduction d'intérêt. Cette réduction n'atteindra pas en effet le maximum possible : elle pourrait s'élever à 60 ou 75 centimes, et elle n'est que de 50 centimes, c'est-à-dire en d'autres termes que l'État offre un titre qui vaut plus de 100 fr.

L'économie avec les rentes au pair ne sera donc pas exactement correspondante à la différence entre le taux de la rente à convertir et le taux du crédit de l'État ; mais cet inconvénient est compensé par un grand avantage. Les demandes de remboursement seront évitées et l'opération sera facilitée dans son exécution : plus elle sera claire et intelligible, et moins nombreux seront les arbitrages qui pourraient être faits entre la rente ancienne et la nouvelle, moins nombreuses seront les réclamations des rentiers.

Un autre avantage est que la dette ne sera pas augmentée en capital : si l'on est persuadé de la nécessité de l'amortissement, on comprend combien ce point est important : nous y reviendrons dans le chapitre suivant.

Mais ce qui doit faire préférer les Conversions en rentes au pair à tous les autres systèmes, c'est qu'elles permettent dans l'avenir de réaliser de nouvelles conversions et de nouvelles réductions. En effet, les causes qui ont amélioré le crédit de l'État depuis l'émission d'un premier emprunt doivent se continuer ; il n'y a pas de limite théorique à la diminution de la rémunération annuelle des capitaux, à la réduction de leur loyer. Les capitaux augmentant sans cesse, la concurrence qu'ils se font entre eux obligent ceux qui les détiennent à se contenter d'un intérêt qui va toujours en décroissant.

Quoique les capitaux aient continué à se multiplier dans une proportion plus rapide que par le passé, il y a eu, depuis une trentaine d'années, un temps d'arrêt dans ce phénomène économique. D'une part, il a été entrepris de grands travaux publics ; les chemins de fer ont été créés, le réseau des voies de terre a été étendu ; en outre, grâce à l'abaissement des barrières internationales, le commerce et l'industrie ont pris un développement inconnu et imprévu. D'autre part, pendant cette période, le monde civilisé a été d'abord ébranlé par des révolutions, et ensuite ensanglanté par des guerres incessantes et sans trève. Pour ces deux causes, les capitaux, absorbés par les travaux publics et l'industrie, ou follement détruits par les gouvernements, ont donné lieu à des demandes aussi considérables que leur création. Ces besoins exagérés diminueront, tandis que la fortune publique ne fera qu'augmenter. On peut prévoir qu'un jour il ne sera accordé aux capitaux que le minimum de rémunération nécessaire pour ne pas arrêter leur puissance de reproduction ; l'intérêt pourra être réduit à 3, 2 1/2, 2, peut-être 1 ou un demi %. Au XVIIIe siècle, l'Angleterre a vu son 3 % atteindre le cours de 107 fr., c'est-à-dire capitalisé à moins de 2 80 %, si l'on tient compte de la crainte du remboursement au pair, et la Hollande empruntait vers la même époque à 2 1/2 %.

Nous n'en sommes pas encore à l'application : mais dès maintenant nous pouvons dire qu'il n'y aurait aucune exagération à espérer qu'une conversion de la rente

française 5 % qui est au-dessus de 112 fr., si elle était faite actuellement en 4 1/2 %, serait suivie facilement d'une seconde Conversion en 4, puis d'une troisième en 3 1/2 et d'une quatrième en 3 %. Ces quatre Conversions successives produiraient une économie des deux cinquièmes de la dette primitive : une dette annuelle de 350 millions serait ainsi réduite dans un laps de temps plus ou moins long à 210 millions.

§ 2. — *Objections contre les Conversions en rentes au pair.*

La première objection qui est faite contre ce système est la suivante : « Comment penser que les rentiers menacés de Conversions successives restent bénévolement dans la rente et attendent tranquillement sans chercher un placement à l'abri de ces réductions réitérées ? Le rentier veut avant tout s'assurer un revenu fixe ; si vous lui enlevez cette fixité, il désertera la rente. Une première réduction d'un demi % ne le privera que d'un dixième de l'intérêt annuel ; mais la seconde Conversion réduira sa rente d'un neuvième, la troisième d'un huitième, la quatrième d'un septième. La réduction sera de plus en plus dure et il est facile de prévoir que l'épargne, au lieu de se porter vers la rente, se jettera sur des valeurs aléatoires ; les conséquences sont évidentes : la rente baissera ou ne suivra pas un mouvement ascensionnel normal et en rapport avec sa valeur intrinsèque ; le crédit public sera atteint et le capital national réduit ou compromis. »

Cette crainte est partagée par beaucoup de bons esprits ; elle est pourtant tout au moins fort exagérée. En théorie, la Conversion n'est pas prononcée par l'État, elle est le résultat d'un fait inéluctable, admis, consacré, évalué par les cours des fonds publics. Le taux du loyer des capitaux ne peut être décrété, il existe indépendamment de la volonté des pouvoirs publics et de toute mesure coërcitive, lorsque la Conversion est possible, l'État profite simplement de ce taux nouveau et amélioré. Quels moyens les rentiers auraient-ils de s'y soustraire? Toutes les valeurs sont cotées d'après ce taux. Le créancier de l'État qui voudra sortir de la rente devra donc se soumettre à cette loi générale du marché, et il ne trouvera devant lui que des titres lui offrant, à sécurité égale, un même revenu. Aussitôt que le pair est dépassé, la Conversion est prévue, chacun s'y attend et s'y prépare; voit-on cependant un déclassement? Les rentiers vendent-ils en masse pour éviter la réduction? Ce qui se passe au moment d'une première Conversion se renouvellerait si une seconde Conversion était possible. Il est même probable que si lors de la première mesure l'État avait fait preuve de modération, la seconde opération offrirait moins de difficultés. M. Lacave-Laplagne, comme ministre des finances, a exprimé cette opinion en 1838 et en 1845 : dans le but de faciliter les Conversions ultérieures, il insistait pour que la réduction première à imposer aux rentiers fût aussi faible que possible.

M. Joseph Garnier, dans son *Traité des finances*, a fait remarquer que la prévision des Conversions enraye le crédit public et que si le droit de remboursement n'existait pas, les cours des fonds publics s'élèveraient plus rapidement. Cette observation n'aurait toute sa valeur que si toute la dette était constituée en un fonds unique : la menace du remboursement arrêterait alors l'essor de la rente aussitôt qu'elle aurait atteint le pair. Mais lorsque à côté de la rente remboursable il existe une autre rente très éloignée du pair, telle que le 3 % dans notre pays, l'effet observé par le savant économiste est beaucoup moins sensible.

En théorie, cette objection contre les rentes au pair n'est pas fondée, et dans la pratique les Conversions faites au moyen de ces rentes n'ont rencontré aucune difficulté. Nous verrons plus tard que l'Angleterre a pu réduire tout son 5 % en 3 % au moyen de plusieurs Conversions successives : les demandes de remboursement ont été fort rares, le déclassement n'a pas été sensible et pendant toute la durée de ces opérations, qui ont porté plusieurs fois sur un capital de 4 à 6 milliards, les cours des consolidés ont montré la plus grande fermeté.

La France également a fait en 1852 une Conversion du 5 % en 4 1/2 au pair. Les rentiers se sont-ils empressés d'abandonner le nouveau fonds, menacé d'une seconde réduction? Nullement. En 1862, au moment où expirait le délai de suspension du droit de remboursement, M. Fould convenait que le 4 1/2 % était le refuge de l'épargne. Les chiffres le prouvent : en 1852, la moyenne des titres 5 % était de 256 fr. et la moyenne des titres 3 % de 574 fr. En 1860, la moyenne des inscriptions du 4 1/2 % qui avait remplacé le 5 % était de 236 fr.; la moyenne avait baissé de 10 fr., ces rentes s'étaient popularisées; les rentes 3 % représentent à cette date, une moyenne de 575 fr., le même chiffre, à 1 fr. près, qu'en 1852 et le double des rentes 4 1/2. En 1862, au moment où une seconde Conversion pouvait atteindre le 4 1/2, la moyenne des inscriptions de cette rente était de 243 fr.; la moyenne des rentes 3 %, par suite du classement des emprunts de 1859, était descendue à 457 fr. Si l'on veut bien chercher la signification de ces chiffres, on avouera que la menace d'une seconde Conversion n'avait pas modifié les habitudes des rentiers.

Il faut reconnaître cependant qu'au moment où une Conversion est possible et prévue, il s'opère toujours un certain déclassement. En juin 1878, le cours moyen de la rente 5 % était de 112 fr. 197 : la clientèle des Trésoriers-généraux a vendu, pendant ce mois, la somme énorme de 1,052,569 fr. de rente, déduction faite des achats. Les rentiers ont-ils été mus par la crainte de la réduction? Non; car, pendant le même mois, les porteurs du 3 % dans les départements vendaient également

277,000 fr. de rentes. Les rentiers profitaient donc de l'é-lévation exagérée des cours. Le même fait doit se produire toutes les fois que les rentes sont enlevées par une hausse trop rapide. Les rentiers qui ont acheté dans les bas cours liquident leurs opérations. Ces ventes coïncident avec l'approche de la Conversion, parce qu'au moment où la Conversion est possible, les cours sont élevés : mais il ne faut pas croire qu'elles sont toutes la conséquence de la crainte du remboursement. On peut donc être assuré que si les cours des rentes sont établis d'une façon sérieuse et acceptés par l'épargne, le déclassement redouté ne se produira pas dans des proportions inquiétantes après une première Conversion sagement conduite, et ne rendra pas impossibles les réductions suivantes.

Le second reproche que l'on pourrait adresser à la Conversion en un fonds au pair est plus sérieux. « L'élévation d'une rente au-dessus du pair, dit-on, arrête l'essor de la hausse de tous les autres fonds; donc, en convertissant en rentes au pair, on ne détruit pas l'obstacle qui s'opposait à l'élévation des cours, et on maintient facticement la cause qui empêche l'abaissement du loyer des capitaux. »

Ce grief est fondé jusqu'à un certain point : il ne faudrait pourtant pas en aggraver la portée. En faisant la Conversion au pair, l'État, comme nous le verrons plus loin, devra donner aux rentiers la garantie que pendant cinq ou dix ans ils ne seront pas de nouveau réduits ou convertis : cette garantie sera le correctif de la situation défavorable du nouveau fonds. Il aura dépassé le pair, mais il sera irremboursable pendant un certain nombre d'années : durant la première partie de cette période au moins, l'obstacle à la hausse qui est uniquement la menace d'un remboursement immédiat, aura disparu et le nouveau fonds pourra s'élever sans entrave au-dessus du pair. Les cours indiqueront alors la vérité à peu près exacte sur le crédit de l'État.

7

Cette garantie ne sera, il est vrai, que temporaire; à mesure qu'on s'approchera du terme fatal, les cours tendront à baisser; ils seront au moins comprimés, si le pair est dépassé de plusieurs unités. Mais qui nous dit qu'à cette époque la nouvelle rente sera au pair? Admettons-le pourtant. Pendant combien de temps le marché sera-t-il ainsi enrayé? Une année ou deux au plus; car à l'expiration du délai de garantie, une nouvelle réduction sera possible si la rente est au-dessus du pair, et elle sera certainement réalisée. L'intérêt sera ramené au taux du crédit de l'État. Le remède se trouve à côté du mal.

Par la Conversion de 1852, le nouveau 4 1/2 % a été garanti pendant 10 années contre l'exercice du droit de remboursement. Il existait alors des rentes 4 1/2 qui ne jouissaient pas de cette garantie. Quels étaient les cours respectifs de ces deux fonds qui donnaient exactement le même revenu? En 1852 le cours moyen du 4 1/2 garanti a été de 103 fr. 22, et celui du 4 1/2 soumis au remboursement de 94 fr. 87. En 1853, 1854 et 1855, les cours moyens ont été de 102 fr. 72 c., 96 fr. 09 c. et 93 fr. 43 c. pour le premier fonds, et pour le second de 99 fr. 81 c., 93 fr. 48 c. et 89 fr. 69 c. En 1858, quoique le délai de garantie avance, le 4 1/2 ancien n'est coté que 85 fr. 24 c. et le 4 1/2 nouveau 95 fr. 22 c. : la différence est de près de 10 fr. En 1861, les cours de la rente remboursable sont de 93 fr. 87 c., et en 1862 de 96 fr. 74 c. : en 1861 les cours de la rente non-remboursable sont de 96 fr. 70 c. et en 1862 de 97 fr. 97 c. Jusqu'au moment précis où expirait la garantie contre une nouvelle réduction, une différence sensible existait entre les deux fonds. On peut juger par ces chiffres de l'influence de la garantie dont nous parlons. Nous en tirerons cette conclusion que la menace du remboursement ne comprime sérieusement les cours, n'affecte le taux du crédit que dans le cas seul où elle est immédiate.

Il existe cependant une différence de capitalisation entre la rente qui est aux environs du pair, et celle qui en est très-éloignée. Ce n'est pas à dire que celle-ci donne le véritable taux du crédit : elle profite d'une plus-value qui résulte de ses chances de hausse dans l'avenir. Une rente constituée en 2 %, 1 % serait certainement capitalisée à un taux plus faible que le 3 % : osera-t-on conseiller d'émettre des rentes semblables ? Pourquoi s'arrêter à ce taux de 3 % ? Existe-t-il un seul motif sérieux de s'en tenir à cette limite ? Les rentes au pair, remises à la suite d'une Conversion, présentent un léger inconvénient pendant une courte période ; mais leurs avantages sont si considérables qu'il n'y a pas à s'inquiéter de la légère compression des cours qu'elles peuvent produire au moment où le délai de garantie touche à sa fin.

§ 3. — *Moyens d'assurer le succès des Conversions en rentes au pair.*

L'expérience indique plusieurs procédés pour faciliter les Conversions en rentes et écarter le danger des demandes nombreuses de remboursement au moment de la réduction, ou le déclassement une fois que l'opération est achevée. Ces procédés peuvent être appliqués à toutes les Conversions, mais ils sont surtout indispensables lorsque la Conversion est faite en rentes au pair, parce qu'alors le rentier ne reçoit aucune compensation. Nous sommes donc amenés à étudier spécialement ces combinaisons dans ce chapitre.

Dans toutes les Conversions, il est nécessaire d'offrir aux rentiers l'option entre le remboursement et un titre dont la valeur actuelle est supérieure au pair et de leur laisser un avantage immédiatement réalisable. Cette règle générale ne saurait recevoir son application dans les Conversions en rentes au pair que si le nouveau titre est constitué en un fonds donnant un intérêt plus élevé que le taux auquel pourrait être émis un emprunt.

La rente 5 % est cotée 107 fr. et le 3 % à 72 fr. : l'État

pourrait se procurer des capitaux au pair à 4 fr. 30 %. Il aurait donc le droit d'imposer aux porteurs du 5 % une réduction de 70 cent. En leur donnant une inscription de 4 fr. 50 de rente, il ne diminuera leur revenu que de 50 cent. et il leur livrera un titre qui vaudrait sur le marché 104 fr. 65 si la menace d'un remboursement ultérieur ne devait pas affecter les cours du nouveau fonds qui dépassera le pair. Voilà un premier avantage tangible, immédiat, réalisable.

Cet avantage ne serait cependant pas suffisant : cette nouvelle rente devant être cotée au-dessus du pair, une seconde Conversion serait possible dès le lendemain. Le rentier, effrayé par cette éventualité, voudrait à tout prix se débarrasser de son titre ; il est nécessaire de le rassurer. Dans tout emprunt émis au pair, les souscripteurs sont exposés au même danger : aussi est-il d'usage dans ce cas de suspendre pendant une certaine période le droit de remboursement dont pourrait user l'État. Les Conversions étant de véritables emprunts, la même garantie devra être accordée aux rentiers convertis lorsqu'ils recevront des rentes au pair. L'État s'engagera donc à ne pas user de son droit de remboursement contre le nouveau fonds pendant un délai déterminé.

Quelle sera la durée de ce délai ? Il est impossible de le préciser ; mais on comprend qu'il sera d'autant plus prolongé que l'intérêt supplétif accordé aux rentiers convertis sera plus faible. Si la réduction atteint le maximum possible, la période d'irremboursabilité devra être très-longue ; elle sera au contraire de quelques années seulement, si la Conversion ne fait subir qu'une diminution très-modérée de revenu aux rentiers. En Angleterre, elle a été de trente années lorsqu'il s'est agi de convertir le 3 1/2 en 3 % : mais elle n'avait été que de huit ou dix années pour les Conversions antérieures du 5 % en 4 %, et du 4 % en 3 1/2 %. En Belgique, trois Conversions ont été opérées : pour la première, le délai de garantie a été de six ans et pour les deux autres de huit années. Lors de la Conversion de 1852, en France, le droit de remboursement a été suspendu pendant dix années. En général, un délai décennal sera suffisant : il pourrait être réduit à cinq ans, si l'intérêt nouveau accordé était très-supérieur au taux du crédit de l'État : c'est une simple question de mesure et d'appréciation. Dans tous les cas, cette garantie, si elle est sagement combinée avec les autres conditions de la Conversion, sera assez efficace pour empêcher le déclassement des rentes, comme on l'a vu plus haut (*page 102*).

L'État, on le sait, a seulement le droit d'imposer le remboursement à ses créanciers; il n'a pas le pouvoir de prononcer la réduction de l'intérêt. Pendant longtemps, en France, on a conclu de ce principe que les porteurs du fonds appelé au remboursement qui ne faisaient pas connaître leur intention formelle d'accepter les nouvelles conditions offertes, devaient recevoir le capital qui leur était dû. Un délai très-prolongé était alors nécessaire pour assurer le succès de la mesure et pour permettre à tous les ayants-droit de manifester leur adhésion. En 1838, M. Garnier-Pagès aîné et M. Lacase-Laplagne ont fait observer qu'il n'était pas logique d'obliger les créanciers de l'État à déclarer qu'ils préféraient recevoir 104 ou 105 fr. que 100 fr., et que, par suite, il était inutile d'imposer un dérangement à la presqu'unanimité des rentiers qui ne pouvaient qu'accepter la Conversion, puisque le titre proposé par l'État avait une valeur supérieure au capital dû.

Depuis cette époque, il a été généralement admis que le silence des rentiers serait interprété dans le sens de l'acceptation de la Conversion, et qu'une déclaration devrait être faite par ceux qui voudraient réclamer le remboursement. La période accordée a pu être ainsi considérablement réduite : en 1852, la Conversion de M. Bineau a été accomplie en vingt jours ; il n'y aurait aucun inconvénient à réduire encore ce délai, et dix ou quinze jours paraîtraient suffisants, maintenant que les moyens de communication sont plus faciles et plus rapides. L'Angleterre n'a accordé, du reste, dans les opérations de ce genre, qu'un délai variant de douze à vingt-trois jours pour les déclarations des non-consentants.

On ne peut nier qu'il soit très important pour l'État de réduire au moindre délai cette période d'hésitation, de trouble, de spéculation, pendant laquelle le rentier incertain ne sait s'il doit vendre ou conserver son titre, s'il doit réclamer son remboursement ou accepter la Conversion. En 1852, pendant les vingt jours accordés pour les déclarations, la rente est descendue un instant au-dessous du pair, et pourtant les réclamations ont d'abord été nulles ; les rentiers ont attendu les deux derniers jours pour prendre un parti. En Angleterre, le nombre des non-consentants a toujours été d'autant plus élevé que le délai d'option a été plus prolongé. Ce délai peut donc être très court sans aucun inconvénient pour les rentiers, et il doit l'être dans l'intérêt de l'État.

Si aucun événement fâcheux ne survient depuis le moment où elle est annoncée jusqu'au jour où elle est un fait accompli, la Conversion, réalisée dans les conditions que nous venons d'indiquer, sera assurée d'un succès complet, et les demandes de remboursement seront fort rares. L'exemple de l'Angleterre et de la Belgique prouve que ces réclamations peuvent être complétement nulles et que, dans tous les cas, elles ne dépasseront pas 1 % du capital nominal réprésenté par les rentes à convertir. Mais quelles que soient la prudence du ministre des finances et la sagesse de ses précautions, quelle que soit la brièveté du délai de déclaration, une crise est toujours à redouter jusqu'au jour du terme fatal. Se figure-t-on l'effet produit sur le marché par un mouvement insurrectionnel, la mort du chef de l'État, une offense faite à un ambassadeur du pays ? Une baisse énorme pourrait survenue, le pair serait perdu par le fonds converti, et les demandes de remboursement se multiplieraient. D'après les prévisions, les mesures nécessaires avaient été préparées pour se procurer le capital à rembourser aux rentiers non-consentants. Mais, tout à coup, les demandes qui ne devaient pas dépasser 1 ou 2 %, s'élèvent à 10, 20, 30 % du capital engagé : 200, 500 millions deviennent nécessaires, un milliard peut-être. Cette éventualité doit être prévue, quelque improbable qu'elle soit ; le ministre des finances fera donc bien de se réserver la faculté d'effectuer les remboursements exigés, au moyen de séries successivement appelées par le sort.

Le marquis d'Audiffret (1) repousse énergiquement le système du remboursement par séries : « Ne nous servons pas de ce moyen déloyal, dit-il, comme d'une menace destinée à frapper d'intimidation la résistance légitime ou toute contrainte morale dans un traité qui doit affermir l'estime et resserrer les liens des deux contractants... » On n'a point invoqué le funeste secours de cette combinaison en 1824 et 1825... on ne l'a pas réclamé davantage dans les projets qui se préparaient en 1829 et qui ont été annoncés par un rapport officiel du 15 mars 1830. Depuis 1822 jusqu'en 1834, l'Angleterre a proposé le remboursement ou la réduction d'intérêts de 9,800,000,000 de francs d'effets publics, sans recourir à ce dangereux expédient, quoiqu'elle ait opéré deux fois sur un capital de près de quatre milliards. »

Nous ne partageons pas cette opinion. Tout doit faire espérer qu'il sera inutile de recourir à ce moyen extrême ; mais, s'il est impossible de satisfaire immédiatement à toutes les réclamations, l'État ne peut être acculé à la nécessité de manquer à ses engagements. La crise que nous

(1) *Système financier*, t. II, p. 253 et suiv.

prévoyons sera d'ailleurs d'autant moins intense que les mesures auront été plus prudentes ; la spéculation n'osera pas s'exposer à abuser d'une situation précaire si elle est assurée qu'elle ne pourra pas en sortir indemne. En 1852, M. Bineau avait sagement prévu la possibilité du remboursement par séries : les lois préparées et votées par la Chambre des députés de 1838 à 1845 avaient également réservé la même faculté pour le Trésor.

Cette précaution qui nous paraît indispensable, serait d'ailleurs d'une exécution facile, même avec l'organisation actuelle de la dette publique en France. Le Grand-Livre est divisé en huit séries alphabétiques qui, en dédoublant la lettre D, comprendraient, d'après des renseignements donnés, en 1845, par le ministre des finances, des sommes de rentes à peu près égales. En appelant successivement ces diverses séries au remboursement, l'État obtiendrait un délai de plusieurs mois ou même de plusieurs années : il est inutile d'ajouter que jusqu'au paiement complet de ce qui leur est dû, les rentiers non-consentants devraient toucher l'intégralité de leur revenu.

Convertir en rentes au pair est, on le voit, un procédé aussi simple que pratique : il offre à l'État l'immense avantage de profiter de toutes les améliorations successives du crédit, et de réduire l'intérêt servi aux créanciers de l'État à mesure que le taux du loyer des capitaux baisse dans le pays. Il n'augmente pas le capital nominal de la dette ; il n'impose aux rentiers qu'une diminution modérée de revenu et laisse intact le capital représenté par la rente ; il est facilement compris par tous les intéressés. Le succès d'une semblable opération est assuré si chaque réduction n'atteint pas le maximum de la réduction possible d'après la situation du crédit public, si la nouvelle rente est garantie contre un remboursement ultérieur pendant un certain nombre d'années et si enfin l'État s'est réservé le droit de rembourser les non-consentants par séries tirées au sort.

Ce système si logique est inspiré par le bon sens le plus ordinaire ; aux yeux de bien des financiers, qui préfèrent les opérations savantes et compliquées, c'est peut-être un défaut. Comme l'a fait judicieusement observer M. Michel Chevalier (1), les ministres des Finances qui, dans des circonstances très laborieuses, se sont montrés à la hauteur de leur rôle, ont été avant tout des hommes de bon sens, et c'est du sens commun qu'ils se sont inspirés. Sully, Colbert, Turgot, dont la hardiesse est remarquable, M. Corvetto, en 1816, M. Humann, M. Laplagne, M. Bineau n'ont pas cherché des combinaisons alambiquées ; ils ont agi simplement et honnêtement. Law, au contraire, a voulu baser ses réformes sur sa théorie quintessenciée et imaginaire du crédit, et on sait à quel cataclysme financier elles ont abouti. Le bon sens est un guide bien vulgaire, il n'en est pas cependant de meilleur pour les hommes d'État aussi bien que pour les particuliers.

Les Conversions faites par le simple échange contre une rente portant un intérêt élevé, d'une rente produisant un intérêt moindre, n'ont pas été admises sans difficulté dans notre pays. Nous verrons plus tard que l'opinion, égarée par les banquiers, ne comprenait pas le véritable principe de ces mesures; il semblait qu'une compensation dût être accordée aux rentiers. Mais après les discussions qui eurent lieu en 1836 et 1838 devant la Chambre des députés, l'intérêt des contribuables et de l'État l'emporta sur l'intérêt particulier des rentiers, et grâce à l'éloquence de Garnier-Pagès aîné, et au bon sens de M. Lacave-Laplagne, le système des Conversions

(1) *Revue des Deux-Mondes*, 1ᵉʳ août 1874.

en rentes au pair fut généralement adopté. Depuis la mesure réalisée en 1862 par un ministre qui voulait diriger le Crédit, l'esprit public s'est encore égaré sur cette question et recherche des combinaisons savantes, compliquées qui parviendraient à satisfaire tous les intérêts. Il est temps d'examiner quels sont les systèmes qu'on oppose au procédé élémentaire de la Conversion en rentes au pair, qui a eu le mérite d'être appliqué avec succès sept fois en Angleterre et une fois en France ; et qui a la singulière bonne fortune d'avoir été combattu par la plupart des banquiers et des spéculateurs, et préconisé par les défenseurs des contribuables et les représentants les plus autorisés du Trésor.

CHAPITRE V

Des Conversions en rentes au-dessous du pair.

Si on demande surtout à la Conversion de réaliser une économie, on aura recours au système qui vient d'être décrit, c'est-à dire à la Conversion en rentes au pair. Mais ce but est considéré souvent comme secondaire ; on envisage alors la Conversion comme un procédé qui doit : ou améliorer le crédit de l'État et abaisser le taux du loyer des capitaux dans le pays, l'effet est pris alors pour la cause ; ou amener l'unification de la dette.

Se plaçant à ce point de vue spécial, des hommes d'État, des publicistes, mais en plus grand nombre des banquiers et des financiers ont cherché dans la Conversion une diminution d'intérêts immédiate et aussi forte que possible, sans se préoccuper de l'augmentation du capital dans le présent, ni des réductions nouvelles et successives qui pourraient être obtenues dans l'avenir.

Les rentes constituées à un chiffre éloigné du pair sont capitalisées à un taux moins élevé que les rentes dont les cours se rapprochent du pair. Lorsque la rente 5 % est aux environs du cours de 108 fr., la rente 3 % atteint ordinairement le cours de 73 fr. : la première est capitalisée à 4 fr. 63 c. et la seconde à 4 fr. 10 c. %. D'après le système indiqué dans le chapitre précédent, la Conversion devrait se faire dans ce cas en 4 1/2 % au pair et ne produirait au Trésor qu'une économie de 50 centimes pour 5 fr. de rentes.

Pourquoi se contenter, dit-on, de cette faible réduction

de 50 centimes, quand il serait si facile d'en obtenir une de 90 centimes ? Quel besoin de faire ce cadeau de 40 centimes au rentier qui est oisif, qui ne produit rien ? On compare la situation de ce parasite et celle du contribuable qui est accablé par le poids des impôts, et on demande que le premier ne reçoive pas une faveur imméritée au détriment du second ; on insiste donc pour que le rentier soit soumis aux indications du marché qui donne la mesure exacte du crédit de l'État, et pour que son titre subisse la réduction entière que la situation du crédit permet de lui imposer.

On indique le moyen qui est bien simple : remettre au propriétaire de 5 fr. de la rente à convertir, un nouveau titre en rente éloignée du pair produisant le même intérêt que celui obtenu par un capital de 100 fr. placé dans ce dernier fonds. Ainsi, si les cours des divers fonds publics étaient ceux que nous venons de supposer, le porteur de 5 fr. de rente en 5 % aurait le choix entre le remboursement de son titre au pair, et la remise d'une nouvelle inscription de rente 3 % portant 4 fr. 10 c. d'intérêts. Pour faciliter la mesure et éviter les demandes de remboursement, on admet que l'État devrait offrir une rente un peu supérieure à celle qui résulterait du cours exact du 3 % ; la Conversion du 5 % serait alors réalisée au moyen de la remise au rentier de 4 fr. 20 de rente en 3 %.

Si la Conversion se fait dans ces conditions l'État se reconnaît débiteur d'un capital de 100 fr. par 3 fr. de rentes ; or, 4 fr. 20 de rentes représenteraient en 3 % un capital nominal de 140 fr. Avant la Conversion l'État ne devait que 100 fr., après la réduction de 80 centimes par 5 fr. de rentes, il serait débiteur de 140 fr. Il aurait ainsi augmenté le capital nominal de sa dette de deux cinquièmes. De là, le nom de Conversions avec augmentation de capital a été donné à toutes les opérations de ce genre dans lesquelles des rentes au-dessous du pair sont offertes en échange d'une rente qui a dépassé le pair.

§ 1er. — *Origine du système des Conversions en rentes au-dessous du pair.*

Les Conversions en rentes au-dessous du pair ont eu de tout temps des défenseurs si énergiques et si influents qu'elles méritent un examen particulier.

On peut le plus souvent deviner la valeur, le but, la portée d'un système en connaissant le nom de ses inventeurs. Quels sont donc les auteurs de ces plans de Conversions avec augmentation de capital, qui mériteraient d'être désignés, comme les fantasmagoriques promesses de Law, par le simple mot : *Le système ?* C'est en effet un système tout entier qui, sous prétexte de développer le crédit, consiste à étendre le champ de la spéculation.

Un fonds éloigné du pair est plus sensible, plus impressionnable, plus variable ; il est sujet à de rapides mouvements de hausse et de recul ; mais sa tendance sera toujours de s'élever jusqu'au moment où il approchera du pair. Par suite de la prime de remboursement, il se capitalise à un taux relativement peu élevé ; il éloigne donc une foule de petits rentiers qui recherchent surtout les gros revenus ; il exerce ainsi une influence, non sur le loyer général des capitaux dans le pays, mais sur la capitalisation et la facilité d'émission des valeurs de second ordre.

D'autre part, l'usage de la Bourse n'autorise les marchés à terme que pour les multiples par 1,000 ou par 500 du taux de la rente ; plus ce taux sera faible et moindre sera la mise qu'il sera possible de risquer au jeu sur les fonds publics. En 5 %, on ne peut vendre ou acheter à terme moins de 5,000 fr. ou de 2,500 fr. de rentes ; en 3 %, les marchés à terme peuvent s'opérer à partir de 1,500 fr. et 3,000 fr. de rentes. Cette différence donne une facilité aux petits joueurs, qui seront d'autant plus nombreux avec le 3 % que les écarts sur cette rente sont plus grands. Les

transactions seront donc plus fréquentes ; plus considérables aussi les bénéfices des intermédiaires, et surtout
des riches spéculateurs qui, dans l'océan de la Bourse,
s'engraissent toujours aux dépens des petits.

Par suite de ces diverses propriétés, les fonds au-
dessous du pair sont préférés par tous les banquiers,
spéculateurs, agents de change, courtiers, coulissiers,
agioteurs, qui se préoccupent peu de l'intérêt servi, tandis
que les fonds se rapprochant du cours de 100 fr. et même
l'ayant dépassé, sont l'objet de la prédilection des rentiers
qui cherchent surtout un revenu rémunérateur.

Les emprunts en rentes au-dessous du pair ont été in-
ventés par la haute finance : les Conversions en rentes
au-dessous du pair devaient être également imaginées
par les banquiers et soutenues par les agioteurs et les
spéculateurs. Comme le fait remarquer avec justesse
M. P. Leroy-Beaulieu (1), « ces personnages, par leur
» langage technique et leur prétendue compétence, font
» impression sur le public. Les banquiers sont précisé-
» ment les hommes qui, pour la conduite des finances
» publiques, méritent le moins de confiance. Leur intérêt
» est d'embrouiller autant que possible les finances des
» États, de recommander les combinaisons les plus,
» compliquées, afin de se réserver des commissions, des
» primes, des occasions d'arbitrages. »

En Belgique, toutes les Conversions se sont faites
sans aggravation du capital ; aux États-Unis, les lois
qui autorisent le remplacement des titres 6 % par des
titres portant un intérêt de 5, 4 1/2, et 4 %, stipulent que
le capital de la dette ne devra pas recevoir un accroissement quelconque. La haute finance n'a jamais pu, en
Angleterre, décider le gouvernement à tenter des Conversions avec augmentation de capital : le bon sens et l'esprit
pratique de nos voisins auraient répugné à ce procédé.

(1) Loc. cit., t. II. p. 243.

Ce système a pourtant été inventé par des banquiers anglais qui se sont empressés de l'importer en France. En 1846, M. Bahring avait décidé le duc de Richelieu à émettre les emprunts nécessaires pour solder les nations étrangères, en rente 5 % à 57 fr. : en 1824, le 5 % atteignait, puis dépassait le pair, il était inutile à la spéculation. Le même M. Bahring et de nombreux banquiers cosmopolites conseillèrent à M. de Villèle de convertir ce fonds en 3 % à 75 fr. Sous la monarchie de Juillet, un banquier dont la fortune avait été compromise dans les opérations de 1824, J. Laffitte, mit à la disposition du « système » toute l'influence de son expérience et de sa popularité. Sous l'Empire, un banquier fit une Conversion en 3 %. Actuellement encore, des banquiers et des spéculateurs préconisent ce procédé.

Inventée par la haute finance dont les intérêts sont souvent hostiles à ceux de l'État, des contribuables, des rentiers, la Conversion en un fonds éloigné du pair nous est déjà suspecte ; les prétextes mis en avant pour la faire adopter vont confirmer notre défiance.

En 1824, M. de Villèle et les banquiers, ses inspirateurs, voulaient convertir tout le 5 % en 3 % : l'année suivante, le même ministre proposait une Conversion facultative afin de diviser la dette : son but, comme on l'a vu plus haut, était alors de rendre au crédit de l'État l'élasticité incompatible avec une dette compacte et composée d'une seule espèce de fonds. En 1862, M. Fould, d'accord également avec ses confrères de la haute finance, proposait une nouvelle Conversion en 3 %, afin, disait-il, de ramener l'unité dans notre dette et d'empêcher que notre crédit ne fût compromis par la concurrence existant entre deux fonds publics. Où est la vérité ? Il suffit pour le moment de constater les prétextes contradictoires dont s'est servie la spéculation pour faire adopter son « *système.* »

§ 2. — *Résultats pour l'État des Conversions en rentes au-dessous du pair.*

Quelle est la valeur de ce système en lui-même? Comparé à celui que nous avons indiqué d'abord, mérite-t-il de lui être préféré? Quels sont ses avantages et ses défauts? Ses résultats dans le présent et dans l'avenir?

La Conversion nécessite, nous l'avons montré, une double opération : l'extinction d'une dette ancienne et la création d'une dette nouvelle; un remboursement et un emprunt. Si le nouveau fonds est au-dessous du pair, l'opération aura tous les inconvénients des emprunts contractés en rentes éloignées du pair. Nous avons vu que ces emprunts étaient condamnés par la science et la pratique, et que tous les économistes et les historiens les avaient blâmés avec la plus grande sévérité. Si John Sinclair a pu dire qu'un ministre qui propose un emprunt avec augmentation du capital fictif mériterait d'être mis en accusation immédiatement, le même langage pourrait être, à plus forte raison, tenu à l'égard d'un ministre qui propose une Conversion avec accroissement de la dette nominale.

En effet, lorsqu'il est indispensable de faire appel au crédit, il faut bien se soumettre à ses conditions; la discussion n'est pas possible avec le marché; l'État qui emprunte est quelquefois obligé de passer par les volontés et les caprices de la Bourse et de la spéculation. Aussi, malgré les critiques théoriques adressées aux emprunts en rentes au-dessous du pair, est-on forcé d'avouer que, dans certaines circonstances urgentes et critiques, les États semblent ne pouvoir se dispenser d'avoir recours à ce moyen.

Les Conversions, au contraire, ne sont pas obligatoires comme les emprunts, et un État qui veut convertir sa dette est libre de choisir son moment et de profiter de toutes les conditions favorables du marché; en restant dans une prudente réserve, il est assuré du succès, et, pourvu qu'il s'adresse à un emprunt bien classé, dont presque tous les titres sont entrés dans les portefeuilles des rentiers véritables, l'aide de la spéculation sera à peine nécessaire. Il n'aura donc pas à subir la loi de la haute finance et il n'aura qu'à s'occuper de l'intérêt, des droits des contribuables et des rentiers.

« On préfère le 3 au 5 %, disait un article de la *Revue* » *d'Edimbourg,* de 1828, à cause de l'augmentation » possible du capital; en outre et surtout, le capitaliste » calcule que, par suite du droit de remboursement au pair » des rentes qui dépassent le pair, une partie de l'intérêt » qui doit être réduit ne représente que des annuités à » court terme... Une petite augmentation d'intérêt suffirait, » d'après de bons esprits, pour balancer la chance d'ac- » croissement dans le capital des rentes constituées avec » un capital fictif; en augmentant l'intérêt d'un quart » pour cent, il est probable que l'Angleterre aurait p u » faire les guerres de l'Empire sans augmenter le capital » fictif de la dette. » Ce raisonnement s'applique avec plus de force aux Conversions de rentes. L'augmentation artificielle du capital, qui est la conséquence des Conversions en rentes au-dessous du pair, n'est pas indispensable au succès de l'opération : ce défaut seul serait suffisant pour faire repousser « le système ». Est-il au moins compensé par certains avantages?

Les deux motifs qui, selon la haute finance, doivent faire préférer la Conversion en rentes éloignées du pair, ont été indiqués avec une grande netteté par M. Isaac Pereire; ce sont les suivants (1) : 1° l'économie à ob- tenir peut être plus forte; 2° la réduction, *quoique plus dure pour le rentier,* serait largement compensée par l'espoir, par la certitude même d'une amélioration plus ou moins importante de son capital.

(1) *Questions financières.*— Paris, imp. Motteroz.— 1876.— P. 63.

Ces mérites existent-ils réellement? Ont-ils une importance suffisante pour faire adopter la Conversion en rentes au-dessous du pair et pour faire passer par dessus le vice de l'augmentation du capital nominal de la dette?

Le but unique de la Conversion, le lecteur s'en souvient, est l'économie qui doit en résulter pour les finances de l'État. L'économie produite par la Conversion en rentes au-dessous du pair, sera-t-elle en réalité plus forte que l'économie produite par la Conversion en rentes au pair? Ce point mérite un examen sérieux; car toute la question est là. Nous réclamons toute l'attention et la patience du lecteur pour cette partie de notre travail, qui sera hérissée de chiffres et de calculs fort arides, mais très-instructifs.

L'écart de capitalisation entre les fonds qui servent de type, entre le 5 % et le 3 %, permettrait d'obtenir une réduction actuelle de 30 cent. environ, en plus ou en moins, selon que la Conversion serait opérée en 4 1/2 % au pair, ou en 3 %. Cette différence est incontestable. Si on s'en tient à cette première observation, on conclura avec raison que la Conversion en 3 % réalise une économie plus forte. Est-ce bien exact?

En regard du surcroît d'économie de 30 cent., on ne doit pas négliger de placer l'augmentation de capital, qui est de 40 fr. par chaque unité de rente 5 % convertie. Si on est convaincu de la nécessité de l'amortissement, il faudra bien affecter à l'extinction de ce capital une portion de l'économie obtenue. Quel sera cet amortissement, et quels seront ses résultats?

La Conversion en 3 % produit, d'après les chiffres généralement admis, 30 centimes de plus que la Conversion en 4 1/2 au pair ; chaque porteur de 5 fr. de rente reçoit 4 fr. 20 de rente en 3 %. Ces 30 centimes d'économie par 4 fr. 20 de rente, représentent 21 centimes 4 mill. pour 3 fr. de rente. L'augmentation du capital sera de 40 fr. pour chaque titre de 5 fr. ancien, ou de 4 fr. 20 de rente après la Conversion : elle représentera donc 28 fr. 57 de capital fictif pour 100 fr. de capital nominal, correspondant à 3 fr. de rente (1). Supposons que l'économie supplétive soit entièrement appliquée à l'amortissement : combien d'années seront nécessaires pour éteindre le capital intégral de la dette, ou seulement le capital artificiellement accru ?

L'annuité nécessaire pour amortir 100 fr. en quatre-vingt-onze années et demie à 3 % est de 3 fr. 21 c. 4 mill. L'économie entière de 21 cent. 4 mill. devrait donc être employée entièrement à l'amortissement si on voulait éteindre le capital de 100 fr. en *quatre-vingt-onze ans et demi*. Cet amortissement n'aurait certes rien d'exagéré.

Mais on peut se contenter de faire disparaître le capital fictif ajouté à la dette par la Conversion en 3 %. Quelle période sera alors nécessaire? le capital fictif est de 28 fr. 57 par 3 fr. de rente. Les 21 c. 4 mill. économisés par la mesure n'amortiront cette portion du capital qu'au bout de cinquante-quatre années et cinq mois. C'est-à-dire que, pendant *plus de cinquante-quatre années*, l'économie que mettent en avant les partisans du 3 %, sera entièrement absorbée pour ramener le capital de la dette à l'état où il était avant la Conversion. Pendant *plus de cinquante-quatre années,* l'économie sera absolument nulle.

Poussons plus loin cet examen : admettons que la Conversion en 3 % réduise l'intérêt d'une unité entière, et qu'elle soit faite en 3 % à 75 fr. La mesure ne pourrait se réaliser dans ces conditions que si le 3 % était coté au-dessus de 77 fr. Or, si ce fonds arrivait aux environs de 80 fr., l'opération serait réalisable en 4 % au pair : la comparaison ne devrait plus alors s'établir entre le 3 % et le 4 1/2, comme nous le supposons, mais bien entre le

---

(1) Pour plus de clarté, nous donnons ci-après les différentes proportions qui établissent ces chiffres :

$$0 \text{ fr. } 30 \text{ cent. : } 4 \text{ fr. } 20 : : 0 \text{ fr. } 21.4 : 3.$$
$$3 : 100 : : 4.20 : 140$$
et $140 : 100 : 100 : : 71.43, —$ soit $140 : 40 : : 100 : 28.57.$

3 °/. et le 4 °/.. La différence d'économie, entre la Conversion en 3 °/. et la Conversion au pair, ne peut donc être que de 50 cent. au maximum.

La part afférente à chaque titre de 3 fr. de rente sur cette épargne de 50 cent. serait de 37 cent. 5. Qu'on applique cette économie entière à l'amortissement et le capital de 100 fr. sera absorbé en soixante-quatorze ans et trois mois. Si on arrête l'emploi de l'annuité de 3 fr. 37 5 aussitôt que le capital fictivement accru sera amorti, la période d'amortissement sera réduite exactement à *trente-sept ans*. En supposant la réduction d'intérêt aussi forte que possible, et par suite l'augmentation fictive de capital aussi faible que possible, il faudra capitaliser le surcroît d'économie du 3 °/. pendant trente-sept années pour arriver à éteindre le capital de 25 fr. par 3 fr. de rente, dont la Conversion aura augmenté le capital. Durant toute cette longue période, l'économie sera encore absolument nulle.

On peut déjà conclure que la Conversion en 3 °/. ne produira pas en réalité une économie plus forte que la Conversion en rentes au pair, puisque pendant cinquante-quatre années ou au minimum pendant trente-sept années, la différence entre les deux mesures devra être employée à la reconstitution du capital fictivement augmenté.

Allons plus loin ; imitons les partisans du 3 °/., ne nous occupons pas de l'accroissement du capital. Comparons les résultats des deux Conversions sans nous inquiéter de l'amortissement.

Le but des Conversions est de réduire les charges de l'État et de ramener l'intérêt, servi par l'État à ses créanciers, au taux de son crédit. Il serait donc d'une mauvaise administration de se priver de la possibilité de faire des Conversions ultérieures. Le loyer de l'argent, par suite de l'accroissement de la richesse publique, de la dépréciation des métaux précieux, a une tendance générale à s'abaisser : cette tendance s'accentue encore en faveur de l'État en raison des progrès de l'éducation populaire, qui assure la stabilité des institutions, le maintien de l'ordre à l'intérieur et développe les idées de paix à l'extérieur. Une première conversion devra donc être suivie, dans des conditions normales, d'une seconde mesure semblable, puis d'une troisième, d'une quatrième, jusqu'à ce que le crédit étant arrivé à son apogée, les capitaux cessent de se multiplier. Pendant de nombreuses années, le 3 % anglais a été aux environs du pair ; il n'existe aucun motif pour que les rentes françaises n'atteignent pas un jour ces hauts cours qui leur ont été inconnus.

Entre le 5 % et le 3 % au pair, il existe un écart de 2 fr. d'intérêt. Les financiers qui patronnent la Conversion en un fonds au-dessous du pair, font abandon une fois pour toutes de ces réductions successives qui sont dans la nature des choses. Une opération régulière produirait une économie immédiate de 50 cent., et laisserait la perspective d'économies ultérieures de 1 fr. 50 cent. sans augmentation de capital. La mesure qui a toujours été vantée par la haute finance donne une économie de quelques centimes plus forte ; au lieu d'une première réduction de 50 cent., elle assure une réduction de 80 à 90 cent. Admettons, comme nous l'avons fait jusqu'à présent, que la différence entre les deux opérations soit net de 30 cent., et calculons la valeur des différentes réductions dans le présent et dans l'avenir.

La valeur actuelle de l'économie perpétuelle de 30 cent. est exactement de 7 fr. 05 9 en 4 1/4 %, qui est à peu près le taux du crédit de l'État dans les circonstances prévues.

Quelle sera en opposition la valeur des trois économies de 50 cent. produites par les Conversions successives au pair du 4 1/2 en 4, du 4 en 3 1/2 et du 3 1/2 en 3, en admettant que ces trois opérations se fassent après la dixième, la vingtième et la quarantième année et que l'intérêt soit de 4 % en moyenne ?

La valeur actuelle d'une réduction de 50 cent., faite dans dix ans sur la rente perpétuelle, est de 8 fr. 44.50.

La valeur actuelle de la seconde réduction de 50 centimes faite dans 20 ans est de 5 fr. 70.50.

Enfin la valeur actuelle de la troisième réduction de 50 centimes faite dans 40 ans sera de 2 fr. 60.36.

Ces trois réductions représentent donc actuellement pour l'État un bénéfice de 16 fr. 75.36, tandis que le supplément d'économie de 30 centimes obtenu par la Conversion en 3 % n'a qu'une valeur actuelle de 7 fr. 05.9 : en admettant même que ce surcroît d'économie fût de 50 centimes, sa valeur ne serait encore en 4 % que de 12 fr. 50. La différence serait dans un cas de 9 fr. 69.46, et dans l'autre de 4 fr. 25.36 seulement, mais toujours à l'avantage du 4 1/2.

De quelque façon qu'on établisse les calculs et qu'on pose les chiffres, à quelque échéance éloignée que l'on suppose les réductions successives, la valeur actuelle de ces réductions est toujours supérieure à la valeur de la différence entre l'économie produite par la Conversion en 3 % et l'économie produite par la Conversion en 4 1/2.

On ne peut donc prétendre que le 3 % réalise une économie plus forte qu'en négligeant toutes les données qui sont essentielles dans l'opération, en ne s'occupant ni de la somme nécessaire pour l'amortissement du capital fictivement augmenté, ni de la valeur réelle, sérieuse, actuelle, des réductions successives qui sont rendues impossibles.

Malgré leurs résultats mathématiquement exacts, abandonnons ces questions si ardues d'annuités, d'intérêts composés, de valeur actuelle d'un capital futur ; quoiqu'ils puissent être retournés contre eux, laissons tous ces calculs aux financiers, et, ne faisant appel qu'au bon sens le plus vulgaire, examinons les conséquences évidentes des deux systèmes de Conversions en rentes au pair et en rentes au-dessous du pair.

L'une ne touche pas au capital : l'autre augmente le

capital, selon les cours, des deux cinquièmes ou au minimum d'un tiers.

La première donne actuellement une économie d'un dixième et assure dans l'avenir une réduction totale des deux cinquièmes des intérêts servis par l'État à ses créanciers. La seconde pour une économie qui ne peut dépasser un cinquième fait abandon de la réduction d'un second cinquième.

Quel est l'homme impartial qui, à la seule inspection de ces chiffres clairs et précis, ne reconnaîtra que la première opération est plus avantageuse pour l'État ? Tout père de famille qui aurait à changer de créancier, à renouveler son titre, s'il n'était pas à bout de ressources et s'il songeait à l'avenir, repousserait les propositions de l'usurier qui lui demanderait des billets majorés, et préférerait payer quelques centimes d'intérêts de plus pour un petit nombre d'années. L'État n'a aucun motif d'agir d'une façon différente.

§ 3. — Effets de la Conversion en rentes au-dessous du pair à l'égard des rentiers.

Les financiers, après avoir déclaré que le rentier était peu digne de commisération, qu'il était oisif et devait se soumettre à la réduction intégrale d'intérêt qui est la conséquence de l'amélioration du crédit, s'appuient sur ses préférences pour préconiser les Conversions en un fonds éloigné du pair ; n'insistons pas sur la contradiction. On reconnaît que la réduction sera plus dure avec la rente au-dessous du pair. Pour faire accepter cette diminution de revenu par le rentier, on cherche un moyen de lui procurer un avantage. Il est bien cruel, dit-on, d'imposer une réduction d'intérêts sans dédommagement aux créanciers de l'État qui ont eu confiance en lui, qui lui ont livré leurs capitaux aux jours de crise. La Conversion en rentes au pair n'offre aucune compensation aux rentiers. La conversion en rentes au-dessous du pair leur donne au contraire l'espoir, la certitude d'une amélioration de leur capital. L'intérêt est réduit dans une proportion plus forte, il est vrai ; mais si, comme tout le fait espérer, la rente éloignée du pair s'élève vers le cours de 100 fr., le rentier pourra la vendre et profiter de cet accroissement de capital. Tel est l'argument. Doit-on s'y arrêter? Une compensation est-elle due au rentier? La compensation offerte est-elle sérieuse ?

Le rentier mérite, selon nous, un grand intérêt, parce qu'il compose une classe laborieuse, sage, économe, tranquille, ou pour mieux dire parce que ce titre peut être revendiqué par les personnes de toutes les classes ayant des habitudes d'ordre, d'épargne et de prudence. Quand on parle de rentier, on songe immédiatement à l'homme oisif qui vit du travail accumulé par lui ou par ses pères : c'est la très-rare exception.

En 1844, il existait en France, d'après un relevé fait avec le plus grand soin au Ministère des finances, 109,162 porteurs de titres 5 %. Combien avaient plus de 5,000 fr. de rente? 9,000 seulement. 23,000 jouissaient d'un revenu variant de 500 fr. à 2,000 fr. Les 77,000 rentiers restants n'avaient en moyenne que 102 fr. de rente. Depuis cette époque, la rente s'est divisée davantage, elle s'est démocratisée. La moyenne du chiffre de rente appartenant à chaque rentier doit être encore plus faible qu'en 1844.

En Angleterre, le nombre total des propriétaires de fonds publics s'élevait, au 5 janvier 1876, à 108,392. Il n'en existait que 3,872 ayant un compte supérieur à 5,000 fr. 15,853 seulement avaient de 1,250 fr. à 5,000 fr. de revenu. 88,677, enfin, étaient inscrits pour des rentes inférieures à 1,250 fr. Un tiers même des comptes ne dépassait pas 125 fr. de rente.

Les porteurs de rentes en France peuvent être rangés en quatre grandes catégories : les rentiers, dans le sens ancien et populaire du mot ; ceux qui placent leurs épargnes dans les fonds publics ; les capitalistes qui cherchent un placement temporaire, et les agioteurs.

Les premiers, les chiffres nous l'ont prouvé, sont très-peu nombreux ; il n'y a donc pas lieu de se préoccuper outre mesure des quelques milliers de rentiers qui sont réellement oisifs en France. Leur revenu relatif diminue sans cesse par suite de la dépréciation des métaux précieux et l'enchérissement de la vie ; ceux qui étaient riches en 1830, sont à peine dans l'aisance aujourd'hui, . et, par la division des héritages, leurs enfants seront pauvres s'ils veulent continuer leur existence inutile. Pourquoi l'État créerait-il à leur profit des capitaux fictifs ? L'augmentation du capital qui leur serait offerte améliorerait-elle réellement leur situation ? Ces rentiers n'ont qu'un but, conserver l'intégralité de leur revenu. Toute amélioration de crédit, toute Conversion qui en sera la conséquence, les atteindra ; mais plus faible sera la réduction d'intérêt, moins pénible sera la mesure et moins les habitudes de cette catégorie seront modifiées.

S'il était possible d'offrir une compensation aux petits rentiers, c'est en leur faveur qu'il faudrait faire une concession. Ceux-là s'adressent à la rente comme à une caisse d'épargne : agriculteurs, ouvriers, modestes employés, vont porter régulièrement aux caisses des Comptables du Trésor leurs faibles capitaux épargnés sou à sou et au prix de quels efforts, de quelles privations ! Mais que demandent-ils à la rente, ces petits rentiers si dignes d'intérêt ? Ceux qui connaissent leurs goûts, leurs préférences, qui entendent leurs vœux, seront unanimes à déclarer qu'ils recherchent surtout *la sécurité*. Au jour du besoin, de la vieillesse, ils veulent retrouver intact leur pécule, et recevoir, en attendant, un intérêt régulièrement payé.

Pour ces deux catégories de rentiers qui achètent des rentes pour les conserver, l'augmentation de capital ne serait qu'une promesse décevante. On l'a dit avec raison :

les chances d'accroissement de capital séduisent seulement ceux qui n'entrent dans la rente que pour en sortir. Les rentiers véritables ne sont pas des joueurs ; ils ne spéculent pas sur les fonds publics. Que feraient-ils au surplus après avoir réalisé la rente 3 %, alors que ses cours se seraient élevés ? Ils seraient obligés de chercher un nouveau placement. Où le trouveraient-ils ?

Les rentiers n'ont-ils pas montré d'ailleurs leurs préférences ? On sait que les achats au comptant opérés pour le compte des départements par l'intermédiaire des Trésoriers-Généraux sont faits par l'épargne : or, malgré l'annonce de la Conversion du 5 %, ces achats se sont élevés en 1877 à 14,551,969 de rentes de cette nature, tandis qu'ils n'ont été que de 5,884,177 fr. de rentes en 3 %. Les rentiers ont prouvé ainsi clairement qu'ils étaient dirigés par le désir d'avoir un revenu élevé, bien plus que par l'espérance d'augmenter leur capital dans l'avenir.

Quant aux capitaux qui cherchent dans la rente un emploi de courte durée, ils ne demandent à ce placement qu'une qualité : *la fixité*. En Angleterre, les consolidés, dont les cours sont presque stationnaires, servent de refuge aux capitaux disponibles de la banque et du haut commerce. On remarque en France la même tendance depuis quelques années. Les grandes institutions de crédit, les banquiers, les négociants achètent des rentes dans les moments de pléthore ou de malaise, lorsque leurs capitaux ne trouvent plus dans le commerce ou l'industrie un emploi sûr ou rémunérateur : ils ne cherchent pas un intérêt élevé, mais ils tiennent, avant tout, à pouvoir, au jour du besoin, réaliser facilement et sans perte les titres acquis. Or, la rente est d'autant plus stable que ses cours se rapprochent davantage du pair, parce qu'ils sont la représentation exacte du crédit actuel de l'État et qu'ils sont soutenus par l'épargne. La Conversion en rentes au pair diminue le revenu, mais, si elle est faite dans des conditions normales, on sait par l'expérience que le nouveau fonds est immédiatement coté à un prix égal, sinon supérieur, au prix qu'avait atteint l'ancienne rente convertie. Au contraire, toutes les Conversions opérées en rentes au-dessous du pair ont été d'abord suivies d'une baisse assez sensible. On conçoit facilement que, dans ces conditions, ce ne sera pas la promesse illusoire d'une augmentation de capital pour un avenir lointain, qui aura la chance d'attirer ou de retenir, les placements temporaires dont nous parlons.

Il ne reste alors qu'une catégorie de porteurs de rentes qui auraient intérêt à ce que la Conversion se fît en rentes au-dessous du pair. Ce sont les agioteurs qui n'achètent des rentes que pour les revendre, et certains banquiers-spéculateurs qui désirent éloigner l'épargne de la rente en élevant les cours d'une façon exagérée.

La spéculation est utile aux États, quand ils font un appel au crédit pour des sommes importantes et qui ne sont pas encore disponibles dans le pays. Mais dans les moments de calme, de prospérité, elle ne peut rendre aucun service ; dans quel but chercherait-on les moyens de la satisfaire et de l'encourager ? Craindrait-on qu'elle ne vînt à disparaître et à faire défaut aux époques de crise où son concours est nécessaire ? On peut être rassuré à cet égard : la spéculation trouvera toujours des aliments suffisants, et l'amour du lucre, l'attraction du jeu rempliront le temple de la Bourse.

Quel chiffre de rentes appartient d'ailleurs à la spéculation pure, qui ne détient que des rentes au porteur ? Au 1er janvier 1870, le total des rentes 3 % inscrites sur le Grand-Livre, en France, s'élevait à 320 millions : il n'existait alors que 25 millions et demi de rentes au porteur. Il faut remarquer que les titres de l'emprunt de 429 millions émis en 1868 n'étaient pas complétement classés, et en outre que la plus forte partie des rentes au porteur n'est pas possédée par des spéculateurs. On peut donc dire qu'à cette date la spéculation ne possédait pas plus de 8 à 10 millions de rentes sur 320 millions. Doit-on sacrifier les quatre-vingt-dix-sept centièmes des rentiers aux trois centièmes qui sont les moins intéressants ?

Allons plus loin : admettons que tous les rentiers préfèrent les rentes éloignées du pair, et qu'ils soient dignes de tous les égards et de tous les ménagements ; il faudrait, avant de leur offrir une compensation, se souvenir que la rente est payée par le contribuable. On considère le Trésor comme un être impersonnel dont la fortune est inépuisable ; le Trésor n'est que le représentant financier de la communauté des citoyens ; il ne sort pas un centime de ses coffres, sans qu'il y ait été porté par un contribuable au prix de son travail, ou d'une jouissance, et souvent d'une privation. Pense-t-on que l'État doive exiger ces sacrifices de tous pour la satisfaction de quelques-uns ? Le rentier souffrira de la Conversion dans quelque forme qu'elle soit faite. Il fera une perte, puisque l'État fera un bénéfice ; mais il ne pourra se plaindre avec justice, puisque la mesure qui le lèsera ne sera que la consécration d'un fait qu'il a dû prévoir, de l'amélioration du crédit. Il n'a donc aucun droit de demander une compensation qui serait en définitive payée par les contribuables. La Conversion ne peut avoir pour but que la diminution des charges de l'État dans le présent et dans l'avenir ; l'atténuation du poids de la dette est moins grande et moins rapide par les Conversions avec augmentation de capital ; cette seule considération doit les faire repousser.

Les partisans de ces Conversions n'ont pu soutenir ce système qu'en niant la nécessité de l'amortissement. Le plus autorisé d'entre eux, M. J. Laffitte, a émis en faveur de la perpétuité de la dette des arguments qui semblaient oubliés, mais qui viennent d'être repris par tout un groupe influent de financiers. Le banquier libéral, devenu ministre des Finances de Louis-Philippe, soutenait, en 1831, la nécessité d'un amortissement puissant et énergique et il était alors combattu par l'école Saint-Simonienne ;

quelques années plus tard, en 1840, l'ancien ministre, rentré dans les rangs de l'opposition, dévoilait son opinion nouvelle sur le crédit et sur les dettes des États, et développait ses étranges théories sur les trois phases du crédit; elles sont rééditées par les rares survivants du Saint-Simonisme devenus tous millionnaires, et elles méritent d'être reproduites ici : « Entre l'emprunt par an- » nuités et l'emprunt perpétuel, disait le banquier, il y a » une transition nécessaire dont nul État ne peut s'affran- » chir : c'est l'emprunt perpétuel avec constitution d'un » fonds d'amortissement. C'est la dernière transition vers » le système définitif, vers *la perpétuité de la dette*, signe » infaillible, non point de la banqueroute, mais de la » plénitude du crédit. »

On conçoit que pour les financiers de cette école qui, entraînés par la logique, réclament aujourd'hui la perpétuité de l'emprunt, l'augmentation du capital de la dette soit sans importance, puisque, selon eux, ce capital est purement nominal et ne doit jamais être remboursé. On s'explique moins qu'ils 'renoncent dans l'avenir aux réductions successives de la dette. M. Emile Pereire (1) écrivait dès 1831 : « La baisse de l'intérêt est corrélative » à la hausse du prix vénal de la rente; c'est là seule- » ment que repose pour l'avenir la garantie d'un véritable » amortissement; c'est dans la réduction des rentes que » les contribuables peuvent espérer d'obtenir un soula- » gement réel des charges que la dette publique leur fait » supporter. » L'année dernière, son frère, M. Isaac Pereire, s'est exprimé presque dans les mêmes termes sur la même question. Comment la réduction sera-t-elle corrélative à la baisse de l'intérêt, si elle n'a lieu qu'une fois et si l'État fait abandon, à la suite d'une première diminution de l'intérêt, des autres réductions qui pourraient être obtenues dans l'avenir au profit des contri-

(1) E. Pereire. *Examen du budget de* 1832, broch. in-8°.

buables ? En admettant même le système de la perpétuité de la dette, l'inutilité de l'amortissement et l'innocuité de l'augmentation du capital dû par l'État, on ne saurait reconnaître qu'une seule réduction de 80 ou 90 centimes soit préférable à quatre réductions successives de 50 c. chacune. Une dette en 4 % pourrait être convertie subitement sans un grand inconvénient en 3 % ; mais on ne peut agir que par gradation et peu à peu à l'égard d'une dette constituée en 5 %, si l'on veut sérieusement diminuer les charges des contribuables et si on ne sacrifie pas l'avenir au présent.

Nous ne terminerons pas ce long chapitre sans adjurer tous les hommes d'État, tous les mandataires des contribuables, de repousser ce système néfaste des Conversions en rentes au-dessous du pair. Il n'offre au rentier aucun avantage sérieux et juste ; il fait abandon de tous les droits des contribuables ; il sacrifie les intérêts de l'État, dont il augmente, dans une énorme proportion, le capital de la dette. Il ne peut que satisfaire les convoitises de la *Spéculation*, de la Spéculation que Proudhon a définie avec tant de raison : l'ensemble des moyens, non prévus par la loi ou insaisissables à la justice, de surprendre le bien d'autrui.

CHAPITRE VI

Autres systèmes de Conversions.

Nous venons d'examiner avec soin les deux principaux systèmes de Conversions de rentes. Plusieurs autres combinaisons ont été proposées ; nous devons les passer rapidement en revue.

Ces divers projets peuvent se ranger en deux catégories bien distinctes qui appellent deux observations préliminaires. Les uns ne violent aucun des principes généraux que nous avons indiqués au chapitre II de ce livre, et sont par suite applicables à une dette élevée : ce sont les projets de Conversions avec *soulte* et de Conversions en *rentes amortissables*. Mais ces deux systèmes peuvent donner lieu, au moment de la Conversion, à la remise de rentes au pair, ou de rentes au-dessous du pair ; ils auront alors tous les avantages, ou les inconvénients des Conversions faites sans changement du capital nominal, ou avec augmentation du capital fictif.

Quant aux autres procédés, tels que les Conversions en *annuités terminables*, ou en *rentes viagères*, les Conversions par *réduction de capital*, les Conversions *différées*, il ne serait pas possible, croyons-nous, de s'en servir pour transformer obligatoirement et rapidement une dette de plusieurs milliards. Il est cependant indispensable d'étudier ces systèmes au point de vue théorique.

§ 1er. — *Conversions avec soulte.*

Les Conversions en rentes sont ordinairement un moyen d'atténuer les charges annuelles d'un pays, de diminuer les intérêts servis aux créanciers de l'État. Mais une nation est souvent dans l'obligation d'emprunter : au lieu de faire un appel à de nouveaux prêteurs, elle pourrait profiter de l'amélioration de son crédit et de l'élévation des cours des titres de sa dette pour se procurer un capital immédiatement disponible. Elle ne réduirait pas alors l'intérêt payé à ses prêteurs primitifs : elle leur réclamerait simplement le capital représenté par la part d'intérêt que le taux de son crédit lui permettrait de réduire. Dans ce cas, le représentant de l'État tiendrait le langage suivant aux rentiers :

« Le titre de 5 fr. de rente que je vous ai remis est coté sur le marché 107 fr. : je serais en droit de vous offrir le remboursement ou un titre nouveau ne produisant qu'un revenu de 4 1/2 %. Mais j'ai besoin de capitaux : je vais continuer, comme par le passé, à vous servir le même intérêt. Le revenu de 50 c. dont je vous fais l'abandon vaudrait en rentes perpétuelles 10 fr. 70 au cours même de la rente 5 % ; mais je ne puis m'engager à vous servir éternellement l'intégralité de cette rente de 5 fr. ; je renoncerai seulement pendant dix ans à vous offrir le remboursement de votre titre, et je vous assurerai ainsi pendant toute cette période la continuation d'un revenu de 5 fr. En compensation de l'abandon de mon droit, il est juste que vous me donniez un capital représentant la valeur actuelle des 10 annuités de 50 cent. que vous toucherez ; cette valeur serait exactement de 3 fr. 95.65, mais pour vous engager à accepter mes propositions, je n'exigerai que 3 fr. 50 ou 3 fr. 75 comme solde de notre opération, comme *soulte*. Vous me verserez donc immédiatement 3 fr. 75 à titre de *soulte*, et en échange je renoncerai pendant dix années à mon droit de vous rembourser ou de convertir votre titre de 5 % en rente 4 1/2 %. »

Le rentier, qui pourrait disposer d'un capital de 3 fr. 75 par chaque 5 fr. de rente, n'hésiterait pas à accepter les offres du Gouvernement, et n'aurait garde de réclamer le remboursement de son titre. Il calculerait en effet que les

40 annuités de 50 cent. ont une valeur supérieure au capital exigé à titre de *soulte,* et qu'en outre sa rente de 5 fr. peut lui être payée pendant plus de dix années, parce qu'il n'est pas certain qu'à l'expiration du délai de garantie, la Conversion avec réduction d'intérêt sera réalisable.

Quoiqu'il n'y eut pas échange effectif de titre, cette opération devrait s'appeler Conversion, puisqu'il y aurait modification dans les clauses du contrat primitif liant l'État à ses créanciers : elle serait régulière, car l'offre du remboursement serait faite au rentier. Nous pensons cependant que ce mode de *Conversions avec soulte* ne doit pas être adopté.

Ce moyen de se procurer un capital serait un véritable emprunt amortissable par annuités. Il n'a jamais été employé dans les conditions normales qui viennent d'être décrites, c'est-à-dire sans aggravation du capital ou des charges actuelles. Le Trésor aurait, en effet, autant d'intérêt à faire d'abord la Conversion et à effectuer le bénéfice de la mesure aux annuités d'un emprunt ordinaire : il augmenterait, il est vrai, le capital nominal de sa dette, mais un appel direct au crédit lui procurerait des fonds beaucoup plus importants.

Cet expédient aurait surtout l'inconvénient d'exiger des rentiers un sacrifice souvent au-dessus de leurs forces : ceux qui sont riches seraient seuls en situation de profiter de l'offre de l'État, les autres devraient vendre leurs titres ou réclamer le remboursement.

On a indiqué un moyen de rendre les Conversions avec *soulte* plus faciles et plus fructueuses en apparence : il suffirait d'échanger les titres de la dette à convertir contre des titres d'une rente constituée au-dessous du pair. La continuation du paiement intégral des intérêts primitifs serait, dans ce cas, garantie de fait, non plus pendant un certain nombre d'années, mais jusqu'au moment où la nouvelle rente aurait atteint le pair. L'État réclamerait alors

9

une soulte beaucoup plus élevée, proportionnée à la différence de capitalisation des deux rentes.

Prenons un exemple : une rente 5 % est cotée 110 fr.,
pendant que la rente 3 % est aux environs du cours de
75 fr. : 5 fr. de rente en 3 % vaudraient ainsi 125 fr.
L'État aurait le droit de proposer l'alternative entre le
remboursement à 100 fr. du titre de 5 fr. de rente 5 %,
ou la remise, moyennant une soulte de 25 fr., d'un titre
également de 5 fr. de rente, mais en 3 % : pour faciliter
l'opération, la soulte à demander aux rentiers devrait être
modérée à 20 ou 22 fr. On aperçoit immédiatement les
inconvénients d'une mesure de ce genre. Les rentiers
seraient obligés de débourser un capital qui absorberait
pendant plus de quatre années la totalité de leur revenu ; un
grand nombre devraient forcément de vendre leurs titres, ce
qui occasionnerait une baisse considérable et compromettrait le succès de la mesure. D'un autre côté, le capital de
la dette serait augmenté des deux tiers, puisque chaque
titre 5 fr. de rente en 5 %, représentant un capital de 100 fr.,
serait remplacé par 5 fr. de rente en 3 %, au capital
nominal de 166 fr. 66 c. : les Conversions ultérieures
seraient rendues impossibles, etc.....

Si on partage l'opinion des spéculateurs sur l'innocuité
de l'augmentation du capital de la dette, il est certain que
les Conversions, avec soulte et remise de titres éloignés
du pair, sont un procédé très-séduisant de se procurer des
fonds, sans bourse délier. Mais si, au contraire, on est
convaincu de la nécessité de l'amortissement et du danger des grosses dettes, on repoussera sévèrement ce
procédé qui équivaut exactement à un emprunt dans des
conditions onéreuses. Lorsqu'il faut agir sur un capital de
plusieurs milliards, ce système mérite d'être encore plus
sévèrement répudié, parce qu'il serait l'occasion d'un
agiotage effréné, que les petits rentiers se trouveraient
dans l'impossibilité de profiter de l'avantage offert, et que

les complications des propositions rendraient le succès de la mesure au moins incertain.

Deux Conversions avec *soulte* ont été faites en France : l'une en 1862 et l'autre en 1875. La première a été réalisée dans des conditions anormales : la rente qu'on désirait convertir n'était pas au-dessus du pair ; le remboursement ne pouvait être offert. La soulte exigée des rentiers, qui consentaient à accepter une rente en 3 °/₀ égale à la rente 4 1/2 °/₀ convertie, n'était pas le prix de l'abandon d'une réduction de revenu dans le présent, mais la compensation de cet abandon pour l'avenir et d'une augmentation de capital. La seconde opération s'est produite dans une situation exceptionnelle : l'État possédait des titres de rente 3 °/₀ ; il les offrait aux porteurs des obligations Morgan, remboursables à 500 fr., produisant 30 fr. de revenu ; la soulte qui leur était demandée était la représentation de la différence entre 500 fr. et le prix de 30 fr. de rentes 3 °/₀ sur le marché : la mesure n'était possible que parce que les rentes 3 °/₀, données en échange des obligations, existaient dans le portefeuille du Trésor. Nous analyserons plus loin ces deux Conversions avec soulte. (Livre III, chap. X et XI.)

§ 2. — *Conversions en rentes amortissables par tirage au sort.*

Dans les systèmes de Conversions que nous avons étudiés jusqu'à présent, des rentes perpétuelles sont remises en échange de rentes perpétuelles : le taux seul des rentes est modifié, quand la Conversion d'un fonds 5 °/₀ est opérée en rentes 4 1/2, 4 ou 3 °/₀ ; l'époque de remboursabilité de la dette est seul changée lorsqu'une Conversion avec soulte est réalisée. La Conversion pourrait avoir également pour but principal de transformer le type de la dette.

On se rappelle que le type des rentes perpétuelles, telles

qu'elles sont organisées en France, ne se prête pas à un amortissement par voie de tirage au sort. Les rentes qui ont dépassé le pair sont inaccessibles à l'amortissement ; il est, en effet, inadmissible d'acheter 105 ou 110 fr. un titre qu'on aurait le droit de rembourser à 100 fr., et, en outre, il n'existe aucun moyen pratique de désigner annuellement une partie fractionnaire des rentes qu'on désirerait appeler au remboursement. Dans cette situation, un État qui, pour un motif quelconque, ne voudrait pas réduire l'intérêt servi à ses créanciers, se trouverait impuissant en face de sa dette; il devrait alors prendre le parti de modifier les titres de rentes dans leur type. L'État doit être si respectueux de ses engagements que, selon nous, il ne pourrait faire cette simple modification sans offrir aux rentiers le remboursement au pair. Dans le cas que nous supposons, les rentiers auraient l'alternative entre le remboursement, ou l'échange de leur ancien titre contre un titre au même taux, mais ayant une forme différente, et telle que le tirage au sort des titres eux-mêmes, ou de séries comprenant un certain chiffre de rentes, pût être facilement opéré annuellement.

Jamais une conversion de ce genre n'a été réalisée : elle aurait dû cependant être au moins proposée en France sous le gouvernement de Juillet. La Chambre des pairs se refusait à voter une loi de Conversion du 5 % avec réduction d'intérêt ; ce fonds avait dépassé le pair, et l'amortissement était suspendu à son égard. Il est regrettable qu'à cette époque aucun des ministres qui se sont succédé au département des Finances, n'ait demandé l'autorisation de changer l'organisation du Grand-Livre et de remplacer les *inscriptions* constatant les comptes ouverts au Grand-Livre, par des titres de *coupures* différentes, mais invariables et semblables aux titres de la dette belge.

La modification dans le type de la dette sera d'ailleurs presque toujours concomitante d'une réduction du taux de l'intérêt : elle ne serait alors que secondaire. Nous devons cependant nous demander si, en admettant une diminution égale d'intérêts, une Conversion en rentes amortissables par annuités devrait être préférée à une Conversion en rentes perpétuelles, parce que, depuis quelques mois, plusieurs publicistes ont proposé ce procédé.

Il faut d'abord remarquer qu'il est au moins imprudent, au moment d'une Conversion, de compliquer la question soumise aux rentiers. La vieille rente française est entrée dans les habitudes de l'épargne qui préfère toujours l'inscription nominative. On lui a offert d'abord des rentes au *porteur;* la spéculation seule s'est emparée de ce titre facilement négociable, mais dont la perte peut être irrémédiable. L'administration a ensuite proposé des rentes *mixtes*, qui semblaient présenter tous les avantages des inscriptions nominatives et des titres au porteur: ce nouveau type n'a pas été admis par le public. La rente amortissable avec coupures déterminées aurait-elle plus de succès? L'expérience n'est pas faite : elle ne le sera que dans plusieurs années ; il serait dangereux de la tenter en même temps qu'une Conversion, opération si délicate et si aléatoire. N'y aurait-il pas lieu de craindre d'ailleurs que le rentier qui cherche avant tout la fixité et la sécurité, ne fût pas bien aise d'être exposé à être remboursé et à chercher un nouveau placement? La divisibilité de la rente actuelle n'est-elle pas un grand avantage pour bien des pères de famille qui veulent éviter des embarras à leurs héritiers? Il y aurait donc, ce nous semble, un véritable péril au point de vue du succès de la Conversion, à vouloir changer la nature du titre, en même temps que le taux est réduit, à troubler les rentiers à la fois dans leurs intérêts et leurs goûts, leurs habitudes, leur routine.

Mais, en admettant que l'opération puisse être réalisée dans ces conditions, l'État, les contribuables y trouveraient-ils un avantage? Il est d'abord évident que si les rentes amortissables échangées contre les rentes converties sont émises au-dessous du pair, en 3 ou en 3 1/2 %; la Conversion aura tous les inconvénients des Conversions en rentes au-dessous du pair. Le capital serait fictivement augmenté, ce capital artificiel ne serait absorbé qu'au bout d'un grand nombre d'années par l'amortissement, etc... Si ces rentes étaient émises au pair ou aux environs du pair, la Conversion serait rendue plus difficile dans son exécution, pour les motifs que nous avons indiqués ; en outre, les Conversions ultérieures avec réduction du taux de la rente seraient certainement retardées, parce que, comme le prouve l'expérience, les rentes, menacées continuellement du remboursement par l'amortissement, s'élèvent plus lentement au-dessus du pair.

Nous croyons, du reste, devoir, pour l'édification du lecteur, donner ci-après le montant des annuités qui devraient être payées, pendant 75 années, pour éteindre une dette primitive d'un capital de 500 millions, selon qu'elle serait convertie en rentes amortissables 4 1/2 %, 4 %, 3 1/2 % remises au pair, ou en rentes amortissables 3 % émises au taux de 75 fr., de 80 fr., de 85 fr., de 90 fr. et au pair. Nous avons pris pour base la période d'amortissement en 75 années qui a été adoptée avec raison par le gouvernement de la République pour les emprunts affectés aux travaux publics. Une période plus longue, rendrait l'amortissement illusoire pendant un trop grand nombre d'années : plus courte, elle chargerait trop lourdement les budgets par le chiffre élevé de l'annuité.

L'intérêt d'une dette en rentes perpétuelles 5 % s'élevant en capital à 500 millions, est de 25 millions.

L'annuité (1) de cette même dette, convertie en 4 1/2 %

(1) Les chiffres suivants ont été établis avec paiement semestriel des intérêts et amortissement annuel. Pour tous nos calculs d'amortissement, d'annuités, de valeur actuelle d'un capital, nous nous sommes servi des *formules et tables logarithmiques* données par Fedor Thoman, dans sa *Théorie des intérêts compo-*

amortissable en 75 années, serait de 23,362,400 fr., l'économie serait donc de 1,637,600 fr.

L'annuité en 4 % serait de 21,115,000 fr. et l'économie de 3,885,000 fr.

L'annuité en 3 1/2 % serait de 18,934,300 fr. et l'économie de 6,065,700 fr.

Si le 3 % était émis à 75 fr., c'est-à-dire si la Conversion de 5 fr. de rente 5 % était faite en 4 fr. de rente 3 %, le capital nominal serait augmenté d'un tiers ; le capital de la dette primitive de 500 millions s'élèverait à 666,666,666 fr. L'annuité pour éteindre ce capital en 75 années serait de 22,446,000 fr.

Le 3 % étant émis à 80 fr., le capital nouveau serait de 625 millions et l'annuité descendrait à 21,042,000 fr.

Au cours de 85 fr. pour le 3 %, l'annuité serait de 19,804,700 fr.

Au cours de 90 fr., elle serait encore de 18,702,300 fr., c'est-à-dire à peu près égale à l'annuité nécessaire pour le 3 1/2 % au pair.

Enfin, le 3 % remis au pair n'exigerait plus pour l'amortissement du capital de 500 millions et les intérêts que 16,833,800 fr.

Ces chiffres sont intéressants si on veut bien se donner la peine de les examiner avec attention et impartialité. On remarquera immédiatement que l'annuité de 22,446,000 fr. nécessaire pour amortir le 3 % émis à 75 fr. est à peu près égale à l'intérêt seul du 4 1/2 % qui demanderait 22,500,000 fr. Il n'y aurait donc pas avantage actuel à donner la préférence à la Conversion en 3 % amortissable, si elle devait se calculer sur le cours de 75 fr.

Quelques années après une Conversion en 4 1/2 au pair,

_____

sés et des annuités, traduction de M. l'abbé Bouchard, gr. in-8°, Paris, Gauthier-Villars, 1878.

Nous devons consigner ici l'expression de notre reconnaissance pour M. Léon Say, ministre des Finances, sous les auspices duquel a été faite la traduction de ce remarquable ouvrage.

une seconde Conversion en 4 °/₀ pourrait être réalisée, l'intérêt seul ne serait plus que de 20 millions et l'annuité comprenant les intérêts et l'amortissement en 75 années serait de 21,115,000 fr., c'est-à-dire beaucoup moins élevé que l'annuité du 3 °/₀ à 75 fr. et plus forte de 73,000 fr. seulement que l'annuité du 3°/₀ à 80 fr. Si cette deuxième Conversion était effectuée dix années après la première, et si l'on voulait regagner les dix années perdues pour l'a-mortissement, il serait nécessaire d'affecter à l'amortisse-ment en 65 années du 4 °/₀, une annuité de 21,695,000 fr.; cette annuité serait encore fort inférieure à l'annuité en 75 ans du 3 °/₀ émis à 75 fr.

Nous craignons de lasser la patience du lecteur, mais nous pourrions continuer ces calculs, qui tous tendraient à prouver qu'il n'y a pas avantage à entrer précipitamment dans la voie de l'amortissement pour les rentes constituées à un taux élevé, et qu'il est préférable de commencer par profiter de l'amélioration du crédit pour réduire l'intérêt de la dette. Malgré l'ardeur de nos convictions sur la nécessité de l'amortissement, nous pensons qu'en matière de Conversions, il faut réserver le système des rentes amortissables par annuités pour l'avenir, et qu'il serait imprudent de tenter des Conversions en rentes de cette nature pour une dette élevée, parce que toute mesure qui a pour résultat de modifier, de contrarier les habitudes des rentiers doit être soigneusement évitée.

§ 3. — *Conversions en annuités terminables et en rentes viagères.*

Jusqu'à présent, les systèmes de Conversions que nous avons indiqués avaient pour but d'atténuer les charges présentes de l'État : il existe également des combinaisons qui permettent non plus seulement de décharger le pré-sent, mais de diminuer pour l'avenir et d'une façon défi-nitive le capital de la dette. En France, ces combinaisons n'ont pas encore passé sérieusement de la théorie à la pratique; mais, en Angleterre, en dehors des grandes Conversions générales, il se fait chaque année entre l'État et quelques-uns de ses créanciers, des modifications au contrat primitif qui les liait : ce sont de véritables petites Conversions dont l'utilité est incontestable ; leur principe est vrai ; il pourrait être généralisé.

Une rente payable pendant un certain nombre d'années seulement représente un capital moins élevé qu'une rente égale qui doit être acquittée indéfiniment; elle comprend, en outre de l'intérêt du capital employé primitivement, une portion plus ou moins forte nécessaire à la reconstitution de ce capital. Ainsi, si le taux du loyer de l'argent est de 5 %, une rente de 5 fr. payable pendant 36 ans et 73 jours sera la représentation d'un capital de 83 fr. 33 ; sur ces 5 fr. une partie, 4 fr. 16, sera la rémunération, l'intérêt de ce capital, et les 83 c. restants, soit 1 % du capital engagé, serviront à sa reconstitution. De même, une rente de 5 fr., à servir pendant 25 ans et 68 jours, vaudra en capital actuel 71 fr. 42 ; le capital pour être reconstitué pendant ce temps exige 2 % : sur les 5 fr., 1 fr. 42 seront donc absorbés par la reconstitution du capital. De même encore 5 fr. à payer pendant 14 ans 21 jours, vaudront actuellement 50 fr. ; la capitalisation sera de 10 %.

Lorsqu'un État paie ainsi une rente pendant un temps déterminé, sans remboursement ultérieur du capital, il fait la même opération que s'il affectait une somme fixe à l'amortissement de sa dette ; seulement au lieu d'employer cette somme à des rachats sur le marché, ou des remboursements par voie de tirage au sort, il la verse directement entre les mains de son créancier qui se charge d'amortir lui-même son capital. Ce moyen pourrait être employé dans un pays dont les budgets présenteraient des excédants de recettes : il aurait l'avantage de rendre l'amortissement obligatoire et définitif. En Angleterre, il existe des rentes payables pendant un certain nombre d'années sans indication de capital : elles portent le nom d'*annuités terminables*.

Il serait difficile de rencontrer en France des capitalistes qui consentissent à recevoir ainsi des annuités devant se terminer dans un délai fixe, à moins qu'il ne fût très-prolongé. L'homme qui place son argent est mû par deux mobiles : ou, il veut conserver son capital pour le laisser à sa postérité; ou, sans se préoccuper du capital, il cherche un revenu pour sa vie entière. Les annuités terminables ne peuvent satisfaire ni l'un ni l'autre de ces désirs. Il est donc peu probable qu'un État trouve beaucoup de rentiers disposés à échanger leurs titres perpétuels, contre des rentes payables pendant un certain nombre d'années: une Conversion de ce genre qui ne pourrait être que facultative aurait peu de chance de succès.

La France aurait cependant un moyen de faire des Conversions en annuités terminables : on pourrait échanger les rentes appartenant au compte des Caisses d'Épargne contre des annuités, qui comprendraient l'intérêt et la somme nécessaire à la reconstitution du capital représenté par les rentes primitives. Ce ne serait qu'un mode particulier d'amortissement obligatoire, et nous n'avons pas à insister. Une opération de ce genre a été faite, du reste, dans notre pays en 1875 : nous en indiquerons le mécanisme lorsque nous étudierons la Conversion de l'Emprunt Morgan. (*V. Livre* III, *chap.* xi).

Si les Conversions en annuités terminables sont peu pratiques sur une large échelle, les Conversions en rentes viagères auraient certainement plus de chance de succès et présenteraient de plus grands avantages.

Pour l'État, en effet, les rentes viagères ne sont pas autre chose que des annuités terminables à diverses époques : les tables de mortalité sont actuellement si précises que les résultats des opérations sur les probabilités de vie, si elles sont faites en très grand nombre, sont connus d'avance avec une exactitude mathématique. Il existe cependant, entre les annuités terminables et les rentes viagères, une différence notable qui doit faire préférer les dernières.

Les annuités terminables ne diminuent pas en réalité le capital; elles ne sont qu'un mode d'amortissement qui traite avec une égalité entière le créancier et le débiteur. Les rentes viagères, par suite de l'*aléa* qui est leur essence, peuvent être calculées sur des tables de mortalité donnant des résultats très différents. Les Compagnies d'assurances sur la vie ont eu le soin de choisir, parmi ces tables, celles qui leur sont le plus favorables, selon la nature des opérations engagées : les dividendes considérables que toutes ces sociétés distribuent chaque année à leurs actionnaires en sont une preuve évidente. L'État, qui constituerait, d'après les mêmes bases, des rentes sur la vie d'une ou plusieurs personnes, profiterait de cette situation, et il en résulterait un bénéfice certain. Aussi croyons-nous que les États agiraient sagement en cherchant à convertir leurs rentes perpétuelles en rentes viagères : en réalité, une opération de ce genre produirait une diminution immédiate sur le capital, si les calculs étaient établis sur des tables présentant une mortalité très lente.

Les Conversions en rentes viagères ne pourraient être évidemment que facultatives et individuelles : mais il est probable qu'après quelques années, elles entreraient dans les mœurs et recevraient une certaine extension. En effet, comme l'a fait observer Bastiat, l'homme tend surtout à la *fixité* : fixité dans l'avenir par le capital ; fixité dans le présent par la rente ; fixité par le salaire pour le travailleur qui ne peut attendre, qui a besoin de vivre, qui ne saurait spéculer sur un *aléa* pour nourrir sa famille ; fixité par le fermage pour le propriétaire-terrien. Le rentier qui ne peut vivre avec l'intérêt ordinaire de son capital, ou qui n'a aucun motif de laisser une fortune après lui, recherchera également, pour sa vie durant, un revenu fixe aussi élevé que possible. Les ventes d'immeubles contre rentes viagères sont assez nombreuses en France : pourquoi certains propriétaires de rentes perpétuelles n'échange- raient-ils pas de même leurs titres contre des rentes via- gères ?

On prétend quelquefois que l'État aurait tort d'encou- rager l'égoïsme des capitalistes, et de susciter des place- ments viagers dont le capital est perdu pour la famille du souscripteur ; on va même plus loin, et on soutient que lorsque l'État constitue une rente viagère, le capital est anéanti non-seulement pour celui qui l'aliène et pour ses héritiers, mais encore pour la société entière.

A la première objection, nous répondrons : La conduite de l'homme égoïste, qui ne pense qu'à soi, ne doit pas être encouragée, mais elle ne mérite pas bien souvent la sévérité avec laquelle elle est traitée. Chacun est juge de son intérêt, de ses devoirs envers soi-même ou les siens. Dans tous les cas, l'être collectif qui s'appelle société ne doit s'opposer qu'aux actes de ses membres qui lui nui- sent ; or, l'aliénation d'un capital contre rente viagère nuit-elle à la société ? Si oui, pourquoi l'État n'interdit-il pas les contrats de ce genre ? Si non, pourquoi ne ferait- il pas profiter les contribuables des avantages qui résul- teraient forcément de l'échange des rentes perpétuelles contre les rentes viagères ?

Est-il nécessaire de répondre à la seconde objection ? Le lecteur a certainement compris sur quelle erreur elle repose. Le capital représenté par la rente perpétuelle continue à exister au profit même du rentier viager, sauf une légère diminution produite par l'établissement des bases de mortalité qui lui sont contraires. Mais l'État bénéficie de cette différence, et, en outre, de la diminution qui doit être produite dans l'avenir sur les frais de paie- ment de la dette. En somme, le capital change seulement de mains : le jour du décès du propriétaire de la rente viagère, il fait retour à l'État, aux contribuables qui n'ont plus à payer leur quote-part des intérêts.

Comme nous le verrons plus tard (1), l'Angleterre procède continuellement à des Conversions de rentes perpétuelles en rentes viagères, et ses hommes d'État se félicitent sous tous les rapports de ce système : ils pensent qu'il n'existe pas de meilleur mode d'amortissement. Nous devons espérer que cet exemple sera suivi par la France qui, en échangeant ses rentes perpétuelles contre des rentes de courte durée, hâtera sa libération définitive dans l'avenir.

§ 4. — *Conversions par réduction de capital.*

Ce système de Conversion est peu connu, et il n'a jamais été appliqué. Il a été proposé, en 1824, à M. de Villèle par M. Aug. Lambert, qui eut, à ce sujet, plusieurs entretiens avec le ministre des Finances et qui publia son projet dans une brochure intitulée : « *Système des emprunts français, ou réduction de la dette nationale.* » (2). En voici la théorie qui est parfaitement exacte.

Lorsque la rente est au-dessus du pair, l'État peut proposer aux rentiers, avec l'alternative du remboursement, — ou une réduction d'intérêt — ou la continuation du même intérêt, mais moyennant une compensation. Cette compensation sera une soulte, si le Trésor a besoin de capitaux ; mais si, au contraire, il est dans une situation prospère, il réclamera, comme prix de l'avantage accordé aux rentiers, une réduction du capital nominal qui leur est dû. Ce résultat sera obtenu si le taux de la dette est fictivement élevé. Un exemple fera mieux comprendre cette opération.

La rente 5 % est cotée 110 fr. : elle serait convertible

(1) Livre III, chap. 1ᵉʳ.
(2) Br. in-8°. — Paris, Ponthieu, Décembre 1824.

en 4 1/4 % au pair. Mais l'État ne cherche pas à réduire l'intérêt annuel ; il veut profiter de l'amélioration de son crédit pour hâter sa libération en capital. Il offrira aux porteurs de la rente 5 % de continuer à leur payer le revenu intégral de 5 fr., mais, en échange, il exigera qu'ils consentent à ce que le remboursement puisse être opéré moyennant un capital réduit : si la réduction exigée est de 1/6, l'État ne devra plus que 83 fr. 33 par chaque titre de 5 fr. de rente. La proportion entre 5 et 83.33 étant exactement la même qu'entre 6 et 100, on sera amené à appeler le nouveau fonds du 6 %. Lorsque l'État voudra réduire le capital nominal de sa dette, il n'aura donc qu'à élever fictivement le taux de ses rentes. Dans l'exemple que nous avons choisi, chaque rentier recevrait, en échange de son titre de 5 fr. en 5 %, une nouvelle inscription également de 5 fr. de rente, mais en 6 %. Par chaque 5 fr. en 5 %, l'État était débiteur d'un capital de 100 fr. ; il ne devra plus ce capital que pour 6 fr. de rente 6 %, et 5 fr. de rente à ce taux n'auront plus droit, en cas de remboursement, qu'à 83 fr. 33 cent. La dette serait donc réduite d'un sixième en capital par le fait de cette conversion.

Ce système est-il pratique ? D'abord il ne pourrait être appliqué que si l'État n'avait aucun avantage à réduire les charges annuelles de sa dette, ce qui est sans exemple. En outre, pour qu'il ne donnât pas lieu à de nombreuses demandes de remboursement, il faudrait que le nouveau fonds 6 % fut garanti pour une période très longue contre l'exercice du droit de remboursement : autrement, cette rente serait affectée par la menace d'une nouvelle Conversion, et ne s'élèverait pas suffisamment au-dessus du pair pour que la mesure fût possible. Si, en effet, le 6 % ne dépassait pas immédiatement le cours de 120 fr., le porteur de 5 fr. de rente 5 % exigerait son capital, et, avec les 100 fr. qui lui seraient payés, achèterait plus de 5 fr. de rente en 6 %. Il n'est pas nécessaire, après cette simple observation, d'insister sur les difficultés et les inconvénients pratiques de ce système, et de montrer que l'abandon pendant vingt ou trente ans du droit de remboursement ne serait pas justement compensé pour l'État par une réduction du sixième de sa dette en capital.

Le projet, auquel nous faisons allusion, ne se contentait pas de proposer aux porteurs du 5 % la Conversion avec réduction du capital : « Lorsque l'État est en position de » profiter de l'abondance des capitaux pour diminuer sa » dette, écrivait M. Lambert, il se trouve dans l'obligation » de concilier deux intérêts, celui des spéculateurs qui » ne placent dans les effets publics que pour les revendre » lorsque la hausse en a élevé le cours, et celui des ren- » tiers qui les achètent uniquement pour jouir du revenu » qu'ils produisent, sans s'informer si leur prix baisse ou » hausse à la Bourse. »

Il y avait lieu en conséquence de chercher à satisfaire ces intérêts différents, tout en procurant un bénéfice à l'État dans les deux cas. A cette époque, on n'avait pas encore une connaissance assez grande du crédit de l'État pour croire qu'une Conversion pouvait s'opérer sans changement de créanciers. M. Lambert était donc d'accord avec le Ministre et les principaux banquiers, pour proposer de s'adresser à l'emprunt; mais afin de plaire au goût des spéculateurs et aux préférences des rentiers, il demandait que l'on ouvrît deux emprunts; le premier devait diminuer l'intérêt de la dette, mais augmenter le capital, et le second diminuer le capital, mais sans rien changer à l'intérêt de cette dette. Le premier emprunt aurait été offert en 3 % livrables à 75 fr. pour 100 fr.; ces 75 fr. auraient été versés ou en espèces ou en 5 % qu'il s'agissait de convertir. Le second emprunt proposé au public eut été en 6 % : les porteurs du 5 % auraient reçu en échange de chaque titre, une nouvelle inscription de 5 fr. de rente également, mais en 6 % qui aurait représenté par suite un capital moins élevé d'un sixième. Le traitement différent auquel étaient soumis les rentiers, l'impossibilité de trouver deux types de rentes ayant une valeur égale, rendaient ce projet encore plus impraticable qu'une simple Conversion par réduction du capital.

Un second projet procédant du même principe, mais variant dans son but, parut en 1845. Les Conversions sérieuses et loyales ne sont obligatoirement possibles que pour les rentes qui ont dépassé le pair : dans une brochure sur « *La Conversion des rentes* » un comte V... F... proposait une Conversion dans des conditions toutes différentes.

L'auteur était partisan de l'unification de la dette, et il voyait avec regret les quatre fonds publics se faire entre eux une concurrence qu'il croyait mauvaise pour le crédit de l'État. Il était, d'un autre côté, adversaire de l'augmentation du capital de la dette ; il n'admettait pas la Conversion du 5, du 4 1/2 et du 4 % en 3%. Il proposait, en conséquence, de ramener toutes les rentes au taux de 5 %, et d'échanger les rentes 4 1/2, 4 et 3 % contre des titres 5%, en conservant aux porteurs des fonds convertis leur ancien revenu. Le titulaire d'une inscription 3 %, qui valait alors 83 fr. 65, restait ainsi avec ses 3 fr. de rentes, mais les recevait en un titre 5 % dont le capital ne représentait plus que 75 fr. ; il était, il est vrai, garanti pendant 10 années contre tout remboursement. Il est inutile de faire remarquer que ce projet était aussi arbitraire qu'inique : il aurait ressemblé à une véritable banqueroute et aurait dépossédé sans droit les porteurs de 3 % d'une partie de leur capital.

On doit pourtant retenir le principe du projet dont nous parlons ; avec certaines modifications indispensables, il pourrait être appliqué un jour à la Conversion facultative d'un fonds éloigné du pair en rentes cotées au pair. Pour décider les rentiers à accepter l'échange d'un titre de 3 fr. de rente 3 %, valant 75 fr. sur le marché, contre un titre de 3 fr. de rente en 4 %, valant à peu près le même prix, il suffirait sans doute d'offrir, en addition de l'intérêt, une annuité très-faible pendant quelques années. Malgré le paiement de cette annuité, l'État ferait certainement encore un bénéfice; car cette annuité serait inférieure à celle qui serait nécessaire pour amortir, pendant le même temps, le quart du capital nominal de 100 fr., et pour réaliser la réduction définitive de 25 fr. qui serait obtenue par ce mode de Conversion. Il y a donc là une idée ingénieuse et séduisante; mais il est peu probable qu'elle soit jamais mise en pratique; il était pourtant nécessaire de la signaler.

Les différents systèmes de Conversions que nous avons indiqués pourraient donner lieu aux mécanismes les plus variés : nous croyons qu'il est inutile de les signaler. Plus une Conversion sera simple, plus facile elle sera dans son exécution, et plus loyale vis-à-vis de la masse des rentiers, qui ne sauraient se reconnaître au milieu de ces combinaisons compliquées. Nous croyons cependant devoir mentionner encore deux projets, tant à cause de la notoriété de leurs auteurs, que parce qu'ils représentent un nouveau système que l'on pourrait appeler les *Conversions différées*. Nous jugerons par ces deux plans des vices irremédiables de tous les projets qui ne se conforment pas aux principes enseignés par l'expérience.

CHAPITRE VII

Théorie et plan de M. J. Laffitte.

En 1824, M. J. Laffitte, le célèbre banquier libéral de la Restauration, publia une brochure intitulée : *Réflexions sur la réduction de la rente et sur l'état du crédit* (1). C'est le seul ouvrage théorique qui ait paru sur les Conversions de rentes, et à ce titre seul nous ne pourrions le passer sous silence. Mais nous avons plusieurs autres motifs de l'étudier avec soin. M. J. Laffitte est un financier expérimenté qui, en 1815 et en 1830, comme banquier et comme ministre, a puissamment contribué à relever le crédit public de la France ; l'homme politique a toujours eu de nobles intentions et a rendu de grands services à son pays ; selon l'expression de M. Joseph Garnier, son dévouement est allé jusqu'à la vie et à la bourse ; une œuvre signée d'un nom si justement respecté et aimé doit fixer l'attention.

En outre, on a affirmé que cette brochure était due à la plume de M. Thiers, et on en a conclu qu'elle contenait l'opinion de l'éminent homme d'État. Il est possible que M. Thiers, jeune encore, ait consenti à prêter le charme, l'élégance et la clarté de son style, au riche banquier libéral, qui l'avait accueilli avec bienveillance ; mais il aurait, sans aucun doute, repoussé la responsabilité des étranges théories que renferme cet opuscule, et qui devaient être développées plus tard par M. Laffitte. Si on

(1) Paris, Bossange père, 1824, in-8° de 176 pages.

veut connaître les idées de M. Thiers sur les Conversions, il ne faut pas aller les chercher dans cette brochure ; on les trouve dans les discours qu'il a prononcés, en 1836, à la Chambre des députés, et, en 1840, à la Chambre des pairs (1). Les vues paradoxales émises par M. J. Laffitte sur le crédit n'ont jamais été partagées par l'esprit pratique, par le bon sens de son ancien ami.

Enfin, toute une école financière s'appuie de nos jours sur l'opinion de M. J. Laffitte pour défendre les Conversions en rentes au-dessous du pair, préconiser le 3 %, nier la nécessité de l'amortissement, conseiller les emprunts perpétuels. Il est donc nécessaire d'examiner cette opinion sans se laisser éblouir par la notoriété des deux noms mis en avant : quelques citations suffiront pour dégager la responsabilité de M. Thiers, et pour démontrer que M. J. Laffitte avait les idées les plus bizarres sur le crédit public, sur l'établissement du taux des rentes, sur les droits de l'État et, par suite, sur la théorie de la Conversion ou de la réduction de l'intérêt. A la fin de cette brochure, il a d'ailleurs proposé un plan de Conversion qui est la conséquence de ses prémisses : nous étudierons ce projet, qui semblerait l'œuvre d'un idéologue, et non d'un financier et d'un homme pratique.

§ 1er. — *Théorie de M. J.* LAFFITTE *sur la Conversion.*

En 1824, M. J. Laffitte avait prêté son concours à la tentative de M. de Villèle (2), et il ne faisait paraître « ses réflexions sur la réduction de la rente » que pour expliquer sa conduite, et se faire pardonner, par ses amis du parti libéral, d'avoir collaboré à une œuvre du ministre de la Restauration : « Les progrès du crédit, disait-il, ayant » porté la rente au-dessus du pair, le ministre, éclairé

(1) Voir l'analyse de ces deux discours, livre III, chap. v et vii.
(2) Voir, liv. III, chap. iii, l'exposé et la discussion du projet de Conversion, de 1824.

» par l'exemple d'un pays voisin, a cru le moment favo-
» rable pour réduire l'intérêt de la dette publique. Son
» projet consistait à obtenir cette réduction, ou des
» créanciers eux-mêmes, ou d'autres créanciers moins
» exigeants qu'il aurait substitués aux premiers, par
» le moyen d'un nouvel emprunt. Il fallait pour cette
» grande opération le concours des banquiers français et
» européens ; le gouvernement leur a fait un appel; je me
» suis empressé d'y répondre, et je l'ai fait parce que j'ai
» cru l'opération légale, équitable, éminemment utile à la
» France, et tout à fait honorable pour ceux qui la secon-
» deraient de leur concours (1). »

M. de Villèle voulait la Conversion immédiate, en 3 %
émis à 75 fr., du 5 % qui était coté seulement 105 fr. :
après avoir donné son adhésion à la combinaison du
ministre, par quels arguments M. J. Laffitte prétendait-il la
défendre ?

Après avoir examiné la légalité et l'équité du droit de
remboursement, il se pose cette question qui, en 1824, avait
une importance d'autant plus grande que toute la dette, en
France, était constituée en 5 %, et que, cette rente ayant
atteint le pair et étant arrêtée dans son élévation, l'État
manquait de points de comparaison : « L'intérêt pour
l'État est-il au-dessous de 5 % ? » — Comment M. Laffitte
répond-il ?

Il avoue d'abord que « rien n'est plus incertain que
l'intérêt », et, après avoir constaté que l'État émet des Bons
royaux à 3 1/2 %, il conclut que « la fixité du capital,
» sans donner plus de sûreté au fonds, prive seulement
» des moyens de gagner par la hausse, et devrait rendre
» le placement dans les Bons royaux inférieur à celui
» dans les rentes, et, par conséquent, faire qu'il fût plus
» fortement rétribué (2). » Cette théorie est étrange, mais
la brochure tant de fois citée et vantée réserve bien d'au-

(1) Loc. cit. page 78.
(2) Loc. cit. page 79.

très surprises : ainsi, l'augmentation du capital nominal n'est pas une compensation donnée au rentier : « Le » prêteur qui donne ses fonds à 4, mais exige l'élévation » du capital nominal d'un tiers, demande seulement que, » réduit à 4 %, il ne soit pas réduit de nouveau avant » que l'intérêt de la Bourse soit réellement à 3. » M. Laffitte avoue, du reste, que le crédit de l'État n'était pas encore à 4, et que la Compagnie des Banquiers s'était chargée d'amener les rentes à ce taux : « Cette société » s'engageait, non-seulement à maintenir actuellement » la rente au-dessus du pair, mais à l'y soutenir encore » après que l'opération aurait été terminée avec les ren- » tiers.... Ils savaient, par une expérience constante, que » chaque opération produit un *ravisé* dans les capitalistes, » les fait songer aux avantages de la rente et les fait ac- » courir vers elle, de sorte qu'après chaque emprunt, ils » viennent la recueillir à un prix toujours supérieur à » celui de l'émission..... Ainsi donc, si la Compagnie est » intervenue à la Bourse pour soutenir les cours, son » intervention prouve que les principaux spéculateurs eu- » ropéens s'engageaient, à leurs risques et périls, à » fournir des fonds à 4 %. » Plus loin, le célèbre ban- quier revient sur le même sujet et précise ses aveux : il constate que la rente n'a jamais été au-dessus de 106 fr., c'est-à-dire à 4 3/4 environ, et que cependant l'État ré- duisait l'intérêt d'un franc tout entier, lorsqu'il n'a baissé que d'un quart de franc, et il ajoute : « Sans doute s'il » s'agissait d'opérer ainsi sur le crédit privé, et tout à coup » de réduire l'intérêt d'un franc dans les transactions » particulières, on commettrait une témérité, parce que » le crédit privé ne marche qu'avec la richesse et son » accumulation progressive. Mais il s'agissait ici d'opérer » sur le crédit public, qui marche avec l'opinion, et qui » peut comme elle augmenter ou diminuer rapidement.... » L'État avait d'ailleurs, pour se porter ainsi en avant et » réduire sur-le-champ l'intérêt à 4, un moyen puissant,

» c'est de porter lui-même son papier à ce prix. » Le
point de départ du conseiller de M. de Villèle était bien
simple : nous ignorons le taux réel du crédit de l'État, le
cours des rentes qui résulte de la loi de l'offre et de la
demande est non avenu pour nous : il suffit de décréter
que l'intérêt est à 4 % et de n'offrir que ce taux aux rentiers ; ces braves rentiers, qui ne sont pas prévenus, qui
tiennent à leurs habitudes, seront bien embarrassés de
trouver ailleurs un placement pour leurs 2 milliards
800 millions ; nous, banquiers, nous nous chargerons de
rendre ce placement impossible. C'était une véritable
spoliation des rentiers, faite par le ministre et ses alliés, les
spéculateurs.

L'honnêteté du bon M. Laffitte, comme l'appelle quelque
part Fr. Bastiat, ne saurait être suspectée : il était de
bonne foi et appréciait les faits avec ses habitudes de banquier ; pour lui, la loi du plus fort existait seule. Il faisait
la loi à ses emprunteurs : il trouvait tout naturel que l'État,
à son tour, imposât ses conditions à ses prêteurs. Nous
allons voir, du reste, qu'il n'avait absolument rien compris
au mécanisme des Conversions.

Pour nous, la réduction d'intérêt n'est que la contre-
partie du droit de remboursement : or, le croirait-on ?
M. Laffitte n'admet pas le droit de remboursement au pair.
Selon lui, « le contrat que l'État passe avec les prêteurs
» est tout aléatoire, et doit l'être, parce que, fondé sur le
» crédit, qui de sa nature est éminemment variable, il doit
» se prêter à ses variations... La chance de hausse est le
» dédommagement naturel de la chance de baisse, double
» condition essentielle de tout contrat aléatoire. Ainsi, la
» différence entre le capital fourni et le capital nominal
» exprime le gain que le capitaliste veut faire en dédom-
» magement de la perte qu'il pourrait essuyer. En exigeant
» 100 pour 55, il veut pouvoir gagner la différence de 55
» à 100, sans être arrêté, dans ses profits, à 70, 80, 90.
» Il en est de même quant à l'intérêt, en exigeant 5 pour

» 55, c'est-à-dire 9 1/11 °/₀, et en ne supposant qu'un
» intérêt nominal de 5, il veut s'assurer le prix supérieur
» de 9 1/11 pendant tout le temps que le cours mettra à
» descendre à 5, sans pouvoir être arrêté à 8, 7, 6, etc.... »
Tout à l'heure, l'État imposait ses conditions au rentier :
maintenant il est obligé de se soumettre aux exigences
de son prêteur. Passons sur ces contradictions. — « Ainsi,
» règle générale, les conditions se trouvent fixées par
» *la somme que l'État reçoit;* leur durée par *la som-*
» *me qu'il suppose avoir reçue.* » Voilà le principe : nous
allons en voir les conséquences pour la réduction des
rentes : citons toujours la brochure de 1824.

  « Le Gouvernement ayant projeté de réduire l'intérêt à
» 4 °/₀, il s'agissait de savoir pendant combien de temps
» il assurerait aux prêteurs cet intérêt de 4. Ayant réduit
» de 5 à 4, il était raisonnable de ne plus réduire avant
» d'être à 3.... Le capital se trouvait à la Bourse à 103,
» 104, 105 ; l'État le portait de suite à 125 à son profit,
» puisqu'il ne donnait plus que 4 °/₀, et qu'il exigeait par
» conséquent un capital de 125 fr. pour 5 d'intérêt ; après
» avoir reçu 125 fr. pour 5 fr., il fallait qu'il supposât un
» capital tel que l'intérêt fut à 3 avant de l'avoir atteint
» et ce capital était 166 2/3.... Cependant la forme de ce
» capital était peu commode ; on avait donc imaginé une
» forme plus simple : on avait supposé 100 au lieu de
» 166 2/3, exigé 75 au lieu de 125, et assuré 3 fr. au lieu
» de 5 fr., ce qui revenait au même.

  » C'est là cette forme si simple et si habilement ima-
» ginée, qui a donné lieu à tant de reproches, et qui a fait
» dire qu'on élevait le capital de la dette d'un tiers.

  » D'abord, *conçoit-on un moyen de ne pas élever le ca-*
» *pital reçu d'une certaine somme supposée?* Conçoit-on,
» par exemple, qu'ayant reçu 125 fr., on pût ne reconnaî-
» tre que 125 fr. et faire accepter un titre remboursable à
» tout moment ? Il en résulterait que, si le capital s'élevait
» demain au-dessus de 125 fr., c'est-à-dire si l'intérêt

» descendait au-dessous de 4, l'État pourrait dire aux
» rentiers : Je vous rembourse. Si, au contraire, le capital
» descendait au-dessous de 125 fr., le créancier garderait
» la rente... Recevoir un titre qui vous est enlevé s'il
» gagne, et qui vous est laissé s'il vient à perdre, est un
» marché de dupe, que personne ne pourrait souscrire, et
» que les tribunaux mêmes annuleraient entre particuliers,
» parce qu'il offrirait des chances de perte sans aucune
» chance de gain. » Comment un banquier expérimenté
pouvait-il tenir un semblable langage ? Quelques pages
plus haut, il prétendait que le papier de l'État était préférable au meilleur papier de commerce : avait-il jamais
songé à demander, quand il escomptait des effets, une
augmentation de capital proportionnée aux chances de
perte, et à faire annuler par les tribunaux les innombra-
bles contrats passés avec les clients de sa maison de
banque ? Ils étaient pourtant aussi aléatoires que les
traités intervenus entre l'État et ses prêteurs. L'intérêt
consenti par le débiteur, qu'il soit l'État ou un particulier, comprend toujours une prime pour les risques à courir : voilà ce que savait parfaitement le banquier, mais ce
qu'il oubliait quand il s'agissait de l'État. Partant de ces
prémisses fausses, M. Laffitte ne pouvait donner qu'une
solution erronée à la question des Conversions. Nous allons
encore copier textuellement l'auteur de la brochure de
1824, en demandant pardon au lecteur de la longueur de
ces citations.

Nous arrivons au moment où la Conversion, c'est-à-dire
la réduction d'intérêt, devient possible.

« Il est donc inévitable... que, si l'intérêt stipulé est 4, la
» jouissance de cet intérêt soit assurée pendant un certain
» espace de temps. Pour arriver à ce but, il n'y avait que
» deux moyens: ou d'élever le capital nominal, ou de dé-
» clarer qu'on ne rembourserait pas avant un certain
» nombre d'années. Mais qu'on employât l'un ou l'autre

» de ces moyens, voyons ce qui en serait résulté pour
» l'État.

» Le temps s'écoule, la rente s'élève de 125 fr., capital
» fourni par les créanciers, à 130, 140, 150 ; l'État est
» *toujours obligé de rembourser au cours,* quelle que soit
» la déclaration qu'il ait faite, soit qu'il ait supposé un
» capital nominal plus fort, soit qu'il se soit engagé à ne
» pas rembourser avant quelques années.

» Mais supposez ce terme arrivé. S'il a élevé le capital
» nominal, et que ce capital soit atteint, il rembourse
» tout ce qu'il a supposé avoir reçu, et c'est là, dit-on, un
» désavantage effrayant. Mais s'il n'a pas élevé le capital
» nominal à 166 2/3 par exemple, s'il s'est proposé pour
» terme un certain nombre d'années, et que ce nombre
» d'années soit expiré, le capital se sera élevé ou plus ou
» moins que ce taux de 166 2/3. Que fera-t-il alors ? Rem-
» boursera-t-il 125 qu'il a reçus (1), ou les 160, 150 que
» la rente pourra valoir alors ? *Mais, s'il ne remboursait*
» *que 125, il volerait les rentiers,* car leur capital
» vaudrait sur la place 160 ou 150... Le terme d'une ou
» plusieurs années ne peut donc être proposé et accepté
» comme étant dans la nature du contrat aléatoire, que si
» l'État s'oblige à rembourser les effets, au taux où ils
» seront le jour de l'expiration du terme.

» Ainsi, l'État ne peut échapper à cette double condition,
» de racheter à un taux constamment supérieur, et de
» rembourser au taux du jour où se fait le rembourse-
» ment ; sinon, je le répète, il *volerait* les rentiers, car il
» ne leur paierait pas la valeur que leurs effets ont acquise.»

Avec une théorie semblable, si claire, si précise, on ne
s'explique pas que M. J. Laffitte, honnête homme, banquier
scrupuleux, ait consenti à prêter l'autorité de son nom à
la Conversion de M. de Villèle, qui offrait un remboursement de 100 fr. aux rentiers dont les titres valaient 105

_____

(1) C'est-à-dire, dans le système de M. Laffitte, le pair du 4 °/₀.

et 106 : c'était s'associer à un VOL, comme il le répète à plusieurs reprises.

Dans son système, la réduction de l'intérêt n'est que l'accessoire ; en réalité, la Conversion a pour but d'augmenter le capital au profit de l'État : « Quoi qu'il fasse, » l'État ne peut empêcher que le capital ne s'élève... le » seul avantage pour lui est d'interrompre quelquefois » cette élévation continue, en élevant de temps à autre le » capital à son profit. Ainsi, le capital étant à 100, il l'au- » rait élevé tout à coup à 125 pour son propre compte ; de » 125 à 166 2/3, il l'aurait laissé élever pour le compte du » rentier, et à ce dernier prix, lorsque l'intérêt eût été à 3, » il aurait pu réduire cet intérêt à 2 1/2 par exemple, et, » par conséquent, élever le capital de 166 2/3 à 200 à son » propre bénéfice. Tout le secret de ces élévations de ca- » pital et de ces remboursements consiste donc dans ces » alternatives de gain entre l'État et les rentiers (1). »

Comment concilier ce que l'on vient de lire avec la ré- ponse que M. Laffitte faisait à cette question : Le rembour- sement est-il un droit? « L'État, disait-il (2), peut, comme » tout autre contractant, dire à ceux qui lui ont prêté : » L'intérêt a diminué; il ne me convient plus d'être votre » débiteur, je vous rembourse, non le capital que j'ai » reçu, mais le capital plus fort que je vous ai promis : » vous n'avez plus rien à me demander. » Quant à nous, nous renonçons à expliquer ces contradictions ; nous en déduisons seulement ce dilemme : ou M. Laffitte n'a pas compris le mécanisme si simple des Conversions, ou, pour soutenir le système des Conversions avec augmentation de capital, il a été obligé d'avoir recours à des arguments contradictoires. Dans les deux cas, l'autorité de M. Laffitte ne peut être d'un grand poids dans cette matière, et sa brochure, à quelque plume qu'elle soit due, ne saurait influer sur la solution.

(1) Loc. cit. pages 120 à 131.
(2) Loc. cit. page 50.

Nous verrons plus loin, quand nous ferons l'historique du projet de Conversion de 1824, que si la théorie du banquier libéral était fausse, en fait il avait raison de prétendre qu'en remboursant sa dette au pair, l'État spoliait le rentier : il lui offrait, en effet, grâce au concours et aux manœuvres du syndicat de spéculateurs dont M. Laffitte faisait partie, un titre qui n'avait pas la valeur que par hypothèse on lui accordait.

§ 2. — *Plan de Conversion de M. J. Laffitte.*

Dans sa brochure de 1824, M. Laffitte ne s'est pas contenté de défendre le projet de Conversion *avec* ou plutôt *par* augmentation de capital, œuvre collective de M. de Villèle et des banquiers ; le mode d'exécution proposé par l'État n'était pas le seul possible : il avait le grave défaut de troubler le rentier dans ses goûts et ses préférences. M. Laffitte tint à soumettre un plan nouveau qui n'aurait pas les mêmes inconvénients (1). On connaît maintenant les étranges principes du célèbre banquier ; on a saisi sa théorie fausse et boiteuse de la Conversion ; on ne peut s'attendre à ce que son projet, qu'il croit préférable à celui du ministre, satisfasse les intérêts du Trésor ? Quel était son système ?

M. Laffitte proposait la création de deux Grands-Livres de la dette publique, l'un en rentes mobiles à 3 %, l'autre en rentes immobilisées à 5 %. Pendant un certain délai, les rentiers, porteurs de l'ancien 5 %, auraient eu la faculté de se faire inscrire dans les 3 % mobiles au cours de 75 fr. ; ils auraient ainsi reçu, en échange de leur titre de 5 fr. de rente en 5 %, un nouveau titre de 4 fr. de rente en 3 %. Après le délai d'option, les porteurs de 5 % pouvaient toujours convertir leurs titres en 3 %, mais *au pair* : ils n'auraient donc reçu en échange de 5 fr. de rente que 3 fr.

(1) Loc. cit. pages 69 et s. en note,

avec le même capital : de même, tout titre de 5 %, présenté au bureau des transferts et mutations, pour toute autre cause que la succession en ligne directe ou l'avancement d'hoirie, était échangé contre un titre en 3 % au pair. Les porteurs de 5 % n'étaient pas encore assez maltraités, ni le 3 % assez favorisé : au moyen de l'amortissement, M. Laffitte complétait son plan. Toute la dotation maintenue de l'amortissement était affectée au 3 %, qui profitait, en outre, des deux cinquièmes des rentes 5 % qui deviendraient ultérieurement disponibles par leur Conversion en 3 %.

Remarquons tout d'abord que, logique dans son système, l'auteur de ce projet rassurait les esprits qui s'effrayaient de l'augmentation du capital, en affectant une dotation colossale à l'amortissement ; quelques années plus tard, il répondra à ces mêmes esprits timides que leurs terreurs sont vaines, puisque la dette, étant perpétuelle et ne devant jamais être remboursée, son capital n'est que fictif et n'a pas de valeur !

Est-il besoin de montrer les vices des dispositions de la Conversion proposée par M. Laffitte ? La perspicacité du lecteur les a déjà saisis, et a donné à ce plan son véritable nom : une banqueroute déguisée. « L'homme qui vit sur » une œuvre passée doit devenir continuellement plus » pauvre, lisait-on dans un passage fréquemment cité » de la brochure de 1824, parce que le temps le trans- » porte, avec sa richesse d'autrefois, au milieu d'une » richesse croissante et toujours plus disproportionnée à » la sienne. A défaut du travail, il n'y a qu'un moyen de » se soutenir au niveau des valeurs actuelles : c'est de » diminuer ses consommations. Il faut ou travailler ou se » réduire. Le capitaliste a le rôle de l'oisif, sa peine doit » être l'économie, et elle n'est pas trop sévère. » Cependant, M. J. Laffitte voulait aider le temps qui n'appauvrissait pas assez rapidement le malheureux rentier, et aggraver sa peine. Il lui proposait de réduire bénévolement son revenu d'un cinquième ; cette réduction était exagérée, le crédit de l'État n'étant pas représenté par du 4 %. L'absence d'un fonds au-dessous du pair ne permettait pas à cette époque d'apprécier exactement le maximum de ce crédit : on était donc excusable d'avoir des illusions à cet égard ; un ministre très-habile et les premiers banquiers de l'Europe s'y trompèrent.

L'erreur n'était plus permise lorsque l'on voulait donner du 3 % aux porteurs du 5 % : la punition était vraiment trop forte ! On n'osait leur offrir le remboursement de leurs titres et rendre ainsi la Conversion en 3 %, à 75 fr. obligatoire ; et s'ils refusaient d'accepter une réduction d'un cinquième, on proposait à l'État de se venger, en leur imposant une réduction de deux cinquièmes de leur revenu et d'un quart de leur capital ! On n'a jamais vu un projet aussi contraire à toutes les notions de justice et d'équité. M. Laffitte avouait que le 3 % ne vaudrait pas plus de 75 fr. : il ne pouvait pas supposer que ce fonds s'élèverait immédiatement au pair. Quelque confiance qu'il eût dans la puissance de la spéculation et dans la naïveté du capitaliste étranger à la Bourse, nous avons trop bonne opinion de ses lumières pour admettre qu'il ait supposé de bonne foi que le crédit de l'État, représenté quelques mois auparavant par le 5 %, à 98, s'élèverait subitement, du jour au lendemain, au point que le 3 % serait coté au pair. Il pensait donc bien imposer aux rentiers qui n'auraient pas consenti à une première Conversion modérée, une seconde Conversion plus dure, plus cruelle, qui leur retrancherait deux cinquièmes de leur revenu. Aux premiers convertis, il offrait, comme compensation de la réduction, l'augmentation éventuelle du capital, résultant de la progression naturelle du 3 % donné à un prix encore éloigné du pair. A ceux qui se seraient refusés à cette réduction, non-seulement, il n'était plus offert de compensation, non-seulement, pour les punir, il ne leur était plus laissé que les trois cinquièmes de leur revenu, mais encore leur capital était diminué. L'État, qui devait 100 francs et qui ne pouvait se libérer qu'en les remboursant ou en servant l'intérêt convenu de 5 fr., remettait à ses créanciers un titre nouveau, qui ne rapportait plus que 3 fr. et qui ne valait que 75 ou 80 fr. au plus.

Les rentiers, disait-on, il est vrai, étaient libres de conserver leur ancien revenu intact ; c'était le grand avantage revendiqué par M. Laffitte pour son plan ; il n'imposait aucune réduction forcée et respectait les habitudes, les besoins ou l'égoïsme du rentier. Cela était exact, à plusieurs conditions cependant : il fallait que le porteur du 5 % ne fût pas forcé d'avoir recours au capital représenté par son inscription sur le Grand-Livre ; si l'état de ses affaires l'obligeait à se défaire de son titre et à le porter chez un agent de change, son inscription ne valait pas plus qu'une inscription de 3 % ; elle était vendue comme telle à la Bourse. Cette promesse de l'État de payer 100 fr. ne trouvait preneur, dans les époques prospères, que pour 75 ou 80 francs. On pense bien que les ventes d'un titre ainsi déprécié n'auraient été faites que par des porteurs à bout de ressources et de crédit ; tout rentier offrant une garantie par son honorabilité, par sa famille ou par sa fortune en dehors de sa rente, aurait trouvé à emprunter, en donnant son titre en gage, plus que la valeur de ce titre sur le marché des fonds publics ; le prêteur aurait eu, en effet, la certitude de toucher 5 du vivant de son débiteur, tandis que l'acquéreur n'eût reçu qu'un intérêt de 3. On devine à quelles complications, à quel agiotage et à quelle usure aurait donné lieu un état de choses aussi anormal. Dans tous les cas, les Conversions, par le fait de transfert volontaire, auraient été nulles, et nul le bénéfice promis de ce chef à l'État.

Si le rentier pouvait échapper, de son vivant, à cette Conversion dolosive, ses héritiers, autres que ses enfants, devaient se soumettre à recevoir de l'État un titre 3 % au pair, en échange de l'ancien titre de 5 %. Nous ne croyons pas que jamais une proposition aussi communiste ait été faite par un homme sérieux ; la propriété n'était plus un droit, elle n'était qu'une faveur ; l'État la reconnaissait seulement dans les proportions qui lui convenaient. En ligne directe, on n'osait pas toucher au patrimoine du chef de famille ; mais l'État refusait d'admettre, pour leur inté-gralité, les titres de sa dette qui se trouvaient dans une succession collatérale. C'était une véritable bien-mise. Ce principe n'aurait pas tardé à être développé, et la société serait arrivée à s'emparer du quart d'abord, de la moitié ensuite de toute succession. Cette proposition était faite par un banquier possesseur alors de plusieurs millions.

Jusqu'à présent, nous avons supposé, en discutant le plan de M. Laffitte, que ses prévisions optimistes s'étaient réalisées, qu'aucune crise n'était venue enrayer le déve-loppement du crédit, et que le 3 % créé s'était maintenu au prix de 75 fr. et s'était même élevé jusqu'au cours de 80 fr. A quelles conséquences désastreuses n'aurions-nous pas abouti si, au lieu d'admettre des hypothèses, nous avions pris les faits ! En 1825, le 3 %, cher aux banquiers de tous les temps, était créé dans des conditions meilleures qu'en 1824 : aussitôt, il tombait au-dessous des cours d'émission. Cinq années plus tard, la Révolution de Juillet éclatait : un effondrement de tous les fonds publics s'ensuivait, et le 3 % n'était plus coté, pendant trois ans, qu'à des prix variant entre 56 et 70 fr. Que seraient devenus, pendant cette longue période, les propriétaires de l'ancien 5 % qui, dans la gêne générale, auraient été obligés de se défaire de leurs titres et de les vendre comme du 3 % ? Qu'aurait répondu l'auteur de cette mesure spoliatrice, devenu ministre tout-puissant, à ces malheureux rentiers ruinés ? Leur aurait-il développé par avance la fameuse théorie des trois phases du crédit (1), et leur aurait-il donné l'assu-

(1) Voir plus haut page 129.

rance pour consolation que, grâce à son invention, la France avait l'honneur d'être entrée dans la troisième phase, celle de la perpétuité de la dette? N'aurait-il pas craint d'entendre ses victimes lui jeter à la face cette réplique accablante et vraie : « Nous ne savons ce que vous voulez dire, mais nous voyons que votre système nous a menés où nous en sommes : vous à la fortune et aux honneurs, nous à la misère et à la honte, notre pays *à la perpétuité de la banqueroute !* »

CHAPITRE VIII

Plan de Conversion de M. le Mis d'Audiffret.

On a vu à quelle solution désastreuse était arrivé un banquier honorable, un financier honnête, qui, n'ayant pas compris les conséquences simples et loyales du remboursement de la dette, avait voulu tirer de son imagination et en dehors de tous les principes et de tous les faits contingents, un système complet de Conversion. Vingt années plus tard, un homme ayant des habitudes toutes différentes aboutissait à un résultat presque identique, parce qu'il reculait également devant l'exercice du droit de remboursement. M. le Mis d'Audiffret, ancien premier commis au Ministère des Finances, devenu président à la Cour des Comptes et pair de France, proposait un plan de Conversion qui ressemble, par bien des points, à celui du célèbre banquier libéral, et qui peut être classé sous le même titre de : *Conversions différées*. Les hautes situations occupées par son auteur dans l'administration, son autorité comme écrivain financier, nous font un devoir d'examiner ce projet.

M. le Mis d'Audiffret a fait paraître deux plans de Conversion. Il avait eu l'occasion d'étudier cette question compliquée pendant son passage dans l'administration des Finances, et il avait préparé, sous le ministère de M. de Chabrol, un plan de Conversion que nous signalerons plus tard. Ses habitudes administratives lui avaient fait comprendre les conditions indispensables à une mesure de ce genre; il connaissait le rentier, ses goûts, ses préférences,

ses antipathies, et il est probable que, s'il était resté
Directeur de la Comptabilité générale des Finances, il
aurait appliqué les principes véritables des Conversions de
rentes. Mais, arrivé jeune encore à la Chambre des Pairs,
M. le Mis d'Audiffret ne voulut pas contrarier ouvertement
l'opinion de la majorité de ses collègues ; par modestie, par
timidité et par esprit de conciliation, il soumit, en 1838 et en
1845, à l'approbation de la noble Chambre, deux projets assez
différents, qui avaient du moins un point de ressemblance :
ils n'offraient pas aux rentiers le remboursement de leurs
titres. On est d'autant plus surpris que l'ancien collaborateur de M. de Chabrol ait reculé devant cette offre, qu'il
avait toujours reconnu la légitimité et l'équité du droit de
remboursement.

Par le premier de ces projets, les porteurs du 5 %
avaient la faculté de convertir leurs rentes, ou contre du
4 1/2 au pair avec garantie contre le remboursement pendant 10 ans, ou contre du 4 % également au pair et non
remboursable pendant 10 ans, ou enfin en 3 1/2 à un cours
rapproché du pair. Nous n'avons pas besoin d'insister sur
les défauts de ce plan, puisque l'auteur lui-même a reconnu
qu'un autre système serait préférable.

Le Mis d'Audiffret publia son nouveau projet en 1845 : il
n'a pas varié sur ce point et il a continué à penser que le
plan soumis par lui à la Chambre haute avait toutes les
qualités qui devaient le faire adopter. Il l'a donc reproduit
dans le recueil de ses travaux administratifs et parlementaires, intitulé : *Système Financier de la France*, et il l'a
fait précéder de ses trois opinions émises en 1838, en 1840
et en 1845. L'élégant écrivain financier a lui-même indiqué le but qu'il avait poursuivi, et a posé les principes qui
devaient présider à toute opération de Conversion : nous
avons cité plus haut ce passage de ses œuvres (1).

Nous avons vu que M. le Mis d'Audiffret se taisait sur le

(1) Voir plus haut page 76 et 77.

droit et l'offre du remboursement qui, pour nous, constitue la base de toute Conversion ; le projet dans lequel il fixe ses idées, et qui est également muet sur ce point si important, était ainsi conçu :

ART. 1er. — A dater du 1er juin 1845, les rentes 5, 4 1/2 et 4 % ne pourront être transmises à un nouveau propriétaire par transfert ou mutation, que pour leur capital au pair de 100 fr. Le nouveau propriétaire ne pourra être inscrit sur le Grand Livre qu'en 3 % au cours de ce dernier effet public coté le jour même de la mutation.

ART. 2. — Les rentes au porteur, existant à la même époque, en 4 1/2, 4 et 5 %, devront être échangées contre des inscriptions nominatives, dans le délai de trois mois.

Ainsi, d'après le système de M. le Mis d'Audiffret, un prix invariable de 100 fr. est fixé pour toutes les transactions sur le fonds à convertir, et la loi, se plaçant entre le vendeur et l'acheteur, leur indique la valeur de la marchandise offerte. Au moment où cette proposition était faite, le 5 % était coté de 120 à 125 fr.; c'était donc une réduction du cinquième du capital qui était imposée subitement aux rentiers. Cette mesure était plus dure pour les rentiers qu'une réduction d'intérêt qui aurait laissé intact le capital : elle diminuait en même temps l'intérêt et le capital.

Par cette disposition : « les rentes ne pourront être transmises que pour leur capital au pair de 100 fr., » l'État eût prononcé une véritable confiscation de capital pour arriver à une réduction d'intérêt. Aux termes du 2e § de l'article 1er, cette réduction était calculée d'après le cours du 3 % qui était présumé donner le taux exact du crédit public ; la rente changeant de mains, par transfert ou mutation, était inscrite pour la somme de rente que le nouveau propriétaire aurait pu obtenir, en 3 %, sur le marché des fonds publics avec un capital de 100 fr. Ainsi, si, le jour de la mutation, le 3 % a été coté 75 fr.,

l'acquéreur de 5 fr. de rente en 5 % recevra un titre de
4 fr. de rente, en 3 %, et rapportant l'intérêt demandé
par les capitaux au principal fonds pour un capital de
100 fr. Si le 3 % atteignait 80 ou 70 fr., le nouveau titre
remis en échange des 5 fr. de rente 5 %, aurait été res-
pectivement de 3 fr. 75 ou de 4 fr. 28.

On ne peut s'empêcher de constater que ce système est
fort ingénieux. La réduction imposée au propriétaire du
5 % avait le grand avantage de faire profiter l'État de
toute l'amélioration de son crédit. D'après les principes
que nous avons indiqués, l'État est obligé de consentir à
une sorte de transaction avec ses créanciers, ou de leur
faire au moins une concession pour assurer le succès de
l'opération. M. le Mis d'Audiffret obtient au profit du Trésor
le maximum de réduction que l'état du marché comporte.
En revanche, il prive l'État de la possibilité de réaliser de
nouvelles Conversions et il augmente le capital de la dette
comme toutes les autres réductions en 3 %. A une première lecture du projet, on pourrait croire qu'il n'en est
pas ainsi, et que les mots : « les rentes ne seront transmises que pour leur capital au pair de 100 fr. » repoussent
l'idée d'accroissement de capital. Il n'en est rien, puisque
4 fr. de rentes en 3 % correspondent à un capital de
133 fr. 33. Ce défaut du système de M. le Mis d'Audiffret
n'est pas le plus grave.

Si, en effet, l'intérêt du Trésor semble sauvegardé
(nous verrons tout à l'heure qu'il ne l'est pas), les droits
légitimes des rentiers sont-ils également respectés ? A
première vue, on pourrait le croire. La Conversion n'a
lieu, en effet, que par la volonté du rentier qui vend son
titre, ou en fait donation, ou par suite du décès du titulaire. Dans les deux cas, les anciens propriétaires du 5,
du 4 1/2 ou du 4 % recevraient exactement les 100 fr. qui
leur sont dus par l'État, puisque, en échange de leurs
anciens titres, il leur serait remis de nouvelles inscriptions 3 %, valant exactement 100 fr. le jour du transfert

ou de la mutation. Le remboursement qui, selon nous, est la base de toute conversion, n'est pas offert effectivement en numéraire par le projet de M. d'Audiffret, mais le rentier peut toujours l'obtenir en vendant son titre ; ce n'est plus l'État qui rembourse directement; il se contente d'offrir à ses créanciers un procédé qui leur assure l'intégralité du capital nominal qu'ils peuvent réclamer à l'État. Les anciens propriétaires seraient donc injustes de se plaindre, puisque, d'une part, ils recevront le jour où ils le désireront le remboursement du capital constitué, et que, de l'autre, ils conserveront, de leur vivant, tant qu'ils le voudront, le montant entier de leur revenu.

Les nouveaux propriétaires seraient de deux sortes : ceux qui auraient acquis à titre onéreux les rentes 3 % remises en échange des 5 %, ou qui les recevraient par donation ; ils se trouveraient dans la même situation que s'ils avaient acheté ou reçu des 3 %. Quant aux nouveaux propriétaires par suite de succession, ils seraient dans la même position que si une Conversion régulière était décrétée au moment précis où ils sont devenus possesseurs des rentes ; ils auraient la faculté, ou de toucher 100 fr. en vendant leurs nouveaux titres, ou d'avoir l'intérêt réduit qui résulte du taux du crédit de l'État.

Tels sont les avantages apparents du système que nous examinons. Mais, en réalité, le créancier serait lésé et serait en droit de protester contre la violation de son titre. En effet, alors même que le 3 %, donné en échange des fonds à convertir, se maintiendrait à un chiffre de capitalisation plus élevé que ces fonds, et que cette rente rapporterait toujours moins de 5, de 4 1/2 ou de 4 %, il est probable que le titre de 5 fr., de 4 1/2 ou de 4 fr., ne pourrait se vendre que difficilement 100 fr. Quelle aurait été la position de ces fonds le jour où le projet de M. d'Audiffret serait devenu une loi définitive ? Les rentes frappées de Conversion seraient enfermées dans un maximum qu'elles ne pourraient jamais franchir ; mais

elles seraient en présence d'une rente privilégiée sous
tous les rapports et qui aurait à coup sûr toute la clientèle
de la spéculation. Les rentes convertissables seraient
privées de tout le marché à livrer qui s'opère au moyen
des rentes au porteur, que l'art. 2 supprime, et le 3 %
accaparerait toutes ces transactions à terme. Le 3 % serait libre dans ses cours, tandis que les autres fonds
seraient sous sa dépendance : l'acheteur de 3 % pourra
s'adresser aux détenteurs du 5 %, aussi bien que du 3 % ;
et le vendeur du 5 n'aura pas le choix : il devra livrer son
titre au prix qu'il plaira à l'autre partie de donner. La
conséquence de cette infériorité est facile à prévoir : le
vendeur du 5 % qui livrera exactement la même marchandise que le vendeur du 3 %, ne trouvera pas le
même prix que ce dernier. Ce qu'il offrira vaudra toujours
100 fr., mais il est probable que le plus souvent il n'en
trouvera que 99 fr. 96 cent., ou 99 fr. 95 cent., ou peut-être
moins. Dans tous les cas, il dépendra d'une contre-partie
qui pourra se faire attendre. Et pourtant le rentier n'a
traité qu'avec l'État ; l'État lui a promis ou 5 fr. d'intérêt
annuel, ou un capital de 100 fr. Si, dans la personne du
rentier primitif, de ses acquéreurs ou de ses héritiers,
ce traité n'est pas ponctuellement rempli, il y a violation
de la lettre du contrat, il y a manquement aux engagements pris, il y a banqueroute. La banqueroute sera peu
grave, le dol fait au rentier peu important, cela est vrai,
mais la confiance sera détruite.

Le projet que nous étudions a encore un défaut plus
grave, qui le rend complétement inacceptable.

Toute Conversion repose sur la situation du crédit au
moment où la mesure est prise : or, le crédit est infiniment sensible, variable. Le jour où l'opération est faite,
l'État doit pouvoir emprunter dans des conditions meilleures que celles qui sont représentées par le fonds à convertir ; on peut prévoir que cette situation se maintiendra
pendant le court délai nécessaire pour l'échange de tous

les titres ; mais il est impossible d'affirmer qu'elle se perpétuera pendant plusieurs années. Or, le plan de M. le Mᴵˢ d'Audiffret exige une longue période de prospérité ; l'opération ne devait pas durer moins de *vingt ans*, et, à l'expiration de ce terme, tous les titres n'auraient pas encore été présentés à l'échange. Est-il possible de laisser pendant un espace de temps aussi prolongé la Conversion en suspens ?

Lorsque ce système était soumis aux réflexions de la Chambre haute, en 1845, rien ne faisait supposer à son auteur les événements de 1848 : s'il avait été adopté, que serait-il arrivé ? Pendant quatre années il semblait réussir, mais ensuite ? Après la Révolution de Février, le 3 % n'était plus même coté à 60 fr., c'est-à-dire que ce fonds était capitalisé à plus de 5 % ; l'échange des titres aurait-il continué ? L'État aurait-il délivré, contre la remise d'une rente de 5 fr. en 5 %, une nouvelle inscription en 3 % de 5 fr. et même de 6 fr. et de plus 7 fr. 50 cent., car la rente 3 % est tombée au-dessous de 40 fr.

En 1845, le cours du 3 % dépassait 82 fr. M. le Mᴵˢ d'Audiffret, qui était adversaire déclaré de toute augmentation factice du capital de la dette, avait consenti à un accroissement peu important de ce capital pour amener l'unification des fonds publics ; mais avait-il calculé que son projet pouvait non-seulement doubler le capital nominal de la dette, mais encore augmenter les intérêts servis par l'État ? Ce projet devait cependant aboutir à ce double résultat. Il est infiniment probable que l'État aurait suspendu l'effet de la Conversion pendant les années qui ont suivi la Révolution de 1848 ; mais alors on aurait assisté à une véritable banqueroute. Le contrat intervenu entre l'État et ses créanciers n'aurait été exécuté que dans les années prospères, où il aurait été favorable à l'État ; il eût été certainement violé pendant les périodes de crise, lorsque les rentiers auraient pu faire un bénéfice.

Si ce projet avait été voté par les Chambres, en 1845, loin

d'amener la diminution des charges de l'État, il aurait eu
pour résultat une catastrophe, s'il avait été exécuté loyalement. En temps de crise, le plan de M. Laffitte était désastreux pour les rentiers, et celui de M. le Mis d'Audiffret
avait des conséquences non moins déplorables pour l'État :
voilà à quoi aboutissent tous les systèmes de Conversions
différées.

Ces conséquences doivent faire rejeter tous les projets
qui, comme celui de M. le Mis d'Audiffret, demandent
pour la réalisation complète de la Conversion une période
de plusieurs années.

Le plan qui nous occupe avait, en outre, un inconvénient moins grave, mais qui mérite d'être signalé. La
Conversion ne pouvant s'opérer qu'au moment des transferts ou mutations, il fallait empêcher les rentes de changer
de mains sans remplir ces formalités ; il était donc indispensable de supprimer les *rentes au porteur*. Cette suppression, en théorie, n'offrirait que des avantages, et l'avenir amènera sans doute cette réforme ; mais, au moment où
l'État entreprend une grande opération, où il a recours à
toutes les ressources du crédit et, par suite, de la spéculation, est-il prudent de toucher aux habitudes du marché
des fonds publics ? En France, l'organisation actuelle de
la Bourse et des transactions qui s'y opèrent, exigent ces
inscriptions facilement échangeables de la main à la
main : les marchés passés par les agents de change
pourraient s'exécuter sans les titres au porteur ; toutes les
opérations faites par la coulisse deviendraient impossibles,
si le concours de l'officier ministériel était indispensable
pour leur régularisation. Les titres au porteur sont l'occasion d'abus, de dissimulations, de soustractions dans les
familles, ils sont une cause de perte pour le Trésor, qui
est souvent privé de droits de mutation, ils favorisent et
facilitent la spéculation qui n'a droit qu'à la tolérance ;
mais, malgré toutes ces considérations, il serait d'une

mauvaise politique de supprimer ces titres, en même temps que l'on entreprend une mesure de Conversion.

Pour tous ces motifs, les Conversions du genre de celles proposées par M. le Mis d'Audiffret et par M. J. Laffitte méritent d'être repoussées, parce qu'elles *diffèrent* l'exécution totale d'une mesure qui doit être *immédiate,* parce qu'elles sont dangereuses pour l'État et injustes à l'égard des rentiers. L'exemple de ces deux hommes éminents prouve que l'on ne saurait s'écarter en vain des principes si simples qui doivent servir de règles aux mesures de Conversions.

RÉSUMÉ DU LIVRE II

Nous sommes parvenu au terme de la partie théorique de ce traité. Nous sommes cependant loin d'avoir épuisé ce sujet si complexe, et d'avoir passé en revue toutes les combinaisons auxquelles peuvent donner lieu les Conversions. Ces combinaisons rentreraient d'ailleurs dans la classification que nous avons adoptée; des mesures accessoires ne modifieraient pas l'opération dans son caractère principal et ses résultats. Ainsi: — la Conversion d'une rente 5 % pourrait être réalisée directement en 4 %, mais avec addition d'annuités de 50 cent. ou de 25 cent. pendant un certain nombre d'années; ce serait évidemment une Conversion en rentes au pair; l'opération équivaudrait à deux réductions successives de l'intérêt. — Il serait encore possible (la proposition a été faite sous la Monarchie de Juillet, comme nous le verrons plus tard) de convertir une rente 5 %, garantie contre toute retenue ou imposition, et insaisissable, en une autre rente également de 5 %, mais ne jouissant pas des mêmes priviléges et pouvant être soumise à toutes les taxes établies. Cette mesure ne changerait pas le capital de la dette; elle rentrerait dans la catégorie des Conversions en rentes au pair. — Ces deux exemples suffisent pour montrer combien est vaste le champ de ces combinaisons accessoires sur lesquelles il est inutile d'insister.

Nous aurions pu également traiter de nombreuses questions de détail; nous nous contenterons de les signaler ici.— Quels seront les droits de l'usufruitier et du nu-propriétaire en cas de Conversion?— Pour les rentes appartenant à des mineurs, des absents, des interdits, par qui devra être faite la déclaration d'option et avec quelles formalités ? — En cas de majorats, entre les mains de qui devra être effectué le remboursement, s'il est demandé ? Toutes ces questions n'étant pas de l'ordre purement financier ou économique, nous avons cru devoir les laisser de côté pour ne pas nous étendre outre mesure, et pour ne pas sortir de notre cadre. Elles ont d'ailleurs été longuement et sérieusement discutées à la Chambre des députés, en 1840 et 1845 ; les solutions qui furent adoptées alors ont été reproduites dans le décret de 1852, qu'on trouvera plus loin (1).

A l'occasion des Conversions de rentes, il a été soulevé d'autres questions d'exécution. On s'est demandé si, par bienveillance, on ne devait pas exempter de la réduction d'intérêt les petits rentiers, et si une exception ne devait pas être faite surtout en faveur des Établissements de bienfaisance. On a également proposé de ne pas soumettre à la Conversion les rentes appartenant aux Institutions publiques ou subventionnées par l'État, telles que : la Caisse des Dépôts et Consignations, la Légion d'honneur, la Caisse des Invalides de la Marine, etc... On faisait remarquer que, pour ces derniers établissements, l'État serait obligé d'augmenter les subventions qui leur sont accordées, d'une somme égale à la réduction de leurs rentes, et que, par suite, l'économie serait nulle. — Il a été reconnu qu'il ne pouvait être fait d'exception en faveur d'aucune catégorie de porteurs de rentes, et qu'une dérogation à la règle générale laisserait la porte ouverte à tous les abus, à toutes les réclamations et à toutes les récriminations.

Nous n'insisterons pas davantage sur ces points secondaires. Mais, avant d'aborder l'histoire des Conversions, nous croyons devoir résumer ces longues discussions et l'aride exposition de principes qu'on vient de lire en

(1) V. Livre III, chap. IX.

quelques propositions claires et précises. Elles paraîtront indiscutables, nous osons l'espérer, à tout lecteur qui sera convaincu de la nécessité de réduire les charges de la dette dans le présent et dans l'avenir, et qui admettra que les droits des contribuables doivent passer avant les priviléges des rentiers.

I. — En s'engageant à payer une rente de tant pour CENT, l'État a entendu se réserver, et s'est réservé en fait, le droit de racheter cette rente, en remboursant le capital nominal de CENT. Il devra être fait usage de ce droit de remboursement, aussitôt qu'il pourra en résulter un bénéfice, un avantage quelconque, pour les contribuables.

II. — Lorsqu'une dette contractée pendant une époque de crise aura été constituée en rentes émises à un taux élevée, elle devra être remboursée aussitôt que l'amélioration du crédit permettra de trouver des capitaux à un taux moins élevé. Une rente qui a dépassé le pair est comprimée dans ses cours par la crainte du remboursement ; cette rente devra donc être remboursée, puisqu'il y aura certitude de trouver des capitaux à des conditions meilleures.

III. — Le remboursement d'une dette, constituée à un taux élevé, pourrait s'opérer à l'aide de capitaux demandés à un emprunt contracté à un taux moins élevé. — Mais il est plus simple, plus économique et plus loyal de s'adresser d'abord aux porteurs de la dette primitive, et de leur proposer d'échanger volontairement les titres de la rente qui est appelée au remboursement, contre les titres d'une rente constituée à des conditions différentes. Cette opération sera une CONVERSION.

IV. — L'offre du remboursement au pair devra toujours précéder ou accompagner une mesure de Conversion. La

Conversion réalisera deux opérations distinctes : l'extinction de la dette primitive et la constitution d'une dette nouvelle, une libération et un emprunt. Par la Conversion, les porteurs d'une rente constituée à un taux élevé recevront à leur choix, — ou le capital nominal qui leur est dû, — ou l'équivalent de ce capital, en titres d'une rente nouvelle portant un intérêt moins élevé.

V. — La Conversion sera certainement acceptée par les intéressés : si la rente à convertir a dépassé le pair de plusieurs unités, et depuis plusieurs mois ; si la nouvelle rente représente, d'après le taux du crédit de l'État, un capital supérieur au pair de la rente à convertir, et si un avantage immédiatement réalisable est accordé aux rentiers. — Dans ces conditions, les demandes de remboursement seront rares, puisque les rentiers auront l'alternative entre 100 fr. et plus de 100 fr.

VI. — Les propositions de Conversion seront claires et facilement intelligibles pour tous les rentiers. — Elles seront obligatoires, afin que tous les rentiers reçoivent un traitement égal. — Les résultats devront être immédiats, parce que, le crédit étant variable, les propositions ne seraient plus d'accord avec la situation de ce crédit, si le délai d'option ou d'exécution était prolongé. — Les rentiers qui voudront recevoir le remboursement de leurs titres seront seuls astreints à une déclaration : le silence des autres sera considéré comme une acceptation des nouvelles rentes créées. — Pour éviter l'agiotage, la spéculation, les arbitrages, les paniques, les hésitations des rentiers, le délai pendant lequel les déclarations seront reçues, sera très-court.

VII. — La Conversion devra être réalisée sans augmentation du capital nominal de la dette. Les rentes appelées au remboursement seront purement et simplement échangées contre des rentes portant un intérêt moins élevé, et émises au pair.

VIII. — Lorsque la Conversion s'adressera à un fonds représentant un capital considérable, il sera prudent d'éviter toutes les dispositions qui compliqueraient la mesure et qui pourraient en compromettre le succès. Il s'ensuit que la modification devra porter seulement sur le taux de l'intérêt, et que les rentes nouvelles devront être du même type que les rentes anciennes.

IX. — Les avantages accordés aux rentiers ne doivent avoir qu'un but : faciliter la mesure dans son exécution, c'est-à-dire éviter les demandes de remboursement dans le présent, et le déclassement dans l'avenir. — Ce double but sera atteint dans les Conversions en rentes au pair, si la réduction d'intérêt proposée est inférieure à celle que, d'après le taux de son crédit, l'État aurait le droit strict d'imposer ; et si la nouvelle rente est garantie contre l'exercice nouveau du droit de remboursement, pendant une période déterminée qui sera ordinairement de 5 à 10 années.

X. — Toute Conversion *en rentes au-dessous du pair* sera sévèrement repoussée, parce que : 1° Ces Conversions augmentent fictivement le capital de la dette et ne déchargent le présent qu'en sacrifiant l'avenir. — 2° Elles ne permettent pas à l'État de profiter de l'amélioration successive de son crédit, et de réaliser de nouvelles réductions de l'intérêt.— 3° Elles produisent une économie, réelle et définitive, moins forte que les Conversions en rentes au pair. — 4° Elles offrent aux porteurs de rentes une compensation à laquelle ils n'ont aucun droit, et qui n'est d'aucune utilité pour ceux qui veulent conserver leurs titres, c'est-à-dire pour les véritables rentiers.

XI. — Les Conversions avec *soulte* ne peuvent être sérieusement fructueuses que si elles sont faites en rentes au-dessous du pair ; à ce titre, elles doivent être rejetées. Si elles sont faites en rentes au pair, elles ne procurent à l'État qu'un capital insignifiant. Dans les deux cas, elles violent les règles de l'équité, parce que les rentiers pouvant disposer d'un capital en dehors de leurs rentes, sont seuls à même de profiter des avantages offerts.

XII. — Les Conversions *en rentes amortissables* seront repoussées, si elles sont faites en rentes au-dessous du pair, parce que l'augmentation du capital ne serait absorbée, par l'amortissement, qu'après une période très-prolongée. — Faites en rentes amortissables au pair, ces Conversions n'ont aucun défaut théorique, mais elles risqueraient de compromettre le succès de la mesure.

XIII. — Les Conversions en *annuités terminables*, en *rentes viagères*, et par *réduction du capital*, ne sont pas applicables à une dette élevée, dont il s'agirait de réduire immédiatement les charges par suite de l'amélioration du crédit.

XIV. — Les Conversions *différées* auraient des résultats désastreux, ou pour l'État, ou pour les rentiers, si une baisse des fonds publics survenait pendant la période de plusieurs années qui est nécessaire à leur exécution complète.

CONCLUSION. — La Conversion *en rentes au pair* est le seul système de Conversion simple, honnête, loyal. Pour l'État, il a le mérite de ne pas augmenter le capital de la dette, de produire une économie immédiate et définitive, et de permettre de réaliser dans l'avenir de nouvelles réductions corrélatives à l'amélioration du crédit. A l'égard des rentiers, les résultats de ce système sont moins pénibles que les résultats des autres systèmes : la réduction d'intérêt est modérée, et le capital n'est pas atteint, car le cours de la rente nouvelle, dégagée de la menace du remboursement, sera certainement supérieur au cours de la rente convertie.

L'histoire des Conversions va confirmer cette conclusion.

LIVRE III

CHAPITRE 1er

Conversions en Angleterre.

Après avoir étudié théoriquement les divers systèmes de Conversions de rentes, leur mécanisme, leurs avantages et leurs défauts, il est naturel de rechercher comment ces divers systèmes ont été appliqués : la pratique de tous les gouvernements sages et économes viendra à l'appui de la théorie. Nous commencerons cet examen par les opérations réalisées dans les pays étrangers ; nous réserverons pour les chapitres suivants l'histoire des rares Conversions qui ont été opérées en France, et des longues et intéressantes discussions qui ont eu lieu sur ce sujet dans nos Assemblées parlementaires.

Les Conversions de rentes ont été nombreuses, en Europe, depuis deux siècles ; il n'est peut-être pas de pays qui n'ait trouvé l'occasion de réduire les charges de sa dette, par ces opérations aussi légitimes que fructueuses. La première mesure de ce genre aurait été faite au XVIIe siècle, par un pape.

La cour de Rome avait adopté, dès le XVIe siècle, le

12

système des dettes consolidées et garanties par certains impôts ; elles portaient le nom de *Monti* ; des emprunts avaient été ainsi contractés au taux de 5, 6 et 7 %. En 1665, Alexandre VII reconnut qu'il était urgent de relever les finances de ses États et d'alléger les charges qui les grevaient. Dans ce but, il prit le parti de rembourser tous les *Monti* constitués en perpétuel et produisant un revenu de plus de 4 %. Il s'adressa aux Républiques de Gênes et de Venise qui, grâce à leurs flottes et à leur commerce, disposaient de capitaux considérables et fournirent, au taux de 3 1/2 et de 3 %, les sommes nécessaires pour désintéresser les créanciers anciens.

Cette Conversion était faite dans une forme primitive: l'État ne convertissait pas les titres de sa dette ; l'opération était double et des créanciers plus accommodants remplaçaient ceux qui avaient prêté à un taux trop élevé. Les premières Conversions opérées d'après les principes que la théorie financière enseigne, ont été réalisées, en Angleterre, pendant le XVIIIe siècle : elles demandent un examen sérieux (1).

§ 1er. — *Conversions en Angleterre pendant le XVIIIe siècle.*

La dette fondée d'Angleterre ne remonte pas au-delà de la fin du XVIIe siècle; jusqu'en 1710, la plus grande

(1) Pour l'histoire des Conversions en Angleterre, en Belgique, aux États-Unis, etc., nous n'avons pu remonter aux sources officielles, et, à notre grand regret, nous ne donnons que des renseignements de seconde main. Pour les Conversions britanniques, nous avons puisé nos renseignements dans le remarquable ouvrage de M. Bailli, sur les *Finances de l'Angleterre;* dans le *Traité de la Science des Finances,* de M. P. Leroy-Beaulieu; dans les *Annuaires Lesur,* etc., etc. Pour les autres Conversions faites à l'étranger, nos chiffres et nos informations sont tirés de l'*Annuaire Lesur;* d'un tableau distribué, en 1845, aux Chambres, par le Ministre des Finances; des ouvrages de M. Courtois, etc. Nous avons également trouvé plusieurs renseignements intéressants dans le *Petit Bulletin de Statistique,* publié, depuis 1877, par le Ministère des Finances. On ne saurait trop recommander la lecture de cette publication qui ne donne que des documents officiels: elle n'est pas encore assez répandue dans le public.

partie des emprunts fut encore contractée en dette flottante et au moyen d'annuités à long terme. Après la paix d'Utrecht, en 1714, le capital de la dette était supérieur à 900 millions de francs et les intérêts s'élevaient, en y comprenant les annuités, à 76,750,000 fr. environ ; l'Angleterre était donc obligée de payer 8 1/2 % du capital de sa dette nominale ; ses emprunts, en dette fondée, avaient été contractés surtout à 6 %, qui était alors le taux légal de l'intérêt.

Grâce au retour de la paix, les finances s'étaient améliorées, et, dès le commencement de la session de 1714, un membre de la Chambre des communes proposa de réaliser une réduction dans le service des intérêts de la rente : il ne fut pas donné suite à cette proposition. Mais dans la même session, un *bill* fixa à 5 %, au lieu de 6 %, le taux de l'intérêt entre particuliers ; l'année suivante (1715) un emprunt fut contracté en 5 % au pair. L'état de son crédit ne permettait plus à l'Angleterre de continuer à servir un intérêt de 6 % à ses créanciers et le moment était venu de convertir toutes les rentes rachetables.

Robert Walpole, alors chancelier de l'Échiquier, attacha son nom à cette grande opération, qui, par sa nouveauté, pouvait effrayer les esprits et compromettre le crédit du pays. Il agit avec une prudence qu'on ne saurait trop louer : il s'assura d'abord le concours de deux grandes sociétés : la Banque d'Angleterre et la Compagnie de la Mer du Sud, qui consentirent à une forte réduction sur l'intérêt des billets de l'Échiquier et autres effets du Trésor. Elles offrirent, en outre, au gouvernement, une avance de 137 millions, destinés au remboursement des rentes dont les porteurs n'accepteraient pas la Conversion du 6 % en 5 %.

Un nombre très faible de rentiers réclamèrent le remboursement de leurs titres et la mesure eut un succès complet. Elle produisit, tant par la modération d'intérêt obtenue sur les valeurs appartenant aux deux grandes

Compagnies financières, que par la réduction d'un pour cent sur la dette fondée rachetable, une économie annuelle de 8,050,000 fr. On peut ajouter que cette Conversion ne mécontenta pas les créanciers de l'État, comme on aurait pu le craindre, et qu'elle ne fut pas impopulaire : « Je » suis satisfait, dit un riche porteur de rentes à lord » Stanhope, de la mesure qui a été adoptée, attendu que » par la réduction des intérêts, je regarde le capital » comme mieux assuré. » Il est juste de remarquer que les détenteurs de la dette fondée se trouvaient surtout dans les hautes classes de la société qui, par une longue pratique des opérations de banque et de commerce, avaient appris à se plier aux nécessités du crédit et pouvaient, sans gêne, voir réduire leur revenu.

Il n'avait été possible d'atteindre, en 1715, que les rentes rachetables de la dette fondée. Les rentes déclarées non rachetables et les annuités à long et à court terme continuaient à exiger les mêmes intérêts exagérés. En 1719, la Compagnie de la Mer du Sud offrit au Gouvernement : « d'agrandir la sphère du Crédit public, de ramener en » sept années, à partir de 1720, les intérêts de toute la » dette au taux de 4 %, et de rendre faciles la Conversion, » la réduction et même l'extinction des engagements les » plus onéreux. » Ce vaste programme, qui semblait avoir été rédigé par Law, fut à peu près réalisé ; par des moyens habiles de persuasion et aussi de pression, la Compagnie sut amener presque tous les porteurs de titres, émis d'abord à 6, 7 et même 9 %, à les échanger contre du 4 % de la dette rachetable ; 19,718,000 fr. cessèrent ainsi de peser sur le Trésor et furent échangés contre 13 millions, environ, de nouvelles rentes.

Grâce à ces mesures, et malgré la guerre qui avait exigé des emprunts pour 400 millions environ, la dette, qui, en 1714, s'élevait en intérêts à près de 77 millions, était réduite dans de fortes proportions, dès 1721, et n'exigeait plus qu'un service annuel de 72 millions. En 1737, après l'achèvement des opérations de la Compagnie de la Mer du Sud, et avec l'aide de l'amortissement, la charge de la dette était encore atténuée et ne s'élevait plus qu'à 51,600,000 fr.

À cette époque, le crédit de l'Angleterre était à son apogée : le 3 %, provenant d'un emprunt émis en 1726, était coté à 107 fr., cours qu'il n'a pas revu. La proposition fut faite à la Chambre des communes de profiter de cette situation et de réduire en 3 les rentes 4 %. Il semblait que Robert Walpole, qui était encore chancelier de l'Échiquier, dût saisir l'occasion de renouveler l'opération si brillante de 1715 ; il n'en fit rien. Quels furent les motifs qui décidèrent le ministre et la majorité à repousser un projet dont l'exécution était si facile ? Sir John Sinclair, l'historien des finances d'Angleterre, va nous éclairer sur ce point : « On est étonné aujourd'hui, dit-il, » de l'absurdité des arguments dont on fit usage pour » écarter l'adoption du projet de loi. On avança qu'une » telle réduction, au lieu de concourir à l'agrandissement » des relations commerciales et à l'amélioration des in-» térêts agricoles, contribuerait probablement à la ruine » de l'une et de l'autre. On peignit sous les couleurs les » plus fortes la destinée des veuves et des orphelins dont » le revenu allait être diminué. On insista particulière-» ment sur ce que la mesure aurait de désastreux pour » la *Métropole*, du voisinage de laquelle s'éloigneraient » la plupart des rentiers, réduits à aller vivre à meilleur » compte dans des contrées retirées du royaume. On alla » enfin jusqu'à déclarer que l'exécution du projet était » impraticable. » Un siècle plus tard, les mêmes prétextes d'humanité, de difficultés pratiques et de prospérité de la Capitale étaient mis en avant, en France, pour faire repousser une proposition semblable ; on croirait que Sinclair a voulu résumer les opinions que Chateaubriand et Lamartine exprimeront sur cette question.

Le bon sens pratique de nos voisins ne devait pas

être arrêté longtemps par des objections sans valeur ; des hommes habitués au régime parlementaire ne pouvaient tarder à comprendre que l'intérêt du pays et des contribuables ne saurait être sacrifié indéfiniment à un intérêt particulier. L'opposition inconcevable de Robert Walpole n'en retarda pas moins de douze années la réalisation de la Conversion, et fit perdre au Trésor, pendant cette période, une somme annuelle de 14 millions et, au total, près de 170 millions, qui auraient pu être économisés par cette mesure. Le ministre, qui se vantait de connaître le prix de toutes les consciences, perdit le pouvoir en 1742 ; il ne fut cependant pas possible de reprendre immédiatement le projet de 1737. L'Angleterre soutenait la guerre de la succession d'Autriche et, loin de pouvoir songer à réduire les intérêts de sa dette, elle était obligée, pour subvenir aux frais de la lutte engagée contre l'Espagne et la France, de faire des appels incessants au crédit.

Mais, aussitôt que la paix fut conclue par le traité d'Aix-la-Chapelle, du 17 octobre 1748, le nouveau chancelier de l'Échiquier annonça qu'il saisirait la première occasion de diminuer les charges qui pesaient sur le pays. Depuis dix ans, la dette avait plus que doublé en capital et atteignait presque 2 milliards ; les intérêts annuels avaient augmenté de 30 millions ; cet accroissement énorme de la dette exigeait de promptes et énergiques mesures. Dès la session de 1749, le ministère tint sa promesse ; il proposa au Parlement et fit adopter un *bill* dont les dispositions ingénieuses nécessitent un examen particulier.

Les cours des fonds publics ne permettaient pas de réduire immédiatement, en 3 % le 4 %, qui formait plus des trois quarts de la dette fondée. Une Conversion régulière, avec offre de remboursement, était donc impossible. Le gouvernement, néanmoins, supposant que, grâce à la paix, les cours s'élèveraient rapidement, voulut escompter les effets de cette hausse qu'il pensait encourager ainsi et

activer. Il proposa donc aux rentiers de consentir à la ré-duction d'un pour cent dans un avenir éloigné, en leur garantissant, pour l'intervalle et en compensation, un revenu atténué seulement d'un demi pour cent. Telle était l'économie de ce *bill*. « Les porteurs de rentes 4 %, rachetables qui,
» avant le 28 février 1750, c'est-à-dire dans un délai de
» trois mois, déclareront accepter la Conversion en 3 °/°,
» à partir du mois de décembre 1757, seront garantis
» jusque-là de toute réduction nouvelle. Les intérêts con-
» tinueront à leur être payés à raison de 4 °/₀ jusqu'à la
» fin de 1750, et au taux de 3 1/2 depuis cette époque
» jusqu'au moment fixé pour la réduction à 3 o/o. »

Cette opération ne pouvait présenter aucun danger pour le Trésor, puisque par sa nature elle était toute facultative : les rentiers étaient simplement prévenus que s'ils n'acceptaient pas les conditions offertes, ils s'exposaient à subir une réduction d'une unité, aussitôt qu'elle serait possible. La majorité préféra ne pas courir cette chance, et présenta ses titres pour la Conversion.

Le capital des rentes 4 °/° s'élevait (1)
à.................................... F. 1.442.500.000

Les consentements portèrent sur un
capital d'environ.................... 1.000.000.000

Le capital représenté par les titres
des non-consentants ne dépassait pas
ainsi................................ F.   442.500.000

Plus des deux tiers des rentiers avaient donc accepté les offres du gouvernement. Ce succès relatif était très-beau, puisqu'il assurait, dès la fin de l'année, une économie d'un huitième, et, à l'expiration de sept ans, une économie totale d'un quart sur l'intérêt servi au milliard qui avait

(1) Nous avons réduit toutes les livres sterling dans ce chapitre et dans les chapitres suivants, tous les dollars, florins, etc., en francs : le lecteur pourra ainsi faire plus facilement des comparaisons. Nous ajouterons que nous n'avons pris la liv. sterl. que pour 25 fr. : la différence de 22 cent. est peu appréciable.

accepté la Conversion. Cependant l'opération n'était pas achevée. Si avant le mois de décembre 1757, une crise était survenue et avait amené une baisse dans les fonds publics, les consentants auraient éprouvé une perte, et les rentiers récalcitrants auraient bénéficié de leur résistance : là était le danger de la mesure. Il n'en fut pas heureusement ainsi.

Grâce au maintien de la paix, le cours des Consolidés continua à s'élever, et, en 1755, il fut possible d'offrir aux non-consentants le choix entre le remboursement et une réduction du 4 en 3 %. L'Échiquier ne laissa pas échapper l'occasion de punir les rentiers qui avaient résisté aux propositions de 1749, et il annonça que les porteurs du 4 % ne recevraient plus, à partir du mois de décembre 1755, que 3 % d'intérêt. Ces rentiers perdaient ainsi 1/2 % d'intérêt pendant deux années ; il est juste d'ajouter que, pendant cinq ans, ils avaient touché 1/2 % de plus que ceux qui avaient accepté les offres du Trésor.

Sur le capital qui restait à convertir.. F. 442.500.000
les adhésions à la Conversion en 3 %
s'élevèrent à...................... 355.000.000

Il n'y eut donc à rembourser qu'un capital de........................... F. 87.500.000

Ainsi se termine cette double Conversion combinée et échelonnée du 4 % en 3 1/2 et en 3 % : l'économie produite annuellement atteignait environ 14 millions 1/2. La somme à rembourser sur le capital énorme à cette époque de 1,442,500,000 de fr., n'avait été que de 87,500,000 fr., soit un peu moins de 6 %. L'Échiquier pouvait se féliciter de son audace, qui avait réussi, mais qu'il serait dangereux d'imiter. Si, en effet, la Conversion obligatoire imposée aux rentiers récalcitrants n'avait pu être faite en 1755, elle devenait impossible l'année suivante, par suite de la guerre de sept ans (1).

(1) Nous avons déjà critiqué cette Conversion facultative de 1749. Voir plus haut, page 79.

En résumé, les trois réductions de 1715, de 1719 et de 1750 avaient produit une économie totale de 31,675,000 fr. A l'époque de la dernière mesure de 1755, la dette anglaise ne s'élevait en intérêts qu'à 66,250,000 fr., en comprenant les annuités, et la réduction d'un 1/2 % sur les 4 %, convertis en 1750, n'avait pas encore opéré son effet. Les conversions avaient donc annulé bien près d'un tiers des charges annuelles de la dette publique.

Ce magnifique résultat est dû à l'habitude qui existait alors dans le monde financier et qui ne saurait être trop louée, d'émettre presque toujours les emprunts au pair. Cet excellent système ne fut abandonné par nos voisins qu'à partir de 1781 et surtout de 1793 ; auparavant, le capital des accroissements de la dette était à peu près le même que celui reçu réellement par le Trésor. Pendant la guerre contre ses colonies révoltées, l'Angleterre fit six emprunts, qui augmentèrent sa dette de 2,881,700,000 fr., et ne lui rapportèrent que 2,294,097,000 fr. ; son crédit était à tel point ébranlé que le 4 et le 3 % étaient tombés à 70 et 55 fr. Ce procédé était déplorable : il était la conséquence des illusions produites dans l'esprit public par l'apparition des travaux du Dr Price, sur l'amortissement avec intérêts composés, dont les effets devaient être si merveilleux, que le pays n'avait plus à se préoccuper du capital de sa dette. A partir du moment où les idées de Price passèrent de la théorie dans la pratique, et où W. Pitt obtint la création d'un fonds d'amortissement de 25 millions, l'émission des emprunts en rentes éloignées du pair fut érigé en système.

La création d'un fonds d'amortissement eut pourtant un heureux résultat : cette mesure, combinée avec une administration signalée par des économies que la paix permit de réaliser, et par un respect absolu des engagements de l'État, rétablit la confiance ébranlée par la guerre d'Amérique : en effet, les fonds publics remontèrent, en 1791, à 102 et à 89 fr. Il eut été cependant encore imprudent de songer, après une crise aussi longue et aussi violente, à faire une nouvelle Conversion, vers laquelle les esprits, abusés par les théories du Dr Price, n'étaient pas portés. Deux années plus tard, éclatait, entre la France et l'Angleterre, la formidable lutte qui devait durer plus de vingt années.

§ 2. — *Conversions anglaises pendant le XIXe siècle*

Pour faire face aux dépenses de la guerre soutenue de 1793 à 1815 contre la France, l'Angleterre dut adresser des appels incessants au crédit. Les frais extraordinaires occasionnés par cette lutte de géants, montèrent à près de 21 milliards, sur lesquels l'emprunt fournit environ 12 milliards et demi. La sagesse devait faire contracter ces emprunts au pair ; mais les illusions créées par la théorie de Price, entraînèrent le cabinet de Pitt à émettre d'abord uniquement des rentes 3 % ; ce ne fut que pendant la seconde période de la guerre, que le gouvernement consentit à proposer aux prêteurs des rentes 4 % et 5 %. La conséquence de ce système déplorable fut une augmentation énorme du capital nominal de la dette. De 1793 à 1802, le crédit britannique était si compromis, que le 3 % fut coté à 47 fr., en juin 1797, et à 47 3/8, en janvier 1798 ; à cette dernière date, le 4 % était coté 59 fr. 1/2 et le 5 % à 69 3/8. De 1802 à 1815, les cours furent un peu moins faibles, et les 3 % oscillèrent entre 50 1/2 en 1803, et 72 1/2 en 1814. Dans ces conditions, l'Angleterre aurait dû avoir le courage de contracter ses emprunts en 4 1/2, 5 et 5 1/2 % au pair ; elle se servit, au contraire, du 3 % et n'eut recours au 4 et au 5 % qu'à la dernière extrémité.

Le nouveau capital nominal de la dette anglaise a été réparti, pendant cette période, entre ces trois fonds dans la proportion suivante :

Taux.	Rentes à payer.		Capital nominal.
3 %	510.620.279	65	17.020.675.990
4 %	40.303.450	»	1.007.586.250
5 %	65.694.187	50	1.313.883.750
Annuités à long terme	21.987.425		
	638.605.342	15	19.342.145.990

La somme, réellement reçue par le Trésor, ne s'élevait qu'à 12.467.396.550

Les emprunts émis de 1793 à 1816, ont donc été contractés au taux de 5,12 %, et ont augmenté fictivement la dette de.................... 6.874.749.440

Cet accroissement anormal et inutile de la dette pèse encore sur les finances de l'Angleterre. Comme le fait remarquer avec raison M. Leroy-Beaulieu (1), si les emprunts, au lieu d'être émis au-dessous du pair, avaient été contractés en 5,5 1/2 et même 6 %, le service des intérêts annuels, aurait, il est vrai, subi une charge supplémentaire de 60 ou 80 millions ; mais, d'une part, la dette en capital aurait été moins élevée de près de 7 milliards, et, de l'autre, les intérêts auraient pu être réduits dans l'avenir au moyen de Conversions successives. La pratique suivie par l'Angleterre, pendant plus d'un demi-siècle, prouvait qu'elle aurait pu facilement trouver des prêteurs au pair.

Malgré le système d'emprunts à un taux éloigné du pair, il existait, en Angleterre, dans les premières années de ce siècle, des rentes à un taux élevé, pour une somme importante, et, dès 1822, le rétablissement du crédit, dû à la paix, permit à l'Échiquier de reprendre la pratique des Conversions, abandonnée depuis 1737.

(1) Traité de la Science des Finances, t. II, p. 240.

En 1822, le 4 % était coté aux environs de 98 fr.; ce cours ne permettait pas d'offrir aux porteurs du 5 % le choix entre le remboursement et une réduction d'une unité; il eut été possible d'avoir recours au système de 1750, et de proposer deux diminutions échelonnées d'un 1/2 % chacune. La masse des rentes qu'il s'agissait de toucher était si considérable qu'une opération à longue échéance présentait un danger sérieux. En outre, les illusions sur les effets de l'amortissement n'étaient pas encore détruites; la première enquête sur la caisse d'amortissement et sur ses résultats financiers date seulement de cette année; le Parlement et les hommes d'État ne devaient donc pas être effrayés de l'augmentation de capital. D'un autre côté enfin, les finances étaient encore obérées par le poids de la dette et les taxes écrasantes qui avaient dû être mises sur le pays, et qui arrêtaient le développement de la richesse. Les budgets, depuis la guerre, continuaient à se solder en déficit; les pouvoirs publics avaient, avant tout, à chercher les moyens de diminuer les charges annuelles.

Ces diverses considérations firent adopter un système de Conversion qui, dans d'autres circonstances, soulèverait des objections. Le chancelier de l'Échiquier, M. Van-Sittard, proposa aux porteurs des 5% le remboursement de leur capital, ou des titres nouveaux en 4 % offerts à 103 fr. L'habitude anglaise n'est pas, comme en France, d'indiquer le prix réel des emprunts par une désignation au-dessous du pair : le rapport est établi, non, comme en France, entre la somme à verser par les souscripteurs et le capital de 100 fr. dont l'État se reconnait débiteur, mais bien entre la somme de 100 fr. à payer par les prêteurs et la somme dont l'État se reconnait débiteur pour ce capital de 100 fr. Le procédé de nos voisins nous paraît préférable : il a l'incontestable mérite d'être plus franc que le nôtre; il permet, à l'esprit le moins exercé, de saisir immédiatement l'augmentation factice de capital consentie par le Trésor.

En réalité, la proposition faite aux porteurs de consolidés d'échanger leurs titres 5 % contre du 4 %, avec augmentation de 5 fr. de capital par 100 fr. eut été semblable, si on avait offert le 4 % à 95 fr. 23 cent. 8 mil. Dans les deux cas, la mesure consistait à donner, pour chaque titre de 5 %, une nouvelle inscription de 4 fr. 20 en 4 % ; la réduction n'était donc que de 80 centimes, soit 16 centièmes : cette diminution d'intérêt était compensée par une addition de 5 % au capital de la dette. L'opération n'en était pas moins très-avantageuse pour l'Échiquier, puisqu'elle amenait une atténuation importante et immédiate dans le service des intérêts, et que l'augmentation du capital nominal était peu considérable. Elle devait en même temps être accueillie avec faveur par les prêteurs de l'État, qui avaient à craindre une plus forte réduction dans un avenir prochain, et qui étaient garantis contre toute nouvelle conversion pendant huit ans, jusqu'en 1830. Aussi, le succès de la mesure fut complet et dépassa même les espérances.

Le capital nominal, représenté par le 5 % en 1822, s'élevait à la somme de . . . . F. 3.840.553.575

Les demandes de remboursements furent peu nombreuses : elles atteignirent seulement 69.857.650

La réduction du 5 % en 4 % ne frappa donc que sur . . . . F. 3.740.695.925

Le nouveau capital des 4 %, par suite de l'augmentation de 5 par 100 fr. de capital, monta à 3.927.730.000

L'accroissement de capital dû à la conversion de 1822, fut en conséquence de . . . . F. 187.034.075

On remarquera, tout d'abord, àquel chiffre minime s'élevèrent les sommes que l'Échiquier eut à rembourser aux rentiers récalcitrants : elles ne dépassent pas 18 pour

1,000. Ce résultat est dû sans doute au court délai accordé aux rentiers pour faire admettre les demandes de remboursement : il n'était que de 12 jours. Les économies définitives, produites par cette Conversion, étaient suffisantes pour reconstituer le capital remboursé en peu d'années.

En effet, au moment de l'opération, le 5 % absorbait annuellement pour le service des intérêts... F. 190.527.000

Les non-consentants avaient ramené le chiffre des intérêts sur lesquels la Conversion pouvait être opérée, à..... F. 187.034.800

La diminution de 80 cent. par 5 fr. de rente, réduisit les intérêts dûs au nouveau 4 % à 157.109.230

L'économie annuelle pour le Trésor fut en conséquence de............. F. 29.925.570

L'opération avait donc très-bien réussi et donna des résultats satisfaisants qui permirent d'alléger quelques taxes. Nous pensons cependant, malgré la valeur des raisons qui décidèrent à adopter la forme donnée à la Conversion de 1822, qu'il eut été préférable de ne pas s'écarter des véritables principes : une Conversion immédiate en 4 1/2 % aurait épargné 18,700,000 fr., et une seconde Conversion en 4 % eut été possible quatre annés plus tard : l'économie totale se serait élevée à 37 millions et demi, au lieu de 30 environ, et, le capital nominal de la dette n'ayant pas été augmenté, l'amortissement aurait produit une diminution d'intérêt plus rapide.

Le nouveau 4 % n'était pas remboursable avant l'année 1830 ; mais le 4 % ancien, qui, pour près de la moitié, provenait des emprunts contractés pendant la guerre contre la France, pouvait être à son tour l'objet d'une Conversion, si les cours des rentes le permettaient.

En 1824, les fonds publics ayant fait de nouveaux progrès dans la voie de la hausse, la Conversion pure et simple du du 4 % en 3 1/2 % devint possible.

Le 24 février 1824, M. Robinson, chancelier de l'Échiquier, soumit au Parlement l'exposé de la situation financière, qu'il termina en proposant de convertir en 3 1/2 % les 4 % dont les coupons étaient payables en avril et en octobre. Les remboursements devaient s'opérer par fraction en trois années; chaque propriétaire de 100 liv. sterl. de capital, qui ne réclamerait pas de nouveaux titres 3 1/2 %, recevrait annuellement, à partir du 10 octobre suivant, 33 liv. ster. 6 sch. 8 den. L'échange devait s'opérer au pair, sans augmentation de capital. On avait proposé d'accorder aux porteurs un *boni* sur le capital; mais l'Échiquier préféra avec raison suspendre le droit de remboursement pendant cinq années, jusqu'en octobre 1829. Au Parlement, M. Baring fut un des rares membres qui critiquèrent la mesure. Pendant qu'il s'opposait à une Conversion loyale en Angleterre, il était à la tête du groupe de banquiers qui vantait la Conversion du 5 % français (1).

Quoiqu'il en soit, la réduction d'un demi pour cent votée par le Parlement était un peu prématurée. Les finances de l'Angleterre n'étaient pas encore en équilibre et le Crédit public en souffrait : la Conversion était possible, mais comme elle n'offrait aucun avantage aux porteurs du 4 %, elle devait rencontrer de plus nombreuses résistances que la précédente. C'est ce qui arriva.

Les rentes 4 % anciennes représentaient, en capital, une somme de...................... F. 1.906.366.225

Les rentiers récalcitrants réclamèrent le remboursement de leur capital pour 153.731.150

La Conversion porta donc seulement sur un capital de .... F. 1.752.635.075

(1) Voir plus loin, chap. III.

Les intérêts en 4 % dus à ce capital, s'élevaient à................. F.   70.105.

Les intérêts du 3 1/2 % nouveau, substitué au 4 % converti, montaient à................................... 61.342.

L'économie réalisée sur le service des intérêts était en conséquence, de.. F.   8.763.

Les demandes de remboursement dépassèrent 8 % du capital sur lequel portait l'opération. Cette proportion considérable indique que la mesure était imprudente en raison des cours des fonds publics. Si elle s'était produite dans une Conversion plus importante, elle aurait pu occasionner à l'Échiquier des embarras sérieux qui n'auraient pas été balancés par la faible économie de 8,763,000 qui fut le résultat de la Conversion de 1824.

L'importance des demandes de remboursement dans cette opération a d'autres causes que l'état du crédit de l'Angleterre à cette époque. Le délai d'option, qui n'avait été, en 1822, que de douze jours, fut prolongé pendant quarante-deux jours. En outre, lors de la première mesure, le silence des rentiers était interprété dans le sens de l'adhésion à la Conversion ; en 1824, au contraire, les porteurs du 4 % qui ne firent pas connaître leur acceptation du nouveau 3 1/2, furent remboursés. On voit quelle est l'importance de cette disposition et combien il est nécessaire, pour le succès des Conversions, de n'exiger une déclaration que des rentiers qui veulent réclamer le capital de leurs titres. Enfin, la période d'irremboursabilité ne devait pas s'étendre au-delà de la cinquième année, ce qui était tout-à-fait insuffisant pour une Conversion aussi dure que celle de 1824.

L'Échiquier eut recours à la Banque d'Angleterre pour rembourser les capitaux réclamés par les rentiers non consentants ; c'est la seule opération où les remboursements

n'ont pu être opérés avec les revenus annuels de la Trésorerie.

Le 4 % qui provenait de la Conversion de 1822, n'était
garanti contre une nouvelle réduction que jusqu'en 1830.
Aussitôt que ce délai fut expiré, le chancelier de l'Échiquier, M. Goulburn, s'empressa d'imposer aux porteurs
de ce fonds les mêmes conditions qu'en 1824. L'amortissement avait racheté une faible partie de cette nature
de rente qui représentait, en 1830, un capital nominal
de . . . . F. 3.841.777.350

Les rentiers habitués, par les précédents de 1822 et de 1824, à ces
Conversions, acceptèrent presque tous
la réduction ; les remboursements fu-
rent seulement de 66.234.150

L'opération porta donc sur un ca-
pital de . . . . F. 3.775.543.200

Lequel exigeait, en intérêts à 4%,
une somme annuelle de . . . . F.   151.021.726
La Conversion en 3 1/2 réduisit
cette charge à 132.144.010

Il en résulta donc une économie
annuelle de . . . . F.   18.877.716

Le nouveau fonds était garanti, pendant sept ans, contre
une réduction nouvelle. La mesure avait été annoncée le
24 mars 1830 au Parlement, et un délai de 15 jours, du 5
au 24 avril, fut laissé aux rentiers pour faire connaître leur
dissidence. La proportion des remboursements fut plus
faible encore qu'en 1822 ; elle ne dépassa pas cette fois
17 pour 1000 du capital soumis à la Conversion. Cette
opération irréprochable avait donc parfaitement réussi.

En 1834, il restait encore une partie de la dette en
4 % qui n'avait pas été soumise aux deux Conversions

13

précédentes ; il n'existait aucun motif de ne pas lui faire subir le sort commun. On procéda donc à son échange contre du 3 1/2 % au pair ; l'Échiquier n'eut, dans cette circonstance, aucun remboursement à opérer.

Le capital de ces dernières rentes 4 % s'élevait à .... F. 265.573.000

Produisant un intérêt de........... F.　10.622.900
Après la réduction en 3 1/2, les intérêts dus ne s'élevèrent plus qu'à...... 　9.295.000

Et diminuèrent les charges annuelles de............................. F.　1.327.900

Ces trois Conversions consécutives avaient fait complétement disparaître le 4 %. La dette anglaise se trouvait composée de 3 1/2 et de 3 %. Les Conversions devenaient plus difficiles ; les budgets continuaient à se solder régulièrement en déficit ; les taxes, ayant acquis leur maximum d'intensité, rentraient avec peine, et leur rendement, loin d'augmenter, avait une tendance marquée à décroître. Cette situation ne pouvait laisser espérer une prochaine capitalisation des fonds publics à un taux inférieur à 3 1/2 %.

L'opération d'une réduction dans les intérêts de la dette était, d'un autre côté, plus délicate à l'égard des rentiers et exigeait de plus grandes précautions, une plus grande prudence que par le passé. Les Conversions du 5 en 4 % et du 4 en 3 1/2 %, avaient agi sur une partie relativement faible de la dette : elles n'avaient eu à frapper chaque fois que des rentes ne représentant pas plus de 3 milliards 800 millions. Le 3 1/2, qui aurait dû être touché par une nouvelle Conversion, absorbait près d'un tiers de la dette totale, soit plus de 6 milliards ; les demandes de remboursement pouvaient donc atteindre une somme importante et devenir une cause d'embarras et de gêne pour le Trésor. Les porteurs de ce fonds avaient, en outre, déjà subi une réduction considérable de leur revenu ; pour les uns, anciens titulaires du 5 %, elle s'élevait à trois dixièmes ; pour les autres, elle était d'un huitième. La situation des rentiers méritait certains ménagements, et une nouvelle diminution d'intérêt ne pouvait être opérée que si le succès de la mesure était complétement assuré. Or, les finances de l'Angleterre étaient loin d'être prospères ; le budget de 1842 était présenté avec des prévisions de dépenses de..................... F. 1.361.632.950

Et des recettes prévues pour...... 1.309.098.760

Le déficit était donc de......... F.   52.534.190

Auquel il fallait ajouter des recouvrements en retard sur les excercices antérieurs de................... 1.212.900

L'insuffisance des recettes s'élevait ainsi à........................ F.   53.747.090

Depuis sept années, cette situation se prolongeait au grand détriment du crédit britannique. L'arrivée aux affaires de Robert Peel, et le rétablissement audacieux de l'*Income-tax*, suivi de la modération des taxes les plus gênantes, mirent fin à cet état de choses, et les budgets de 1843 et de 1844 purent se solder avec un excédant de près de 170 millions. Les cours des effets publics se ressentirent immédiatement de ce changement de système financier ; le 3 1/2 s'éleva au-dessus du pair ; le Trésor, par suite, recouvra sa liberté d'action.

Le moment était venu d'obtenir pour le Trésor de meilleures conditions en rapport avec l'état amélioré du crédit. Le 8 mars 1844, M. Goulburn, chancelier de l'Échiquier, qui avait déjà présidé à l'opération de 1830, annonça à la Chambre des communes son intention de convertir le 3 1/2 % ; il présenta un tableau rassurant de la situation du Trésor, qui autorisait la mesure et permettait de faire face à toutes les demandes de remboursements : « Non-

» seulement, dit-il, j'ai la conviction de trouver dans les
» ressources spéciales de cette année, les moyens suffi-
» sants d'assurer tous les services, mais je puis compter
» sur un excédant de recettes sur les dépenses, et je prie
» la Chambre de remarquer que la balance de 1,400,000
» liv. sterl. qui était au Trésor au commencement de
» l'année 1843, s'est élevée à la fin du dernier trimestre à
» 4,700,000 liv. sterl. En outre, le montant des bons de
» l'échiquier est moins considérable qu'à aucune autre
» époque; il ne dépasse pas 18 à 19 millions qui paient
» un intérêt de 2 1/2 %, et ils se négocient à 3 1/2 % au-
» dessus du pair. »

Dans cette situation exceptionnellement favorable,
M. Goulburn proposait la Conversion aux conditions suivantes : Les rentiers détenteurs du 3 1/2 %, avaient à faire
l'option entre le remboursement de leur capital, ou l'acceptation d'un titre au pair ne rapportant plus que 3 1/4 %
pour une période de dix années, et échangeable, à l'expiration de ce délai, contre un nouveau titre en 3 %, garanti
contre toute autre réduction pendant une période de vingt
ans. Cette dernière diminution d'intérêt ne devait pas
donner lieu au droit de remboursement, qui était épuisé
après l'adhésion à la réduction en 3 1/4. Cette double
opération n'était donc, en réalité, qu'une seule Conversion, mais échelonnée en deux termes. Pendant dix années, les porteurs du 3 1/2, qui accepteraient les propositions du gouvernement, jouiraient d'un revenu de
3 1/4 %; pendant les vingt années suivantes, expirant
le 10 octobre 1874, ils étaient assurés de recevoir 3 %.
Les conditions étaient d'autant plus avantageuses pour
les rentiers que l'amélioration subite de la fortune publique,
due à la réforme de Robert Peel, pouvait faire espérer
que les rentes poursuivraient leur rapide mouvement
ascensionnel.

Ce projet reçut l'approbation de toutes les parties de la
Chambre; les membres de l'opposition vinrent féliciter

le chancelier de l'Échiquier. Le *bill* fut adopté presque sans discussion par les Communes.

Le 11 mars 1844, l'avis officiel de la mesure fut publié : il donnait aux dissidents jusqu'au 23 mars pour faire connaître leur opposition ; ils n'avaient donc que *douze jours* pour se prononcer. Ce délai paraît d'autant plus court qu'il s'agissait de convertir une dette de plus de 6 milliards de francs, et que les moyens de communications étaient moins faciles et moins rapides qu'aujourd'hui. Quoiqu'il en soit, le 19 mars, le *bill* reçoit l'approbation de la Chambre des lords ; mais le 21, le chancelier est interpellé par lord Campbel, qui lui reproche de n'avoir pas demandé, la veille, la sanction royale, de sorte qu'elle ne pourra être donnée que le 22, et que les porteurs opposés n'auront légalement qu'un jour pour manifester leur dissidence, tandis qu'ils auraient pu avoir les 21, 22 et 23. Le chancelier répond que si le délai légal est, en apparence, très-court, il a été plus long dans la pratique, et que, cependant, trois dissidents seulement se sont présentés et qu'on ne s'attend pas qu'il y en ait d'autres.

Ainsi la Conversion, annoncée le 8 mars et devenue une loi définitive le 22 mars, était, le lendemain, un fait accompli. Avec nos lenteurs parlementaires, cette rapidité nous étonne ; on admettrait difficilement, en France, qu'un ministre des Finances pût appeler au remboursement une partie de la dette, avant d'en avoir obtenu l'autorisation formelle par une loi. La pratique anglaise a l'immense avantage de permettre de réaliser, en quelques jours, une Conversion, et d'éviter ainsi les spéculations qui suivent la présentation du projet et les longues discussions des Chambres, et qui sont toujours faites au détriment du Trésor et des rentiers.

La masse des titres à soulever était énorme : le 3 1/2 avait diverses origines ; il se composait :

1° Du fonds 3 1/2, créé en 1818 ;

2º Du fonds 4 %, créé en 1760 et pendant la guerre contre la France, et réduit à 3 1/2 en 1824 ;

3º Du fonds 5 %, dont une partie remontait à 1784 et qui avait été réduit une première fois, en 1822, à 4 %, par M. Van Sittard, et une seconde fois, en 1830, à 3 1/2, par M. Goulburn.

4º Enfin, de l'ancien 3 1/2 irlandais, créé en 1787.

L'amortissement et les constitutions des rentes viagères avaient sensiblement diminué le capital de ces différents fonds : cependant, en 1844, il restait encore des rentes 3 1/2 % pour un capital de........ F. 6.218.990.700

Les demandes de remboursements furent insignifiantes ; elles ne dépassèrent pas 2.588.000

L'opération avait donc à atteindre le capital colossal de............ F. 6.216.402.700

Qui donnait lieu à un service d'intérêts en 3 1/2 % de .... F.   217.574.100

Après la Conversion en 3 1/4 %, qui opérait une réduction d'un quatorzième, les intérêts annuels, pour le nouveau fonds, étaient de......... 202.033.100

Le Trésor obtint donc une économie immédiate, par année, pour la première période décennale, de........ F.   15.541.000

Cette opération irréprochable, et qui peut servir de type à toute Conversion, fut admirablement conduite. Les adhésions furent pour ainsi dire unanimes, puisque le capital, remboursé aux rentiers non-consentants, atteignit moins de 1/2 pour 1,000 du capital total des rentes à convertir ; l'économie, produite dans les deux premiers mois qui suivirent la réduction, était plus que suffisante pour désintéresser les rentiers récalcitrants : ils avaient, du reste, bien mal compris leur propre intérêt, en réclamant le remboursement d'un capital inférieur à celui que valait le 3 1/2 et même le 3 1/4 après la Conversion.

Le 3 1/2 était, en effet, coté 102 fr. à la fin du mois d'août 1844, au moment où s'accomplissait l'échange des titres. Le 1er septembre, ce fonds disparaissait des prix-courants, et il était remplacé par le 3 1/4 %. Dès son apparition sur le marché, le 10 et le 18 septembre, ce nouveau fonds y figurait au cours de 103 fr. qui, depuis le commencement de l'année, n'avait pas été atteint par le 3 1/2 %. Ce fait est digne de remarque et confirme la théorie. Non-seulement le créancier ne subissait aucune perte sur son capital ; il bénéficiait encore d'une légère plus-value, par suite de la Conversion qui, en produisant une économie, affermissait le crédit de l'État, et qui assurait au rentier un revenu fixe et irréductible pendant un certain nombre d'années.

L'opération de 1844 n'était que la première étape de la Conversion du 3 1/2 en 3 % ; en 1854, la seconde réduction d'un quart devait être opérée. Malgré les complications de la politique extérieure, cette opération pouvait être tentée sans danger. Le 3 % était encore au pair et le chancelier de l'Échiquier, M. Gladstone, espérait pouvoir subvenir aux frais de la guerre de Crimée sans augmenter la dette fondée, par l'émission de *bonds* remboursables à courte échéance. Les porteurs du 3 1/4 n'avaient, d'ailleurs, qu'à se soumettre à la Conversion en 3 %, puisque, dès 1844, ils avaient accepté cette éventualité, et avaient renoncé à demander le remboursement du capital de leurs titres.

Par suite des rachats opérés au moyen des excédants annuels de recettes et des Conversions en rentes viagères, le capital des 3 1/4 % était, en 1854, un peu inférieur au capital provenant de la mesure de 1844, mais il s'élevait encore à la somme énorme de 6,186,610,575 fr.

Les intérêts de ce capital en 3 1/4 °/₀ étaient de. . . . . F. 201.064.800

Le nouveau 3 °/₀ réduisit ces intérêts à   185.598.300

L'épargne annuelle s'éleva donc à... F.   15.466.500

Depuis 1854, l'Angleterre n'a pas eu l'occasion de faire de nouvelles Conversions. La politique étrangère de Napoléon III a porté l'inquiétude dans les pays voisins, et le crédit britannique lui-même s'est ressenti du régime inauguré en France par le Coup d'État de 1851 : le pouvoir absolu d'un homme, dont la fantaisie pouvait jeter une nation compacte et forte dans les aventures les plus folles, devait peser lourdement sur les destinées de l'Europe. Le 3 °/₀ anglais, qui avait été coté presque constamment au-dessus du pair, depuis 1844 jusqu'en 1848, et qui avait revu ces cours élevés aussitôt que l'ordre social avait été rétabli en France, après la Révolution de Février, s'est tenu constamment au-dessous du pair depuis 1853. Il est à craindre que, pendant longtemps encore, l'état de malaise général qui règne en Europe, depuis la guerre de 1871, n'enraye la hausse des Consolidés ; mais on peut cependant entrevoir un avenir où une nouvelle réduction en 2 3/4 °/₀ sera possible. Le 3 °/₀ a déjà touché le cours de 107 fr., sous R. Walpole ; il est permis d'espérer que le jour où les craintes politiques ne comprimeront plus les marchés des fonds publics, ces hauts cours seront de nouveau atteints, grâce au développement de la richesse publique et à la dépréciation des métaux précieux.

Au surplus, sans escompter un avenir peut-être encore lointain, l'Angleterre est en droit d'être fière du système prudent et ferme qu'elle a suivi depuis 1822, en matière de Conversions de rentes, et du résultat financier et économique de ces six opérations, qui ont toutes réussi et que l'on peut récapituler ainsi :

La Conversion de 1822 du 5 en 4 %, a produit une économie de........... F. 29.925.570

La Conversion de 1824 de partie du 4 en 3 1/2 %, a produit une économie de   8.763.175

La Conversion de 1830 de partie du 4 en 3 1/2 %, a produit une économie de   18.877.716

La Conversion de 1834 de partie du 4 en 3 1/2 %, a produit une économie de   1.327.900

La Conversion de 1844 du 3 1/2 en 3.1/4 %, a produit une économie de....   15.541.000

La Conversion de 1854 du 3 1/4 en 3 %, a produit une économie de...........   15.466.500

_____

Total de l'épargne résultant de ces Conversions.........................   89.902.000

On doit ajouter à cette somme, l'économie produite par quelques autres Conversions de moindre importance, et on arrive au chiffre considérable de 92 millions et demi dont les budgets de l'Angleterre ont été allégés par ce système des Conversions de dettes portant un intérêt élevé, en dettes portant un intérêt moindre.

Ces Conversions, en ne tenant pas compte de l'opération de 1854, qui ne pouvait amener de demandes de remboursements, ont remué une masse de rentes représentant un capital dépassant 16 milliards. Les créanciers se sont soumis facilement à ces réductions successives et ils ont préféré accepter les conditions nouvelles proposées par le Trésor que de réclamer le paiement du capital dû. Les sommes qui ont été versées aux rentiers non adhérents n'ont pas atteint 300 millions, et plus de la moitié de cette somme a été payée à la suite de la Conversion imprudente de 1824. Ces chiffres instructifs sont résumés dans le tableau suivant :

	Capital converti.	Remboursements.
1822........	F. 3.810.553.000	F. 69.857.000
1824........	1.906.366.000	153.731.000
1830........	3.841.777.000	66.234.000
1834........	265.573.000	Néant.
1844........	6.218.990.000	2.588.000
Totaux......	F. 16.043.260.000	F. 292.410.000

En laissant de côté l'opération prématurée de 1824, on voit que la proportion des demandes de remboursements et des capitaux convertis n'atteint pas tout à fait 1 %; les adhésions peuvent même devenir à peu près unanimes, si la Conversion est faite dans des conditions favorables aux rentiers, comme en 1844. L'exemple de l'Angleterre prouve que, pour décider les porteurs de rentes à accepter une réduction de revenu, il n'est pas utile de leur proposer en compensation une augmentation de capital. Sur les six opérations que nous venons d'étudier, cinq ont été faites au pair, capital contre capital, et sans aucune bonification ou avantage surérogatoire accordé aux porteurs des titres convertis. La Conversion de 1822 aurait dû également être réalisée dans ces conditions, si le Trésor obéré avait pu se contenter d'une réduction d'intérêt d'un dixième.

Nous ne terminerons pas ce chapitre sans reproduire une observation importante faite, en 1836, par M. Humann, dans un discours à la Chambre des députés. En Angleterre, la réduction de l'intérêt des fonds consolidés est considérée comme un acte de haute administration, qui n'est pas soumis aux délibérations du Parlement. Dans l'examen oral qui est présenté chaque année sur la situation budgétaire, le chancelier de l'Échiquier se contente d'annoncer que, sous peu de jours, il abaissera l'intérêt de telle partie de la dette; en même temps il livre son plan à la publi-

cité, fait ses offres, et donne de courts délais aux dissidents pour déclarer qu'ils préfèrent être remboursés. Il
ne s'adresse au Parlement que pour demander les voies
et moyens nécessaires à la réalisation des remboursements. En 1838, M. Passy, Ministre des finances, présenta
un projet de loi qui aurait accordé des droits semblables
en France à l'administration des finances. Par suite de
la chute du Ministère dont faisait partie M. Passy, ce projet
ne fut pas discuté ; il est, d'ailleurs, probable que la
Chambre des députés, jalouse de ses prérogatives, n'aurait pas accepté cette proposition. Il nous paraît regrettable sous tous les rapports, que le gouvernement, en
France, ne soit par armé des mêmes droits qu'en Angleterre, en matière de réduction de l'intérêt servi aux rentes.

§ 4. — *Conversions en rentes viagères.*

Les Conversions de rentes à un taux élevé en rentes
portant un intérêt plus faible ne sont pas les seules qui
aient été effectuées par nos habiles voisins : ils ont également opéré sur une vaste échelle des Conversions de fonds
consolidés en rentes viagères et en annuités terminables.

L'Angleterre est entrée, depuis de nombreuses années,
dans cette voie. Dès 1808, sur la proposition de M. Per-
ceval, chancelier de l'Échiquier, le Parlement vota une loi
qui autorisait les commissaires de l'amortissement à convertir des consolidés en rentes viagères sur une ou deux
têtes : les Conversions ne pouvaient se faire pour un
capital inférieur à 100 livres sterl., ni pour une rente
supérieure à 1000 liv. st. sur une tête, ou à 1500 liv. st.
sur deux têtes. Ce système devait entraîner un amortissement rapide : il éteignait d'abord le capital de la dette
convertie ; la somme, payée en viager, plus élevée que
l'intérêt primitif, était, en outre, aussitôt après l'extinction
de la rente viagère, employée à des rachats des fonds
consolidés.

Cependant, ces Conversions n'amenèrent pas un résultat favorable. L'Échiquier s'était servi des tables de mortalité de la ville ne Northempton qu'employaient les compagnies d'assurances sur la vie. Mais ces compagnies faisaient l'opération inverse : elles recevaient des annuités et payaient un capital au décès des assurés ; elles avaient donc eu intérêt à prendre pour base une table de mortalité favorable. La table de mortalité de Northempton aurait dû être repoussée par le gouvernement anglais, attendu qu'elle présente une mortalité très lente ; ses résultats devaient être d'autant plus désastreux que les personnes qui demandaient des rentes viagères appartenaient aux classes aisées, chez lesquelles la longévité est plus grande.

En 1827, ces erreurs furent reconnues, et le notaire de la dette publique, M. Finlaison, fit le calcul de la perte subie par l'État : elle s'élevait déjà à plus de 2 millions de liv. st. et devait dépasser 24 millions de liv. st. au moment de l'extinction probable de la dernière rente viagère. De nouvelles tables de mortalité furent établies d'après celles de la ville de Carlisle, et le système des Conversions volontaires des titres de la dette consolidée en rentes viagères fut continué sans interruption. Grâce à ces nouvelles bases, qui sont d'une exactitude irréprochable, ces opérations ont produit des bénéfices considérables, et ont servi utilement à la diminution de la dette chez nos voisins. Le tableau suivant montre quels ont été les résultats de ce mode de Conversion :

PÉRIODE 1	CAPITAL DES TITRES convertis et annulés 2	INTÉRÊTS qui sont annulés 3	RENTES VIAGÈRES		Comparaison entre les colonnes 3 à 5 6
			concédées 4	restant à servir 5	
	fr.	fr.	fr.	fr.	fr.
Du 1er septembre 1808 au 5 janvier 1829..	290.748.200	9.131.825	16.795.175	10.450.575	1.318.750 de perte
Du 5 janvier 1829 au 31 mars 1869	1.309.330.175	41.059.375	115.157.000	15.036.425	26.002.950 de bénéfice
TOTAL de 1808 à 1869...	1.600.078.375	50.191.200	131.952.175	25.507.000	

L'examen de ce tableau montre combien la première période a été mauvaise et la seconde favorable. Après quarante ans, l'Échiquier avait encore à payer des rentes viagères pour une somme supérieure aux consolidés qu'elles avaient remplacés. Au contraire, les opérations faites de 1829 à 1869 laissaient déjà un bénéfice énorme de plus de 26 millions de francs. Les consolidés convertis, en effet, auraient exigé un service d'intérêts de 41 millions, et les rentes viagères à servir ne réclamaient plus, en 1869, que 15 millions par année. Le capital nominal de la dette qui avait été annulé dépassait, à cette époque, 1 milliard 600 millions, qui ne demandait pas beaucoup plus de 25 millions d'intérêts annuels, c'est-à-dire un peu plus de 1 1/2 %. Il est à remarquer que ces quarante années, de 1829 à 1869, devaient être les moins fructueuses de l'opération qui, depuis 1869, a certainement produit des économies plus rapides. Aussi, ne doit-on pas être surpris que ce système, si simple et si favorable aux intérêts du Trésor et des contribuables, ait été vanté par les hommes d'État et les financiers anglais. M. Gladstone, notamment, s'est félicité de ces résultats, et a recommandé d'étendre cette méthode ingénieuse de diminuer les charges permanentes de la dette.

L'Angleterre use d'un autre procédé pour réduire le poids de sa dette : les fonds déposés aux Caisses d'Epargne sont employés en achats de consolidés, et les rentes, ainsi acquises, sont remplacées par des annuités *terminables*, qui servent à payer l'intérêt et à reconstituer le capital dû aux déposants. Nous voyons dans un rapport de M. Mathieu-Bodet, de 1875, que, de 1863 à 1869, l'Échiquier aurait ainsi converti et annulé un capital de rentes 3 %, s'élevant à près d'un milliard.

En tenant compte du bénéfice produit par ce dernier

mode de Conversion, sur lequel nous n'avons pu nous procurer des renseignements précis, les économies qui résultent des Conversions en rentes perpétuelles avec réduction de l'intérêt, en rentes viagères et en annuités, montent à 130 millions environ. Or, les intérêts de la dette Britannique s'élevaient, en 1815, à 816 millions de francs, et ils n'étaient plus, au 31 mars 1877, que de 672 millions; la diminution n'avait donc pas dépassé 144 millions. Ainsi, pendant cette longue période de soixante années, qui ont été des années de paix, sauf en 1854 et 1855, et qui ont vu un immense développement de la prospérité et de la richesse nationales, les excédants de recettes définitifs, compensation faite des insuffisances de revenu qui ont obligé de recourir à l'emprunt, n'ont allégé les charges annuelles de la dette que d'une somme inférieure à 14 millions de rentes. En regard de cette somme, il est bon d'insister sur les économies produites par les Conversions de différentes natures : elles s'élèvent à plus de 130 millions, c'est-à-dire de bien près des neuf dixièmes de la réduction totale qui a pu être obtenue sur les intérêts de la dette. Il convient même d'ajouter que ces résultats auraient été triplés, si l'Angleterre avait suivi la pratique de la première moitié du XVIIIᵉ siècle et avait contracté tous ses énormes emprunts, de 1172 à 1815, par des émissions de rentes au pair.

Si on voulait conclure de ces observations que le seul mode pratique de réduire le poids de la dette est de faire des Conversions de rentes, nous serions mal compris. L'exemple de nos voisins doit être suivi, en ce qui concerne les échanges de rentes perpétuelles en rentes viagères, et de rentes à intérêt élevé en rentes à un taux plus faible. Cela ne serait pas suffisant cependant pour un pays obéré. Les hommes d'État anglais, malgré leurs sages théories sur la nécessité d'amortir, en temps de paix, les dettes contractées en temps de guerre, n'ont pas eu le courage de les appliquer avec vigueur. Leur excuse est

dans la situation exceptionnelle de ce pays, dont les intérêts, uniquement mercantiles, entrent rarement en conflit
avec ceux des autres peuples de l'Europe. L'Angleterre a
pu supporter, sans plier sous le faix, le poids d'une dette
de 21 milliards, qui n'a été diminuée que de 3 milliards en
soixante ans : elle le doit à sa sagesse, à son égoïsme peut-
être, à sa position insulaire, sa richesse industrielle, la stabilité de ses institutions. Mais une nation continentale qui,
en 1815, aurait eu une dette aussi écrasante, et qui, dans
les années de paix et de prospérité, n'aurait pas suivi une
ligne de conduite financière plus énergique que celle de
l'Angleterre, pendant ce siècle, aurait certainement été
accablée par les charges de sa dette.

CHAPITRE II

Conversions en Europe et aux États-Unis

Après nous être étendu longuement sur les Conversions faites au XVIII° siècle et au XIX° siècle, en Angleterre, cette terre classique du crédit, nous devons passer en revue les autres Conversions opérées en Europe et aux États-Unis. Nous nous contenterons de mentionner plusieurs de ces opérations, qui ont porté sur une dette représentant un capital peu considérable et qui ne présentent pas un grand intérêt.

§ 1er. — *Conversions en Europe.*

L'exemple de l'Angleterre fut d'abord suivi par le Grand-Duché de Bade. En 1829, cet État convertit une dette qui était constituée en obligations au taux de 4 1/2 %, en nouveaux titres produisant 4 %. En 1836, et pendant les années suivantes, ces dernières valeurs furent, à leur tour, remplacées par des obligations 3 1/2 %. Un tirage au sort déterminait les portions qui devaient être converties. Le fonds d'amortissement et les excédants de recettes servirent au remboursement des non-consentants à la réduction.

L'année 1832 vit commencer deux Conversions. La Bavière substitua à ses obligations 4 %, des titres 3 1/2 %; tous les six mois, une partie des obligations, jusqu'à concurrence de 6,500,000 fr., étaient tirées au sort, et les porteurs qui n'acceptaient pas la diminution d'intérêt pouvaient demander leur remboursement. La Prusse, de son côté, annulait les obligations 5 °/₀ désignées par la voie du sort, et les remplaçait par des rentes 4 °/₀. Cette opération eut un plein succès ; quelques années après, toute la dette était convertie en titres à ce dernier taux.

Pendant les années qui suivirent 1832, plusieurs autres Conversions d'obligations 4 °/₀ en obligations 3 1/2 furent opérées dans la confédération germanique : le Wurtemberg, la Hesse-Darmstadt, la Hesse électorale, l'État de Brunswick, Bremen et Francfort obtinrent ainsi des réductions dans les charges annuelles de leur dette. En 1835, l'Autriche voulut également rembourser sa dette 5 °/₀ constituée en obligations ou en primes de loterie. Elle contracta, à cet effet, un emprunt en 4 °/₀, qui ne fut pas couvert et l'opération resta inachevée.

L'année 1844 fut fertile en Conversions : pendant qu'en France, la Chambre des députés refusait de prendre en considération une proposition de M. Garnier-Pagès jeune, comme nous le verrons plus loin (1), l'Angleterre réduisait son 3 1/2 en 3 °/₀ (2), et plusieurs États de l'Europe imitaient cet exemple et profitaient de l'abaissement général du loyer des capitaux. Ces diverses opérations sont assez importantes pour que nous entrions dans quelques détails.

La Hollande, au XVIIIᵉ siècle, avait réalisé de nombreuses Conversions, et était arrivée à réduire sa dette au taux de 2 1/2 °/₀, taux le plus faible qui ait encore été obtenu par un État. Depuis la séparation de la Belgique, la situation financière de la Néerlande était si grave que, en 1843, deux ministres avaient succombé sous des difficultés insurmontables ; le déficit augmentait sans cesse. Le Ministre des Finances *par interim*, M. Van Hall, fit prendre des mesures énergiques pour combler les découverts : des augmentations d'impôts, une taxe extraordinaire sur les

(1) Chapitre VIII.
(2) Voir pages 199 et suivantes.

14

propriétés, un emprunt patriotique produisant un intérêt de 3 % furent votés à la suite de débats qui durèrent sept jours et quatre nuits. Ces dispositions ramenèrent la confiance et relevèrent le crédit ; l'emprunt de 127 millions de florins fut couvert en quinze jours. Il était possible de reprendre l'idée d'une Conversion de la dette, qui avait été repoussée l'année précédente par les États généraux ; elle fut proposée le 6 mars et votée le 6 juin. La Néerlande devait recevoir une rente de 2 millions de florins due par la Belgique en 2 1/2 % et représentant au cours de 58 à 59 un capital de 46 millions et demi de florins ; cette somme, étant disponible, permettait au Gouvernement d'offrir le remboursement de sa dette constituée à un fonds élevé, ou d'obtenir des créanciers une réduction d'intérêt. Il fut donc décidé qu'on procéderait à la Conversion successive, en obligations 4 %, des obligations 5 % inscrites au Grand-Livre, des *los-renten* à charge des possessions néerlandaises d'outre-mer, ainsi que des *domein-los-renten* 5 %. Après ces premières opérations, on devait également convertir en titres à 4 %, soit en une seule fois, soit successivement, des obligations portant intérêt à 4 1/2 % et remises à un ancien syndicat d'amortissement.

Le capital entier, composé de différentes dettes nationales 5 et 4 1/2, soumis à la Conversion, se montait à 400,251,200 florins, c'est-à-dire à plus de 800 millions et demi de francs. L'opération commença sur 32 millions de florins de 5 en 4 %, au taux de 95 fr., et fut réalisée avec une facilité telle que le gouvernement se hâta de la renouveler pour 30 autres millions à 95 1/2, et ensuite pour 36 millions et demi de florins au prix de 96 fr. 1/2. D'après une communication du Ministre des finances, il avait été remboursé, sur le capital de 136 millions de florins, dès le 1er octobre 1844, et converti en 4 %, 87 millions et demi de florins. La mesure fut achevée l'année suivante dans des conditions encore meilleures : la remise des nouveaux titres se fit successivement au taux de 97, de 98 et, en dernier lieu, à 99, c'est-à-dire presque au pair. Le succès fut donc complet et l'économie annuelle réalisée par le gouvernement néerlandais fut de 4 millions de florins environ.

La même année, 1844, le royaume des Deux-Siciles étant entré depuis peu d'exercices financiers dans une ère de prospérité, le gouvernement napolitain voulut profiter de cette situation pour réduire sa dette en intérêts et hâter l'époque de l'amortissement intégral. Les rentes 5 % qui circulaient en dehors du Royaume, étaient toutes en certificats au porteur, émis par une Compagnie dont le privilége expirait en 1844. Par un décret du 7 février, le remboursement de ces rentes transmissibles, *commerciabili*, inscrites au Grand-Livre, devait être fait à leurs possesseurs, jusqu'à concurrence de 2,000 ducats de rentes, par voie du sort et deux fois par an. Tous ceux qui, après le tirage, aimeraient mieux rester inscrits au Grand-Livre que d'être remboursés, devaient, dans le terme de deux mois après la publication du tirage, en faire la déclaration, et recevaient alors, en échange de leurs anciens titres, de nouvelles rentes ne portant plus que 4 % d'intérêt. Le nouveau fonds était garanti pendant dix années contre un second remboursement. Le caractère remarquable de cette mesure est que l'économie produite par la réduction d'intérêt devait faire retour entièrement à la dotation de l'amortissement, qui ne s'élevait qu'à 1 % du capital des rentes. Le gouvernement napolitain estimait qu'une période de trente-trois ans était beaucoup trop longue pour l'extinction complète de la dette.

Nous ne parlerons que pour mémoire de deux Conversions qui furent opérées en 1844, en Espagne. Par l'une, le Ministre des finances, M. Alexandre Mon, imposa aux *Contratistas*, dont les opérations scandaleuses furent signalées à cette époque par le *Journal des Débats*, un arrangement qui leur retirait leurs titres majorés, et convertissait leurs créances en rentes 3 %, au capital réel de 75. Par la seconde opération, les Bons du Trésor et une partie des rentes furent également convertis en 3 %. Ces mesures, entreprises par un ministre courageux et doué d'une volonté ferme, améliorèrent pour quelque temps la situation du Trésor, mais ne parvinrent pas à faire cesser les abus des *contratistas*, qui restèrent une des plaies de l'Espagne et de son administration corrompue.

Pendant cette même année 1844, la Belgique fit deux opérations financières, qui ont une grande importance et méritent de fixer l'attention. Le budget de prévisions avait été présenté avec un déficit de 517,000 francs. Pour rétablir l'équilibre, il était indispensable de faire des économies, de consolider une partie de la dette flottante, et surtout de tirer parti de l'état du crédit pour diminuer le poids annuel de la dette.

Une partie de la dette belge était constituée en 5 % et résultait d'un emprunt contracté en vertu de la loi du 16 décembre 1831 : les titres de ce fonds étaient cotés au-dessus du pair, et une réduction pouvait être proposée aux porteurs. D'un autre côté, le nouvel État avait pris à à sa charge, aux termes du § 7 de l'article 63 du traité du 5 novembre 1843, une portion de la dette de la Hollande, constituée en rentes 2 1/2 %, pour un capital de 80 millions de florins. Les propriétaire de ces rentes habitaient la Néerlande où, par suite de l'antagonisme des deux peuples, les fonds belges n'avaient pu trouver faveur, et les titres étaient cotés à un taux inférieur au crédit véritable de la Belgique. Il était urgent de faire disparaître ces fonds, qui avaient, en outre, l'inconvénient de représenter un capital nominal trop élevé et difficile à attein-

dre par l'amortissement. Il y avait donc deux Conversions
à faire : la première pour diminuer l'intérêt d'une partie
de la dette, une seconde pour atténuer le capital d'une
autre portion de la dette. M. Mercier, ministre des finances
du cabinet présidé par M. Nothomb, les proposa dès le
commencement de 1844.

La Conversion du 5 % en 4 % aurait été possible,
d'après le cours de ces fonds. La première Chambre repoussa cependant cette réduction, principalement par ce
motif qu'il était bon d'opérer les Conversions graduel-
lement, et de manière à ce qu'il n'en résultât pas de perturbation dans les revenus d'une certaine classe de rentiers. La réduction en 4 1/2 fut, en conséquence, adoptée
sans difficulté. Le gouvernement avait proposé un terme
de huit années pour durée de la garantie contre un remboursement ultérieur ; la proposition de réduire le terme à
six ans fut faite et repoussée : on ne voulut pas diminuer
les avantages offerts par une première Conversion de
cette nature, et s'exposer à voir la Conversion moins bien
accueillie par l'opinion qu'elle ne l'était. Le délai d'option,
d'après le projet du ministre, n'était que d'un mois ; un
amendement, tendant à étendre à trois mois ce délai, fut
également rejeté. Après deux jours de discussion, le
9 mars, la Chambre des représentants adopta l'ensemble
de la loi.

La Bourse de Paris, qui détenait une forte partie de
l'emprunt à convertir, s'était émue à la nouvelle d'un
projet de réduction. Une pétition fut adressée au Ministre
des Affaires Étrangères de France, par les porteurs de ces
titres, qui contestèrent au gouvernement belge le droit de
rembourser l'emprunt au pair. Le Ministre des Finances
de Belgique, M. Mercier, n'eut pas de peine à répondre à
cette prétention. Le contrat invoqué contenait une stipu-
lation par laquelle le gouvernement avait renoncé pendant
six ans à l'exercice du droit de remboursement ; il était

donc évident qu'il pouvait être fait usage de ce droit à l'expiration du délai.

Aucun obstacle ne s'opposait à l'exécution de la loi votée sur la Conversion du 5 % de 1831 en 4 1/2. Les guichets du Trésor furent ouverts pendant trente jours pour recevoir les demandes de remboursement : aucun rentier ne se présenta, et toutes les obligations anciennes furent échangées contre de nouvelles obligations portant un intérêt de 4 1/2. L'opération était accomplie et le succès aussi complet qu'on pouvait le désirer.

La seconde Conversion ne pouvait s'opérer par un simple échange de titres ; le gouvernement belge devait se libérer envers la Hollande du capital de 80 millions de florins, en 2 1/2 %, au moyen de la remise simple d'un capital de 84,656,000 francs. Un emprunt était nécessaire pour se procurer cette somme. Il fut autorisé par la loi du 22 mars 1844, et la souscription fut ouverte le 29 juin. Les titres offerts étaient des obligations de 2000, 1000, 500 et 250 francs, rapportant un intérêt de 4 1/2 % à partir du 1er mai 1844. Le taux de la souscription était 104 fr. pour 4 fr. 50 de rente, soit 104 pour 100 fr. de capital nominal. La dotation de l'amortissement était de 1 1/2 % du capital, et les nouvelles obligations étaient garanties contre le remboursement au pair jusqu'au 1er mai 1852.

La souscription, ouverte le 29 juin, fut fermée presque immédiatement ; les soumissions inscrites s'élevèrent à la somme de 188,125,000 fr., valeur nominale, formant, au taux d'émission de 104 fr., un capital effectif de 195,650,000 fr., tandis que 84,656,000 fr. seulement étaient demandés. Les souscriptions furent donc réduites, et chaque demande de 1000 fr. n'obtint que 450 fr.

Cet emprunt était le plus considérable que la Belgique eut contracté jusqu'alors. Il réussit au-delà de toute espérance, et fut souscrit plus de deux fois. La souscription fut publique et l'émission se fit à 4 fr. au-dessus du pair. En tenant compte de l'intérêt couru depuis le 1er mai, de l'échelonnement des versements, et des commissions accordées aux intermédiaires, il revenait encore à un peu plus de 100 fr. 75. Ces deux faits sont remarquables.

Comme nous l'avons dit, cet emprunt avait pour but de faire disparaître les 80 millions de florins de rentes 2 1/2 %; c'était donc une Conversion faite au moyen de deux opérations distinctes : un remboursement et une dette nouvelle. La dette remboursée représentait un capital nominal de 169 millions de francs ; la nouvelle dette ne s'élevait en capital qu'à 84 millions. La réduction du capital était donc de 85 millions, soit de plus de la moitié. En outre, le crédit du nouveau gouvernement belge étant coté à un taux plus élevé, en Belgique et en France, qu'en Hollande, l'opération laissait un bénéfice dans le service des intérêts annuels. La rente 2 1/2 exigeait 2 millions de florins ou 4,100,000 fr.; les nouvelles obligations ne réclamaient plus que 3,790,000 fr. L'économie annuelle était donc de 431,000 fr. L'opération avait, en outre, l'avantage de remplacer une dette irréductible en 2 1/2 %, par une dette constituée en 4 1/2 %, laissant ouverte la possibilité de conversions et réductions ultérieures.

La Belgique, aussitôt que les circonstances le permirent, continua le système inauguré en 1844. Dès 1853, elle fit une nouvelle Conversion de son 5 %, en 4 1/2 %, avec suspension pendant huit années, jusqu'au 1er mai 1861, de l'exercice du droit de remboursement. Les titres 5 % représentaient un capital nominal de 157,615,300 fr. et les intérêts annuels s'élevaient à.......... F. 7.880.765

La Conversion se faisant au pair, ne toucha pas au capital, mais réduisit les intérêts à 7.092.689

L'économie annuelle fut donc de...... F.   788.076

Par suite de l'amortissement, les arrérages de cette dette étaient atténués, au 1er janvier 1873, à 6,365,562 fr.

En 1857, une nouvelle opération semblable fit disparaître les dernières rentes 5 % existant en Belgique. Comme les précédentes, cette Conversion fut effectuée en 4 1/2 % au pair, avec garantie contre tout remboursement pendant huit années, à partir du 1er novembre 1857; elle ne portait que sur un capital nominal de 24,382,000 fr. et ne produisit qu'une épargne de 121,910 fr. sur les intérêts de la dette.

En résumé, les trois Conversions du 5 en 4 1/2 %, faites en 1844, 1853 et 1857, ont diminué les charges annuelles de la dette belge d'une somme totale de 1,338,690 fr.

Nous ne laisserons pas la dette de nos voisins sans faire deux observations importantes. La Belgique a contracté deux emprunts en 3 % en 1838 et en 1842, et un troisième en 4 % au taux de 92 fr., en 1836 : ils ont été tous les trois complétement amortis. Depuis cette époque, ce peuple sage a abandonné le système des emprunts au-dessous du pair et n'a augmenté sa dette que des sommes réellement reçues. Il n'a été fait qu'une exception à ce principe: en vertu de la loi du 27 juillet 1871, un emprunt de 51 millions a été contracté en 4 % au taux de 98 fr.; l'accroissement fictif du capital nominal que cette dérogation a amené est sans importance. Comme on l'a vu plus haut, un premier emprunt en 4 1/2 fut émis, en 1844, au taux de 104 fr. pour 84 millions et demi ; en 1860, un second emprunt en 4 1/2 pour 45 millions fut opéré au pair avec suspension du droit de remboursement pendant cinq ans ; en 1866, 59,325,000 fr. sont de nouveau demandés au crédit, et la Belgique trouve des prêteurs en 4 1/2 émis à 101 fr. 14, en moyenne, avec garantie pendant cinq ans et demi; en 1867, des rentes 4 1/2 offertes pour un capital nominal de 58,540,000 fr. sont encore acceptées au-dessus du pair à 102 fr. 50. Voilà donc quatre emprunts, contractés au pair ou au-dessus du pair, qui ont un plein succès, grâce à une simple garantie de non remboursement pendant un court délai, et qui prouvent que les chances d'augmentation de capital ne sont pas nécessaires pour attirer les prêteurs.

La seconde remarque que suggère la dette belge est celle-ci : tous les titres émis à la suite des emprunts ou des Conversions, depuis 1844, sont des obligations de coupures différentes, variant de 100 fr. à 2,000 fr. Ce procédé a permis d'édicter que les fonds d'amortissement affectés à chaque emprunt, seraient employés à des rachats au pair, ou au-dessous du pair, et au remboursement des obligations lorsqu'elles seraient au-dessus du pair. Ce système a certainement contribué à la régularité du fonctionnement de l'amortissement.

Nous ne croyons pas devoir parler des Conversions tentées en Turquie, en Égypte, au Pérou et autres pays obérés. Une Conversion sérieuse ne peut s'opérer que par suite de l'amélioration du crédit et de l'abaissement du taux du loyer de l'argent. Nous nous refusons à donner ce nom à des opérations réalisées dans des circonstances toutes contraires.

Nous ferons exception en faveur d'une mesure dont le but mérite d'être signalé. Par la loi du 20 juin 1868, il a été créé, en Autriche, des rentes perpétuelles en 5 %, destinées à être substituées aux obligations antérieurement émises ; chaque dette spéciale ainsi convertie a donné lieu à des conditions différentes. Les obligations de l'emprunt dit Français, de 1865, qui jouissaient d'un intérêt annuel de 25 fr., payables *sans charge ni retenue*, ont été échangées sur la base de 100 fl., capital nominal, contre 115 fl., capital nominal des nouvelles rentes 5 %, assujetties à un impôt de 16 %. Le gouvernement a bien voulu néanmoins continuer de servir l'ancien intérêt constitué à ses créanciers récalcitrants ; mais l'amortissement qui devait éteindre ces obligations en trente-quatre années a été suspendu. Cette Conversion n'a pas eu pour but de réduire les intérêts de la dette par suite de l'amélioration du crédit de l'Empire ; elle est seulement un moyen détourné d'assujettir à l'impôt des emprunts qui, aux termes des contrats, en étaient exonérés.

On remarquera que, depuis la Révolution de Février, les Conversions sérieuses ont été fort rares en Europe : il n'en pouvait être autrement. La crise de 1848 d'abord, la politique personnelle de l'Empereur des Français, le déplacement de l'équilibre européen après les événemenls de 1870-1871, expliquent, dans l'ordre politique, la lourdeur persistante de tous les fonds d'État. Dans l'ordre économique, ces bas cours avaient également une double cause : l'accroissement de la plupart des dettes publiques, dû à des transformations incessantes dans l'armement et au développement des travaux entrepris par les États ; et, en second lieu, l'encombrement de tous les marchés par la création de valeurs industrielles et autres. Le temps n'était pas aux grandes opérations de crédit : on ne peut être surpris que les États de l'Europe, à l'exception de la Belgique qui, comme pays neutre, était dans une situation plus favorable, n'aient pas eu l'occasion de réduire leurs charges annuelles.

§ 2. — Conversions aux États-Unis.

Depuis la guerre de sécession, l'Union américaine s'est mise courageusement à l'œuvre pour rembourser et réduire son énorme dette. Ce peuple, jeune, énergique et pratique, n'a d'ailleurs jamais reculé devant aucun sacrifice, pour faire disparaître au profit de l'avenir les charges léguées par le passé. De 1791 à 1806, sa dette varie de 75 à 86 millions de dollars ; à partir de cette dernière date, elle s'atténue rapidement et, en 1812, elle n'atteint plus que 45 millions de dollars. La guerre soutenue par l'Union contre l'Angleterre, de 1811 à 1815, fit remonter la dette, qui arriva, en 1816, à 127,334,933 dol.

chiffre inconnu jusqu'alors et qui ne devait plus reparaître qu'en 1862. L'amortissement agit si vigoureusement, qu'en 1827 la dette était ramenée à 73 millions de dollars, et qu'en 1834, elle avait complétement disparu. Cet événement, qui marquait une nouvelle phase dans l'histoire financière de l'Union, fut célébré à Washington par une fête solennelle, le 8 janvier 1835, jour anniversaire de la bataille de la Nouvelle-Orléans. Dans les années de crise, l'Union contractait des emprunts ; mais dans les années prospères, elle s'empressait de les rembourser. Aussi, dans son rapport présenté au congrès, le 9 novembre 1848, le secrétaire du Trésor pouvait dire avec un légitime orgueil : « De 1790 à 1848, nous avons remboursé des dettes s'élevant à plus de 500 millions de dollars. »

L'Union Américaine a toujours persévéré dans cette voie tracée par les premiers congrès, et sa conduite après la guerre de sécession a été la même qu'après la guerre d'indépendance. Lorsque la lutte soulevée par les États du Sud a obligé l'Union à recourir au crédit, les emprunts ont été contractés loyalement en 6 % et sous la forme de *bonds* remboursables à partir de la cinquième année et dans un délai de vingt ans. Les Américains du Nord n'ont jamais douté de leur puissance, de leur crédit. Ils prévoyaient, au moment où ils émettaient leurs *bonds,* que dans un avenir peu éloigné, ils pourraient convertir leur dette contractée en 6 %, en des titres portant un intérêt moindre. Un seul emprunt, autorisé par l'acte du 3 mars 1864, fut réalisé en *bonds* 5 %, appelés *Ten-Forties,* 10-40, et rachetables du 1er mars 1874 au 1er mars 1904 : il ne s'élevait qu'à 200 millions de dollars. Quatre mois après, le Congrès revenait au système des emprunts à un taux élevé et autorisait une émission de *bonds* 5-20 à 6 %, par l'acte du 30 juin 1864.

La dette américaine qui, en 1860, ne s'élevait qu'à 65 millions de dollars, dépassait, à la fin de 1866, le chiffre colossal de 2,773 millions de dollars : la guerre de la sécession avait donc coûté à l'Union plus de 14 milliards de francs.

Dès 1870, le Congrès songeait à remplacer les *bonds* 6% par des consolidés émis à un taux moins élevé. Par les actes des 14 juillet 1870 et 20 janvier 1871, il autorisait le Secrétaire de la Trésorerie à émettre, selon les circonstances, des rentes 5 %, 4 1/2 % ou 4 %, et à rembourser, au moyen des capitaux procurés par ces émissions, les *bonds* 5-20 de 1862, de 1864 et de 1865, et les *consols* 6 % de 1865, 1867 et 1868. En conséquence, le 1er décembre 1871, une partie des 5-20 de 1862 étaient appelés au remboursement ; le 13 novembre 1875, les *bonds* de 1864 étaient entamés, et le 15 février 1876, ceux de 1865 avaient leur tour. Tous ces *bonds* 5-20 étant éteints, le 21 août 1877, le Secrétaire de la Trésorerie attaquait les *consols* 6 % de 1865, dont les deux tiers sont actuellement (juin 1878) remboursés. Ces divers remboursements ont été de véritables Conversions, puisque les dettes rapportant 6 % ont été remplacées par des fonds 5, 4 1/2, 4 %. Les lois des 14 juillet 1870 et 20 janvier 1871 qui ont autorisé ces opérations, stipulent formellement que le capital de la dette ne devra pas s'en trouver augmenté en quoi que ce soit. Les nouvelles rentes, appelées *Funded-loan*, s'élevaient au 1er juin 1878, aux sommes suivantes :

5 % remboursable à partir du
    1er mai 1881 .... 508.440.350 dollars
4 1/2 % remboursable à partir du
    1er septembre 1891 .... 235.000.000
4 % remboursable à partir du
    1er juillet 1907 .... 91.850.000

Les nouvelles rentes fondées n'exigent pour le service des intérêts que 39,679,000 dollars : les *bonds* 6 % qui ont été remboursés à l'aide de l'émission de ces rentes réclamaient annuellement 50,117,000 dollars. L'économie produite par les Conversions a été ainsi de 10,438,000 de dollars, soit plus de 54 millions de francs. Tel est le résultat acquis.

La dette en 6 % s'élève encore à 738,619,000 dollars en capital nominal et à 44,317,140 dollars en intérêts ; à l'exception des emprunts de 1861 et de 1863, qui ne sont rachetables qu'à partir du 30 juin 1881, et qui représentent 264 millions de dollars en capital, les autres *bonds* ou *consols* 6 % sont immédiatement remboursables. Il est plus que probable qu'avant cinq ou six ans toute cette partie de la dette aura disparu, et aura été remplacée par des rentes au taux de 4 1/2 et même de 4 %. Il y aura là une nouvelle économie annuelle de près de 60 millions de francs. Plus tard, le 5%, qui s'élève au total, en comprenant un emprunt de 1858 et les *bonds* 10-40, à 703 millions 1/4 de dollars, pourra être à son tour converti en 4 % et les intérêts annuels seront diminués encore de 36 millions de francs. On peut prévoir qu'avant douze ans, le budget de l'Union aura été soulagé de plus de 150 millions de francs pour le service des intérêts de la dette, grâce à la réalisation de ces Conversions successives.

Ce peuple énergique ne se contente pas de réduire les intérêts annuels : le budget, d'après la loi de l'amortissement, doit être voté avec un excédant de 35,391,096 dollars, qui sont appliqués aux rachats des *bonds*. Cet amortissement a été largement dépassé ; la dette totale était, en effet, au 1er juillet 1866, de 2,773 millions 1/4 de dollars ; au 1er juin 1878, elle ne s'élevait plus qu'à 2,033,637,450 dollars. Elle a donc diminué, dans cette période de douze années moins un mois, de 739 millions 1/2 de dollars, ce qui donne une moyenne annuelle de 61 millions 1/2 de dollars affectés à l'extinction de la dette.

Ce système combiné de Conversions et d'amortissement est plus compliqué que le mode de Conversions employé par l'Angleterre : il offre cependant un avantage. Les dettes constituées en rentes perpétuelles sont compactes et n'offrent pas de prise au remboursement partiel par voie de tirage au sort ou à une échéance fixe. Les bonds 5-20 et 10-40, adoptés par le Trésor de l'Union américaine, permettent, au contraire, de rendre aux prêteurs le capital nominal de leurs titres. Les Conversions par simple restitution de titres sont préférables pour les États qui n'ont pas le courage ou le moyen d'amortir ; mais les Conversions par substitution de prêteurs doivent être choisies dans les pays où des sommes importantes peuvent être affectées chaque année à l'extinction de la dette.

Avec les habitudes des Gouvernements de l'Europe, un amortissement régulier de 320 millions de francs par année paraît exagéré, et quelques écrivains financiers n'hésitent pas à blâmer le peuple américain des sacrifices qu'il impose aux générations présentes. Quant à nous, sans rechercher les conséquences économiques des taxes douanières qui ont dû être établies pour laisser un excédant budgétaire suffisant, nous ne pouvons nous empêcher d'admirer, au point de vue politique, l'abnégation et le courage d'une nation qui ne s'arrête devant aucune difficulté pour effacer les résultats d'une guerre désastreuse et pour éteindre rapidement une dette énorme. Les intérêts de cette dette, qui ne s'élèvent qu'à 487 millions de francs au total, ne sont pas accablants pour un pays aussi vaste, aussi peuplé, aussi industrieux. La fortune publique s'accroît chaque année aux États-Unis plus vite qu'en Europe, des terrains vierges sont attaqués par les pionniers yankees et mis en valeur, le réseau des chemins de fer est aussi développé et aussi productif dans l'Union que dans les autres pays les mieux partagés ; la dépréciation des métaux précieux se fait également sentir des deux côtés de l'Atlantique, et cependant le Gouvernement américain n'a pas songé un instant à établir une compensation trompeuse entre ces causes de richesse et le poids de sa dette.

Le secrétaire de la Trésorerie, M. Morill, pouvait donc, selon nous, se féliciter, avec raison, des résultats obtenus, lorsqu'il disait, dans son rapport sur l'exercice 1875-1876 :

« Grâce à la loi de 1865 (sur la reprise des paiements de
la dette en espèces), les fonds publics de l'Union, alors
fort déprimés, se sont élevés rapidement au pair en or,
et, depuis lors, ont conservé une situation très-hono-
rable sur tous les marchés financiers du monde. Actuellement, le gouvernement peut emprunter à un peu
moins de 4 1/2 %. Si aucun élément de perturbation
ne vient déranger notre système monétaire actuel, il
sera possible, à une époque assez rapprochée, de convertir de nouveau notre dette en fonds de 4 %, remboursable au pair en trente ou cinquante ans, et de cette
façon, nous économiserons annuellement sur les intérêts
actuels de la dette publique une somme de 25,800,000
dollars, qui, si on la plaçait dans un fonds d'amortissement à 4 %, rembourserait la dette nationale actuelle
en trente ans environ. »

Dans ce passage, M. Morill indique la véritable marche
à suivre : conversions au pair des dettes à un taux élevé,
et emploi des économies produites par ces opérations à
l'amortissement de la dette.

A son tour, le Président actuel de l'Union américaine,
M. Hayes, a pu se réjouir, dans son message au congrès
du 1er décembre 1877, des conséquences merveilleuses du
système combiné de Conversions et de remboursements
adopté par ses prédécesseurs. Malgré la crise survenue à
la suite du rétablissement du double étalon monétaire,
l'amortissement a dû éteindre dans le dernier exercice clos
au 30 juin 1878, bien près de 30 millions dol. (1), c'est-
à-dire un peu plus de 1, 45 % de la dette dotale. Quand,
en France, verrons-nous un amortissement aussi énergique ?

(1) D'après le dernier état de la dette publique, produit le 31 mai 1878, par
M. John Sherman, secrétaire de la Trésorerie, la diminution de la dette, à cette
date, depuis le 30 juin 1877, était déjà de 26,520,772 dol.

CHAPITRE III

Conversions en France. — Projet de 1824.

En Angleterre, en Belgique, en Amérique, dans l'ancienne Confédération germanique, nous l'avons vu, les Conversions ont été fréquentes. Qu'est-ce qui a été fait en France dans ce sens ?

Sous l'ancienne Monarchie, le remboursement d'une dette à un taux élevé a été plusieurs fois offert aux créanciers de l'État, avec faculté pour eux d'accepter de nouveaux titres portant un intérêt réduit. Les trois plus grands Ministres de notre ancienne France, Sully, Colbert et Turgot, ont fait de véritables Conversions.

Sully (1), par un édit, dont le texte n'a pu être retrouvé, a réduit le premier l'intérêt de la dette, « en offrant aux propriétaires de rentes leur remboursement, mais en leur offrant, à côté de ce remboursement, des conditions qui étaient plus favorables pour eux que le paiement du capital de leurs rentes, et une réduction d'intérêt ».

Colbert, après avoir rétabli l'ordre dans les finances et la confiance dans les esprits, réalisa deux mesures du même genre. Par un édit du 9 décembre 1664, le grand Ministre proposa aux porteurs de rentes sur l'Hôtel-de-Ville, de recevoir le capital représenté par leurs rentes, ou de subir une réduction de leur revenu : « Ordonne (Sa » Majesté) qu'à tous ceux qui préféreraient leur rembour- » sement des rentes subsistantes à la réduction et à la

(1) Voir, sur ces Conversions, le rapport de M. Lacave-Laplagne, à la Chambre des députés, en 1836, et son discours à la Chambre des Pairs, en 1845.

» modération que nous avons faites par ces présentes...
» ledit remboursement leur sera fait ; lesdits rentiers
» seront tenus de faire leur déclaration sur le choix dudit
» remboursement.» La réduction était opérée, de fait, si les
rentiers ne réclamaient pas le capital qui leur était dû.
Un autre édit, rendu sur l'avis du Conseil royal des
Finances, en date du 30 décembre 1681, et portant sur
un capital de 158 millions, prescrivait le remboursement
de rentes constituées aux deniers *quatorze, seize* et *dix-huit,* ou la Conversion au denier *vingt.*

Sous Turgot, le remboursement des dettes de l'État ne
pouvait être proposé ; mais la situation financière des provinces du Midi était plus prospère, et des arrêts du Conseil d'État opérèrent des Conversions pour la dette de
deux États. Le premier, du 16 mai 1776, concernant l'État
de Provence, réduisit sa dette du denier *vingt* au denier
vingt-cinq, c'est-à-dire de 5 à 4 %. Le second arrêt concernait l'État du Languedoc.

Les Conversions étaient donc connues sous l'ancien
régime, et si elles n'ont pas été plus fréquentes et plus
fructueuses, comme en Angleterre, on ne peut accuser
que le système déplorable d'administration des finances,
et les dilapidations des rois et de leur entourage. Le
dernier ministre honnête de la Monarchie prévoyait le
moment où des réductions sérieuses pourraient être faites
sur les charges de la dette, et si ses sages conseils
avaient pu être suivis, il est probable que ce résultat aurait été obtenu. « L'administration offrirait le rembour-
» sement, écrivait Necker, en 1784, dans son ouvrage
» *sur l'administration des finances,* en exceptant tous
» les propriétaires qui acquiesceraient à une réduction
» d'intérêt d'un demi sur cinq. A quelques années de
» distance, on pourrait employer les mêmes moyens pour
» réduire les intérêts de 4 1/2 à 4 %. Il faudrait être aidé
» sans doute par la confiance publique, mais cette con-

15

» fiance serait entretenue par les opérations mêmes
» qu'elle aurait d'abord fécondées. »

On le voit, le système des Conversions de rentes était
parfaitement compris dans notre pays ; il avait été plusieurs fois appliqué. Il semblerait que ces opérations, si
utiles pour l'État et le crédit public, auraient dû être
mises en pratique aussitôt que les circonstances le permettraient. Cependant il faudra attendre jusqu'en 1853
pour qu'une Conversion soit sérieusement tentée.

Sous la première République et l'Empire, le Trésor ne
pouvait songer à rembourser ses créanciers. Pendant les
premières années de la Restauration, l'emprunt à jet
continu était nécessaire pour réparer les désastres du
passé. Mais, dès 1825, le taux du crédit de l'État permettait d'éteindre toute la dette ancienne et de trouver de
nouveaux prêteurs à des conditions meilleures. De 1835
à 1847, il était également facile de réduire l'intérêt servi
aux rentiers. Cependant, pendant cette longue période,
sauf l'entreprise avortée de 1825, il n'a été rien fait pour
alléger le poids de la dette. De longues et intéressantes
discussions ont eu lieu devant les Chambres, mais les
droits des contribuables ont toujours été sacrifiés à l'intérêt égoïste du rentier, et la volonté formellement exprimée des mandataires directs du pays est venue échouer
devant la résistance aveugle des défenseurs de la propriété et devant l'apathie des chefs du pouvoir.

Dans notre pays de centralisation et de gouvernemen-
talisme exagéré, les idées les plus simples, les plus
élémentaires, ont peine à se faire jour et à se faire
adopter, lorsqu'elles n'ont pas la bonne fortune d'être
présentées et soutenues par les dépositaires de l'autorité.
Depuis le moment où la question de la Conversion des
rentes a été soumise aux Chambres, jusqu'à celui où cette
mesure a pu être réalisée, il a fallu vingt-huit années de
débats, de polémiques, de travaux, un Coup d'État et un

pouvoir dictatorial. Maintenant le souvenir du passé est effacé, les discussions de 1824 à 1846 sont oubliées et comme non avenues ; les opinions les plus fausses sont répandues.

Après avoir rappelé les diverses Conversions réalisées à l'étranger, il nous semble nécessaire non-seulement d'étudier les rares mesures de ce genre qui ont pu être opérées en France, mais encore de remettre en lumière les propositions soumises aux Chambres, soit par le gouvernement, soit par l'initiative des députés, et de résumer les longs débats auxquels ont donné lieu ces divers projets.

Cet historique n'a pas seulement un intérêt rétrospectif ; il portera son enseignement, qui ne sera pas perdu, il faut l'espérer, pour le présent. Le lecteur pourra suivre ainsi, pas à pas, les progrès lents, mais sûrs, que le seul système loyal de Conversion a faits dans l'opinion, jusqu'au jour où, devant une Chambre bourgeoise, ce système triomphera, grâce à l'éloquence chaleureuse, au dévouement infatigable, à la logique irréfutable d'un représentant de la démocratie.

PROJET DE LOI DE 1824.— *Exposé des motifs.* — *Discussion devant la Chambre des députés.*

Le gouvernement de la Restauration avait dû émettre six emprunts, de 1816 à 1823, pour acquitter les arriérés de l'Empire, pour payer les contributions et charges de la guerre et pour couvrir l'insuffisance des budgets. Ces emprunts négociés tous en 5 %, à des taux variant entre 57 fr. 26 et 89 55, pour une somme de 95,938,669 fr. de rentes, avaient produit un capital de 1,355,721,135 fr., et avaient augmenté la dette nominale de près de 2 milliards (1). Le dernier emprunt avait été adjugé à la maison

(1). Nous ne parlons ici que des emprunts. Pendant cette période, il a été vendu ou remis à *divers,* d'autres rentes que celles qui ont été produites par les emprunts négociés.

Rothschild frères, le 10 juillet 1823, au prix de 89 fr. 55. Le crédit de l'État ne lui permettait donc, à cette époque, que de placer des rentes au taux de 5.58 % environ. Quelques mois auparavant, la rente 5 % avait, il est vrai, atteint 95 fr., mais elle n'avait pas tardé à baisser : dans tous les cas, le taux de 5 fr. 25 n'avait jamais été dépassé. Après le dernier emprunt de 1823, la rente ne tarda pas à monter d'une façon incompréhensible pour le public vulgaire ; à la fin de février 1824, elle est au pair ; le 5 mars suivant, elle est cotée 104 fr. 80.

L'explication de la hausse de nos fonds publics ne devait pas se faire attendre. Le discours de la Couronne, prononcé le 23 mars 1824, à l'ouverture de la session, contenait cette phrase :

« Des mesures sont prises pour rembourser le capital des rentes créées par l'État dans des temps moins prospères, ou pour obtenir leur Conversion en des titres dont l'intérêt soit plus d'accord avec celui des autres transactions. Cette opération, qui doit avoir une heureuse influence sur l'Agriculture et le Commerce, permettra, quand elle sera consommée, de réduire les impôts et de fermer les dernières plaies de la Révolution. »

La vaste opération financière qui devait « permettre de fermer les dernières plaies de la Révolution » était depuis quelques semaines pressentie par l'opinion publique. La convenance et la légalité de la mesure au moyen de laquelle le Ministère pourrait rembourser aux émigrés la valeur de leurs biens vendus, défrayait la polémique de tous les journaux : la Conversion et l'Indemnité des émigrés étaient décidées dans les conseils du Gouvernement. Le monde de la Bourse n'avait pas assisté à la hausse imprévue et énorme de nos fonds publics sans en chercher et en deviner la cause ; il savait qu'un groupe considérable de banquiers puissants avait entrepris d'élever les cours de notre 5 % au-dessus du pair. Les circonstances étaient favorables pour exécuter les deux mesures annoncées par

Louis XVIII. Les élections qui venaient d'avoir lieu le 25 février et le 6 mars avaient donné des résultats inespérés même par le Ministère de Villèle-Châteaubriand. La gauche avait disparu ; treize membres de l'opposition avaient seuls pu sortir victorieux de la lutte implacable entreprise par l'Administration contre tous les candidats qui ne promettaient pas une soumission aveugle ; le cabinet était assuré d'obtenir tout ce qu'il désirerait de cette nouvelle Chambre dont le dévouement à la cause de l'ancien régime devait être plus absolu encore que celui de la *Chambre introuvable,* et lui a mérité le titre de *Chambre retrouvée.* Aussi, dans leur adresse, les députés s'empressèrent de donner leur approbation entière aux projets du Gouvernement et de le féliciter. La Chambre des pairs évita d'indiquer son opinion sur ces propositions, dont elle ne connaissait pas le texte.

Les Ministres ne perdirent pas de temps. Dès le 5 avril, M. de Villèle, Ministre des Finances, déposait à la Chambre des Députés le projet de loi sur la Conversion des rentes. S'il manquait de netteté et de clarté, il avait au moins le mérite d'être court ; il était ainsi conçu :

« Le ministre des Finances est autorisé à substituer des rentes 3 % à celles déjà créées par l'État à 5 %, soit qu'il opère par échange des 5 contre des 3 %, soit qu'il rembourse les 5 au moyen de la négociation des 3 %.

L'opération ne pourra être faite qu'autant :

1° Qu'elle aura conservé aux porteurs des 5 % la faculté d'opter entre le remboursement du capital nominal et la Conversion en 3 % au taux de 75 fr.

2° Qu'elle présentera pour résultat définitif une diminution d'un cinquième sur la rente convertie ou remboursée.

3° Que le Trésor entrera en jouissance de cette diminution d'intérêt au 1er janvier 1826.

Le ministre des Finances rendra un compte détaillé de cette opération dans le cours de la prochaine session des Chambres. »

L'exposé des motifs présenté par le Ministre était sérieu-

sement étudié : il développait tous les arguments qui
devaient faire approuver le projet et s'efforçait de répondre
d'avance aux objections qu'il soulevait. « Notre rente a
» dépassé le pair, disait-il, elle se vend au dessus, avec
» la connaissance d'un prochain remboursement ou d'une
» réduction des intérêts à 4. Elle serait à 110 ou 115, si la
» loyauté du Gouvernement ne l'eût porté à laisser péné-
» trer ses intentions. Deux dommages notables résulte-
» raient pour la fortune publique de la continuation d'un
» pareil état de choses : le premier est celui du rachat
» journalier des rentes à un taux supérieur au pair par la
» Caisse d'amortissement, c'est-à-dire par les contribua-
» bles ; le second, la continuation pour l'État d'un intérêt
» de 5 %, tandis que le cours de ses rentes ne le ferait
» ressortir qu'à un taux moins élevé pour ceux qui les
» achèteraient. » La dette perpétuelle s'élevait à 197,014,892
de rentes 5 % dont il fallait distraire 57 millions appartenant à l'État ou à des services publics. « Il reste, conti-
» nuait le Ministre, 140 millions de rentes 5 % que nous
» vous proposons de nous autoriser à convertir en 112
» millions de rentes 3 %, ou à rembourser, si les rentiers
» le préfèrent, en négociant à d'autres le 3 % que ceux-là
» auraient refusé. » Le ministre demandait ensuite si l'on
pouvait contester sérieusement à l'État le droit de rembourser le capital de sa dette, et il constatait que tous les
anciens édits et le Code civil avaient consacré ce droit :
« Les titres des rentiers portaient 5 %, et, en indiquant le
capital qui n'était jamais exigible, on avait voulu établir que la
rente était remboursable à ce chiffre. Pourrait-on trouver un
autre moyen que le remboursement d'utiliser les circonstances actuelles au profit des contribuables ? Doit-on re-
trancher une partie de la dotation de l'amortissement ?
Mais ce serait violer les engagements pris, ce serait détruire pour l'avenir les ressources du crédit. Suspendre
l'action des rachats quand les rentes sont au-dessus du
pair, aurait encore de plus graves inconvénients. L'amor-

tissement ne serait plus alors qu'un moyen d'agiotage et de spéculation, et la France pourrait être dans cette situation sans issue de devoir toujours, sans pouvoir jamais se libérer. »

M. de Villèle démontrait ensuite qu'une exception au droit de remboursement ne pouvait être faite au profit des porteurs encore existants du *tiers consolidé*, et que tous les rentiers ayant les mêmes titres et les mêmes droits devaient être soumis à la règle commune. Il terminait son travail en exposant que, grâce à l'abondance des capitaux, au développement du crédit et à l'abaissement de l'intérêt de l'argent, le gouvernement avait pu « s'assurer » des moyens d'opérer *en réalité* le remboursement de la » dette, s'il était réclamé; » et il développait les avantages immenses de l'opération qui, alors même qu'elle ne produirait aucune diminution dans les charges publiques, « serait d'un merveilleux effet, par cela seul qu'elle ferait » cesser la différence désastreuse existant entre les produits des capitaux employés dans la rente et ceux des » capitaux appliqués à l'agriculture, à l'industrie et au » commerce. »

A peine le président du Conseil avait-il achevé sa lecture, que Casimir Périer, se faisant l'écho de l'opinion, réclama le dépôt sur le bureau de la Chambre du traité qui, d'après le bruit public, avait été passé avec un certain nombre de banquiers. Le Ministre s'y refusa : « Ce traité ne pouvait être qu'éventuel, et, par suite, sans intérêt pour l'assemblée. » Casimir Périer insista et affirma que le traité avait été communiqué à un membre du Parlement anglais et à un agent autrichien : il faisait allusion à MM. Baring et de Rothschild, chefs de deux compagnies qui avaient traité avec le gouvernement. Mais la Chambre passa outre et renvoya le projet à l'examen d'une commission.

Les commissaires nommés étaient favorables au projet.

Cependant le ministre et les banquiers qui avaient traité avec lui, surtout M. de Rothschild, étaient inquiets. L'opinion publique était hostile à la mesure; M. de Châteaubriand se taisait ou affectait de déclarer qu'il n'entendait rien à ces questions financières; de nombreuses brochures paraissaient pour combattre le plan ministériel. Le *Moniteur* répondit à ces attaques dans une série d'articles où l'on démontrait que la Conversion, conforme à la justice et à l'équité, serait aussi favorable aux rentiers qu'aux contribuables et à l'État.

L'auteur de ces articles, M. Masson, maître des Requêtes et confident de M. de Villèle, fut choisi comme rapporteur par la commission. Son travail fut déposé le 17 avril. Il avouait « qu'il aurait été *préférable* pour l'État de créer du 4 % au pair, que du 3 % à 75 fr.; mais, ni les créanciers, ni les compagnies, n'auraient accepté un fonds qui, pouvant s'élever bientôt au-dessus du pair, les aurait exposés à un nouveau remboursement ou une nouvelle réduction. » Après quelques regrets, au sujet du refus par le Ministre de communiquer à la commission le traité intervenu avec les banquiers réunis, il concluait à l'adoption du projet de loi sans amendement.

Malgré le désir du président du Conseil, la discussion fut renvoyée à huitaine; elle ne s'ouvrit que le 24, par un important discours de M. de la Bourdonnaye. Le membre de la droite critiqua surtout l'effet du projet, qui « excitait la cupidité des agioteurs par l'appât d'un bénéfice de 25 % sur le nouvel emprunt, » et se livra à de nombreux calculs pour démontrer que l'opération serait aussi ruineuse pour l'État que désastreuse pour les intérêts particuliers. Faisant allusion aux déclarations du discours du Roi, il finissait ainsi : « Vous repousserez.... une loi qui » tend bien plus à ouvrir de nouvelles plaies qu'à fermer » les anciennes, parce que vous savez que ce n'est pas en jetant de nouveaux ferments de discorde dans le pays qu'on apaise les passions ; que ce n'est pas par de nouvelles injustices qu'on doit réparer les anciennes. »

Au membre de l'extrême droite répondit un membre du centre gauche. M. Humann déclara qu'il était complétement d'accord avec le Gouvernement sur la légalité de la mesure, sur son équité et sur les avantages qu'elle procurerait au crédit public. Cependant, son esprit éclairé ne lui permettait pas de donner un assentiment complet au mode proposé : il ne croyait pas bon d'abaisser immédiatement de 5 à 3 le taux de l'intérêt, et il voyait plus d'avantage à créer d'abord du 4 %, ce qui n'exigerait pas qu'on augmentât dans une proportion aussi forte le capital de la dette. Il conseillait également de ne pas s'attaquer à la masse des rentes d'un seul coup, mais de s'adresser, au moyen d'un tirage au sort, à un cinquième des titres seulement par année.

Après un discours de M. Ricard (de la Haute-Garonne), M. de Villèle prit la parole. Il ne voulut pas laisser finir cette première séance sans exposer ses idées : il défendit avec vigueur son projet par des arguments bizarres. Ainsi, il prétendit que le cours élevé du 5 % rendait inévitable le déclassement des rentes, et tendait à les faire passer des mains de leurs possesseurs actuels dans celles des spéculateurs. Ce mouvement avait déjà commencé dans une assez forte proportion et c'était ce qui avait produit, en partie, la hausse des derniers temps. Malgré lui, M. de Villèle était obligé d'avouer que les banquiers avaient acquis une forte portion des rentes, parce que, mettant leur confiance dans les résultats de la Conversion, ils avaient été amenés à exagérer les cours. Mais il était bien évident qu'un fonds, ne produisant plus que 4 % et fort éloigné du pair, encouragerait encore davantage la spéculation et le déclassement. La cause était mauvaise, et le Ministre était obligé, pour la défendre, d'employer des arguments médiocres. Il eut plus facilement raison lorsqu'il s'attaqua aux calculs de ses adversaires. Il soutint que la surcharge de 933 millions en capital, dont on faisait tant de bruit, n'était qu'une illusion. Pour qu'elle devînt réelle, il fallait supposer que, dans la situation actuelle, l'État ne rachèterait pas les rentes 5 % au-dessus du pair, ou que, la Conversion faite, il paierait 100 fr, toutes les rentes 3 % : ces deux suppositions étaient également inexactes. Avec le rôle assigné alors à l'amortissement, ce raisonnement était inattaquable. — M. de Villèle consentit ensuite à donner quelques renseignements fort vagues sur le traité passé avec les compagnies de banquiers, et déclara qu'après de longues luttes, il avait obtenu les meilleures conditions possibles. Il se prononça très-fortement contre l'idée de diminuer la dotation ou de suspendre l'action de l'amortissement qui, par la réduction de la dette, avait si efficacement contribué au rétablissement du crédit. L'année suivante, le même Ministre devait proposer lui-même, pour obtenir la Conversion, la réduction de l'amortissement et la modification complète de son action.

La discussion générale occupa encore trois séances. MM. de Louvigny, Pavy, Syriès de Mayrinhac, Ricart (de la Haute-Garonne), le marquis de Lacaze, et Crignon d'Anzouer, tous propriétaires des départements, s'appuyèrent surtout, pour défendre le projet, sur l'inégalité intolérable qui existait entre les charges imposées à la propriété immobilière et à la propriété mobilière ; la terre était accablée, la rente jouissait d'une immunité absolue. M. Syriès de Mayrinhac résuma ces doléances et les griefs des propriétaires terriens d'une façon curieuse. « En » province, dit-il, le peu d'argent qui existait dans nos » villes et nos campagnes a disparu ; l'usure a augmenté » ses ravages à proportion, parce que les capitalistes ont » mieux aimé placer leurs fonds sur la rente à 5, 6 et 8 % » que de prêter à leurs voisins. J'ajoute à cette plaie » l'abondance des denrées agricoles, et vous devinerez » l'intensité du mal. Une autre considération puissante a

» déterminé les capitalistes à choisir ce placement: c'est
» que la rente, telle qu'elle existe, est une *monstruosité*
» *dans l'ordre moral.* Voici les avantages qu'elle assure :
» 1º un haut intérêt ; 2º la facilité de retirer à volonté
» son capital ; 3º l'absence complète d'impôts ; 4º l'exemp-
» tion de tout droit de mutation ; 5º l'insaisissabilité....
» Si pour calmer les inquiétudes des rentiers, nous ajou-
» tions au tableau des priviléges que leur accorde la loi,
» les pertes de tout genre auxquelles sont exposés les
» propriétaires des départements, ils se convaincraient
» que leur sort est infiniment plus heureux, et une grande
» partie des *salons de Paris,* où la seule annonce du
» projet a fait éclater l'explosion d'une sensibilité si vive,
» serait sans doute moins affectée de cette mesure... *Les*
» *habitants de Paris,* qui ont déjà l'avantage de posséder
» la plus grande partie des rentes, jouissent, en outre,
» de la protection spéciale du Gouvernement... » C'était
la lutte entre Paris et la province, la rente et la terre ; la
plupart des reproches adressés à la rente auraient pu être
dirigés contre tous les capitaux facilement négociables : les
adversaires du capital n'ont pas toujours été dans la
classe ouvrière.

Les orateurs de l'opposition avaient une tâche plus
facile. « La mesure était déplorable sous tous les rapports,
disaient-ils ; son but était de créer les ressources nécessaires au paiement de l'Indemnité des émigrés ; la spoliation qu'on veut exercer envers les rentiers est la rançon
qu'on entend exiger de la Révolution en faveur de l'émi-
gration ; les hommes politiques qui veulent l'oubli et la
paix, doivent repousser cette mesure, qui aura pour conséquence de faire revivre toutes les craintes, toutes les
colères des nouveaux propriétaires du sol. Au point de
vue financier, l'opération ne mérite pas plus d'indulgence ; sa base est fausse. Le ministre affirme que l'intérêt
général est au-dessous de 5 % et est réduit à 4 ; cette
assertion ne soutient pas l'examen ; un emprunt a été

négocié, il y a sept mois, au taux de 5,60 %; il est à peine classé. En admettant même que le crédit de l'État lui permette d'emprunter au taux de 4 %, pourquoi remettre aux nouveaux rentiers des rentes 3 %? Dans quel but augmenter le capital de la dette de près d'un milliard? Veut-on donc favoriser l'agiotage le plus effréné? Quels sont donc ces banquiers dont on n'ose dévoiler les noms et dont le crédit parait au Ministre des Finances plus puissant que celui de l'État même? » Tous les opposants n'appartenaient pas à la gauche, et MM. le général de Thiard, de Girardin, Méchin et Casimir Périer trouvèrent d'utiles auxiliaires dans MM. Bourdeau, Ricart (du Gard), Sanlot-Baguenault et de Bouville.

Après le résumé de la discussion générale par le rapporteur, la Chambre passa au vote des articles. La majorité semblait hésitante; elle faiblissait sous la pression de l'opinion publique et des attaques passionnées de l'opposition. M. de Villèle obtint néanmoins le rejet des deux premiers amendements. Mais une proposition de M. Leroy sembla tout compromettre. Le député de la Seine demandait que la Conversion eût lieu en rentes 4 % et que la réduction d'un cinquième fût faite en deux fois, par dixième, sur chaque inscription. Il exemptait, en outre, complétement les rentes appartenant aux établissements publics et celles qui ne dépassaient pas 1,000 fr.

Cet amendement écartait les principales objections faites au projet et réservait aux rentiers les bénéfices que la proposition laissait aux banquiers. Mais il détruisait de fond en comble le plan de M. de Villèle. Avec la rente 3 % qui ne laissait plus de marge à la spéculation, on ne pouvait plus compter sur les banquiers et leur concours, et alors s'évanouissait la hausse factice que leur habileté avait su produire; la rente 5 % tombait au-dessous du pair; toute Conversion devenait impossible. M. de Villèle montra dans cette situation difficile un esprit de ressources qui fait honneur à son habileté parlementaire et financière. La Chambre se montrait favorable à l'amendement de M. Leroy ; le Ministre sembla en accepter le principe et déclara que l'on pouvait laisser aux rentiers, pendant quinze mois de plus, la jouissance de leur revenu actuel, en leur accordant la faculté de prendre, au lieu du 3 °/₀ à 75 fr. dans les conditions proposées, du 4 °/₀ au pair, avec continuation de la jouissance de 5 fr. de rente jusqu'au 1ᵉʳ janvier 1826.

M. Leroy s'empressa d'accepter cette proposition : tout le monde était d'accord. Cependant la question fut renvoyée à la commission, sur la demande de M. Clausel de Coussergues ; le lendemain, les adversaires du plan ministériel n'eurent pas de peine à prouver que la concession du ministre n'était qu'un leurre, et qu'aucun rentier ne serait assez fou pour préférer du 4 °/₀ au pair à du 3 °/₀ à 75 fr. Les deux fonds produiraient, en effet, le même revenu, et une augmentation d'un franc de plus pendant une année ne compenserait pas, au profit du 4 °/₀, les chances d'accroissement du capital du 3 °/₀. L'amendement fut rejeté à une grande majorité.

Les autres modifications proposées furent également repoussées par cette Chambre intolérante et décidée à donner toujours raison à M. de Villèle, qui, par la vivacité de son ton et l'aigreur de ses reparties, montrait combien il avait cette loi à cœur. Il alla jusqu'à contester à l'Assemblée le droit d'indiquer l'emploi de l'économie de 28 millions produite par la mesure ; il invoqua la prérogative royale dans des termes tels que Casimir Périer s'écria : « Le langage du ministre n'est pas celui d'un membre du » Gouvernement ; s'exprimer comme il le fait, ce n'est pas » parler en ministre, mais en maître. »

Les députés, nommés sous la pression la plus violente qu'on ait jamais vue, étaient trop heureux de trouver un maître qui voulût bien réaliser enfin leurs espérances les plus chères, caressées depuis dix ans. L'opposition que souleva le projet fut pourtant plus forte qu'on ne s'y attendait : sur 383 votants, à l'appel nominal, une minorité de 145 membres, dirigée par des mobiles divers, se rencontra pour repousser la loi de Conversion. « Nous en appelons à la Chambre des pairs ! » s'écria M. de Girardin au milieu du tumulte.

Discussion devant la Chambre des pairs. — Rejet de la loi.

La Chambre des pairs n'avait subi aucune modification essentielle dans sa composition, depuis la chute de M. Decazes ; les deux opinions hostiles ou favorables à la Révolution s'y balançaient. MM. de Villèle et de Chateaubriand n'avaient pas osé faire une fournée de pairs, que Louis XVIII aurait peut-être refusé d'approuver ; ils avaient espéré, du reste, que, maîtres absolus dans la Chambre des députés, ils auraient facilement raison de la Chambre haute. Ils ne devaient pas tarder à s'apercevoir que leur attente était vaine.

La loi sur la Conversion, votée le 5 mai par la Chambre des députés, fut portée dès le lendemain à la noble assemblée. L'exposé des motifs s'efforçait d'atténuer l'effet produit dans les esprits par l'augmentation du capital, et démontrait que l'opération se solderait, lorsque toutes les nouvelles rentes seraient rachetées au moyen de l'amortissement, par un bénéfice de 3 ou 400 millions ; il est vrai qu'il faisait entrer en ligne de compte l'intérêt de l'économie annuelle produite par la réduction.

La commission nommée par la Chambre des pairs était composée du duc de Levis, du marquis d'Aligre, de M. de la Forêt, des ducs de Narbonne et de Fitz-James, et de MM. Roy et Mollien. Le Ministre des Finances, avant de présenter son projet, avait eu soin de consulter ces deux derniers pairs qui, par les hautes fonctions dont ils étaient investis et par leur expérience financière, devaient exercer une influence prépondérante dans la discussion ; ils avaient donné, l'un et l'autre, leur assentiment à la Conversion. On ne tarda pas à apprendre, cependant, que dans la commission, ils combattaient cette opération, au moins dans la forme où on la proposait. M. Roy nous habituera à ces tristes changements d'opinion sur cette même question ; nous ne confondrons pas son attitude avec celle de M. Mollien, administrateur intègre et minutieux, dont le caractère est au-dessus de tout soupçon.

Le choix des commissaires fit comprendre au président du conseil que la lutte engagée devant la Chambre haute serait plus vive encore que celle dont il venait de sortir victorieux. Ses inquiétudes se confirmèrent, quand, à son jour de réception du 16 mai, ses salons restèrent presque vides ; cette abstention des courtisans du pouvoir lui parut de mauvais augure.

Cinq jours après, le 21, le duc de Levis, au nom de la commission de la Chambre des pairs, déposa son rapport. Les commissaires avaient reconnu, *à l'unanimité*, le droit de l'État de rembourser sa dette, et, à la majorité seulement, l'utilité de la combinaison. Ils s'étaient même partagés sur le point de savoir si la préférence devait être donnée au 3 % à 75 fr. ou au 4 % au pair. La majorité s'était ralliée au premier fonds, parce que la hausse éprouvée, depuis la présentation du projet, par tous les effets non remboursables, avait démontré combien la crainte du remboursement était vive chez les r entiers. Le rapporteur ne dissimulait pas que le bénéfice abandonné aux banquiers, et évalué à 35 millions, paraissait excessif ; il regrettait que le Gouvernement n'eût pas cru devoir communiquer le traité secret ; il admettait cependant la nécessité de l'intervention de capitalistes. En terminant, il annonçait que la compagnie des banquiers avait fait parvenir une note annonçant qu'ils étaient prêts, sauf certaines conditions, à consentir des modifications, qui permettraient de servir pendant cinq années un intérêt de 5 % aux petits rentiers.

Dès l'ouverture des débats, le 24 mai, M. de Villèle sentit la nécessité de détruire l'effet de cette révélation, qui laissait supposer que le ministre n'avait pas protégé et défendu suffisamment les intérêts du Trésor. Il déclara que la note reçue par la commission était l'œuvre du chef d'une seule des compagnies de banquiers, M. Sartoris, et il lut une lettre des chefs des trois autres sociétés, MM. Baring, Laffitte et de Rothschild, qui désavouaient l'offre de leur collègue. Le Ministre fit plus : il raconta, avec des détails circonstanciés, les phases de la négociation, et fit connaître le texte des art. 1, 2 et 8 du traité. Le premier renfermait l'engagement par le Ministre de présenter la loi aussitôt que les Chambres seraient réunies ; les deux autres, contenant toute l'économie du traité, étaient ainsi conçus :

ART. 2. — Les banquiers susnommés s'engagent à fournir au Trésor les fonds nécessaires pour rembourser ceux des porteurs de 5 % qui ne consentiraient pas à la Conversion, et à prendre eux-mêmes, par contre, au taux de 75 fr., les 3 % qui étaient destinés auxdits porteurs non consentants.

ART. 8. — Pour prix du service rendu au Gouvernement par les banquiers contractants, ils jouiront du bénéfice qui résultera, pour le Trésor, de la Conversion, depuis le jour où cette Conversion aura commencé jusqu'au 31 décembre 1825.

La discussion commença immédiatement. Les nobles pairs étaient perplexes. D'une part, leurs habitudes répugnaient à repousser un projet de loi important et surtout financier ; mais, d'un autre côté, habitant presque tous à Paris, fréquentant ces salons dont avait parlé M. de Mayrinhac, unis par les relations du monde et par la parenté à la haute banque, possesseurs, pour la plupart, de rentes 5 %, ils subissaient l'influence de leur entourage et de leur intérêt. Ils avaient été tous témoins de la Révolution, et ils avaient assisté à l'effet produit par la banqueroute ; ils craignaient qu'une réduction, même légitime, des intérêts de la rente, ne fût assimilée à la réduction du *tiers consolidé* dont ils gardaient le cruel souvenir.

Le premier orateur fut M. Roy : deux fois ministre du Trésor, possesseur d'une des plus grandes fortunes mobilières et territoriales de France, jouissant de l'estime publique, sa parole faisait autorité en matière de finances et de crédit public. Malgré l'avis exprimé à M. de Villèle, il se prononça résolûment contre le projet du ministre. Il contesta que l'intérêt général de l'argent fût descendu au-dessous de 5; il le croyait, au contraire, supérieur à ce chiffre. « La condition essentielle pour la réduction » équitable de la rente à 4 % n'existait donc pas, et on » ne pouvait la créer par un acte d'autorité. » L'augmentation éventuelle de 33 % de capital, présentée comme une indemnité pour la diminution d'intérêt imposée au rentier, n'était avantageuse, selon M. Roy, qu'aux joueurs et aux spéculateurs. On ne pouvait établir de comparaison entre le rentier qui n'entrait dans la rente que pour y rester et le spéculateur qui n'y entrait que pour en sortir ; l'un ne voyait que son revenu, que la jouissance de la rente, l'autre que le bénéfice à recueillir par la revente. Pour les capitalistes sérieux, l'accroissement de capital n'est qu'illusoire ; quant à l'État, une combinaison qui, en regard d'une économie de 28 millions, ajoute au capital de la dette une somme de 933,333,000 fr., ne pouvait être qu'onéreuse. « Je comprendrais, dit-il en » terminant, une réduction successive d'intérêt donnant » aux rentiers 4 1/2 ou 4 %, sans augmentation de ca- » pital ; mais je ne saurais voir dans l'opération telle » qu'elle est conçue, qu'un moyen d'augmenter la fureur » de l'agiotage, qui aurait pour aliment la différence de » 33 % existant entre le capital conventionnel et le ca- » pital nominal. »

Ce discours produisit une impression profonde sur la majorité des pairs. M. Roy qui, plus tard, nous le verrons, devait être le principal adversaire de toute mesure ten-

16

dant à une réduction dans l'intérêt de nos rentes, avait admis, dans cette première discussion, les principes de la Conversion.

M. de Villèle, dès le lendemain, tenta de se relever de cette sorte d'échec. Il affirma de nouveau que l'intérêt était descendu de 5 à 4, et, comme preuve, il cita de récents emprunts contractés par la ville de Paris et par la commune de Granville, l'intérêt des bons du Trésor, qui était réduit à 3 1/2, et enfin l'abondance générale des capitaux. Selon le Ministre, le remboursement offert par le Trésor était sérieux, effectif, et si tous les créanciers se présentaient pour réclamer le prix de leurs rentes, le gouvernement était assuré d'obtenir les capitaux nécessaires . On faisait un grief au Cabinet des énormes bénéfices assurés aux banquiers qui s'étaient chargés de l'opération ; « Mais, répondait le Ministre, ces bénéfices se » réduiront à rien si les rentiers, écoutant leur véritable » intérêt, acceptent la Conversion. La crainte d'imprimer » un nouvel élan à l'agiotage est vaine ; tout système de » crédit entraîne nécessairement après lui le mal dont » on se plaint, et le projet de loi, loin de le favoriser, » tend, au contraire, à le restreindre, puisqu'il aura pour » effet inévitable de faire refluer les capitaux vers l'agri- » culture et l'industrie. »

M. Pasquier répondit au Ministre. Son discours très-étendu, soigneusement élaboré, plein de logique, de bon sens, d'aperçus vrais et nouveaux, est le plus remarquable de cette longue discussion. Le futur chancelier avait compris l'utilité et le mécanisme des Conversions : il posa les véritables principes, méconnus par M. de Villèle. Une seule critique doit être faite : la distinction que M. Pasquier voulait établir entre les porteurs de rentes de différentes origines était impossible en fait, et injuste dans ses conséquences. Les rentiers qui avaient subi la réduction des *deux tiers*, et ceux dont les créances avaient été liquidées d'une façon inique auraient, il est vrai, mérité certains ménagements; mais il était difficile de les reconnaître. En outre, plusieurs d'entre eux, par esprit de spéculation, avaient acquis leurs rentes antérieurement à la réduction, ou des créances compromises. Faire à ceux-ci une situation exceptionnellement favorable eut été absurde; avec le remboursement au pair, leur opération était très-fructueuse; il était inutile d'augmenter leur bénéfice. Cette réserve faite, nous n'avons qu'à analyser rapidement ce mémorable discours.

M. Pasquier déclara tout d'abord que pour lui le droit de l'État était incontestable. Comme on l'a vu, il avait des doutes sur la loyauté de la mesure pour les rentes dont l'origine était antérieure aux derniers emprunts. A l'égard des autres rentes, l'équité exigeait la réunion de trois conditions : « Il fallait que la rente fût réellement au pair; que l'intérêt de 4 % fût celui des transactions ordinaires, et enfin que l'offre de remboursement ne fut pas illusoire: or, aucune de ces conditions n'existait. » Il démontra ensuite que le Ministre se trompait, en affirmant que l'agriculture et l'industrie profiteraient de la Conversion; le seul résultat de l'opération factice proposée serait un redoublement de l'agiotage. Abordant le côté politique de la question, M. Pasquier laissa entrevoir que « la Conversion jetterait dans le pays, à peine calmé, des ferments de discorde et de haine, et, élargissant la discussion, montra les tristes conséquences qu'elle pouvait avoir sur nos relations extérieures. La situation affaiblie de la France, sans frontières, entourée de nations fortes et ombrageuses, exigeait que le crédit fût toujours ménagé. Le crédit général, patrimoine de tous les peuples, exploité par une association des principaux banquiers de l'Europe, et auquel la France avait dû, en partie, le succès de ses derniers emprunts, disparaîtrait au premier coup de canon tiré en Europe. Resterait alors le crédit individuel de chaque État, qui se mesurerait sur ses facultés réelles, sur sa fidélité aux engagements, sur la franche et habituelle association de l'intérêt particulier avec l'intérêt général. Le pays devait se garder de porter atteinte à ce crédit, le seul solide, le seul vrai. Au jour du danger, l'association des banquiers étrangers ne pourrait rien pour lui. « Des individus, sans doute fort estimables, » disait M. Pasquier, en éclairant la situation d'un jour » nouveau, composent l'association ; j'honore leur carac- » tère et leur mérite personnel ; mais en devenant une » puissance collective, ils ont acquis une influence ex- » trême qui peut devenir dangereuse...... En présence de » cette association, tout est fictif, et il n'y a ni puis- » sance ni richesses réelles ; elle ferait aussi facilement » et plus volontiers un emprunt à 8 % pour l'État de » Lucques, qu'à 6 % pour la France et pour l'Autriche ; » elle a pris l'habitude des gains illimités ; elle ne saurait » s'en départir, et il lui faut, pour arriver à ce but, frap- » per à toutes les portes, assiéger tous les cabinets. » Aucun État, cette année, ne semble avoir besoin ni être » en mesure d'emprunter ; cette année allait donc s'écou- » ler sans les énormes bénéfices accoutumés. » L'asso- ciation des banquiers avait alors imaginé, pour la Conversion de la rente française, le plan suggéré au Minis- tère : il fallait secouer ce malheureux esclavage, en sachant résister à une tentation séduisante. »

En dévoilant l'origine de la mesure, M. Pasquier avait porté le coup le plus rude au projet de M. de Villèle. Il fut soutenu par MM. de Saint-Roman, le duc de Choiseul, le comte A. de Talleyrand, le duc de Brissac, le comte de Ségur et surtout par M. Mollien, qui proposa un contre-projet. L'habile financier, effrayé de l'homogénéité de la dette qui créait tant d'embarras au gouvernement, soit pour la rembourser, soit pour contracter de nouveaux emprunts, demandait le remplacement du 5 % par du 4 et du 3 %.

Les partisans de la mesure telle qu'elle était proposée par le Ministère furent moins nombreux, moins énergiques dans l'expression de leur pensée, et surtout moins habiles. Le duc de Doudeauville, M. de la Forêt, M. d'Herbouville, M. de Bonald, par des déductions subtiles et originales comme son esprit, M. de Chabrol, dans un discours bien composé, où il suggéra l'idée de préparer un mode de placement spécial et fixe au profit des rentiers qui ne voulaient pas spéculer, le Ministre de l'intérieur, M. Corbière, et M. de Clermont-Tonnerre, Ministre de la marine, prêtèrent un appui peu efficace à l'œuvre du président du Conseil. Mais M. de Châteaubriand se taisait, et son silence était aux yeux de ses nombreux amis la condamnation de la loi. Néanmoins, l'issue de cette longue lutte était encore douteuse, lorsque l'archevêque de Paris frappa le dernier coup.

On s'est souvent étonné de l'opinion émise par ce prélat ; il a pourtant pris soin lui-même d'en donner l'explication. Obligé, plus que tout autre, à épouser et à plaider la cause de l'infortune, il ne pouvait rester indifférent aux intérêts d'une foule de malheureux que la mesure viendrait frapper, non-seulement dans leurs propres et faibles ressources, mais encore dans le retranchement qu'allaient subir les riches d'un superflu qui tournait au profit de la charité. « Les détails de la loi, disait M. de Quélen, » passent tout à fait ma conception, et je les juge, non » pas avec mon esprit, mais avec mon cœur.... On a dit » que la réduction des rentes ne ferait fermer ni un » théâtre ni une guinguette. Cela est possible ; mais ne » pourrait-on pas demander aussi si la loi ne fera pas » fermer plus d'une bourse encore ouverte aux pauvres, » et si la réduction d'un cinquième dans les rentes ne » diminuera pas d'un cinquième les aumônes ? » Ces pieux arguments n'avaient pas grande valeur ; leur effet fut pourtant considérable sur l'esprit des pairs hésitants.

Personne ne demandant plus la parole, M. de Villèle tenta un dernier effort en faveur de cette loi, où son honneur politique et financier semblait engagé. Il le fit avec une grande vigueur et une émotion qui ne lui étaient pas habituelles. Le lendemain, après le résumé impartial du duc de Levis, le débat s'ouvrit sur l'amendement de M. Roy, qui substituait à la Conversion immédiate en 3 % la Conversion en 4 1/2 %, divisée en cinq séries. La discussion dura deux jours et le contre-projet fut repoussé par 114 voix contre 112 ; M. Roy dut se réjouir de ce résultat qu'il espérait. Le même sort attendait un amendement de M. Mollien, qui pour briser l'uniformité de la dette, proposait de faire la Conversion des 140 millions de 5 % jusqu'à concurrence de 100 millions en 3 %, et pour les autres 40 millions en 4 %. Cette proposition ne réunit plus que 105 voix.

La loi était condamnée ; M. de Villèle voulut sauver du naufrage le principe, et offrit à la Chambre des pairs, d'abandonner au profit des petits rentiers le million des bénéfices annuels de la Caisse des consignations. Cette dernière combinaison échoua, et l'ensemble du projet fut repoussé par 128 voix contre 94.

A la nouvelle de ce résultat si désiré, la joie fut grande dans Paris et peu s'en fallut qu'on n'illuminât. Trois jours après, M. de Châteaubriand apprenait par une lettre laconique, que, selon son expression, il était *chassé* du Ministère. M. de Villèle n'avait pas eu de peine à persuader au Roi et à son frère que la sourde opposition du Ministre des Affaires étrangères était cause du rejet de la loi, qui devait donner un développement prodigieux au crédit public, et qui permettait d'indemniser les émigrés de la perte de leurs biens, sans augmenter les charges de l'État. Cette question de la Conversion, dès son début, amenait un conflit entre les deux Chambres et un changement au moins partiel de Ministère.

Appréciation du projet de Conversion de 1824.

Après avoir raconté les faits, il convient de se demander si l'œuvre financière de M. de Villèle méritait d'être repoussée. Il faut tout d'abord laisser le côté politique de la mesure, qui n'était qu'un faux-fuyant pour arriver au paiement de l'indemnité des émigrés, sans trop faire crier les contribuables. Le projet de 1824 est un expédient, et, à ce titre seul, il mériterait d'être jugé sévèrement. Mais, apprécié en lui-même, doit-il obtenir les indulgentes appréciations des économistes et des financiers ?

Nous l'avons vu, toute Conversion n'est possible et légitime que lorsque le crédit de l'État lui permet incontestablement de servir à de nouveaux prêteurs un plus faible intérêt que celui qui était payé aux porteurs de la rente. Cette condition inéluctable était-elle remplie en 1824 ? La rente était, il est vrai, au mois de mars de cette année, à 104 fr. 80 ; mais cette cote était-elle le résultat d'une hausse naturelle ? Il est impossible de ne pas répondre négativement. Dès que les cours de la rente permirent d'entrevoir la possibilité d'une Conversion, M. de Villèle s'était mis en rapport avec de nombreux banquiers ; la brochure de M. J. Laffitte que nous avons déjà citée (1), ne laisse aucun doute à cet égard. Les banquiers connaissant les intentions du Ministre s'étaient empressés d'en faciliter la réalisation, qui devait leur procurer d'immenses bénéfices ; ils avaient acheté toutes les rentes 5 % qui se présentaient à la Bourse, et avaient ainsi amené une hausse rapide, mais factice. Le Ministre des Finances a voulu alors se laisser persuader que la Conversion était légale et légitime, lorsqu'elle ne pouvait être que le résultat d'un marché faussé par des manœuvres coupables. On invoque pourtant une circonstance atténuante pour le Ministre : la

(1) Voir pages 152 et suiv.

rente 3 % n'existant pas et la rente 5 % étant menacée d'un remboursement, il ignorait le taux véritable du crédit de l'État ; il pouvait se faire illusion sur les goûts des rentiers et penser qu'ils ne résisteraient pas à l'appât d'une hausse de 33 % sur leur capital.

Ces circonstances n'innocentent pas cependant l'œuvre de M. de Villèle. Il était au moins imprudent de baser une opération aussi grave sur une hypothèse ; rien ne laissait supposer que les capitaux, livrés à eux-mêmes, s'offriraient au Trésor au taux de 4 %. Un Ministre prudent eut d'abord fait un essai en réduisant seulement l'intérêt de la rente de 1/2 %, et en offrant aux porteurs de notre 5 % du 4 1/2 au pair.

Si l'opération proposée par M. de Villèle avait été adoptée, les résultats en auraient été funestes pour le crédit de l'État ; les rentiers dont le revenu aurait été réduit d'un cinquième et qui auraient reçu en échange de leur 5 % du 3 % à 75 fr., auraient subi, en outre, une perte sur le capital. Le nouveau fonds ne se serait pas maintenu au prix de 75 fr.; l'exemple de 1825 le prouve, et les porteurs de ce titre, trompés, désabusés, n'auraient pas manqué d'abandonner la rente. La mesure proposée par M. de Villèle mérite donc d'être blâmée sévèrement en elle-même. Ses résultats ne pouvaient être que funestes aux rentiers et à l'État.

Des critiques ont été également adressées au Ministre au sujet du traité passé avec des banquiers pour l'exécution de l'opération. M. J. Laffitte, l'un de ces banquiers, a cherché à excuser ce contrat et à expliquer l'élévation du bénéfice accordé à ses associés. La différence entre 5 % et 4 % leur était abandonnée depuis le 22 septembre 1824 jusqu'au 31 décembre 1825 : elle devait produire une somme de 35 millions. Ce bénéfice, quelque important qu'il fût, était à peine suffisant pour couvrir les risques courus par les banquiers. S'ils se trompaient sur l'état du crédit (et l'avenir a prouvé qu'ils se faisaient une illusion complète à cet égard), si une guerre, une crise survenaient pendant la durée de l'opération, leurs pertes pouvaient se chiffrer par des centaines de millions. Le traité n'était donc pas mauvais pour l'État, et on s'explique que M. de Villèle, avec son habileté incontestable, ait tenu à s'éviter un échec possible, puisqu'il marchait vers l'inconnu. Une Conversion régulière devait être faite par l'État seul ; une opération anormale, basée sur une hypothèse, avait besoin du concours de toutes les principales maisons de banque de la France et même de l'Europe.

Cependant le procédé employé par le Ministre des Finances ne peut être approuvé. S'il n'était pas trop dispendieux pour le Trésor, il devait exercer une influence désastreuse sur la morale publique ; le marché des fonds publics avait été livré à la spéculation mise dans le secret des projets du Ministre ; les cours furent faussés et l'agiotage prit des proportions jusque-là inconnues. Plusieurs désastres furent la conséquence de cette situation, et M. Jacques Laffitte, malgré son habileté, trompé dans ses calculs, acheteur de rentes qu'il ne pût écouler que lentement et à perte, vit, dès cette époque, sa maison de banque dans des embarras cruels qui devaient aboutir à la ruine.

En résumé, l'opération n'était pas mûre ; les cours de la rente 5 % n'étaient pas assez élevés pour que la mesure fût possible ; le pays et les pouvoirs publics ignoraient ce que devait être une Conversion ; de nombreuses années, des discussions approfondies, l'exemple concluant de l'Angleterre, l'expérience que donnera le maniement du crédit et de ses ressources, étaient nécessaires pour qu'une réduction de l'intérêt de la dette publique pût être tentée sans danger. M. de Villèle a eu le tort de vouloir hâter une solution dans un but uniquement politique.

CHAPITRE IV.

Conversion facultative de 1825.

§ 1er. — *Discussion et vote de la loi de 1825.*

La mort de Louis XVIII ne devait pas amener un changement de politique ; le système de M. de Villèle trouvait, au contraire, un appui plus résolu dans les idées étroites de Charles X. Aussi, ne fut-on pas surpris d'entendre le nouveau roi faire cette déclaration dans son discours, à l'ouverture de la session de 1825 :

« Le roi, mon frère, trouvait une grande consolation à préparer les moyens de fermer les dernières plaies de la Révolution. Le moment est venu d'exécuter les sages desseins qu'il avait conçus. La situation de nos finances permettra d'accomplir ce grand acte de justice et de politique, sans augmenter les impôts, sans nuire au crédit. »

Le 3 janvier, le Ministre des finances soumettait à la Chambre des députés deux projets de loi ayant pour but, le premier, d'accorder un *Milliard* d'indemnité aux émigrés pour leurs biens vendus, et, le second, d'autoriser le gouvernement à suspendre l'action de l'amortissement sur le 3 % quand ce fonds dépasserait le pair, et à créer de nouveaux titres 3 % à échanger contre des titres 5 %. Ce dernier projet de loi, d'après l'exposé des motifs de M. de Villèle devait « fournir au gouvernement les moyens de
» supporter l'accroissement donné à la dette publique par
» l'Indemnité sans affecter le crédit, et de pourvoir au
» paiement des intérêts de cette nouvelle charge sans

» accroître les impôts existants et sans affaiblir la dotation » de l'amortissement. »

La connexité entre l'Indemnité d'un milliard et la Conversion, niée en 1824, était avouée en 1825 par le Cabinet. M. de Villèle craignait l'impopularité qui résulterait d'une augmentation de charges occasionnée par le paiement de l'Indemnité ; il désirait la dissimuler sous une économie correspondante. En 1824, la Conversion avait été repoussée parce qu'on voulait l'imposer aux rentiers, et qu'elle devait procurer des bénéfices considérables à un groupe financier. M. de Villèle ne tenait pas à son système : il voulait le résultat. Mais comment espérer que les porteurs du 5 % seraient assez naïfs pour échanger volontairement leurs titres contre un fonds qui ne leur rapporterait plus que 4 % ? Pour vaincre cette difficulté, le Ministre fit montre d'un grand esprit de ressources et d'une véritable habilité. L'amortissement possédait une dotation annuelle de 40 millions, qui lui avait déjà permis de racheter plus de 35 millions de 5 %. La Caisse d'amortissement pouvait donc consacrer, chaque année, une somme *minima* de 75 millions à ses opérations. Convenait-il de racheter des rentes au-dessus du pair, quand l'État avait le droit de les rembourser au pair ? M. de Villèle affirmait qu'il serait illogique d'acheter 104 ou 105 fr. ce qu'on pouvait payer 100 fr. Il proposait donc de suspendre l'action de l'amortissement sur les rentes qui auraient dépassé le pair. La rente 5 % étant dans ce cas, les 75 millions de l'amortissement devaient être affectés entièrement, pendant cinq années, à l'acquisition des rentes 3 % qui étaient remises aux émigrés et qui ne dépasseraient pas 30 millions ; durant ces cinq années, la moitié des nouvelles rentes créées devait être absorbée ; l'autre moitié devait être acquittée par l'augmentation progressive du produit des impôts. Dans l'esprit du Ministre, un amortissement aussi rapide amènerait sûrement une élévation correspondante des cours de ce nouveau fonds. Partant de ce principe, M. de Villèle proposait aux porteurs du 5 % de convertir leurs titres, soit contre du 4 1/2 au pair, garanti pendant dix ans contre tout remboursement, soit contre du 3 % au taux de 75 fr. ; ils perdraient, dans ce dernier cas, 1 fr. d'intérêt annuel, mais ils seraient assurés de voir le capital de leurs rentes s'élever progressivement par suite de l'action de l'amortissement, tandis que s'ils restaient dans le 5 %, le capital de leurs rentes privées des achats journaliers de la caisse d'amortissement, resterait forcément stationnaire.

M. de Villèle espérait que ce raisonnement compliqué serait compris par les rentiers ; mais craignant encore pour le sort de cette loi qui lui tenait à cœur, il promettait aux propriétaires des deux Chambres que l'économie produite par la Conversion serait appliquée à réduire d'autant les centimes additionnels affectant les quatre contributions directes.

« Tel est, disait le Ministre en terminant son *Exposé des motifs*, le plan financier au moyen duquel nous avons pensé que vous pourriez accomplir la grande mesure qui doit honorer à jamais cette session, en consolidant simultanément, au lieu de l'atténuer, le puissant levier de force et de crédit que nous offre, en son état actuel, la caisse d'amortissement ; en rachetant, à mesure que vous les émettrez, la moitié des rentes créées pour l'Indemnité ; en assurant à ces valeurs, dans les mains de ceux qui auraient la confiance et la faculté de les conserver, une hausse assez probable pour atténuer la perte qu'elles éprouveraient, si elles fussent restées dans un état éloigné du prix normal pour lequel elles leur seront données ; en rendant de l'activité et du crédit, par la faculté de les convertir, à des valeurs qui, arrivées à leur apogée, n'offriraient plus pour leurs propriétaires que des chances de perte, et pour l'État un obstacle invincible au développement du crédit ; enfin, en conciliant avec tous ces avantages, celui d'offrir aux contribuables l'espoir fondé d'une diminution dans la partie de leurs charges la plus lourde à supporter. »

L'opposition ne se laissa pas prendre à ces brillantes promesses, et se montra aussi hostile à cette Conversion facultative qu'elle l'avait été au projet de 1824. Le rôle que jouait dans cette affaire M. de Villèle rendait les critiques aisées et cruelles. En 1824, il niait catégoriquement que la Conversion eût pour but de faciliter le paiement de l'indemnité ; moins d'une année après, ce but était nettement avoué. En 1824, le Ministre s'opposait de toute son énergie à ce qu'on touchât aux réserves de l'amortissement et qu'on cessât les rachats lorsque les rentes seraient au-dessus du pair ; son nouveau projet annonçait que les rentes 3 % rachetées seraient annulées et que l'amortissement n'aurait plus d'action, à l'avenir, sur les rentes 5 % ayant dépassé le pair.

Les adversaires du Ministre s'emparèrent de ces contradictions flagrantes et attaquèrent son œuvre avec une violence extrême. M. Fiévée se distingua surtout, dans une longue série d'articles que publia le *Journal des Débats*, par ses critiques acerbes : il alla jusqu'à comparer M. de Villèle à l'abbé Terray et à Law. Ces attaques devaient échouer devant le parti-pris des membres de la droite, qui ne voulaient ni ne pouvaient risquer de faire échouer la loi d'Indemnité.

Les débats s'ouvrirent à la Chambre des députés immédiatement après l'adoption de la loi sur l'Indemnité d'un milliard. Ils durèrent du 17 au 26 mars. Pendant ces neuf jours, il fut à peine question de la Conversion ; les orateurs du gouvernement, M. de la Bouillerie et le Ministre des Finances, firent surtout ressortir la nécessité de trouver des ressources pour le paiement de l'Indemnité, et l'urgence de rendre son élasticité à l'amortissement, en créant un fonds important au-dessous du pair. L'amortissement avec intérêts composés était en grande faveur : c'était la panacée universelle. La gauche insistait sur les conséquences désastreuses de l'opération qui, si elle réussissait à faire disparaître le 5 %, grèverait la

France d'une nouvelle dette de 1 milliard 333 millions (1).
— Qu'importe, répondaient le Ministre et ses amis, avec
une dotation de 1 %, nous aurons raison, en trente-trois
ans, de cette augmentation de capital.

Les orateurs qui combattaient le projet l'envisageaient
principalement sous le côté politique et moral. MM. Bou-
cher, Bourdeau, Casimir Périer, Bertin de Vaux se firent
remarquer par la vivacité de leurs attaques. Ce dernier
surtout, quoique son dévouement à la Restauration ne pût
être soupçonné, dans un discours plein de vigueur, d'esprit et de bon sens, fut sans pitié pour la proposition du
Cabinet. Il osa dévoiler publiquement un des motifs qui
avaient engagé le Ministère à renouveler, en le modifiant,
le projet repoussé par la Chambre des pairs : « Il est,
» disait-il, de notoriété sur la place de Paris, au parquet
» de la Bourse, dans les comptoirs des banquiers, dans
» les études de notaires, qu'il existe une compagnie de
» spéculateurs qui, par suite de la réduction de la rente,
» est engorgée de 5 % pour une somme énorme. Elle
» supporte, dit-on, l'accablant fardeau de 20 millions de
» rentes, qui, au cours actuel, représentent un capital
» de plus de 400 millions. Comment sortir de cette posi-
» tion? Le problème n'était pas facile à résoudre. Il se
» trouve résolu par le projet actuel. Voilà tout le mystère.
» Si la loi passe, on en sortira, non-seulement sans
» perte, mais avec bénéfice. Si elle est rejetée, que vou-
» lez - vous que je vous dise ? *le deuil sera dans*
» *Jérusalem !....* » Après avoir indiqué les causes de la
mesure, le député de la droite en montrait les effets
politiques : « Craignez, s'écriait-il, craignez que le rentier
» ruiné par la Conversion, ne réponde à son enfant qui
» lui demandera du pain : va en demander aux indem-
» nisés. »

(1) En 1824, on défalquait du calcul les rentes appartenant à la caisse d'a-
mortissement. — En 1825, on supposait que tout le 5 % serait converti. De là
la différence entre les chiffres de l'augmentation du capital nominal.

On le voit, il était peu question dans tout cela de l'opération financière. Il est cependant juste de mentionner un discours de M. de Saint-Chamans qui, seul dans cette longue discussion, paraît avoir entrevu ce que devait être une Conversion. Il insista avec énergie sur les inconvénients de l'accroissement démesuré de la dette publique; pour lui, l'État avait le droit incontestable de rembourser sa dette, et le devoir de ne pas la racheter lorsque les cours sont au-dessus du pair. La rente 5 % ayant dépassé 100 fr., il était nécessaire de proposer aux porteurs de ce fonds, ou le remboursement de leur capital, ou une réduction de leur intérêt; l'État n'avait aucune compensation à donner aux rentiers, et il devait purement et simplement convertir le 5 % en 4 1/2 %, sans augmentation de capital.

Ces idées si simples ne trouvèrent pas d'écho dans cette Chambre, où la passion seule pouvait se faire entendre. Après le rejet de nombreux amendements, proposés par Casimir Périer et Benjamin Constant, et relatifs à la réduction ou à l'emploi du fonds d'amortissement, le projet fut adopté par 237 voix contre 119. L'année précédente, la minorité avait réuni 145 voix; 24 membres de la droite avaient donc renoncé, dans un but politique, à leur opposition à cette mesure financière.

M. de Villèle, en présentant le projet à la Chambre des pairs, fit ressortir les améliorations qu'il avait fait subir au plan proposé l'année précédente. Ces modifications étaient conformes aux idées qui avaient semblé diriger la haute Assemblée dans son vote. En effet, la Conversion devenait libre et facultative pour les rentiers. On leur offrait du 3 % à 75 fr., ce qui en faisait l'équivalent du 4 %, et en même temps du 4 1/2 % au pair, garanti pendant dix ans contre toute réduction nouvelle. Aucune compagnie de banquiers n'intervenait dans l'affaire, qui devait produire une économie immédiate pour le Trésor. L'amortissement était suspendu pour les rentes ayant dépassé le cours de 100 fr. La plupart des vœux émis par les pairs trouvaient ainsi leur satisfaction. Aussi, le duc de Levis qui, comme l'année précédente, fut l'interprète de la commission, conclut à l'adoption du projet, en se fondant sur ce que ses dispositions écartaient les objections principales qui avaient fait échouer la première proposition de Conversion.

La discussion s'ouvrit le 25 avril ; elle n'occupa que trois séances.

Comme en 1824, M. le comte Roy est le premier orateur qui combat le projet : « L'année dernière, dit-il, on » voulait arriver à la Conversion par l'offre du rembour- » sement *qui est dans le droit du Gouvernement*. Main- » tenant, c'est par les combinaisons de l'amortissement » qu'on veut obliger les rentiers à changer leurs rentes » 5 % contre des rentes 3 %. Ce moyen manque de » loyauté, et c'est pour ce motif que je m'oppose à » l'adoption de la loi. »

Il blâme les changements qu'on proposait de faire à l'institution de l'amortissement, et qui, en livrant son action à l'arbitraire de l'administration, lui permettrait de s'en servir pour faire monter ou baisser, à son gré, le cours de tel ou tel effet. Il se prononce, encore plus vivement que dans la discussion précédente, contre l'augmentation de capital. Il fait remarquer que si, en Angleterre, sous la pression de la plus absolue nécessité, on avait eu recours au système des emprunts à faible intérêt, on renonçait maintenant à cet expédient, qui avait endetté nos voisins d'une somme de neuf milliards supérieure à celle reçue en réalité, et que l'on s'efforçait d'agir « de manière à réduire le capital de la dette » nationale à un fonds nominal moins considérable. » (1)

(1) Nous ne savons à quel fait M. Roy faisait allusion, à moins qu'il ne voulût parler du développement de la dette viagère.

M. Roy s'était appliqué surtout à effrayer les esprits au sujet de l'accroissement du capital. L'illustre Laplace lui répondit par la lecture d'une note, où il démontrait, avec toute l'autorité de sa science en arithmétique, que l'économie produite par la réduction compenserait largement l'augmentation du capital de la dette, qui serait rapidement absorbée par le jeu de l'amortissement et des intérêts composés. Ses nobles collègues ne pouvaient guère réfuter les nombreux chiffres mis en avant ; ces calculs n'ont plus, d'ailleurs, d'intérêt, maintenant que le système du docteur Price est abandonné.

L'année précédente, M. de Châteaubriand déclarait à ses amis qu'il n'entendait rien à ces questions financières. Sorti du ministère et devenu membre de l'opposition, sa compétence ne lui parut plus douteuse, et il attaqua, avec toute l'acrimonie de son orgueil blessé, l'œuvre de son ancien collègue. « C'est toujours, s'écriait-il, la liberté d'une Conversion qui ne sera pas libre ; le dégrèvement des contribuables qui ne seront pas dégrevés ; l'accroissement de l'industrie qui ne s'accroîtra pas ; la diminution de l'intérêt de l'argent qui ne diminuera pas ; l'élévation des fonds publics qui ne montent que pour descendre ; le refoulement dans les provinces des capitaux qui viendront et resteront à Paris ; enfin le triomphe du crédit qui sera perdu. » La brillante et bilieuse imagination du grand écrivain se plaisait à tracer les plus sombres tableaux des conséquences du projet : il ne méritait vraiment pas tant d'honneur. Si le commencement d'un règne, « si le moment où l'huile sainte, qui coula sur le front de Louis IX, de François Ier, d'Henri IV, de Louis XIV, allait couler sur celui de Charles X, est mal choisi « pour courir les terribles aventures du projet ; l'est-il mieux dans l'intérêt de la société générale ? Le système de Law et les réductions de l'abbé Terray contribuèrent à la ruine de la monarchie ; les assignats, en tombant, précipitèrent la République ; les banqueroutes

17

» de Bonaparte préparèrent la chute de l'Empire. Que
» tant d'exemples nous avertissent ! Qui bouleverse les
» fortunes bouleverse les mœurs ; qui attaque les mœurs
» ébranle la religion ; qui ébranle la religion perd les
» États ! » M. de Châteaubriand ne se contenta pas de ces
déclamations générales ; il se livra à des considérations
financières et économiques, qui prouvaient que sa modestie de ministre n'était pas mal placée. Il affirma que
la société chrétienne avait trouvé le point juste, en fixant,
dans les pays essentiellement agricoles, l'intérêt de l'argent à 5 % ; qu'au-delà, il y avait usure ou trop grande
cherté des capitaux, et qu'au-dessous de ce taux, il y
avait dépréciation ou avilissement de ces mêmes capitaux.

M. de Villèle crut devoir répondre au discours de son
ancien collègue. Il ne put que répéter ce qu'il avait dit
plusieurs fois. M. Pasquier, à son tour, développa la même
thèse que l'année précédente, mais avec plus de netteté
encore et de précision. Il admet de nouveau que la rente
est remboursable quand elle est au pair, mais il démontre
que, « pour que ce remboursement ait lieu, il faut : 1° que
le pair soit acquis d'une façon incontestable ; 2° que le
moyen du remboursement employé n'aggrave pas la position de l'État au lieu de l'améliorer. Quel moyen propose-
t-on ? Une application du système des emprunts à petit
intérêt et à gros capital : c'est le mal le plus grave qu'on
puisse faire à la France. » Le futur chancelier rappelle que
ce système a été critiqué en Angleterre, et surtout par
Pitt, dans sa fameuse lettre écrite en novembre 1796, qu'il
a été combattu par tous les financiers et les économistes,
et il accuse les banquiers d'être les inventeurs de ces
systèmes d'emprunt qui leur procurent des bénéfices
immenses.

M. Mollien était plus modéré ; il n'attaquait pas le principe de la loi, mais il se refusait à admettre que l'on voulût
forcer les porteurs du 5 % à convertir leurs titres en 3 %,
en privant ce premier fonds du bénéfice de l'amortisse-

ment. Il demandait donc qu'une portion proportionnelle du fonds de l'amortissement fût affectée au 3 % nouveau créé pour l'indemnité, au 3 et au 4 1/2 produits par la Conversion, et enfin au 5 % restant : il proposait que la portion affectée au 5 fût employée en achats au-dessous du pair, ou au remboursement au pair. Cet amendement avait d'autant plus de poids que son auteur était le président de la commission de surveillance de la Caisse d'amortissement. M. Roy appuya la proposition de son collègue ; le principe en était excellent ; l'application en était difficile. M. de Villèle n'eut pas de peine à prouver que le remboursement au pair avec les fonds de l'amortissement n'était pas possible en pratique. Qui devrait-on rembourser ? Quel rentier choisirait-on pour lui imposer une perte ?

M. de Villèle tenait essentiellement à ce que les ressources de l'amortissement fussent entièrement appliquées aux rachats du 3 % : c'était le but réel de la loi. Il voulait obtenir avant tout la hausse rapide du nouveau fonds, d'abord pour favoriser les indemnisés, et ensuite et surtout, pour permettre aux Compagnies financières qui, sur la foi de sa parole, avaient acheté une masse énorme de 5 %, de liquider leur situation avec bénéfice. Il avait, lors du rejet de 1824, demandé aux banquiers, ses collaborateurs, de prendre patience, et il leur avait promis de leur procurer une revanche prochaine. En s'opposant à l'adoption de l'amendement de MM. Mollien et Roy, qui aurait enrayé la hausse du 3 %, le Ministre était fidèle à ses engagements.

La Chambre des pairs, sans comprendre la portée de son vote, donna raison à M. de Villèle ; elle repoussa la juste proposition des deux anciens Ministres du Trésor par 123 voix sur 226 votants. L'ensemble de la loi fut ensuite adopté à une majorité un peu plus forte de 134 voix contre 95 ; plus de 30 membres de la droite, qui avaient refusé de donner leur approbation au projet de 1824, votèrent la nouvelle loi sur l'amortissement et la Conversion. L'esprit

de parti, la passion politique et l'intérêt des émigrés avaient obtenu ce résultat. La Chambre des pairs, sous Louis-Philippe, devait s'opposer trois fois à des Conversions plus justes, plus équitables et surtout plus nécessaires.

§ 2. — *Résultats financiers de la Conversion de 1825.*

L'article 4 de la loi qui a seul trait à la Conversion (les autres articles réglaient le mécanisme nouveau de l'amortissement), était ainsi conçu :

« Les propriétaires d'inscriptions de rentes 5 % sur l'État auront, durant trois mois, à dater du jour de la publication de la présente loi, la faculté d'en requérir, du Ministre des Finances, la Conversion en inscriptions de rentes 3 % au taux de 75 fr., et, à dater du même jour jusqu'au 22 septembre 1825, la faculté de requérir cette Conversion en 4 1/2 % au pair, avec garantie contre le remboursement jusqu'au 22 septembre 1835. »

On pouvait espérer qu'en présence de cette faculté, les rentiers n'auraient pas la naïveté de réclamer la réduction — soit d'un dixième de leur revenu sans compensation, — soit d'un cinquième entier de l'intérêt de leur rente avec l'espérance problématique d'une augmentation de capital. On comptait sans l'acharnement que devait mettre M. de Villèle à faire réussir son œuvre.

La Conversion semblait condamnée d'avance. Pendant la discussion, les cours avaient été soutenus par les banquiers contractants de 1824. Malgré leurs efforts, le 5 %, qui, le 28 avril, jour du vote de la loi par la Chambre des Pairs, était coté 102 fr. 80 c., tombait, dès le 2 mai, à 100 fr. 95 c. La Conversion en 4 1/2 n'était dès lors plus possible. Le 6, le 3 % nouveau était inscrit à la cote à 75 fr. 30 c. : il ne pouvait se maintenir à ce cours, et, le 7, il descendait à 74 fr. 70 c. La situation était critique ; Casimir Périer le comprit et il s'empressa de prier le Ministre des Finances de faire publier, tous les quatre jours au moins, les demandés de Conversion. Il fit observer combien l'opération était désastreuse pour le Trésor qui, avec 250,000 fr. n'absorbait que 9,000 fr. de rentes 3 %, tandis que la même somme aurait amorti près de 12,000 fr. de rentes 5 %.

Il n'était pas besoin d'ajouter que la mesure serait aussi désastreuse pour les rentiers, s'ils consentaient à la Conversion : ceux-ci gardaient obstinément leurs titres anciens. Le résultat serait resté complétement nul, dit M. de Vaulabelle, dans son *Histoire des deux Restaurations,* si M. de Villèle, s'obstinant dans ses affirmations, n'eût fait à tous les fonctionnaires, détenteurs de rentes, une obligation de les convertir. Le Ministre ne s'arrêta pas à cette intimidation; pour soutenir les cours des deux fonds, il constitua les Receveurs généraux de soixante-dix-huit départements en une association ayant pour objet « toutes les opérations de banque et de finance jugées avantageuses aux intérêts de la Compagnie, et principalement celles qui seraient utiles au service du Trésor »; il imposa la Conversion à tous les dépôts publics; les commissions administratives des hospices et des bureaux de charité furent invitées par les préfets à demander les nouvelles rentes 3 %; on violenta même les fabriques des Eglises.

Tous ces efforts n'amenèrent qu'un résultat bien médiocre dont les chiffres sont résumés dans le tableau ci-après :

	RENTES 5 % présentées.	RENTES NOUVELLES	ÉCONOMIE en rentes résultant de la Conversion	CAPITAL NOMINAL de rentes 5 % présentées.	CAPITAL NOMINAL des rentes nouvelles.	AUGMENT. DU CAPITAL nominal.
	fr.	fr.	fr.	fr.	fr.	fr.
Conversion en en 4 1/2 %..	1.149.840	1.034.764	115.076	22.996.800	22.994.755	(1)
Conversion en 3 %......	30.574.116	24.459.035	6.115.081	611.482.320	815.301.467	(1)
Totaux....	31.723.956	25.493.799	6.230.157	634.479.120	838.295.922	203.816.802

(1) Les rentes 4 1/2 étant données au pair, le capital des rentes 5 %, et des rentes 4 1/2 devrait être égal ; d'un autre côté, les nouvelles rentes 3 % sont un

Une Conversion régulière en 4 1/2 % des 197 millions de rentes 5 % aurait produit une économie définitive de 19,700,000 fr.; en défalquant les rentes de la Caisse d'amortissement, l'épargne annuelle eut été encore de plus de 14 millions; cette opération n'aurait pas touché au capital nominal de la dette et n'aurait pas retardé par suite la libération de l'État. Avec le système de Conversion facultative adopté par M. de Villèle, l'économie produite ne s'était élevée au total qu'à 6,230,157 fr. et le capital nominal de la dette était augmenté de près de 204 millions. Le total des rentes 5 % dépassait alors 197 millions; seize pour cent seulement des rentes, soit un peu moins du sixième, avaient donc été présentées pour être converties; le Ministre des Finances n'avait pu réussir dans cette minime proportion que par une pression inouïe sur les fonctionnaires et les établissements publics, et grâce au concours des banquiers associés de 1824, qui avaient encore en portefeuille, assurait-on, près de 20 millions de rentes. On peut affirmer que bien peu de rentiers véritables se laissèrent entraîner par les fallacieuses promesses du gouvernement.

L'opération était, du reste, désastreuse pour ceux qui avaient échangé leurs titres. Le 5 août, jour de la clôture de la Conversion, le 3 % était coté à 75 fr. 60. Dès le 9, il tomba à 73 fr. et, le 16, à 71 fr. Au mois de novembre, trois mois après la fin de l'opération, le nouveau 3 % était descendu au prix de 60 fr. Les rentiers avaient donc perdu un cinquième de leur revenu et un cinquième de leur capital, les 4 fr. de rentes 3 % donnés en échange de 5 fr. en 5 % ne valant que 80 fr.

La colère que souleva cette mesure fut si grande que, pendant les dix-huit années du règne de Louis-Philippe, les Pairs ne voulurent pas assumer la responsabilité d'une

peu inférieures aux 4/5 des rentes 5 % converties en ce fonds au cours de 75 fr., c'est-à-dire à 4 %. Ces différences proviennent de fractions de rentes qui n'ont pu être converties et qui ont été remboursées.

nouvelle Conversion. M. de Villèle a laissé une réputation d'habileté comme Ministre des Finances. Si on ne le jugeait que par le projet de 1824 et l'opération de 1825, on devrait déclarer qu'aucun administrateur des deniers publics, à l'exception peut-être de M. Fould, n'a fait autant de mal au crédit de l'État. La Conversion de 1825 n'était qu'un expédient; à ce titre on peut reconnaître l'ingéniosité du moyen et la dextérité de l'homme d'État. Ce procédé a amené une légère économie qui a rendu moins sensible au pays le poids de l'indemnité d'un milliard, et il a créé un fonds public dans lequel étaient confondus les émigrés et les porteurs de l'ancien 5 % converti. Cette mesure toute politique est bien digne du cabinet et des Chambres qui ont fait la loi du milliard, la loi du sacri- lége, la loi de « justice et d'amour » sur la presse, et qui ont entrepris une lutte sans merci contre l'esprit moderne.

Nous verrons, du reste, dans le cours des discussions ultérieures, que la Conversion de 1825 a été condamnée comme prématurée, par tous les esprits éclairés et im- partiaux, et que M. de Villèle, lui-même, a reconnu plus tard que les opérations de ce genre devaient être réalisées sans augmentation de capital.

§ 3. — Projet de M. de Chabrol, en 1830.

Malgré l'échec de 1825, la Conversion s'imposa de nou- veau à l'attention du Ministre des Finances, lorsque le Crédit de l'État eut enfin porté, d'une façon définitive, le principal fonds au delà du pair. M. de Chabrol, dans le célèbre Rapport au Roi, du 15 mars 1830, Rapport dû à la plume élégante de M. le marquis d'Audiffret, fait plusieurs fois allusion à la nécessité de cette mesure, sans indiquer clairement les moyens qu'il compte proposer. « Les pro- » grès toujours plus rapides de la hausse de nos fonds » publics, disait le Ministre, éclaireraient l'opinion générale » sur la nécessité d'une prochaine réduction de l'intérêt.....

» La mesure d'un remboursement au pair, ou de la dimi-
» nution des arrérages, ne trouvait presque plus de
» contradicteurs, et le droit de l'État de se libérer envers
» les porteurs de ses rentes était devenu hors de toute
» contestation, comme dérivant des premiers principes de
» notre Code civil et des règles écrites depuis longtemps
» dans le droit commun de tous les peuples pour fixer les
» relations du débiteur et du créancier. »

La faute de M. de Villèle, en 1824 et en 1825, avait porté
ses fruits. Le Ministre, ne voulant rien laisser au hasard,
avait cherché à connaître le véritable taux du crédit de
l'État. « Les cours des 5 % ne pouvaient plus fournir
» aucune donnée sur ce point délicat, depuis le jour où il
» avait été soumis à l'influence d'une menace continuelle
» de remboursement. Le 4 1/2 n'avait pas assez de consis-
» tance pour être une base exacte d'appréciation, et le
» 3 % s'éloignait trop de la situation naturelle où il eut été
» placé sans le secours d'un amortissement dispropor-
» tionné à son importance, et sans l'effort du jeu des
» spéculateurs... pour qu'il fut prudent de considérer son
» cours comme une mesure exacte de notre crédit public.
» ..... Toutes ces considérations nous ont déterminés à
» ouvrir un emprunt de 4 % dont le résultat a dépassé
» nos espérances, et qui a été adjugé à la maison Roths-
» child et Cie. »

D'après ce précédent, la Conversion aurait pu être
opérée en 4 % au pair. Mais, ajoutait le rapport, « ce se-
» rait une grave erreur, une faute dangereuse que de
» vouloir se placer dans la même situation vis-à-vis des
» rentiers inscrits, pour les contraindre à accepter des
» conditions analogues. La justice du gouvernement ne
» lui permet pas d'oublier les tributs qu'il a reçus dans
» les temps difficiles.... L'administration doit éviter avec
» sollicitude toute secousse violente qui viendrait trou-
» bler un grand nombre d'existences au milieu de l'ai-
» sance générale...... Quelle que soit, au surplus, la

combinaison à laquelle il semblera préférable de s'arrêter, pour la Conversion des 5 % et pour la distribution des ressources, de l'amortissement, le Trésor doit bien recueillir des épargnes très-abondantes et qui peuvent ajouter 30 ou 40 millions à ses ressources annuelles. »

Ces courtes citations suffisent pour prouver qu'au commencement de 1830, le gouvernement de la Restauration avait l'intention d'opérer une Conversion du 5 %, Il est même probable, d'après les chiffres de l'économie prévue, que la mesure devait être réalisée avec une réduction d'intérêt d'un demi pour cent. Nous trouvons la confirmation de cette hypothèse dans une déclaration de M. Humann, en 1838, à la Chambre des pairs. L'ancien Ministre des finances affirmait avoir vu dans les archives du ministère un projet de loi, étudié et préparé par son prédécesseur, M. de Chabrol, et aux termes duquel le 5 % aurait été converti en 4 1/2 % au pair.

Dans tous les cas, et quoique ce projet n'ait pas vu le jour, il était important de rappeler que le Ministre des finances du cabinet de Polignac avait reconnu la légalité du remboursement au pair des rentes, et avait voulu réaliser une Conversion du fonds 5 %, qui avait dépassé le pair. L'opposition que cette mesure rencontrera sous le gouvernement de Juillet, devant la Chambre des pairs, en paraîtra plus inexplicable.

CHAPITRE V

Monarchie de Juillet. — Discussions de 1836.

Sous la Restauration, malgré l'essai de 1825, le principe de la Conversion n'avait été compris, ni dans le public, ni dans les assemblées délibérantes. Les faits passés en Angleterre étaient ignorés ou mal interprétés; les questions financières étaient peu étudiées. L'opinion était dirigée par les banquiers, qui avaient un intérêt contraire à celui de l'État et des contribuables. Le système baroque de 1824 était sorti des pourparlers de M. de Villèle avec les représentants de la haute banque européenne; le projet de 1825 avait été inspiré par une pensée politique et la nécessité d'offrir une compensation aux financiers qui avaient donné leur concours au ministre. Dans les discussions de la Chambre des députés et de la Chambre des pairs, les droits du Trésor avaient été à peine défendus. Nous l'avons vu, M. de Saint-Chamans, dans la première assemblée, M. Pasquier, dans la seconde, avaient seuls entrevu les véritables principes: ils n'avaient pas été écoutés. On croyait que les rentiers ne pouvaient être dépossédés d'une partie de leur revenu, sans une compensation; de là était né le système des rentes au-dessous du pair. En outre, les moyens pratiques de Conversions étaient inconnus; on entrevoyait l'obligation de rembourser les anciens prêteurs et on était effrayé du mouvement colossal de capitaux qu'une semblable opération entraînerait.

De nouveaux projets, de nouvelles discussions étaient

donc indispensables pour éclairer l'opinion ; les anciens rentiers avaient seuls fait entendre leurs voix, leurs plaintes, leurs réclamations. Deux éléments nouveaux devaient entrer dans la lice pour que le procès fut complétement plaidé : le Trésor et les contribuables qui n'avaient pas trouvé un défenseur dans les Chambres de la Restauration. Nous allons assister à de nouvelles luttes où se trouveront en présence les quatre parties adverses : les rentiers, les banquiers, le Trésor et les contribuables. Chaque discussion amènera un progrès, un pas en avant, une amélioration, effacera un préjugé, fera découvrir un mécanisme plus simple, jusqu'à ce qu'enfin on arrive au procédé si loyal et si productif, pratiqué tant de fois et avec tant de succès, par nos voisins et nos maîtres en matière de crédit. Le dernier mot appartiendra aux contribuables, dans une Chambre composée de propriétaires, de rentiers et de fonctionnaires ; et cela, chose curieuse, grâce à un député démocrate, qui, à force de courage, de persistance, d'éloquence, de bon sens, parviendra à triompher des préjugés intéressés de ses collègues. Mais, n'anticipons pas sur les événements et reprenons ce froid exposé historique.

La Révolution de Juillet avait été suivie d'un effondrement de nos fonds publics. Pendant les derniers mois de 1830, les années 1831 et 1832, et le commencement de 1833, notre rente 5 % ne toucha pas le pair, et le 3 % se traîna péniblement entre 60 et 70 fr. Il n'était pas possible de songer à opérer une réduction de l'intérêt de la dette ; le gouvernement dût recourir, au contraire, au crédit. Le 19 avril 1831, il fit un premier emprunt de 120 millions en 5 %, adjugé au taux de 84 fr., à divers banquiers et receveurs généraux. Un peu plus tard, un essai d'*Emprunt national* au pair, en 5 %, échoua misérablement ; il ne produisit qu'une vingtaine de millions. L'année suivante, le 8 août

1832, un nouvel emprunt de 150 millions fut contracté en 5 % ; les maisons Rothschild, Davilliers et Hottinguer s'en rendirent adjudicataires au prix de 98 fr. 50.

Malgré cette situation, qui n'était rien moins que brillante, certains esprits entrevoyaient déjà l'amélioration du crédit. M. Thiers, dans son rapport sur le budget de 1832, parla le premier de la possibilité prochaine d'une Conversion. « Qui doute, disait-il, qu'avec la paix, » poussés par 84 millions d'amortissement, nos 5 % ne » parviennent à dépasser le pair ? C'est alors que la plus » réelle des économies se présenterait : au lieu de porter » sur l'amortissement, elle porterait sur l'intérêt, et ce » serait une économie véritable, car la somme réduite sur » l'intérêt, l'État ne la doit plus à personne. »

L'impulsion était donnée. Il ne se passera plus une année jusqu'en 1846, sans qu'il soit fait allusion à cette mesure.

En 1832, le rapporteur du Budget de 1833, M. J. Lefebvre, posait parfaitement la question ainsi : « Si tel » était l'état du crédit que nous pussions émettre des » rentes 4 % à un prix voisin du pair, nous serait-il per- » mis de laisser subsister à la charge de l'État les rentes » 5 % ? Ne serait-ce pas pour nous un devoir impérieux » d'user de la faculté qui appartient à tout débiteur de se » libérer d'une dette onéreuse. »

Dans le courant de la même année, Casimir Périer, et en 1833, le Ministre des Finances, annonçaient formellement que la Conversion pourrait être réalisée dans un avenir pro- chain. La presse s'était emparée de cette question ; mais les Chambres n'avaient pas encore osé l'aborder de face.

En 1835, le 3 juin, M. Benoît Fould rompt le silence, et après avoir indiqué que l'opération serait facile avec un remboursement successif par séries, demande au Ministre des Finances s'il s'est occupé de préparer la Conversion des rentes. M. Humann répondit avec une grande netteté : « Le moment de traiter l'opération du remboursement

rapproche ; la force des choses nous y conduit ; je pense
jusqu'elle devra être soumise à la prochaine session. » Le
Ministre apprécia ensuite le système du riche banquier, et
déclara que le remboursement par séries était immoral,
qu'il paralyserait la mesure, qu'il y aurait des associations
pour assurer les rentiers contre les chances de remboursement, comme il y en avait déjà pour les obligations de
la Ville de Paris. M. Fould connaissait bien ces objections ;
elles ne l'arrêtaient pas ; il est même probable que la
perspective d'entrer dans l'association dont avait parlé
M. Humann, avait décidé le banquier-député à faire son
interpellation. Plus tard, il n'aura pas le même intérêt
personnel dans la Conversion ; nous le verrons s'y
opposer par tous les moyens et nier même la légalité du
remboursement de nos fonds publics.

**1836. — *Exposé des motifs du Budget de 1837. —
Projet de Conversion de M. Alex. Gouin.***

Au 1er août 1830, les titres 5 % s'élevaient à 163,762,368
fr. en rentes. Les trois emprunts de 1831 et 1832 avaient
augmenté cette somme de 15,579,066 fr. de rentes, Mais,
aux termes des lois des 27 et 28 juin 1833, les rentes
5 % appartenant à la Caisse d'amortissement avaient été
annulées jusqu'à concurrence de 32 millions. D'autres
annulations, pour des causes diverses, avaient encore
réduit les rentes de 494,985 fr. Par suite de ces diverses
opérations, les rentes 5 % ne s'élevaient plus, au 1er janvier 1836, qu'à la somme totale de 146,846,399 fr., représentant un capital nominal de 2,936,927,980 francs. Ces
chiffres ne devaient pas être sensiblement modifiés jusqu'à
la Révolution de 1848.

Le marché, malgré les déclarations du Ministre, en 1835,
avait continué son mouvement de hausse. Le 13 janvier
1836, la rente 5 % était à 109 fr. 05 ; le 4 % atteignait
102 fr. 30, et le 3 %. dépassant 81 fr., se rapprochait du

cours de 82 fr. Le lendemain, M. Humann donnait lecture à la Chambre des députés de son exposé des motifs du projet de Budget de 1837. On croyait savoir, par les déclarations de ses collègues, que cet exposé ne contiendrait aucune allusion à la Conversion ; le Garde des sceaux l'avait affirmé à M. Fould, qui s'intéressait vivement à la question. Aussi, la surprise fut-elle générale, quand on entendit le Ministre des Finances traiter longuement ce sujet délicat.

« Enfin, disait M. Humann, une grande amélioration
» financière nous est réservée ; je veux parler de la ré-
» duction de l'intérêt de la dette. Les circonstances sem-
» blent favorables pour l'entreprendre, et en attendant
» que les convictions se rallient généralement à la me-
» sure, j'essaierai d'empêcher du moins qu'elle ne soit
» compromise. Elle pourrait l'être si, les droits de l'État
» étant mis en oubli, on exagérait les progrès de la
» hausse ; car il ne faut point s'abuser, plus le cours de
» l'effet remboursable s'élèvera au-dessus du pair, plus
» le remboursement au pair ou la Conversion rencontre-
» ront d'obstacles. C'est donc un devoir pour moi d'occu-
» per un moment votre attention de cette importante
» question.... Le droit est sorti victorieux de la discussion
» qui s'est engagée à ce sujet, en 1824.... La question du
» remboursement d'un fonds à son pair ou la diminution
» de la dette est résolue dans toutes les convictions ; le
» droit commun, le Code civil, toutes les règles qui gou-
» vernent les relations du débiteur et du créancier, ont
» décidé le principe... La question d'équité ne présente
» pas plus d'incertitude que la question de droit. L'intérêt
» est-il encore de 5 % ? Non, certes. Serait-ce manquer
» d'équité que de rembourser à 100 fr. la rente émise en
» moyenne à 73 fr., et, après avoir servi 6 fr. 80 %, de
» restituer le capital reçu avec une addition de 37 % ?...
» Les conditions de l'opération décideraient de l'impres-
» sion des esprits. Comment celle-ci pourrait-elle être

fâcheuse, si l'on procédait avec les ménagements que l'équité et la bienveillance réclament, si l'État offrait aux rentiers tous les avantages compatibles avec le but qu'il s'agit d'atteindre ? »

Immédiatement, M. Aug. Giraud s'étonne que « les idées du Ministre des finances n'aient pas reçu une conclusion pratique, et exprime le désir de savoir qui peut tenir la volonté du Ministre enchaînée. » Il demande, en conséquence, à adresser à ce sujet des interpellations au Ministre, le lundi suivant, 18 janvier.

Le jour fixé pour l'interpellation, une ordonnance du Roi acceptait la démission de M. Humann, et lui donnait pour successeur M. le comte d'Argout. Le *Moniteur* n'ayant pu publier cette nomination, la Chambre en fut informée par le président du Conseil, M. le duc de Broglie. L'interpellation à un simple député n'étant pas possible, M. Humann demanda, dès le début de la séance, à s'expliquer. « Il rappelle que depuis 1824 ses idées sont arrêtées sur la question; qu'en 1835, il annonçait, dans la séance du 3 juin, son intention de réduire l'intérêt de la dette. Il avait préparé un projet, un exposé des motifs; ses collègues ont pensé qu'un ajournement d'une année était convenable. Il a cru nécessaire de préparer les esprits à une mesure que l'on considérait comme légitime, avantageuse et désirable.»

M. le duc de Broglie modifia légèrement cet exposé des faits : « L'opinion personnelle de M. Humann sur la question n'altérait pas l'unité du cabinet, mais, la défendre dans un acte officiel, sans l'aveu de ses collègues, devait amener les interpellations qui ont eu lieu. Il devenait nécessaire d'expliquer que l'exposé des motifs n'était qu'un avertissement donné aux spéculateurs et aux rentiers, et non un engagement de proposer la mesure à un moment quelconque. M. Humann a craint qu'on ne lui imputât des motifs qui, assurément, étaient bien loin de sa pensée, et il a mis son désintéressement à l'abri de toute atteinte en quittant le Ministère : on ne peut que l'approuver ».

Cet échange d'explications entre collègues qui avaient lutté pendant quatre années bien remplies, fut courtois, mais on sentait percer l'irritation du Président du Conseil et de l'ancien Ministre des Finances dans les assurances de dévouement, d'amitié, d'estime qu'ils se prodiguaient. D'ailleurs, le débat était resté presque personnel, et M. Giraud voulait une déclaration nette. M. de Broglie n'hésita pas à le satisfaire : « On nous demande s'il est » dans les intentions du Gouvernement de provoquer la » mesure. Je réponds : Non. — Est-ce clair ? »

Ce que le Gouvernement refusait de faire, un membre de l'Assemblée le proposa. Le 1er février, M. Alex. Gouin déposa un projet de Conversion ; l'ancien Ministre des Finances, de son côté, communiqua le projet de loi qu'il avait préparé. Voici la proposition de M. Gouin :

ARTICLE PREMIER. — Le Ministre des Finances est autorisé, à dater de la promulgation de la présente loi, à donner aux porteurs de rentes 5 %, en échange de leurs titres actuels, des rentes 4 % ou des rentes 3 %, qui seront immédiatement inscrites sur le Grand Livre.

ART. 2. — ..... Cette Conversion ne pourra être faite qu'aux conditions suivantes : le porteur d'une rente 5 % recevra par chaque 5 fr. de rente, suivant son option,

Soit une inscription de 4 fr. de rente 4 %, à laquelle seront annexées six annuités d'un franc.

Soit une inscription de 3 fr. de rente 3 %, à laquelle seront annexées treize annuités de deux francs.

Par les art. 3 et 4, le Ministre était autorisé à diviser les rentes non converties en séries, et à les rembourser, par voie du sort, au moyen des fonds disponibles sur la réserve de l'amortissement, ou des capitaux obtenus par l'émission de rentes nouvelles ; ces nouvelles rentes devaient être émises en 4 % ou 3 % et laisser au Trésor un avantage au moins égal à celui de la Conversion. Le projet de M. Humann était conçu dans le même esprit ; seulement les annuités offertes aux porteurs du 5 % qui demanderaient des rentes 4 1/2 ou 3 % avaient une durée différente.

Prise en considération du projet de M. Gouin. — Chute du Cabinet de Broglie.

La discussion sur la prise en considération du projet de M. Gouin, commença le 4 février ; elle dura deux jours. L'auteur de la proposition fut énergiquement soutenu par M. Hip. Passy ; mais il trouva en M. Thiers, Ministre de l'intérieur, un redoutable adversaire.

M. Thiers déclare d'abord que, d'accord, à l'unanimité, avec tous ses collègues, il regarde la mesure proposée : 1° comme fondée en droit ; 2° comme renfermant une ressource utile et digne d'être prise en très-sérieuse considération ; 3° comme inévitablement amenée par le temps. Favorable au principe de la loi, il en ajournait seulement l'exécution à une époque indéterminée. Pourquoi ? Le Ministre « demande à la Chambre, non pas de » lui permettre de lui révéler tous les motifs, elle com- » prendra que son devoir de gouvernement est de lui en » cacher une partie ; mais de lui exposer ce qu'il est » possible de lui dire. » Les motifs avoués étaient que la loi était dure, que l'économie produite était insignifiante, à cause des exceptions nombreuses qu'il fallait admettre, et enfin la mesure était impraticable, vu l'état du marché. — M. Thiers n'ayant à discuter qu'une question d'opportunité, nous ne pouvons pas trouver de grands enseignements pratiques dans son discours ; nous devons cependant remarquer qu'avec son admirable bon sens, M. Thiers n'admettait pas la possibilité d'une Conversion

18

fractionnée, telle que la proposaient M. Gouin et M. Humann : « En divisant l'opération, disait-il, si vous étiez
» saisis par un accident qui interrompît la réduction, ceux
» qui auraient été réduits à l'exception des autres, jette-
» raient les hauts cris et ils auraient raison. Il faut donc
» une *opération instantanée.* »

Le lendemain, — après un discours de M. de Lamartine,
où le poëte s'apitoie sur le sort des rentiers, et où il soutient, d'une part, que la réduction produira seulement
8 ou 10 millions, et, de l'autre, qu'elle amènera une diminution de 60 millions dans la consommation, où il appelait l'opération une banqueroute masquée, — M. Humann
prit la parole. Sa situation était difficile; il ne pouvait se
dispenser de défendre la proposition, et, en le faisant, il
ébranlait l'autorité de ses collègues de la veille, auxquels il avait promis tout son concours. Aussi, après
avoir démontré que « l'opération bien conduite n'entraî-
» nerait aucune difficulté sérieuse, que la situation des
» anciens porteurs du *tiers consolidé* ne pourrait être un
» obstacle à l'adoption de la loi, attendu que, de ce chef,
» il n'y avait pas 100,000 fr. de rentes sur le Grand-Livre,
» qu'il était impossible d'accorder aux rentiers l'immu-
» tabilité de revenu qui n'existe pour personne, que la
» mesure produirait des effets précieux pour l'abaisse-
» ment du taux de l'intérêt et pour l'équilibre du budget, »
— M. Humann conclut en disant que, plein de confiance dans le Gouvernement, la prise en considération
de la proposition ne lui paraît pas nécessaire.

La surprise fut grande devant ce dévouement; mais
M. Berryer n'était pas homme à laisser le Ministère profiter de la bienveillance de son ancien collègue; le cabinet
était ébranlé, il fallait le faire tomber. Il s'empressa donc
de faire remarquer que « tous les arguments du Ministre
de l'Intérieur n'avaient pas pour conséquence l'ajournement temporaire de la mesure; que ses objections étaient
fondamentales et ne cesseraient ni dans deux, ni dans

vingt ans, et que, devant les déclarations contradictoires de l'ancien Ministre des Finances et d'un ancien sous-secrétaire d'État au même Ministère, il était nécessaire que la question fut examinée. »

M. Duchâtel, Ministre du commerce, et M. Guizot, Ministre de l'Instruction publique, renouvelèrent les déclarations de M. Thiers sur l'inopportunité de la mesure. M. Sauzet combattit l'ajournement demandé par le Gouvernement et insista pour que la Chambre prit un parti. M. Dufaure, enfin, en quelques mots et avec le mordant, la netteté dont il conserve le secret après plus de quarante années, résuma la discussion en appuyant la prise en considération : « On dit que prendre en considération la » proposition c'est en reconnaître le principe ; cela est » vrai, et puisque le Ministère convient que le principe en » est juste, la Chambre ne risque rien en le reconnais- » sant. On a prétendu que la mesure était illégale, immo- » rale, odieuse ; en la prenant en considération, la Cham- » bre prouvera qu'elle ne partage pas cet avis. » La Chambre donna raison à M. Dufaure par 194 voix contre 192 ; elle refusa donc, à 2 voix de majorité, de s'as- socier à l'ajournement demandé par le Gouvernement. Au sortir de la séance, les Ministres déposaient leur démis- sion entre les mains du Roi. Le lendemain la prise en con- sidération était votée.

Ministère de M. Thiers. — Discussion du projet de M. Gouin. — Vote d'ajournement.

Le cabinet qui avait résisté à tant d'attaques et qui sem- blait invulnérable, tombait ainsi sur une modeste question d'affaires. Il réunissait, sous la présidence du duc de Broglie, les personnalités les plus influentes de la Cham- bre des députés : les doctrinaires avec M. Guizot et M. Du- châtel, et les libéraux de 1830 qui, avec M. Thiers, devaient constituer plus tard le Centre gauche. Les quatre Ministres les plus en vue avaient pris la parole dans cette discussion ; la reconstitution d'un cabinet dont M. Guizot ou M. Thiers ferait partie était donc difficile ; leur exclusion était à peu près impossible. Après un mois de complications, d'entraves, d'intrigues de toutes sortes, M. Thiers, piqué au jeu par une épigramme du maréchal Soult, parvint à former le cabinet du 22 février : MM. Passy et Sauzet, qui avaient contribué à renverser le Ministère de Broglie, eurent pour leur part les Sceaux et le Ministère du commerce ; M. d'Argout conserva le portefeuille des Finances.

Ce cabinet pouvait passer pour favorable à la Conversion ; si son chef avait parlé contre l'opportunité de la mesure, il en avait admis formellement la justice, l'équité et l'utilité. Il avait d'ailleurs déclaré vouloir se conformer aux vœux nettement exprimés par la Chambre, et en prenant pour collaborateurs les deux principaux défenseurs de cette mesure, il avait manifesté son désir de la réaliser.

La Commission nommée par la Chambre des députés, à la suite du vote du 5 février, pouvait donc se livrer à une étude approfondie de la question, avec la certitude de rencontrer le bon vouloir du Ministère. Elle nomma pour rapporteur M. Lacave-Laplagne, ancien élève de l'école polytechnique qui, entré depuis peu de mois à la Chambre, avait su rapidement acquérir la confiance et l'estime de ses collègues.

Son rapport fut déposé dans la séance du 14 mars ; il résumait tous les arguments en faveur du droit de remboursement et des Conversions de rentes. C'est une œuvre serrée, complète, qui ne tient pas moins de dix colonnes du *Moniteur*. Nous réserverons la discussion de la question de légalité pour le moment où elle sera soulevée et contestée à la Chambre des pairs ; nous aurons alors à faire de nombreux emprunts au monument dû à la plume si compétente de M. Lacave-Laplagne. Après avoir dé-

montré l'équité et la possibilité dans un temps prochain
de la mesure, le rapporteur rendait compte des déclarations du Gouvernement. Comme la Commission et M. Lacave-
Laplagne, M. Thiers pensa que c'était assez demander aux
rentiers, de sacrifier le dixième de leur revenu ; il exprima donc l'avis que les porteurs de 5 °/₀ devraient conserver un revenu de 4 1/2. Il confirma ces déclarations
devant la Chambre et appuya les conclusions de la Commission ; celle-ci demandait l'ajournement de la discussion
par la résolution suivante, qui *formulait* le droit de l'État,
— le rapporteur disait formuler et non consacrer, parce
que le droit n'avait jamais été douteux.

« La Chambre, se fondant sur les motifs contenus dans le rapport
de la Commission et sur les explications données par les Ministres,
ajourne la discussion de la proposition qu'elle a prise en considération, et qui avait pour objet l'exercice par l'État du droit
qui lui appartient de rembourser à ses créanciers le capital
nominal de la rente qu'il a constituée à leur profit. »

La discussion sur ce projet de résolution s'ouvre le 21
mars : elle est longue, diffuse, violente, et les questions
pratiques y furent à peine effleurées. Le cabinet du 22 février avait à sa tête le Ministre de l'Intérieur qui, dans le
cabinet de Broglie, avait le premier et le plus ardemment
repoussé la Conversion. M. Thiers acceptait aujourd'hui le
principe de la mesure et demandait seulement, d'accord
avec la Commission, l'ajournement de la discussion au
fond, à l'année suivante ; il prenait l'engagement de présenter alors, au nom du Gouvernement, un projet de Conversion. Il avait forcément contre lui non-seulement
l'opposition de droite et de gauche qui, fière d'être parvenue à renverser le cabinet de Broglie, espérait compléter
son œuvre en forçant les anciens membres du Ministère
de 1832 à se retirer, mais encore les amis des ministres
tombés, qui ne lui pardonnaient pas d'avoir abandonné
ses collègues.

Cette partie des débats n'offre aucun intérêt au point
de vue exclusif qui nous occupe. Pendant la première
séance, M. de Lamartine traita, seul, la question au fond.
Il ne pouvait se soumettre à la tactique parlementaire ;
une escarmouche sur les flancs du Ministère ne lui suffit
pas ; il « affronte, dit-il, l'immense désavantage qu'il y a
» à ramener une discussion de principe à la tribune, après
» la discussion palpitante d'intérêts personnels qui vient
» d'être soulevée. La nation ne doit pas de capital ; qu'est-
» ce donc que le pair ? Et pourquoi n'amortirait-on pas à
» tous les cours, puisqu'il n'y a pas de pair ? Que rem-
» boursera-t-on ? » L'imagination du poëte n'avait pas
saisi la simplicité et la légitimité de la Conversion ; aussi
pour lui, et c'est ainsi qu'il résume son opinion sur la mesure : « Elle est une violation de la bonne foi et de la con-
» science publique ; — elle ne donnera pas un centime
» de dégrèvement aux contribuables ; — elle tarira la
» consommation de Paris et des départements de 15 à
» 20 millions ; — elle exposera la France à contracter un
» emprunt onéreux, si un coup de canon est tiré d'ici
» cinq ans ; — elle n'agira en aucune façon sur le taux
» de l'intérêt ; — elle remuera le Trésor jusqu'à son der-
» nier écu, pour faire repasser, de nouveau, 3 milliards
» entre les mains des banquiers et des agioteurs ; — enfin,
» elle élèvera le prix des terres !!!! »

Le lendemain, M. Laffitte prit la parole. Après un examen amer de la situation financière, il proposa un projet
assez compliqué, qui a de grandes analogies avec celui
que nous avons critiqué dans un chapitre précédent (1).
Les rentes 5 % devaient être liquidées par la création de
rentes nouvelles de 3 1/2 et de 4 1/2, négociées ou échangées, les dernières au pair, les autres à 87 fr. 50. Le Grand-
Livre était divisé en huit séries : aussitôt que les soumissions seraient suffisantes pour le remboursement d'une

(1) Voir livre II, Ch. VII.

série, cette série devait être tirée au sort. Les nouvelles rentes 4 1/2 étaient converties en 3 1/2 % au pair à chaque transfert, soit volontaire, soit par décès.

M. d'Argout, Ministre des Finances, démontra les impossibilités pratiques, ou au moins les difficultés insurmontables auxquelles viendrait se heurter ce système séduisant. « Avec la Conversion par suite de transfert, que deviendraient, en attendant, les rentes au porteur? Faudrait-il les supprimer, et, avec elles, les facilités qui rendent la rente si populaire? Pourquoi favoriser l'égoïsme du rentier en lui offrant une prime? N'était-ce pas détruire l'esprit de l'épargne, qui ne peut vivre que par l'esprit de famille? Le défaut principal était de faire durer l'opération pendant un temps indéterminé : dans vingt, dans cinquante années des rentes existeront encore en 4 1/2. En outre, si un accident politique survient avant que les 3 milliards de rentes nécessaires pour rembourser ou convertir les rentes 5 % aient été entièrement souscrits, que deviendra l'opération? On devra l'abandonner; et comment ensuite la recommencer? Dans quelles conditions? »

M. Laffitte revint à la charge ou plutôt commença la retraite à laquelle furent réduits les membres de la Gauche. « Son système n'avait rien de définitif; il pourrait être modifié ; l'essentiel était d'agir immédiatement ; les difficultés, quelles qu'elles fussent, seraient aplanies, car il se faisait fort, au nom d'un groupe de banquiers, d'assurer le remboursement des porteurs du 5 % actuel qui ne consentiraient pas à la Conversion. »

Pour la seconde fois, la discussion s'égarait. Il ne s'agissait pas de se livrer à un débat approfondi, mais de savoir si la question, après avoir été tranchée au point de vue théorique, serait ajournée dans son application. M. Gouin, l'auteur de la proposition, annonce qu'il consent à cet ajournement. Les gauches sentent que le succès du Ministre est assuré. M. Garnier Pagès, prenant en main la défense des contribuables, essaie encore

d'élargir le terrain de la discussion. « Le rapport et le
» président du Conseil, dit le membre de l'extrême gauche,
» ont parlé de laisser aux rentiers 4 1/2 °/₀ ; pourquoi
» cette faveur ? L'argent pourrait être obtenu par l'État à
» 4 °/₀. Dans quel but faire un cadeau d'un demi pour cent
» d'intérêt aux rentiers. On a parlé de transaction : pour
» qu'il y ait transaction, il faut deux droits coexistants.
» Quel est le droit des rentiers ? Dans toute sa latitude
» n'est-il pas suffisamment reconnu, quand on leur dit :
» voilà le montant au pair de la rente qui vous est dû ;
» nous vous l'offrons, ou vous consentirez à traiter de
» nouveau avec nous, aux conditions que nous offrent
» d'autres particuliers. » Pour la première fois, les intérêts, les droits des contribuables étaient mis franchement
en présence des priviléges des rentiers. Le député de la
démocratie engageait la discussion sur son véritable
terrain.

La question n'était pas encore mûre ; la situation du
Trésor ne permettait pas de réaliser la mesure cette année ;
en outre, la Chambre était indécise sur les moyens pratiques d'obtenir une réduction d'intérêt. Après un discours du rapporteur, qui démontra la nécessité de
l'ajournement, la majorité était assurée à la proposition
de la Commission. Le chef des gauches le comprit, et
pour éviter que le vote ne fût interprété en faveur du Cabinet, essaya d'expliquer que ses amis s'y associeraient
avec l'espérance que l'année suivante la Conversion aurait
lieu en 4 °/₀. Le président du Conseil ne pouvait accepter
un vote douteux : il avait pris l'engagement de déposer,
au nom du Gouvernement, un projet de Conversion qui
ne ferait perdre qu'un demi pour cent aux porteurs du
5 °/₀ ; il refusait de faire une autre promesse. Deux fois il
monta à la tribune après M. Odilon Barrot, pour bien expliquer que le cabinet s'opposerait à toute réduction de
plus d'un demi pour cent. M. Thiers préférait une majorité
modeste à une presque unanimité qui reposerait sur un

malentendu. Avant tout, il ne voulait pas effrayer les habitués de la rente, et il pensait qu'un premier sacrifice d'un 1/2 °/₀ était suffisant. Cette franchise n'empêcha pas une majorité considérable d'adopter l'ajournement proposé par la Commission et le Gouvernement. Le Cabinet du 22 février se trouvait fortifié après la discussion de cette question, qui avait entraîné la chute du ministère de Broglie.

Dans ces longs débats, la question technique fut à peine abordée. Le coup de tête de M. Humann eut pourtant une heureuse conséquence. Les esprits s'habituèrent à envisager de sang-froid la mesure de la réduction de l'intérêt. La légalité et l'équité du droit de remboursement au pair de la rente furent démontrées ; sans adopter un système de Conversion, il fut convenu que l'opération n'entraînerait pas, pour les rentiers, le sacrifice de plus d'un dixième de leur revenu. Ces résultats avaient leur importance. Quant au point de savoir si des rentes au pair ou des rentes au-dessous du pair seraient remises au porteurs du 5 °/₀, il ne fut soulevé qu'incidemment. On peut dire cependant que l'opinion générale penchait pour les rentes au-dessous du pair. M. Gouin, M. Humann, M. Laffitte proposaient en même temps que des rentes au pair, des rentes 3 1/2 ou 3 °/₀. En annonçant que la Conversion ne réduirait l'intérêt que d'un 1/2 °/₀, M. Lacave-Laplagne avait ajouté dans son rapport : « Il ne s'agit pas, d'ailleurs, de l'emploi » exclusif d'un système. Rien n'empêcherait de le com- » biner avec d'autres qui, moyennant quelques compen- » sations, pourraient produire une économie plus grande. » De puissants motifs semblent même conseiller d'en agir » ainsi. » Les mêmes déclarations furent renouvelées devant la Chambre par le rapporteur. On voit que les esprits les plus éclairés étaient encore loin d'avoir une conception précise des conséquences du droit de remboursement :

il faudra encore plusieurs discussions devant les Chambres, une longue polémique dans la presse, pour que l'opinion admette la Conversion en rentes au pair.

CHAPITRE VI

Projet de loi de 1838.

Deux années devaient s'écouler avant qu'une proposition de Conversion fut enfin discutée par les deux Chambres. Le Ministère présidé par M. Thiers n'avait duré que quelques mois : il était tombé sans avoir pu tenir ses engagements. Ses successeurs ne furent pas plus heureux ; l'état de l'Europe ne leur permettait que de faire de vagues promesses. Le Ministre des Finances du cabinet du 6 septembre 1836, présidé par M. Molé, le comte Duchâtel, s'exprimait de la façon suivante en présentant le projet de budget de 1838 (février 1837) :

« Nous aurions désiré pouvoir vous entretenir des » moyens de rembourser ou de convertir les rentes 5 % ; » cette mesure nous semble fondée en légalité et en jus- » tice.... Si la situation financière de la France et de » l'Europe était restée la même qu'il y a un an, nous » n'hésiterions pas à venir vous proposer un plan de » Conversion... Aussitôt, disait en terminant le Ministre, » que la situation financière et commerciale rendra la » Conversion praticable sans danger, nous viendrons sa- » tisfaire à vos vœux qui sont les nôtres. »

Le cabinet du 6 septembre avait été remplacé par le Ministère du 15 avril 1837, dont M. Molé était resté président, mais d'où les doctrinaires, avec MM. Guizot et Duchâtel, avaient été éloignés. Le Ministre des Finances était M. Lacave-Laplagne, l'ancien rapporteur de 1836 ;

on connaissait son opinion favorable sur la Conversion des rentes.

Cependant la Chambre craignait d'être indéfiniment leurrée par des moyens dilatoires. Le discours de la Couronne de 1838 n'avait pas fait allusion au remboursement du 5 °/₀ ; la Chambre élue tint à rappeler dans l'adresse annuelle ses espérances ou plutôt sa volonté, et donner, en même temps, un appui aux bonnes intentions du Ministre chargé de l'administration des Finances. Elle le fit dans des termes aussi respectueux que fermes.

Le projet d'adresse présenté par la Commission, dans la séance du 6 janvier, contenait cette phrase :

« Nos finances sont dans l'état le plus prospère, et cette » prospérité, qui ne pourra que s'accroître par l'écono- » mie dans les dépenses, permettra, nous l'espérons, » d'alléger par la Conversion de la dette le fardeau des » charges publiques. » Un mouvement prolongé accueillit cette déclaration.

Ce paragraphe donna lieu à des observations de la part de MM. Salverte, Od. Barrot, Schauenburg, de Lamartine. Le Ministre déclara que la mesure ne lui paraissait pas encore opportune. M. Fould qui, en 1835, réclamait cette opération financière, refusa à la Chambre le droit de la provoquer, et insista pour que l'initiative fut laissée au pouvoir exécutif. Mais, après un discours très-net de M. Gouin, qui démontra la nécessité et la possibilité de la Conversion, le paragraphe de la Commission fut voté sans modification.

La question était de nouveau posée : le Gouvernement était mis en demeure de lui donner une solution. Cependant il conserva son impassibilité ordinaire. Le budget fut déposé et l'exposé des motifs resta muet sur ce sujet si grave. La Chambre ne pouvait admettre que ses vœux les plus formels fussent méprisés. M. Gouin se fit son interprète en déposant, le 15 février 1838, un projet de loi sur la Conversion des rentes. Le parlement allait ainsi avoir l'occasion de discuter les moyens d'exécution de cette opération.

Projet de loi présenté par M. Gouin.

Le nouveau projet de M. Gouin ressemblait peu à celui que le même député avait proposé en 1836 ; il était ainsi conçu :

ARTICLE PREMIER. — A dater de la promulgation de la présente loi et conformément à l'art. 6 de la loi du 10 juin 1833, le Ministre des Finances est autorisé, pour effectuer le remboursement de la dette 5 %, à raison de 100 fr. par chaque 5 fr. de rente, à disposer : 1° du montant de la réserve possédée par la caisse d'amortissement ; 2° des sommes libres provenant, soit des fonds affectés à la dette flottante, soit des moyens de services attribués annuellement à la trésorerie, par la loi du budget des recettes.

ART. 2. — Le Ministre est également autorisé à donner aux porteurs des rentes 5 %, en échange de leurs titres actuels et sur leur demande, des rentes constituées à un taux inférieur à 5 %. Toutefois, ces rentes ne seront émises qu'autant qu'elles procureront au Trésor une diminution d'un demi pour cent au moins. Il ne pourra être consenti d'augmentation de capital que pour les rentes constituées au-dessous de 4 1/2 %, et dans tous les cas cette augmentation devra être compensée par la réduction du taux de l'intérêt.

ART. 3. — Une ordonnance royale fixera : 1° l'ordre dans lequel les rentiers seront remboursés ; 2° l'époque à laquelle les remboursements seront effectués ; 3° la nature des concessions à faire aux porteurs de rentes qui opteront pour les nouveaux titres. »

Le Ministre était, en outre, autorisé à négocier des rentes pour parfaire les sommes à rembourser, et il devait rendre compte, dans la session suivante, de l'usage fait des facultés qui lui étaient accordées.

Le 20 février, cette proposition fut développée par son

auteur, qui en examina successivement la légalité, l'équité, l'utilité et l'opportunité.

Le Ministre des finances, lié par les déclarations de son rapport de 1836, ne pouvait s'opposer à la prise en considération ; il demanda, au contraire, que « dans l'intérêt de toutes les opinions, cette grave question fut discutée et approfondie. »

La commission nommée par la Chambre était composée de MM. Muret de Bort, Schauenburg, Janvier, Beudin, Moreau (jeune), Gouin, Laffitte, Monnier de la Sizeranne et Ant. Passy. Ce dernier fut choisi comme rapporteur.

Le 3 avril, M. A. Passy dépose son rapport, dont il est donné lecture en séance publique. « Il déclare en commençant, qu'il est nécessaire de prendre un parti et d'adopter une solution ; aussi bien dans l'intérêt des rentiers que dans celui du Trésor, la question ne peut rester en suspens. Elle est mûre depuis longtemps ; depuis 1824, elle a été constamment annoncée, débattue. M. A. Passy, après avoir tracé l'historique du sujet, se pose les questions qui avaient déjà été soulevées et résolues par M. Laplagne ; il reproduit ses arguments ; il l'avoue lui-même et ajoute : « Ces arguments, nous les adoptons, regrettant seulement de ne pouvoir leur conserver la vie et la force que leur a prêtées le talent avec lequel ils ont été émis et développés, il y a deux ans. »

Le seul point nouveau que pouvait traiter le rapporteur de 1838 était celui de l'opportunité. Le Ministère, consulté, avait répondu, comme en 1836, comme il le fera en 1840 et en 1845, qu'il laissait l'initiative de la mesure à la Chambre, et qu'il y aurait témérité à l'entreprendre cette année, en présence d'une Chambre nouvelle, des affaires d'Espagne et d'une crise commerciale qui pouvait éclater aux États-Unis. Le rapporteur n'eut pas de peine à démontrer que ces objections avaient peu de valeur, et que l'état du pays et de l'Europe était favorable à la Conversion. Mais la situation de la Commission était difficile ; faire un projet de Conversion sans conseils, sans renseignements, sans appui du Gouvernement, était matière fort délicate ; aussi, elle se contenta de poser les bases d'après lesquelles la mesure serait exécutée. On était devenu, depuis 1836, un peu plus exigeant et le 1/2 % de réduction ne paraissait plus suffisant ; le 4 1/2, qui paraissait alors en faveur, était repoussé, parce « qu'il était au-dessus du pair et ne se prêtait pas à l'action de l'amortissement ; » un fonds nouveau semblait préférable et la Commission penchait pour le 3 1/2. L'augmentation de capital ne l'effrayait pas. En effet, avec les combinaisons de l'amortissement agissant seulement sur les fonds au-dessous du pair, cette augmentation n'était pas bien redoutable. On croyait encore à l'amortissement et à ses effets merveilleux ; on pensait que, grâce à ses rachats, la rente pouvait être saisie à des cours avilis aussi bien qu'à des prix élevés, et qu'il s'établissait ainsi une compensation qui rendait chimériques les craintes nées de l'accroissement du capital. On calculait que, de 1824 à 1838, les rentes acquises par la caisse d'amortissement, l'avaient été en moyenne au prix de 72 fr. 60, soit 2 fr. 40 au-dessous du prix d'émission. Cet argument n'aurait de valeur que si l'amortissement fonctionnait régulièrement dans les temps calamiteux de même que dans les époques prospères.

Imbues de ces idées, justes en 1838, la Commission présentait un projet de loi qui autorisait le Ministre des Finances à substituer aux rentes 5 % des rentes constituées à un intérêt moindre, soit au moyen de rentes nouvelles, soit par voie d'échange de titres. L'opération devait se faire aux conditions suivantes : les porteurs du 5 % auraient à opter entre le nouveau fonds ou le remboursement au pair à 100 fr. La mesure devait produire au moins 70 c. d'économie par 5 fr. de rente, avec une augmentation de 23 % au maximum sur le capital. Il était laissé, en outre, aux rentiers, la faculté de conserver, pendant six ans, leur revenu actuel, à condition qu'ils subiraient ensuite une réduction de 1 fr. par 5 fr. de rente. Les rentes au pair admises par M. Gouin étaient donc repoussées par la Commission.

Malgré les efforts de M. Fould, le projet de la Commission fut mis à l'ordre du jour de la Chambre, pour le 17 avril. Le 5 % était à cette date à 108 fr. 60 c., le 4 1/2 % à 103 fr. 50 c., le 4 % à 101 fr. 25 c. et le 3 % à 81 fr.

Discussion générale à la Chambre des Députés.

La Chambre, qui aurait dû être éclairée par les nombreuses brochures publiées depuis plusieurs mois, et par les polémiques des journaux, n'avait pas d'idée préconçue. La question se présentait entière devant elle ; elle voulait la Conversion, elle ignorait comment elle pourrait l'accomplir. La discussion générale, ouverte le 17 avril, fut longue, brillante, complète. Il est intéressant de résumer les principaux discours qui furent prononcés ; on saisira ainsi les progrès opérés, depuis 1836, dans les esprits ; mais on verra en même temps combien l'opération dans sa simplicité était mal comprise, et combien les préjugés contre les rentes au pair étaient répandus.

La première journée fut occupée par les adversaires et les défenseurs du principe même de la Conversion. M. de Laborde, M. Liadières et M. de Lamartine attaquèrent vigoureusement le projet de loi ; M. Monier de la Sizeranne et M. Muret de Bort soutinrent l'œuvre de la Commission dont ils faisaient partie. Les deux premiers discours reproduisirent des arguments connus pour et contre le remboursement de la dette.

Avec M. Liadières, la discussion prit un tour nouveau et passionné. Les rentiers trouvèrent en lui un avocat original, spirituel, mordant, qui sut se faire applaudir, quoiqu'il fût hostile au projet. Selon l'orateur, « l'opposition qui demande la mesure, qui met ce mot magique sur ses drapeaux, est la même que l'opposition qui, toute entière, sauf M. Humann, combattait avec tant d'énergie la Conversion de M. de Villèle. Il rappelle par quels mots de mépris et d'indignation, Casimir Périer a flétri la mesure, en 1824 ; et, comme la rente se déclasse à peu près tous les dix ans, depuis cette époque, les porteurs de la rente 5 % ont changé, ont acheté leurs titres plus cher et sous la foi des brillantes discussions de 1824. Il continue à partager l'erreur des Foy, des Girardin, des Casimir Périer. « Que » veut-on? Est-ce la Conversion? Est-ce le remboursement? » La première est unanimement condamnée comme la vio- » lation de tout ce qui est juste et sacré dans le monde; » l'autre jouit encore d'une réputation qu'on peut appeler » de vertu moyenne. Un débiteur en rente perpétuelle, dit- » on, a toujours le droit de se libérer. Mais se libérer de quoi? » On va me répondre : Rien n'est plus clair! 5 fr. repré- » sentent la somme que l'État consent à me payer annuel- » lement, jusqu'à ce qu'il lui plaise de me rembourser le » capital variable que je lui ai prêté; capital dont il ne » donnera jamais plus de 100 fr. même lorsqu'il en vau- » dra davantage. Quand il vaudra moins, c'est autre » chose : l'État ne se fera pas le moindre scrupule d'abuser » de votre détresse pour vous rançonner. »

« On le voit, M. Liadières se refusait à admettre le droit de remboursement au pair; d'après lui, le seul remède de la situation qui ne pouvait se perpétuer, était le rétablissement de l'amortissement à un prix quelconque. Quant aux projets de M. Gouin, ils seraient funestes. Pour l'auteur de la proposition, la Conversion est un mot magique, une panacée universelle : de quelle façon la mesure s'accomplira, il n'en a cure. En 1836, il a déposé un projet, en 1838, il fait une proposition tout autre; la Commission présente un système différent et ne discute même pas le sien. Que lui importe! C'est la Conversion, l'État est sauvé! « Il n'y a que l'inflexibilité du principe qui soit égale,

19

» dans son esprit, à l'incertitude de l'application : c'est là
» ce qui, à mes yeux, complète la déconsidération de la
» mesure. » En se résumant, M. Liadières déclare que « la
» proposition est injuste, impossible, improductive, mes-
» quine, misérable sous le rapport économique ; et elle
» peut, sous le rapport politique, troubler l'ordre, le
» crédit et la sécurité du pays. » L'orateur n'avait pas
présenté d'arguments nouveaux, mais la façon brillante
dont il avait revêtu ceux qui étaient déjà connus, fit une
vive impression sur l'assemblée.

M. Muret de Bort le sentit et voulut tout d'abord rendre
à la discussion le calme et le sérieux qu'on avait essayé de
lui faire perdre. Il est sans enthousiasme pour la mesure
qui a fait tomber un Ministère qui avait toutes ses sympa-
thies ; il la défend pourtant parce qu'elle est utile. « La
situation actuelle ne peut être comparée à celle de 1824 :
quand M. de Villèle a proposé son projet, six mois s'étaient
à peine écoulés depuis qu'un emprunt avait été négocié à
89 fr., et à grand'peine on avait amené la rente à 102 fr.
La rente est maintenant à 108 fr., le pays est calme,
aucune inquiétude du côté de l'extérieur; jamais situation
n'a été plus propice à semblable mesure. L'amortissement
est enrayé ; pour lui rendre la vie, la Conversion doit être
faite dans un fonds au dessous du pair. L'augmentation
du capital ne doit pas trop effrayer les esprits, car l'application à l'amortissement pendant quatorze ans, de
l'économie de 17 millions produite par la Conversion,
donnerait un capital de 300 millions, en admettant que les
achats soient opérés à 94 fr., et en prenant pour bases la Conversion en 3 1/2 à 83 fr. Les demandes de remboursements
ne sont pas à redouter davantage : elles ne s'élèveront pas
à 200 millions, et le Trésor a à la Banque 146,360,000 fr.
Si elles étaient trop considérables, les paiements pourraient être divisés par séries : cette division est toute faite
par suite des séries alphabétiques de la rente. » M. Muret
de Bort adjure, en terminant, les Ministres de faire la

Conversion et de prouver ainsi à l'Europe la consolidation politique et financière de la France, et l'accroissement de sa richesse et de son crédit.

M. de Lamartine, qui termina cette première séance, s'efforça d'imiter la bonne foi de discussion et la modération de conclusion du préopinant; mais son imagination l'entraîna, comme elle l'avait déjà fait dans ses précédents discours sur cette question. Il renonce à discuter la légalité de la mesure; il prend le projet tel qu'il est et en montre les conséquences telles qu'elles lui apparaissent pour le crédit. « A quoi, s'écrie-t-il, devons-nous notre salut depuis 1814? Ce n'est pas seulement à la paix, comme on vous le dit, car nous avions eu de longues paix, des paix de trente ans, avant celle-ci, et la France n'en était pas moins restée obérée jusqu'à la banqueroute, et énervée jusqu'au marasme. A quoi devez-vous et la libération du territoire, et le solde des arriérés, et la liquidation de vos conquêtes, et l'indemnité du milliard aux émigrés, et trois révolutions consécutives, 1814, 1815, 1830, faites sans que la fortune publique en ait été seulement ébranlée? A quoi devez-vous l'élévation démesurée du prix de vos terres, la création de vos industries ou privées ou nationales, vos canaux, vos chemins de fer, vos usines, vos 100 millions de travaux publics à Paris, à Alger, et la possibilité de rêver des travaux plus gigantesques encore? Vous devez tout cela au crédit, à ce crédit qui est né parmi vous le même jour que la liberté, le même jour que le Gouvernement représentatif; à ce crédit qui est le sentiment de l'inviolabilité du droit individuel dans la fortune comme dans la personne du citoyen; à ce crédit qui est la confiance de tous dans tous, et qu'on pourrait appeler avec vérité le patriotisme de l'argent. Oui, le patriotisme de l'argent, aussi tout puissant, mais aussi susceptible que l'autre patriotisme, qui peut opérer les mêmes prodiges, mais aussi qui veut les mêmes garanties, la même sécurité. »

En faisant la Conversion, selon M. de Lamartine, on aliénait le crédit, et il ajoutait : « Prenez-y garde, l'argent n'a pas de cœur, mais il a de la mémoire ; il y a autant d'ingratitude que d'imprévoyance à donner seulement, je ne dis pas un grief, mais un prétexte, mais un murmure à votre crédit. » Portant la question sur le terrain purement politique, il rappelle l'ébranlement parlementaire produit par cette mesure ; il prévoit l'opposition de la Chambre haute et adjure l'Assemblée de ne pas provoquer « un de ces grands chocs des pouvoirs sous lesquels les monarchies les plus vieilles et les mieux affermies s'écroulent. » En finissant, M. de Lamartine blâme l'attitude indécise du Ministère qu'il appuie ; il lui fait un devoir de résister à l'entraînement actuel, et en parlant du président du Conseil, M. Molé : « J'honore assez son patriotisme, dit-il, et son abnégation personnelle pour savoir que ce qui le touche le plus dans son administration, ce n'est pas le jour, c'est le lendemain ; ce ne sont pas les embarras, ce n'est pas le sort de son Cabinet, c'est celui du Gouvernement qu'il laissera à ses successeurs et à son pays. »

Le lendemain, la discussion générale continue, mais descend un peu des hauteurs où l'avait élevée l'éloquence de M. de Lamartine. Après un excellent discours prononcé en faveur du projet, par M. Gaulthier de Rumilly, le seul survivant de cette discussion, — des observations de M. Jouffroy qui s'effraie surtout du déclassement qui suivra la mesure, de son injustice et de son manque de franchise, — l'ancien Ministre des Finances du premier Cabinet Molé, M. Duchâtel, monta à la tribune. Son talent clair, précis fit faire un grand pas à la question. Selon lui, « il ne peut y avoir de doutes sérieux sur le principe de la mesure. Quelles plaintes légitimes pourraient, en effet, former les rentiers qui, depuis 1824, sont prévenus, et dont toutes les transactions ont été présidées par la pensée du remboursement ? On est moins d'accord sur les résultats de la mesure. On a prétendu qu'elle devait amener la baisse de l'intérêt, qu'elle ferait refluer les capitaux vers l'agriculture et l'industrie, qu'elle améliorerait les conditions du crédit. Ces conséquences sont problématiques. Le véritable avantage, et peut-être le seul sérieux de la Conversion est de produire une économie importante au Trésor. Au point de vue de l'opportunité, la question est posée; il faut la résoudre. L'État ne peut rester impassible devant sa dette; il doit profiter des années de paix pour la réduire; le peut-il au moyen de l'amortissement ? Faut-il, comme on le propose, déclarer que l'amortissement agira sur les rentes au dessus du pair et que l'État renonce à la réduction de l'intérêt? Mais alors le 5 % qui est à 108 fr. à cause de la crainte du remboursement, s'élèvera subitement à 130 fr. Les contribuables peuvent-ils faire un semblable cadeau gratuit aux rentiers? Il faut donc arriver à un mode de remboursement quelconque, et sous ce rapport la question est mûre. L'opportunité financière existe aussi bien que l'opportunité politique, si l'opération est bien conduite. Mais quels seront les moyens d'exécution? Tous les systèmes proposés peuvent se réduire à deux : les rentes au pair et l'accroissement du capital. »

« Avec les rentes au pair, l'État se réserve la faculté de nouvelles réductions dans l'avenir, et il n'augmente pas le capital de sa dette; mais il y a un inconvénient. Avec les rentes 4 1/2, il faut combiner un nouveau système d'amortissement. Il est regrettable qu'en 1833, au lieu de placer le fonds d'amortissement en réserve, on ne l'ait pas employé à des remboursements partiels, comme on le fait pour les emprunts de la Ville de Paris. Maintenant ce serait une épreuve dangereuse que de menacer les rentiers en masse du remboursement, et de leur annoncer qu'ils seront soumis à des remboursements successifs. »

« Le grand inconvénient des rentes au-dessous du pair, et notamment du 3 1/2 proposé par la Commission, est l'augmentation du capital. Cet inconvénient a pourtant

été exagéré ; le capital ne sera pas réellement augmenté
de la différence entre le prix d'émission et le pair ; s'il
en était ainsi, l'augmentation serait de 480 millions,
et l'État perdrait exactement en capital ce qu'il aurait
gagné en intérêts. Il faut seulement calculer d'après le
prix des rachats de l'amortissement : c'est l'inconnu.
Dans tous les cas, cette augmentation de capital réduira
l'économie produite par la mesure. La Commission pense
que la perte sur l'amortissement ne sera que de 5 millions ; mais elle suppose que l'État ne dépensera de ce
chef que 45 millions. Cette perte s'accroîtra selon la loi
des intérêts composés. Même sans tenir compte de ce
dernier point, l'économie produite, selon la Commission,
sera, avec le 3 1/2 %, de 19 millions, dont il faut déduire
5 millions pour l'amortissement ; le bénéfice sera donc
seulement de 14 millions. Avec le 4 1/2, il serait de
12 millions. Pour cette différence de 2 millions, qui n'existerait même pas si on calculait exactement la perte subie
par l'amortissement, on se prive de la faculté de réaliser
deux nouvelles réductions de 12 millions chacune, et on
fait subir une réduction immédiate de 80 cent. aux rentiers, au lieu de 50, ce qui est bien dur. »

« L'avantage de la rente au-dessous du pair serait,
dit-on, de rendre la vie à l'amortissement ; mais, d'une
part, on a de grands travaux publics à faire, et il faudra
emprunter pendant qu'on rachètera, ce qui est toujours
mauvais. Il vaudrait mieux affecter aux travaux publics
les ressources de l'amortissement. En second lieu, pour
ne pas amortir au-dessus du pair, on déclare que ce qui
valait 100 vaut 120 ; on se reconnaît débiteur d'une
somme plus forte, pour pouvoir payer un peu moins
qu'on ne doit après l'augmentation du capital, mais cependant beaucoup plus qu'on ne devait avant. Le but de
l'amortissement est de réduire la dette ; or, si l'on commence par augmenter la dette pour amortir ensuite,
l'amortissement agira d'une façon illusoire. »

« Le seul véritable avantage du 3 1/2 est d'assurer la mesure : comme l'a dit M. Jouffroy, il faudrait être fou pour demander le remboursement et ne pas accepter la rente nouvelle. On offrira 110 aux rentiers, ils ne réclameront pas 100. Le seul danger serait le déclassement ; on pourrait l'éviter en créant une nouvelle clientèle et en laissant au Ministre la faculté de convertir en rentes les cautionnements numéraires : on aurait ainsi immédiatement 230 millions, qui seraient suffisants pour maintenir les cours. »

Ce discours eut un grand succès. Il fixa les idées de la Chambre, ébranlée par l'esprit de M. Liadières, l'éloquence entraînante de M. de Lamartine, la logique et l'ironie froide de M. Jouffroy. Les faits étaient rétablis ; les exagérations créées par la passion étaient élaguées ; les avantages, les inconvénients de la mesure étaient mis en lumière ; le terrain de la discussion était resserré et affermi.

Le Gouvernement ne pouvait plus garder le silence ; le discours de son prédécesseur au Ministère des finances obligeait M. Lacave-Laplagne à parler. Il était malade ; une attaque de goutte le clouait sur son fauteuil ; il avait dû se faire porter à la Chambre, et deux huissiers durent également le transporter au pied de la tribune, d'où il exposa les vues du Gouvernement, — nous ne disons pas les siennes, parce que ses opinions étaient connues et qu'il aurait été certainement heureux d'illustrer son passage aux affaires par la réalisation de cette grande mesure.

Aussi, le Ministre des finances commence-t-il par faire rapidement justice des critiques de M. de Lamartine et de M. Jouffroy : « Le Gouvernement ne peut repousser un principe qu'il accepte ; pour lui la mesure est légale et elle est juste, comme il l'a démontré dans son rapport de 1836. La seule question douteuse, c'est celle de l'opportunité. Tous les orateurs en sont convenus, la

Conversion doit produire une simple économie; réduite à ces termes, elle n'est plus une nécessité de tel ou tel moment. Une prompte solution serait désirable; mais tout est-il suffisamment préparé pour que le succès soit certain ? M. Laplagne ne le croit pas; la situation du Trésor n'a jamais été plus brillante, il est vrai; mais, ainsi qu'il l'a dit devant la Commission, il y a deux dangers, du côté de l'Amérique et du côté de la Bourse. » Ces nuages n'étaient pas bien effrayants; on sent que le Ministre des finances est de cet avis : si sa position ne lui permet pas de défendre la proposition, ses convictions l'empêchent de l'attaquer vigoureusement. Le Cabinet ne voulait pas proposer la mesure : l'opinion du Roi, celle de la Chambre des pairs, voilà les deux seuls grands et véritables obstacles qui l'arrêtent; mais on devine qu'il ne se plaindra pas si on lui force la main.

Tout le monde paraissant d'accord sur le principe de la loi, la majorité de la Chambre voulait passer à la discussion des articles; mais, sur la demande de M. Berryer, la discussion fut renvoyée au lendemain.

Le 19, M. Gouin, l'auteur de la proposition primitive, défendit le projet de la Commission, tout en démontrant que, contrairement à l'assertion de M. Liadières, son opinion a été aussi fixe dans la forme et le fond que sa persévérance. M. Beudin résume les arguments des adversaires de la Conversion, et M. Berryer parle avec son éloquence ordinaire. Depuis 1836, ses idées sur la question n'étaient pas devenues plus nettes, il ne savait sur qui s'appuyer, et, après avoir critiqué tous les systèmes, il accepte celui de la Commission, en déclarant qu'il faut réduire l'amortissement et soulager les contribuables. Mais l'intérêt tout entier de la séance est dans le discours de M. Garnier-Pagès, qui fut une révélation.

Malgré sa courte intervention dans les débats de 1836, le jeune député n'avait pris part jusqu'alors qu'aux discussions politiques. Sa parole était facile, brillante, ironique, et on croyait qu'il n'était qu'un élégant orateur d'opposition ; on ignorait qu'avant d'arriver au barreau, il avait dû, dans la lutte de la vie, avoir recours aux ressources d'une tenue de livre, du courtage et des assurances maritimes, et qu'il s'était ainsi initié au maniement et au langage des affaires.

Jusqu'au moment où M. Garnier-Pagès prit la parole, on peut dire que la discussion n'avait mis aux prises que les défenseurs des rentiers et du Trésor. MM. Liadières, de Lamartine, Jouffroy et Beudin ne s'étaient occupés que du sort malheureux des porteurs de rentes. M. Duchâtel, M. Lacave-Laplague, aussi bien que MM. Muret du Bort et Gouin, avaient eu surtout en vue l'intérêt immédiat de l'État et l'équilibre du budget. L'intérêt de l'État et celui des contribuables étaient, il est vrai, solidaires, et, par suite, l'ancien Ministre des Finances du Cabinet du 6 septembre 1836 avait été amené à donner théoriquement la préférence à un fonds au pair; mais, en fait, il avait admis le 3 1/2 % proposé par la Commission, parce que ce fonds devait faciliter la mesure. Il appartenait à un membre de l'opposition démocratique de prendre vigoureusement la défense des droits des contribuables, c'est-à-dire de tous les citoyens. Nul ne pouvait mieux remplir cette tâche que l'éloquent chef de la gauche républicaine.

M. Garnier-Pagès, comprenant qu'il était nécessaire de s'attirer la sympathie de la Chambre, entra de plein-pied dans le vif de son sujet. « Pour lui, trois choses sont acquises aux débats : le droit, la justice et l'opportunité. Une seule objection subsiste sur ce dernier point : l'immense quantité d'actions émises. Mais combien, sur ces actions, le public a-t-il pris réellement? Combien a-t-il versé? On ne le dit pas. L'utilité de la mesure n'est pas non plus contestée, et même elle est plus sérieuse que ne l'a prétendu M. Duchâtel : elle aura certainement pour effet de réduire l'intérêt et d'améliorer le crédit de l'État. »

Ces premiers points rapidement établis, M. Garnier-Pagès aîné examine sur quel principe doit s'opérer la Conversion « mais avant, il éprouve le besoin d'élaguer de la discussion tout intérêt politique et de faire remarquer que ce n'est ni l'homme d'opposition, ni l'avocat qui parle, mais bien un homme qui, grâce aux habitudes de sa jeunesse, a acquis la connaissance des affaires. »

« La première question à se poser est celle-ci : il faut se demander ce qui est utile aux contribuables ; voilà ce qui a été trop oublié par les précédents orateurs. S'il est nécessaire de faire une concession, ce ne doit pas être par égard pour les rentiers dépossédés, mais bien pour faciliter l'opération. En accordant une grande latitude au Ministère, la Commission a voulu que la mesure fut favorable aux rentiers, afin que personne ne pût s'y opposer mais elle n'a pas vu que le Cabinet ne pourrait pas ne pas aller jusqu'à la limite qui lui est posée. Le Gouvernement s'exposerait inutilement aux haines, aux récriminations, s'il n'usait pas de la faculté qui lui est laissée d'augmenter le capital de 23 %. Qu'aurait-on dû faire ? la Commission le dit : l'argent est à 4 %, c'est donc du 4 qu'on aurait dû créer, si on pense aux contribuables. On oppose l'inaction de l'amortissement. Il faut payer ou combler les charges en temps de paix, afin de satisfaire aux exigences souvent très impérieuses de la guerre ; sur ce point, pas de difficulté. Mais n'y a-t-il pas deux moyens d'amortir ? Rembourser au pair par la Conversion, ou acheter aux cours de la Bourse. Ces deux moyens ne peuvent exister en même temps. La Conversion devient inutile, si l'on augmente le capital afin de pouvoir racheter ensuite au dessous du pair ; l'économie de la Conversion est alors compensée par les dépenses qui incombent à l'amortissement pour couvrir l'augmentation de capital. Il est vrai qu'il faut rassurer les rentiers ; mais on le peut, comme on le fait en Angleterre, en les garantissant contre une nouvelle Conversion pendant cinq ou dix années. D'ail-

leurs, avec le 4 %, l'amortissement n'agira-t-il pas ? Il
faudra créer des bons du Trésor pour payer les rentiers
qui demanderont le remboursement ; l'amortissement
rachètera ces bons qui représenteront des rentes 5 %. »

« Prenant ensuite à partie le 3 1/2 %, l'orateur démontre qu'il n'y a aucun avantage à choisir ce fonds au
lieu du 3 % ; que pour ces deux fonds, les inconvénients
sont immenses. L'augmentation du capital national, conséquence de l'augmentation du capital de la rente, est
une fiction. Au point de vue moral, on pousserait les rentiers à se jeter dans l'agiotage, car ce qu'on leur offre
comme appât, c'est une augmentation de fortune qui ne
serait produite que s'ils vendaient ; c'est d'ailleurs encore
un leurre ; s'ils voulaient, en effet, tous profiter de cette
plus-value annoncée, la rente baisserait, et le bénéfice
serait nul. Les loups-cerviers seuls profiteront de la situation. »

En ce qui concerne l'État, l'opération est encore plus
plus désastreuse. Par des calculs irréfutables, M. Garnier-
Pagès démontre que pour amortir la différence de capital
et d'intérêt entre le 3 1/2 à 81 fr. 40, proposé par la
Commission, et le 4 % demandé par lui, il faudrait au
moins vingt années. « Pendant vingt années donc, l'opération ne produira rien. Il ne suffit pas de prouver en
quoi l'opération réclamée par la Commission est mauvaise, il faut se demander si l'on n'en peut pas faire une
meilleure. Pourrait-on faire la Conversion en 4 1/2 ? Dès
1824, on le reconnaissait ; depuis, M. Passy, M. Thiers,
M. Lacave-Laplagne l'ont déclaré et ont accepté ce mode
comme transaction avec les rentiers, et comme mesure de
bienveillance. La réduction en 4 1/2 produirait de suite
une économie de 12 millions ; la différence avec la réduction de 80 centimes proposée par la Commission et qui
serait beaucoup plus dure aux rentiers, ne serait que de
7,200,000 pour l'économie ; et, afin de racheter l'augmentation de capital et de ramener l'intérêt à 4 %, il

faudrait vingt-neuf ou trente-huit ans, selon que l'on appliquerait à l'amortir 51 ou 32 millions, et chaque année on perdrait 7,150,000 ou 4,800,000. »

« Du reste, la meilleure preuve que l'opération n'est pas favorable à l'État, c'est que le lendemain du dépôt du rapport de M. A. Passy, la rente 5 % a monté, au lieu de baisser. En effet, le 5 % est à 108 ou 109 fr. ; on le convertira en 123 fr. de capital, et au cours de 93 fr. admis pour le 3 1/2 %, on revendra à 114 fr. 39 : bénéfice de 6 fr. 39. L'État perd, et les rentiers n'en profiteront pas; la spéculation seule fait ses calculs. En résumé, le 4 1/2 est mille fois préférable tant pour l'État que pour le rentier. Il faudra, il est vrai, avoir recours plus tard, et dans un avenir prochain, à une seconde Conversion. Cette perspective effraie M. Duchâtel ; M. Laplagne pense, au contraire, qu'une seconde opération sera plus facile. Il vaudrait cependant mieux réunir les deux opérations en une seule : offrir d'abord du 4 1/2, ce que M. Garnier-Pagès propose, non pas par transaction, mais pour favoriser la mesure, et déclarer que dans cinq ans le 4 1/2 sera lui-même réduit à 4 %. »

Le député de l'Isère ne voulait pas présenter une proposition qui, venant d'une extrémité de la Chambre, aurait peu de chance d'être accueillie. Cependant, à la demande générale de ses collègues, il donna lecture du projet de loi suivant, en le commentant :

ARTICLE PREMIER. — Le Ministre des Finances substituera aux rentes 5 %, des rentes constituées à un intérêt de 4 %, soit qu'il rembourse les 5 au moyen de la négociation de rentes nouvelles, soit qu'il opère par échange de titres.

Les propriétaires de 5 % auront la faculté d'opter entre le remboursement du capital nominal, à raison de 100 par 5 francs de rente, et la Conversion en rentes nouvelles.

ART. 2. — Indépendamment de la faculté accordée par l'article précédent, le Ministre des Finances est autorisé, pour effectuer le remboursement des rentes 5 %, à négocier des bons du Trésor de disposer du montant de la réserve possédée par la Caisse d'amortissement.

ART. 3. — Tout propriétaire de rentes 5 %, qui n'aura pas fait de déclaration d'option dans un délai de trois mois, à partir du jour de la publication de la présente loi, recevra un nouveau titre portant un intérêt de 4 %.

ART. 4. — Les porteurs des nouveaux titres continueront à percevoir un intérêt de 4 1/2 % pendant cinq ans, à partir du semestre qui suivra l'entier accomplissement de la double opération du remboursement et de la Conversion. Le nouveau titre énoncera le supplément temporaire d'intérêt auquel ils auront droit.

ART. 5. — Le remboursement des 5 % pour lesquels la Conversion n'aura pas été acceptée, pourra être effectué par séries désignées par le sort. Il ne sera obligatoire pour l'État que jusqu'à concurrence du capital des séries appelées.

ART. 6. — Les porteurs de rentes qui devront être converties, conserveront un intérêt de 5 % jusques et y compris le semestre qui suivra la clôture de l'opération.....

ART. 7. — Les nouveaux titres ne pourront être remboursés ni convertis avant le 22 septembre 1848.

On remarquera que M. Garnier-Pagès demandait, le premier, que le silence du rentier fut interprété en faveur de la Conversion, et qu'il favorisait le porteur de 5 %, en lui garantissant son intérêt intégral jusqu'à la fin de l'opération et en l'assurant, pendant dix années, contre une nouvelle Conversion.

L'article 8 maintenait la dotation de l'amortissement, que l'orateur croyait indispensable jusqu'à ce que l'opération fût entièrement terminée par la réduction du 4 1/2 en 4 %. Il terminait ce mémorable discours, par ces paroles patriotiques :

« Cette mesure me paraît trop grande, trop importante au pays, pour qu'un mot de politique trouve place dans mon discours, pour qu'une intention politique quelconque trouve place dans mon esprit. Certes, et on le sait, il n'entre pas, il n'entrera jamais dans ma pensée

» de soutenir le Ministère qui existe. Mais, je le déclare,
» tout prêt que je suis à le renverser sur une question de
» fonds secrets de 500,000 fr., ou une question d'armes
» spéciales de quelques millions, jamais je ne le croirai
» assez important, jamais je ne croirai que sa chute inté-
» resse assez le pays pour consentir à une proposition
» qui coûterait aux contribuables 480 millions dans un
» cas et 552 millions dans un autre. »

Quelle différence entre le langage élevé de l'orateur
républicain et les mesquines querelles de procédure parlementaire soulevées dans cette même question par le chef
de l'opposition dynastique, M. Od. Barrot, et par le grand
orateur de la Légitimité, M. Berryer !

Le lendemain, 20 avril, M. Laffitte montait à la tribune.
La spéculation, la haute finance n'avaient pas encore
parlé ; mais l'expérience et l'habileté du célèbre banquier
avaient exercé une influence sérieuse sur les résolutions
de la Commission, dont il faisait partie ; il était naturel
qu'il défendît son œuvre contre les attaques vigoureuses
de son jeune collègue de la Gauche. Les Conversions en
fonds au-dessous du pair avaient été presque inventées
par lui, en 1824 ; aussi, commença-t-il par expliquer l'opération proposée alors par M. de Villèle. Il avait également
à cœur de faire cesser la lutte que l'on avait voulu élever
entre la province, favorable à la mesure, et Paris, où l'on
pensait que l'influence des gens de Bourse rendait les
électeurs hostiles à toute réduction de la rente. M. Laffitte
n'eut pas de peine à prouver que la plupart des collèges
électoraux de Paris avaient, au contraire, mis la Conversion de la rente sur leur programme, et il fit cesser un
malentendu regrettable. — M. Laffitte était banquier, il ne
pouvait l'oublier ; il ne voyait dans la Conversion que
l'opération de Bourse, et, avant tout, il exprimait le vœu
que les particuliers fussent admis à souscrire les nouvelles
rentes au même taux que les porteurs de 5 % ; pour lui,

là était la certitude du succès de l'opération. La spéculation ne pouvait se charger que de rentes au-dessous du
pair; M. Laffitte demandait des rentes 3 %; il se contentait toutefois des rentes 3 1/2 proposées par la Commission,
à la condition que tous les détails fussent fixés par la
Chambre et qu'aucune latitude ne fût laissée au Cabinet.
Le point de vue des deux députés de la Gauche était différent : Garnier-Pagès ne songeait qu'aux contribuables,
Laffitte ne voyait que la spéculation.

La seule grave et intéressante critique que M. Laffitte
adressait à la Commission, c'était d'avoir maintenu l'amortissement, et il exposa de nouveau les théories étranges
qu'il avait soutenues en 1833 : « Le véritable amortisse-
» ment, dit-il, c'est le progrès de la richesse, c'est la
» multiplication des capitaux, c'est le bas prix de l'intérêt
» qui en est la conséquence; la dette constamment ré-
» ductible par la diminution de l'intérêt, non par le
» rachat du capital; la dette remboursable et point
» rachetable, voilà l'état normal du crédit. » Il n'osait
pas, au surplus, demander la réalisation de ses idées;
il se contentait modestement de réclamer une diminution sur le chiffre de la somme affectée à l'amortissement du nouveau fonds.

Ce discours n'avait pas beaucoup fait avancer la discussion. Le suivant était un hors-d'œuvre, et il mérite
cependant d'être retenu, parce qu'il contient une idée.
M. Gauguier, convaincu des inconvénients des Conversions, des remboursements, et, en même temps, persuadé
qu'il n'était pas juste que les rentiers formassent une
classe à part, proposait de rembourser les porteurs du
5 % au moyen d'un emprunt également en 5 % et au
moins au pair; mais la nouvelle rente devait être assu-
jettie aux mêmes charges d'impôts et de mutations pour
ventes, successions, etc., que les immeubles fonciers; elle
aurait payé un impôt de 50 centimes pour 5 francs de rente,

comme équivalent de l'impôt foncier; les taxes ainsi payées devaient donner les mêmes droits électoraux que les autres contributions directes. Cette nouvelle rente était mise à l'abri d'un remboursement pendant quatre-vingt-dix-neuf années. Ce système avait au moins le mérite d'être logique; mais il modifiait trop radicalement les principes admis en matière de crédit pour être adopté. Tant que les nations ne seront pas assurées de n'avoir pas besoin de recourir à l'emprunt dans les moments de crises, il sera imprudent de toucher à l'organisation actuelle du crédit, qui a donné des résultats si admirables. L'homme d'État doit éviter, dans l'intérêt de l'avenir, d'effrayer les porteurs de rentes, qui recherchent justement des garanties contre les impôts; mais l'Économiste peut entrevoir le moment, encore éloigné, où les nations, définitivement en paix, et ayant complété leur outillage matériel et intellectuel, pourront faire rentrer dans les règles communes les détenteurs des fonds publics. Il nous suffit d'avoir signalé le système ingénieux et logique, mais imprudent et prématuré, de M. Gauguier, sans nous y arrêter davantage.

La discussion générale était évidemment épuisée; MM. Moreau et Salverte, députés de Paris, montent cependant encore à la tribune pour déclarer, comme l'avait fait M. Laffitte, que leurs électeurs étaient favorables à la Conversion des rentes. A défaut du Président, M. Dupin, qui, hostile à la mesure, semblait refuser de diriger les débats et les laissait traîner en langueur, M. Duchâtel précise la question et demande à la Chambre de passer à la discussion des articles pour indiquer son appréciation favorable à la mesure et à son opportunité.

Avant de passer au vote, le président du Conseil tient à déclarer qu'il est d'accord sur la question de principe, mais qu'il maintient les réserves du Ministre des Finances sur l'opportunité actuelle de l'opération. Du reste, ajoute

M. Molé avec sa franchise et sa netteté, « si la Chambre passe à la discussion des articles, l'intention du Gouvernement est de s'associer à cette discussion, pour y défendre les véritables principes du crédit public, pour y défendre la question de l'amortissement, et pour presenter aussi ses vues sur les principaux systèmes de Conversion. »

L'opposition taquine de M. Od. Barrot essaie encore, mais en vain, de suspendre le vote; après une réplique de M. Molé, qui prie l'Assemblée de renvoyer les débats à un jour indéterminé, pour permettre au Ministre des Finances, malade, d'y prendre part et d'y exposer les vues du Gouvernement, la Chambre décide, à une immense majorité, qu'elle passera à la discussion des articles.

Discussion des articles à la Chambre des Députés.

La discussion, interrompue le 20 avril, fut reprise le 2 mai. La Chambre était favorable au principe de la mesure; mais dans quelle forme l'opération serait-elle réalisée? La Commission proposait les rentes au-dessous du pair; son œuvre était défendue par les représentants de la haute finance, qui étaient nombreux dans l'Assemblée. M. Garnier-Pagès aîné avait seul fait entendre sa voix en faveur des contribuables et des rentes au-dessous du pair. La lutte était engagée entre les deux systèmes.

Dès le début de la séance, le rapporteur, M. Ant. Passy, comprit la nécessité de défendre l'œuvre de la Commission et les fonds au-dessous du pair. Il fit d'abord remarquer qu'avec l'amortissement, le capital nominal de la rente était indifférent; qu'il n'y avait lieu que de s'occuper du chiffre auquel les rentes étaient ou seraient rachetées. Cet argument puisait une certaine force dans l'exemple tiré des faits qui avaient suivi la Conversion partielle de 1825. 30,574,116 fr. de rente 5 % ont été convertis alors en rentes 3 % pour 24,459,035 fr.

20

Le capital nominal des rentes 5 %
était de............................ F. 611.282.320.

Le nouveau capital nominal des 3 %
s'élevait à......................... 815.301.166

L'augmentation de capital nominal
s'élevait à......................... F. 204.118.846

Mais au 15 septembre 1838, la caisse
de l'amortissement avait racheté le capital des rentes 3 % au prix de........ 592.012.666

C'est-à-dire avec un bénéfice sur le
capital nominal de 223.308.500

— Ces chiffres exacts signifiaient seulement que la
Conversion de M. de Villèle avait été faite contre toutes
les règles de la matière; que les années qui avaient suivi
avaient été malheureuses pour le pays; et que, dans tous
les cas, l'opération avait été désastreuse pour les rentiers,
qui avaient vu les intérêts et le capital de leurs rentes
notablement diminués. Une Conversion ne peut être faite
honnêtement que si la hausse des fonds est sérieuse dans
le présent et probable dans l'avenir, et on ne peut arguer
d'une hausse fictive au moment de l'opération, suivie
d'une baisse de plusieurs années, pour déclarer que la
réduction d'intérêt avec augmentation de capital est favorable à l'État. Le raisonnement de M. Passy devait être
retourné par ses adversaires. —

Le rapporteur, après avoir défendu son œuvre, analyse
les amendements proposés et repousse d'un mot, comme
ne rentrant pas dans le cadre d'une loi de Conversion,
ceux de MM. Gauguier et Laurent de Jussieu, qui proposaient d'établir un droit de mutation sur les rentes, et
comme dangereux celui de M. Larabit, qui demandait la
création de rentes viagères. Il est plus étendu sur la proposition de M. Garnier-Pagès, mais il la rejette comme
étant la négation de l'opération; la Commission a craint
que son exécution n'amène un remboursement dans une

proportion qui compromettrait les intérêts du Trésor et la marche du crédit, et qu'elle ne fût entravée dans sa durée indéfinie par des circonstances imprévues.

M. Lacave-Laplagne avait hâte de prendre dans le débat la situation qui convenait au Ministre des Finances et à son incontestable talent d'homme d'affaires. La Commission avait peu ménagé la prudence que lui imposait sa position; à son tour, il fut sans pitié pour elle. « Il démontra que la latitude laissée au Ministre était illusoire; qu'on lui laissait juste la liberté de faire ce que la Commission voulait. Il prit ensuite à partie les calculs du rapporteur sur la Conversion de 1825 et prouva combien il est difficile de jouer avec les chiffres. M. Passy parlait d'une économie annuelle de 6,115,081 fr.; mais comme elle était, chaque année, atténuée par les rachats de l'amortissement, cette économie, au lieu de s'élever à treize fois 6,115,081 fr., soit 79,496,053 fr., a été en réalité de 21,483,000 fr. En somme, l'opération de M. de Villèle n'a produit un léger bénéfice que parce que les rentes ont baissé; si le crédit s'était soutenu, l'opération devenait onéreuse. Le Ministre des Finances ne pouvait s'empêcher de reproduire les arguments de M. Duchâtel et de M. Garnier-Pagès contre les rentes au-dessous du pair : il le fit avec une grande force et montra tous les inconvénients de ces fonds, qui chargent l'avenir pour dégrever le présent, qui offrent aux rentiers un bénéfice dont il ne veut pas profiter, qui permettent aux spéculateurs, sans utilité pour l'État, de faire un gain au détriment des rentiers, et qui poussent en définitive au déclassement de la rente. »

Après cette discussion, on s'attendait à voir M. Lacave-Laplagne proposer la Conversion en rentes 4 1/2 ou 4 %. Ce que le défenseur des contribuables, le représentant des rentiers, voyait avec la clarté du jour, épouvantait le chef de la Trésorerie. Certes, la Conversion en un fonds au pair était seule logique, seule sensée, seule profitable aux contribuables, à l'État, et juste envers les rentiers ; mais pour la faire réussir, il fallait le concours de la Bourse, de la spéculation, de l'agio ; ces aides indispensables, loin de favoriser la mesure, l'entraveraient s'ils ne trouvaient pas à en tirer profit. Le Ministre des Finances n'était pas alors sûr d'avoir une clientèle directe ; il ne connaissait pas le véritable crédit de l'État. Après avoir exposé que les rentes au pair n'entravaient pas le crédit, qu'elles permettaient de renouveler plusieurs fois les opérations de Conversion, que l'Angleterre, sur quatre opérations de ce genre, les avait adoptées trois fois, qu'elles ne nuisaient enfin en rien à l'amortissement ; après avoir bien démontré tous les avantages de la rente 4 1/2 %, il concluait, pour plaire aux financiers, qu'on devait également adopter les rentes 3 1/2 % proposées par la Commission et laisser l'option aux rentiers.

Une considération, sur laquelle avait appuyé le Ministre et qui avait une valeur sérieuse en 1838, était tirée de la constitution de notre dette, qui était trop compacte : il lui paraissait nécessaire d'augmenter la partie de la dette en rentes au-dessous du pair.

M. Laffitte ne pouvait laisser le discours du Ministre sans réponse. Ses conclusions ne lui déplaisaient pas, mais il avait montré tous les avantages du 4 1/2, il avait défendu mollement le 3 1/2 ; il fallait empêcher que cette opinion ne fît impression sur le public. M. Laffitte pose d'abord très-nettement la question : « Il s'agit d'une » transaction ; vous avez trois intérêts à concilier : l'in-» térêt du crédit public (lisons la spéculation), qui de-» mande une augmentation de capital ; l'intérêt des » rentiers, qui demande la moindre réduction possible ; » et l'intérêt des contribuables, qui demande la plus » grande réduction possible. » Il en concluait qu'il fallait faire comme Salomon, et, pour contenter toutes les parties, offrir l'alternative entre le 4 1/2 et le 3 1/2. Entre temps, l'ancien collaborateur de M. de Villèle expliqua à nouveau la grande tentative de 1824. Il l'avait approuvée à cette époque, mais actuellement il la repousserait ; et pourquoi ? La raison est bizarre dans la bouche de l'auteur de la brochure que nous avons analysée : « La faute » de la combinaison (de M. de Villèle, c'est-à-dire de la » rente 3 °/₀ remise au taux de 75 fr.), c'est de ne pou- » voir pas profiter des progrès de la richesse publique, » du développement du crédit. Vous êtes obligés de » payer pendant quarante, cinquante, soixante et soixante- » dix ans, 4 °/₀, lorsque les événements heureux, l'habi- » leté dans l'administration, l'augmentation de la prospérité » générale, vous permettront de réduire l'intérêt à 4 °/₀, » à 3 1/2 ou à 3, etc. » M. Laffitte donnait le meilleur argument contre le 3 1/2, émis avec augmentation de capital de 23 ou de 20 °/₀. Ce fonds n'avait-il pas tous les inconvénients du 3 °/₀ de M. de Villèle à 75 fr. ?

Après ce discours, l'art. 1er, consacrant le principe de la loi, fut voté à une grande majorité, dans les termes suivants :

Le Ministre des finances est autorisé à substituer aux rentes 5 °/₀, inscrites au Grand-Livre de la dette publique, des rentes constituées à un moindre intérêt, soit qu'il rembourse le 5 °/₀ au moyen de la négociation de rentes nouvelles, soit qu'il opère par échange de titres.

La lutte recommença plus vive sur l'article 2, qui réglait le mode d'exécution de la Conversion. M. Gouin défendit d'abord les fonds au-dessous du pair, qui produiraient une économie plus forte et permettraient à l'amortissement de fonctionner. Mais, comme M. Laffitte, l'auteur de la proposition se range à l'avis de la Commission, et transactionnellement accepte l'alternative laissée aux porteurs de 5 fr. de rente en 5 °/₀, entre 4 fr. 50 en 4 1/2 au pair, et 4 fr. 20 en 3 1/2.

Après ce discours, la parole est donnée à M. Garnier-

Pagès, pour soutenir son amendement qui, le fait remarquer avec insistance le Président, M. Dupin, amènera la
réduction d'un pour cent de la rente. L'orateur républicain défend avec une nouvelle vivacité le système de
Conversion sans augmentation de capital et les intérêts
des contribuables : « Qu'il me soit permis de dire ici que les
» contribuables sont dans une position bien fâcheuse.
» Les rentiers, les capitalistes, tous ceux qui ont une
» grande influence par leurs capitaux; le Gouvernement
» lui-même appuient au-dedans et au dehors l'intérêt de
» rentiers et de la Bourse. Nous seuls, qui venons deman-
» der qu'on n'augmente pas le capital, nous venons au
» secours des contribuables. Ne les oubliez donc pas !....
» Dans l'intérêt des capitalistes spéculateurs, dont vous
» vous préoccupez constamment, vous dites que la Con-
» version au pair est impossible... » Il démontre victorieusement le contraire, fait remarquer la contradiction
qui existe chez les défenseurs des rentes au-dessous du
pair, qui prétendent que la perte est nulle si on n'amortit
pas, et qui n'osent proposer l'abolition de l'amortissement ; explique que les remboursements, dont on s'épou-
vante, s'élevassent-ils à 200, 300 millions, n'auraient rien
d'inquiétant et permettraient, au contraire, d'éteindre
facilement des rentes, comme l'a dit le Ministre ; et il termine par ce dernier cri :

« Mais mon but n'est pas seulement d'obtenir un bien
» pour les contribuables, mais encore de les défendre con-
» tre le mal. Ce que j'ai constamment présent à la pensée,
» ce que nous devons tous avoir présent à l'esprit, c'est
» que les contribuables, éparpillés sur le territoire, n'étant,
» pour chacun d'eux, intéressés que pour une petite por-
» tion, ne sont pas en position de venir en masse deman-
» der qu'on s'apitoie sur leur sort; que les rentiers, et
» surtout les capitalistes qui s'occupent des fonds publics,
» sont très-puissants, qu'ils ont mille moyens de faire
» triompher leurs intérêts et que les contribuables en ont

»·très-peu. Il faut donc qu'ils soient toujours présents à
» votre pensée comme à la mienne. Messieurs, tout pour
» les contribuables. S'il faut faire un sacrifice, faisons-le
» pour les rentiers ; n'en faisons pas pour les capitalistes,
» c'est-à-dire pour ceux qui spéculeront à la fois et con-
» tre les intérêts des rentiers, et contre l'intérêt des con-
» tribuables. » De nombreuses approbations accueillaient
ces généreuses paroles.

Les discours de M. Lacave-Laplagne et de M. Garnier-
Pagès produisirent un heureux effet. La Commission n'a-
vait admis que les rentes au-dessous du pair ; après l'appel si éloquent du député de la gauche, en faveur des
contribuables, elle se réunit et admit une nouvelle rédaction, ainsi libellée ;

« L'opération ne pourra être faite qu'autant :

1° Qu'elle aura conservé aux propriétaires du 5 % la faculté
d'opter entre le remboursement du capital nominal à raison de
100 fr. pour 5 fr. de rente, et la Conversion en rentes nouvelles.

2° Qu'elle donnera pour résultat définitif sur l'intérêt des rentes échangées, une diminution effective, par 5 fr. de rente, *de
50 centimes au moins,* et que le capital nominal des rentes substituées ou négociées ne présentera dans aucun cas une augmentation de plus de 18 % sur la somme qui aurait été remboursée.

Les rentes émises au pair seront garanties contre tout remboursement, pendant un délai qui ne pourra excéder douze ans. »

La discussion se prolongea pendant toute la séance sur
cet article. Des amendements furent déposés par M. Laffitte et M. Duchâtel ; l'ancienne rédaction de la Commission fut reprise par M. Lefebvre, banquier, qui n'admettait que les rentes au-dessous du pair. La discussion laissée à elle-même, sans direction du président, qui était
hostile à la mesure, languissait et s'embrouillait.
M. Garnier-Pagès remonta à la tribune et fit un dernier
effort en faveur des contribuables et de la rente 4 1/2 au
pair ; il veut espérer que « quelque intérêt que la Chambre

» prenne aux capitalistes, elle ne peut les préférer aux
» contribuables. »

Ce dernier effort produisit un effet curieux; tous les
auteurs d'amendements retirèrent leurs propositions. On
sentait que la Chambre était entraînée par la verve patriotique du député républicain et que les contribuables
allaient avoir raison contre les spéculateurs; il était indispensable de faire un faisceau de toutes les forces pour
sauver un fonds au-dessous du pair. On vota donc sur le
projet de la Commission. Le paragraphe relatif aux rentes
4 1/2 % fut voté à la presque unanimité; le fonds au-dessous du pair ne réunit, au contraire, qu'une très faible
majorité. Garnier-Pagès, seul contre la coalition des
anciens Ministres des Finances et de tous les financiers
de la Chambre, avait failli l'emporter. Deux années plus
tard, son succès devait être complet. Cette influence prépondérante d'un membre de la Gauche démocratique sur
cette Assemblée, composée, en grande partie, de fonctionnaires, et que le mot de démocratie épouvantait, est un
fait unique dans l'histoire parlementaire jusqu'à 1848.

Le 4, la discussion porta sur le point de savoir quelle
interprétation on donnerait au silence des rentiers et sur
la question de l'amortissement. Comme l'avait proposé
M. Garnier-Pagès, le Ministre des Finances demande que
les rentiers qui ne réclameraient pas le remboursement
seraient considérés comme acceptant la Conversion en
rentes 4 1/2 % : il prouvait ainsi combien, selon lui, ce
fonds était préférable pour les rentiers et l'État. La Chambre adopta cette disposition sans grande contestation. Sur
la question d'amortissement, M. Laffitte, M. Berryer,
M. Passy avaient annoncé des amendements; mais, après
une courte discussion, ils les retirèrent et la dotation intégrale des rentes 5 % fut reportée aux nouvelles rentes à
créer.

La fin de la séance fut remplie par une discussion toute

politique. La Chambre décida que le Cabinet rendrait compte de l'exécution de la loi dans les deux premiers mois de la session suivante.

Enfin, le 5 mai, cette longue discussion fut terminée. Des articles additionnels sur l'exception à accorder aux rentes appartenant à des Établissements publics et sur l'exemption du droit de timbre et d'enregistrement furent adoptés, tandis que la Chambre rejeta un article proposé par la Gauche et relatif à l'application de l'économie, produite par la Conversion, au dégrèvement du sel, et un article de M. B. Delessert, qui voulait exempter de la réduction les porteurs de rentes au-dessous de 500 fr.

La loi fut adoptée dans son ensemble, par 254 voix contre 145 ; elle était aussi conciliante dans les termes qu'on pouvait l'espérer et il y avait lieu de penser qu'elle trouverait grâce devant la Chambre des pairs.

Discussion du projet à la Chambre des Pairs.

M. le comte Roy fut nommé rapporteur par la Commission de la Chambre des pairs chargée d'étudier le projet de loi dû à l'initiative de la première Chambre. Le 8 juin, il déposa son rapport sur le bureau de la noble Assemblée. On connaissait ses idées, et on s'attendait à le voir repousser le projet de la Chambre des députés, mais on ne pouvait supposer que les motifs allégués seraient aussi variés et aussi insaisissables.

Dans son rapport, M. Roy remarque d'abord que la Conversion affecterait non 120 millions de rentes, comme on l'avait dit, mais bien seulement 96 millions, répartis entre 120,000 propriétaires ; il oubliait, il est vrai, les banquiers dans sa nomenclature ; et cependant, selon lui, réduite à ces termes, il n'est pas de mesure plus grave dans ses conséquences de toutes sortes. Le rapporteur passe aux objections : il résume en réalité toutes celles qui ont été produites dans la première Chambre. D'abord

« il s'étonne qu'une semblable proposition ait pu être faite par l'initiative parlementaire et malgré l'avis du Gouvernement; et quand se présente-t-elle? Sept ou huit années après une révolution qui a tout ébranlé. » Ces considérations préjudicielles seraient suffisantes pour faire repousser la loi : mais le même projet aurait pu reparaître ; il fallait indiquer clairement la manière de voir de la Chambre des pairs, pour enlever toute espérance aux promoteurs de la mesure. Aussi, le comte Roy n'hésite pas à examiner la question théorique de la légalité du remboursement : il présente les arguments des deux partis ; mais, on le sent, il penche en faveur de l'opinion qui conteste à l'État le droit de rembourser ses créanciers ; s'il ne le déclare pas hautement, c'est pour ne pas courir « le risque d'enchaîner, pour l'avenir, l'action de la puissance législative. » D'ailleurs, selon le rapporteur, l'État n'a pas le droit de réduire l'intérêt de sa dette, et comme, d'après le projet, il était constaté que le seul droit vis-à-vis des créanciers était de leur payer leur capital, il ajoute : « La loi doit être » sincère... Or, il est évident que l'offre de rembourse- » ment qui serait faite aux rentiers ne serait qu'un arti- » fice et une menace. » Quant aux moyens d'exécution, ils sont tous mauvais : la rente 4 1/2 est au-dessus du pair et arrêterait l'amortissement ; la rente 3 1/2 est au-dessous du pair et augmenterait le capital de la dette. A ce sujet, M. Roy se livre à une discussion brillante, et nous devons citer ses paroles :

« Ce fonds (le 3 1/2) n'est pas celui qui convient aux » véritable rentier, qui ne voit que son revenu, que la » jouissance de sa rente et qui n'y entre que pour y rester; » mais c'est celui que préfèrent les capitalistes et les spé- » culateurs, parce que, susceptible d'élasticité, comme ils » disent, il est sous l'influence des événements qui » affectent le crédit, amènent la hausse ou la baisse, et » favorisent le jeu : c'est le fonds de l'agiotage. — Consi- » déré sous le simple rapport pécuniaire, le système

» d'emprunt avec accroissement de capital et un intérêt
» nominal inférieur, est sans doute un moyen de soulager
» le présent dans les premiers temps, mais en augmen-
» tant les charges du pays et en les rejetant sur l'avenir
» avec un accroissement progressif. Il ne faut peut-être
» pas renoncer à l'employer jamais. Il est des temps de
» calamité où il faut se résigner à subir la loi des prê-
» teurs ; mais il serait déraisonnable d'y avoir recours au
» même moment qu'on s'appuierait sur une grande pros-
» périté pour offrir le remboursement de la dette publique,
» et où l'on devrait aussi bien plutôt penser à soulager
» l'avenir qu'à en accroître les charges. » On ne peut
mieux dire. Il ajoutait plus loin : « Le mode d'emprunt avec
» augmentation de capital est un moyen de racheter les
» fonds publics au-dessus du pair, en établissant fictive-
» ment le pair. Il vaudrait mieux alors opérer plus sim-
» plement en employant le fonds d'amortissement à des
» rachats au-dessus du pair véritable. Les fictions et les
» moyens détournés, qui ne profitent jamais à l'État, sont
» toujours nuisibles, parce que l'intérêt particulier sait
» toujours en profiter. »

Après avoir critiqué les autres détails de la loi et avoir
appelé l'attention du Gouvernement sur le danger d'amortir autrement qu'avec des excédants de recettes, le rapporteur concluait, au nom de l'unanimité de la Commission, « au rejet de la loi, qui n'offrait que difficultés et
» périls, et dont les avantages apparents n'étaient qu'illu-
» sions. »

La discussion s'ouvrait, le 19 juin, par la lecture de
l'opinion de M. le Mis d'Audiffret, que l'on peut retrouver
dans le *Système financier* de l'ancien Pair de France. Ses
idées sur la question manquent un peu de netteté ; son
style élégant, mais trop brillant, empêchait souvent de
saisir toute sa pensée. Comme ancien Directeur des
Finances, cet esprit consciencieux ne pouvait se refuser

à admettre la nécessité, la légalité d'une Conversion, comme Pair de France, peu disposé à se singulariser, il s'inclinait devant ses collègues, dont « l'expérience est » plus exercée que la sienne, et dont les esprits dominent » par leur supériorité les plus hautes questions d'intérêt » public. »

Mais à côté de M. d'Audiffret siégeaient d'anciens Ministres des Finances, qui ne pouvaient laisser passer, sans protester énergiquement, les théories arriérées de M. Roy. M. d'Argout le fit d'abord avec une science consommée du sujet. « Je m'étonne que la Commission n'ait pas conclu » sur la question de légalité; comme le disait un Ministre » en Angleterre, n'est-ce pas une question de bonne foi » et de loyauté ? et n'est-elle pas tranchée par ce fait seul » que la rente 5 % est à 107 fr., tandis que le 3 % est » à 84 fr. ? Les rentiers vous donnent ainsi leur opinion, » et vous disent franchement que le remboursement est » un droit de l'État et qu'ils s'attendent à être remboursés. » Une solution doit être donnée à cette question de léga- » lité : il le faut en faveur des rentiers, de l'État, du » crédit. »

Selon l'orateur, il y a trois conditions de conserver le crédit. La première, « C'est qu'à côté de la faculté d'em- » prunter et de s'endetter, on conserve le droit de rem- » bourser ses dettes. Il y une vérité triviale, incontestée, » mille fois répétée, c'est qu'en temps de paix il faut » payer les dettes contractées en temps de guerre, ce qui » ne peut se faire qu'en amortissant, en remboursant, en » convertissant ces mêmes dettes. — La deuxième con- » dition du crédit est, pour les nations, de posséder un » impôt solide, facilement maniable, élastique et suffisant » au paiement de la dette et de son amortissement, et » aux dépenses indispensables de l'État. — La troisième » condition est d'augmenter la masse de leurs richesses, » soit en favorisant l'agriculture, le commerce et l'indus- » trie, soit en effectuant de grands travaux. » M. d'Argout démontrait que ces deux premières conditions n'étaient pas remplies, et que l'amortissement n'ayant pas régulièrement fonctionné, la situation financière n'était pas ce qu'elle devait être. Il examine ensuite les diverses objections de la Commission et les repousse victorieusement. « L'offre de remboursement est sérieuse, quoique l'on ait la certitude qu'il ne sera pas demandé. Les banques, les caisses d'épargne ne vivent que grâce à cette fiction : elles doivent rembourser à première réquisition tout ce qu'elles doivent ; mais elles ont l'assurance morale que ces réclamations n'auront pas lieu. Peut-on demander plus à l'État ? » Nous devons ajouter que M. d'Argout préférait les rentes au-dessous du pair aux rentes au pair, parce qu'avant tout, il voulait l'amortissement, qui n'était possible qu'au-dessous du pair. Il trouvait, du reste, trop belles les conditions faites aux rentiers ; mais il y souscrivait, puisqu'elles étaient présentées par les mandataires directs des contribuables.

Après un discours incolore de M. le Vte de Villiers du Terrage contre la loi, M. Humann prit, à son tour, la parole, sans se faire illusion sur l'issue du débat. Mais, comme en 1836, « en attendant que les convictions se rallient généralement à la mesure, il essayait du moins d'empêcher qu'elle ne fût compromise. » Il montre tous les Ministres des finances, tous les pays adopter le système des Conversions, au moins en principe, et comme l'avait fait Garnier-Pagès, il met en parallèle la situation des rentiers et des contribuables. Tout est favorable à l'opération, à l'extérieur comme à l'intérieur. M. Humann était partisan en théorie de la rente au pair, mais dans la pratique, il craignait qu'un fonds qui ne donnait pas des chances de gain, égales aux chances de perte, n'éloignât le rentier. Il oubliait qu'il s'agissait, non d'un emprunt, mais d'une Conversion. Ce discours remarquable fit une sérieuse impression sur la Chambre des pairs, où

le talent sobre, contenu, mais net et puissant de M. Humann se trouvait plus à l'aise.

M. Mérilhou, avec un grand talent d'avocat, mais sans
porter des arguments nouveaux, attaqua avec violence la
loi et obligea le Ministre des Finances à venir défendre,
non l'œuvre de la première Chambre, mais le principe de
la Conversion. Il ne pouvait que rééditer l'argumentation
irréfutable de son Rapport de 1836 ; il le fit avec une nouvelle énergie.

La séance du 22 fut encore remplie par cette discussion,
et les nobles pairs entendirent successivement M. Kératry,
M. le comte de Mosbourg, M. le duc de Choiseul, contre,
et M. Gautier, le Ministre des Finances, M. de Gasparin en
faveur du droit de remboursement.

La séance du 23 juin fut occupée par M. le baron de
Morogues, qui offrait un moyen terme en proposant que la
Conversion n'eût lieu qu'au moment des mutations ; le
général Beaudrand, qui appuya sur l'injustice de la mesure ;
de M. d'Alton-Shée qui, selon son habitude, dans la gravité de la discussion, offrit aux nobles pairs la distraction
d'un intermède politique ; M. le baron de Brigode, dont les
observations présentaient d'une façon plus acerbe les
arguments des adversaires de la loi ; M. Poisson qui, dans
un excellent discours, après avoir appuyé surtout sur la
nécessité de diminuer, en temps de paix et de prospérité,
la dette contractée pendant les années de guerre ou de
malheurs publics, et avoir démontré que les États s'enri-
chissent véritablement en payant leurs dettes et en créant
ainsi des ressources pour l'avenir, donna l'appui de son
expérience et de sa science financière au projet de loi ; et,
enfin, par M. le duc de Bassano, qui chercha dans les
précédents historiques de la Révolution des arguments
contre la mesure.

La discussion, épuisée, fut renvoyée au lundi 25, pour le
résumé des débats, par le comte Roy, qui se contenta de
condenser les termes de son rapport. Après une escar-

mouche parlementaire assez vive entre M. Villemain et le président du Conseil, et quelques paroles de M. le marquis d'Audiffret, qui déclare qu'il attendra, pour s'y associer, que la proposition de Conversion ait été méditée et mûrement préparée par l'expérience, et sous la responsabilité du pouvoir,— M. le comte d'Argout fit un dernier effort. Il ne pouvait espérer modifier les idées préconçues de ses collègues, mais, d'accord avec son ami, M. Humann, il tenait à réserver l'avenir en rectifiant plusieurs faits allégués par les adversaires de la Conversion ; il supplia la noble Chambre de voter au moins l'article 1er, pour affirmer le principe de la légalité du remboursement. Malgré cette dernière et brillante tentative de l'ancien Ministre des Finances, l'article 1er fut rejeté à la presque unanimité, ainsi que les autres articles de la loi, qui fut elle-même repoussée par 124 voix, tandis que 34 seulement s'associèrent à la proposition de la première Chambre. Le chancelier Pasquier essaya d'atténuer la portée de ce vote, en déclarant que la Chambre des pairs ne votait jamais sur un principe, mais bien sur un texte ; les partisans de la Conversion ne s'y trompèrent pas : ils ne pouvaient, de longtemps, trouver dans la Chambre haute une majorité en faveur de la mesure. La volonté des mandataires des contribuables venait se briser contre la résistance d'une Chambre sans racine dans le pays.

CHAPITRE VII

Projet de loi de 1840.

Le 8 mars 1839, le Cabinet Molé tombait sous les coups
de la Coalition. Il avait voulu gouverner sans les doctrinaires et sans le centre gauche ; harcelé sans cesse par
des adversaires comme M. Thiers, M. Guizot et M. Odi
Barrot, il est surprenant qu'il ait pu conserver pendant
deux années la majorité dans la Chambre des députés,
dont les chefs les plus éloquents, les plus aimés, lui
étaient hostiles ; il s'appuyait, il est vrai, sur une armée
qui comprenait plus de 190 fonctionnaires.

Les partis vainqueurs ne pouvaient s'entendre sur le
partage du pouvoir. Les personnalités de M. Thiers et de
M. Guizot étaient trop accusées pour pouvoir vivre à l'aise
dans le même Cabinet. Le mot d'ordre de la Coalition,
qui devait rester le programme de l'illustre fondateur de
la République, avait été « haine au Gouvernement personnel. » M. Guizot, avec sa raideur apparente, était de
plus facile composition : il l'a prouvé pendant huit
années. Les pourparlers entre le Roi et les chefs de
l'opposition triomphante, durèrent deux mois. Il est probable que les débats ne portèrent pas plus sur la Conversion que sur les autres projets financiers. Les affaires
d'Espagne absorbaient toute l'attention des partis ; pendant dix-huit années, la France a épuisé son génie, ses
forces sur de misérables questions de prépondérance. On
a accusé le régime parlementaire : la responsabilité remonte plus haut. L'influence personnelle du Roi, le

fonctionnarisme dans la Chambre des députés, la composition de la Chambre des pairs, faussaient le régime représentatif et entravaient tous les progrès désirés par l'opinion. Deux mois s'écoulèrent en intrigues, en entrevues ; plusieurs Cabinets furent constitués et disparurent avant d'avoir agi. L'insurrection du 12 mai mit fin à toutes les hésitations et un Ministère en sortit. Les chefs de la Coalition n'en faisaient pas partie ; mais, sous la présidence du maréchal Soult, le Cabinet nouveau réunissait des notabilités du centre gauche et du centre doctrinaire, MM. Teste, Duchâtel et Dufaure; M. Hip. Passy, qui eut le portefeuille des Finances, était le véritable chef politique de ce Ministère. Le rôle qu'il avait joué dans les discussions de 1836 faisait espérer que la Conversion des rentes serait enfin proposée par le Gouvernement.

La Chambre des députés avait, du reste, de nouveau manifesté son intention de persister dans la voie ouverte en 1838. L'adresse au Roi, votée au commencement de 1840, contenait ce paragraphe, qui avait été adopté sans discussion : « Nous espérons que la situation nous permettra de nous occuper du projet de remboursement » d'une partie de la dette et que votre Gouvernement » pourra prendre l'initiative d'une proposition que déjà » les suffrages de la Chambre ont plus d'une fois » acccueillie. »

Projet de Conversion de M. Hip. Passy, Ministre des Finances.

Le Ministre des Finances obéit à cette mise en demeure des mandataires du pays. Le 16 janvier 1840, en même temps qu'il déposait divers projets de lois budgétaires, M. Hip. Passy proposait aux délibérations de la Chambre des députés un nouveau plan de Conversion. L'exposé des motifs était sobre de discussion; il considé-

rait les diverses questions soulevées par la mesure comme
tranchées par les débats de 1836 et de 1838. Mais il
appuyait sur deux dispositions originales du projet qui
laissait au Gouvernement le pouvoir permanent d'appeler
au remboursement les rentes ayant dépassé le pair.

« Ce projet, disait M. Passy, consiste à autoriser le
» Ministre des Finances à rembourser les rentes qui au-
» ront dépassé le pair, et se borne à fixer les conditions
» auxquelles l'opération pourra s'accomplir sur le 5 %.
» C'est un pouvoir permanent dont il investit le Ministre
» des Finances, un pouvoir dont l'usage demeurera
» subordonné aux convenances du moment, et qui, en
» dispensant de recourir dorénavant à des lois spéciales,
» placera les remboursements de rentes à leur véritable
» rang, à celui de simples opérations de Trésorerie....
» Grâce à l'autorisation générale de rembourser les rentes
» au-dessous du pair, qui vous est demandée par l'ar-
» ticle 1ᵉʳ de la loi, les porteurs de rentes seront complè-
» tement avertis que l'Etat désormais usera de son droit
» toutes les fois qu'il le jugera convenable ; et cet avertis-
» sement suffira certainement pour rendre inutiles, à l'a-
» venir, les sacrifices que peut réclamer la nouveauté
» parmi nous, d'une opération financière dont on a tant
» exagéré les difficultés. »

Le Ministre avait pris pour base de son projet la résolution votée, en 1838, par la Chambre ; il ajoutait, cependant une « disposition qui prouvera combien..... le Gou-
» vernement est disposé à accorder aux rentiers tous les
» avantages conciliables avec les devoirs dont l'accom-
» plissement lui appartient. Suivant cette disposition, le
» rentier, que ses convenances détermineraient à la Con-
» version en 4 1/2, serait admis, moyennant sa décla-
» ration, à continuer la perception de ses arrérages sur le
» pied de 5 %, mais à la condition que l'excédant d'in-
» térêt touché serait prélevé sur le capital, et qu'en cas de
» changement, la rente ne serait plus payée que confor-

« mément à son titre, et dans la mesure du capital même
« qui subsisterait au moment du transfert. »

Une dernière modification apportée au projet de 1838,
faisait disparaître toutes les exceptions en faveur des communes, des établissements de charité et de bienfaisance, etc. « Comment la loi établirait-elle des distinctions
» sans blesser les principes de justice distributive?.. A ses
» yeux, tous les porteurs de rentes ont des droits égaux,
» et pour le Trésor, les capitaux des communautés ont
» autant de prix, mais pas plus que ceux des particuliers.
» Toute exception aurait encore l'inconvénient de s'écarter
» d'un but qu'il est important qu'elle atteigne, celui d'ef-
» facer définitivement le 5 % du Grand-Livre de la dette
» publique. »

Ainsi qu'il l'avait annoncé, M. le Ministre des Finances
s'était approprié les principes votés en 1838 par la Chambre des députés ; il admettait donc l'alternative entre des
rentes au pair et des rentes au-dessous du pair. Voici, au
surplus, les termes mêmes du projet de loi, le seul qui ait
été présenté par le Gouvernement sous la Monarchie de
Juillet :

ARTICLE PREMIER. — A dater de la promulgation de la présente loi, le Ministre des Finances sera autorisé à rembourser
celles des rentes inscrites au Grand-Livre de la dette publique
qui auront dépassé le pair. — L'opération s'effectuera, soit au
moyen de remboursement direct, soit au moyen de la négociation
de rentes nouvelles, soit par échange de titres.

ART. 2. — Aucune de ces opérations n'aura lieu qu'autant que
les propriétaires de rentes auront été mis en demeure d'opter
entre le remboursement du capital nominal, et la Conversion en
rentes nouvelles.

ART. 3. — Le remboursement du 5 % n'aura lieu qu'aux conditions suivantes : Il devra donner pour résultat définitif, sur
l'intérêt des rentes échangées, une diminution effective, par 5 fr.
de rente, de 50 cent. au moins ; et le capital nominal des rentes
substituées ou négociées ne présentera, dans aucun cas, une augmentation de plus de 20 pour cent.

Toutefois, les propriétaires de rentes 5 % qui, au moment de l'acceptation d'un titre nouveau, déclareront vouloir continuer à toucher les arrérages sur le pied de 5 %, en obtiendront le droit sous la condition que, lors du paiement de chaque semestre, le capital de leurs rentes sera diminué de l'excédant d'intérêt qu'ils auront reçu, et qu'en cas de transfert ou de mutation, la rente qu'ils possédaient ne sera plus payée que conformément à son titre et au montant du capital dont l'État restera redevable.

L'exercice du droit de remboursement sera suspendu pendant un délai de dix années, pour les rentes nouvelles à la création desquelles aurait donné lieu le remboursement du 5 %, à dater du jour où l'opération aura été terminée.

La Commission chargée d'examiner ce projet se composait de MM. F. Réal, Gouin, Larabit, Rivet, Laplagne, de Laborde, Muret de Bort, Vuitry et Garnier-Pagès. Elle choisit pour président M. Gouin, pour secrétaire M. Vuitry, et pour rapporteur M. Muret de Bort.

Pendant que cette Commission se livrait à ses études préparatoires, le 1er mars 1840, au Cabinet de transition présidé par M. le maréchal Soult, succédait un nouveau Ministère, formé sous la présidence de M. Thiers. M. Pelet (de la Lozère) remplaçait M. Hip. Passy, au département des Finances ; M. Gouin qui, en 1836 et 1838, avait proposé la Conversion, eut le portefeuille du Commerce. Sa présence dans le Cabinet était un gage que le Gouvernement ne s'opposerait pas à la mesure ; la conduite de M. Thiers, en 1836, ne laissait d'ailleurs aucun doute sur ses intentions. Le changement du Ministère ne compromettait donc pas le succès du projet de M. Passy, dans ses dispositions relatives à la Conversion du 5 %.

Projet de Conversion présenté par la Commission de la Chambre des députés.

Le 11 avril, M. Muret de Bort donna lecture de son rapport en séance publique. La Commission avait fait subir plusieurs modifications au projet ministériel, qui n'était plus défendu par son auteur. Les deux premiers articles disparaissaient. La Commission, gardienne jalouse des prérogatives du Parlement, n'avait pu consentir à reconnaître au Gouvernement seul le droit de rembourser les rentes ayant dépassé le pair. La faculté laissée aux porteurs du 5 % de continuer à toucher l'intégralité de leur revenu, était également repoussée.

La présence de Garnier-Pagès aîné, dans la Commission, l'avait obligée à examiner avec soin les avantages des rentes au pair sans augmentation de capital. Le rapporteur présentait avec impartialité les arguments pour et contre les rentes avec accroissement du capital nominal : — « En Angleterre, disaient les adversaire des rentes au-dessous du pair, les Conversions se sont faites au pair ; si M. de Villèle n'a pas suivi cet exemple, c'est que sa mesure était excessive et prématurée. L'augmentation de capital nuit aux contribuables, sans profiter uniquement aux rentiers ; elle n'a d'autre résultat que d'exciter les spéculations et le jeu ; elle laisse à l'avenir un capital à racheter et retarde la libération de l'État. Dure au rentier qui ne cherche que l'intérêt, elle ne lui laisse un bénéfice que s'il abandonne la rente, et nuit au classement si désirable des fonds ; elle n'est même pas nécessaire pour rendre possible l'amortissement, qui trouverait un emploi dans les travaux publics et dans le remboursement des cautionnements ou des rentes elles-mêmes par voie de tirage au sort. »

« Que répondent les partisans des fonds au-dessous du pair ? L'accroissement de capital peut être exactement compensé par une réduction équivalente sur l'intérêt. Le résultat ne doit pas être calculé d'après le pair, mais par le prix auquel les rentes seront rachetées par l'amortissement, qui agira plus ou moins activement, selon l'intérêt du Trésor. Du reste, la Conversion de 1825 a produit un bénéfice qui se chiffre par 104 millions. Les fonds au-dessous du pair ont-ils seuls le privilége de favoriser l'agiotage? Leur élasticité, conséquence de leur éloignement du prix du remboursement, n'offre-t-elle pas de nombreux avantages? Ne doit-elle pas abaisser le taux de l'intérêt dans le pays, en permettant au 3 1/2 de servir de type et de base à tous les placements? Le crédit de l'État ne sera-t-il pas amélioré par l'élévation du cours de ses fonds, qui est arrêté par la crainte du remboursement? »

Ces dernières considérations avaient entraîné la majorité de la Commission; trois membres seulement, suivant l'impulsion de Garnier-Pagès, réclamèrent en faveur d'un seul fonds sans augmentation de capital.

La Commission, assurée du concours du Gouvernement, n'avait plus, comme en 1838, à déterminer un minimum de réduction d'intérêt et un maximum d'augmentation de capital; elle avait pu spécifier les conditions précises qui seraient offertes aux rentiers. Le projet de loi, sorti de ses délibérations, était rédigé dans ces termes :

ARTICLE PREMIER. — Le Ministre des Finances est autorisé à effectuer le remboursement des rentes 5 %, inscrites au Grand-Livre de la dette publique, à raison de 100 fr. pour chaque 5 fr. de rente.

ART. 2. — Toutefois, les propriétaires d'inscriptions de rentes 5 % pourront en réclamer la Conversion en inscriptions nouvelles de rentes 4 1/2 % ou 3 1/2 %. — Dans ce cas, ils recevront, pour chaque 5 fr. de rente 5 %, 4 fr. 50 en rentes 4 1/2 % ou 4 fr. 05 en rentes 3 1/2 % à 86 fr. 42.

ART. 3. — Les propriétaires de rentes 5 % auront, pour user de la faculté énoncée à l'art. 2, un délai de trois mois, à partir du jour qui sera fixé par Ordonnance royale. Ceux qui n'auront pas fait leur déclaration d'option avant l'expiration de ce délai, resteront soumis au remboursement.

Cette dernière disposition avait été adoptée par la Commission pour les motifs suivants : « La majorité a consi-

» déré que la rente était constituée par un contrat
» synallagmatique, qui ne pouvait être modifié que du
» consentement formel des deux parties. C'est manquer à
» l'essence même de ce contrat que de se mettre à la place
» de l'intérêt privé, de supposer une volonté qui ne s'est
» point exprimée; pour continuer la rente, comme pour
» rembourser le capital, l'adhésion du créancier est inu-
» tile; pour détruire l'un ou modifier l'autre, elle est
» indispensable... Lorsque deux fonds sont offerts, lorsque
» le choix du rentier peut se déterminer par des motifs
» que la loi a prévus et voulu satisfaire, où l'État pren-
» drait-il le droit de faire ce choix suivant une règle
» absolue? »

Par suite de l'alternative laissée aux rentiers entre
deux rentes de taux différents, les scrupules de la Commission avaient leur raison d'être. Ils auraient été certainement exagérés si les porteurs du 5 % n'avaient eu à
opter qu'entre le remboursement et des rentes 4 1/2 au
pair.

Discussion à la Chambre des Députés.

La discussion sur le projet de loi présenté par la Commission fut ouverte le 21 avril. — Après un discours de
M. de Laborde, qui n'attaquait plus le principe même de
la Conversion, mais reprochait au projet de la Commission
d'être injuste en réduisant les rentes de la Légion d'honneur, des Invalides de la Marine, des Hospices, et immoral
en favorisant le jeu par la création d'un fonds au-dessous
du pair, — M. Pelet (de la Lozère), comme Ministre des
Finances, fit connaître les intentions du Cabinet à l'égard
de la loi. Il en acceptait le principe, et déclarait la mesure
utile, nécessaire sous tous les rapports, et sa discussion
opportune. Il ne différait d'avis avec la Commission que
sur quelques points de détail. L'attitude du Cabinet, pour
la première fois, devant une proposition semblable, était
nette et courageuse.

M. Liadières restait, lui, toujours l'adversaire décidé de la loi ; avec le même esprit et la même vigueur qu'en 1838, il sut se faire écouter par une Chambre peu favorable à ses idées. Il trouva un allié inespéré en M. B. Fould qui, en 1825, avait défendu la loi de M. de Villèle, et, en 1835, avait, un des premiers à la tribune, réclamé la Conversion. Le riche banquier avait depuis trouvé son chemin de Damas et découvert « que le remboursement est illégal et anticonstitutionnel, que l'opération est dangereuse et inutile. » D'où vient ce changement ? M. Fould avait-il, en 1825 et en 1835, un intérêt à la Conversion ? Les votes de la Chambre des députés en 1836, et de la Chambre des pairs en 1838, lui avaient-ils fait penser que la mesure ne serait pas réalisée ? Avait-il alors modifié ses opérations comme capitaliste, et ses convictions comme député ? Nous l'ignorons, mais nous sommes certains, par l'exemple de M. Fould, que les hommes d'argent seront rarement tentés d'imiter la conduite de Ricardo, combattant au Parlement anglais un emprunt qui, s'il était voté, devait lui faire gagner des sommes considérables.

M. Rivet répondit à M. Fould, au nom de la Commission. M. Dupin, que la présidence de la Chambre avait tenu éloigné de la tribune, en 1836 et en 1838, vint ensuite attaquer vivement la loi, et défendre l'opinion que l'on supposait, à tort ou à raison, être celle de Louis-Philippe. Le célèbre avocat craignait, avant tout, de désaffectionner le rentier ; il envisageait le côté politique et électoral de la question. « Les conséquences de la loi, disait-» il, ne se réaliseront pas ; diminution dans le taux de » l'intérêt, illusion ! Capitaux refluant de la capitale vers » les provinces où ils féconderont l'agriculture et l'in-» dustrie, illusion et niaiserie ! Economie de 10 ou 12 » millions, illusion ! La réalité, c'est que la mesure ruinera » ou gênera au moins le rentier, et, dans tous les cas, » l'irritera et l'éloignera de la rente et du Gouvernement. » La prospérité actuelle doit être ménagée, et surtout il ne faut pas compromettre l'avenir. « L'avenir est gros du présent ; en mécontentant la clientèle de la rente, on s'expose, dans les temps malheureux, à payer plus qu'on aura gagné aujourd'hui. » Ces considérations, présentées avec la verve, l'esprit et la bonhommie de M. Dupin, ne pouvaient manquer de produire un grand effet. Dans le discours de M. Dupin, ces malheureux rentiers, mis en scène sous les traits d'un bon domestique possesseur de 200 fr. de rente, avaient été seuls en jeu : les contribuables, oubliés depuis deux jours, allaient avoir leur tour.

Depuis 1838, la situation de M. Garnier-Pagès était complétement modifiée ; à cette époque, il arrivait seul avec un système. En 1840, il était membre de la Commission, et, quoiqu'il n'approuvât pas toutes les dispositions de son travail, il tenait à ce que la mesure fût acceptée dans son principe et fermement exécutée. « Ce qu'il n'avait pas osé dire en 1828, il l'avoua en 1840 : il ne s'agissait plus seulement des contribuables, mais des travailleurs. M. Dupin n'a examiné qu'un point de vue de la question, il a commis de nombreuses erreurs ; ce qu'il faut voir c'est que » la richesse publique se compose du travail et du capital. » Le jour où, dans l'association du capital et du travail, » la part du capital sera moindre et celle du travail plus » considérable, il y aura bienfait pour ceux qui travaillent, » perte pour ceux qui possèdent ; or, s'il est vrai que la » rente serve de thermomètre habituel dans les placements, il est vrai que, tant que l'État, l'emprunteur le » plus solide, paiera 5 %, on ne trouvera pas pour les » affaires civiles d'argent à meilleur marché. » Après cet aveu, ce syllogisme économique, l'orateur de la Gauche examine les objections financières de M. Fould, et politiques de M. Dupin. Au premier il disait : « Vous prétendez que l'État ne pourra pas rembourser les rentiers, et vous proposez de rembourser les 220 millions de cautionnements ; donc l'État a les deux cents millions qui sont suffi-

sants pour assurer la Conversion. Vous considérez comme
inutile, disait-il au second, une économie de quelques
millions, parce qu'elle tombera dans le gouffre du Budget
et sera absorbée par un accroissement de dépenses; mais
alors, ce serait à désespérer du régime constitutionnel, s'il
n'était pas possible que la Chambre sût faire un bon emploi d'une économie. Est-ce ce qu'a voulu M. Dupin ? — La
mesure est bonne en elle-même, bonne dans ses résultats.
Malheureusement, un seul Ministre l'a sincèrement voulue
et il l'aurait menée à bonne fin. M. Passy a proposé une
loi de Conversion ; il demandait seulement à être armé,
mais ne promettait pas de se battre. M. Pelet (de la Lozère)
a fait des déclarations froidement favorables à la mesure.
Si le Cabinet l'avait vraiment désirée, le Ministre des
Finances était indiqué, c'était M. Gouin, et on a envoyé
au Ministère du commerce le promoteur de la mesure. Ce
qui inquiétait M. Garnier-Pagès, c'était la nature d'esprit
du président du Conseil ; ses yeux sont tournés avec raison
vers l'étranger ; consentira-t-il à embarrasser sa politique
extérieure par une opération si compliquée, si délicate, de
longue haleine ? »

A cette question nettement et courtoisement posée,
M. Thiers n'hésita pas à répondre avec bonne grâce et
franchise : « En 1836, il trouvait la mesure juste, mais
rigoureuse ; la Chambre n'a pas pensé ainsi, ou du moins
a passé outre. Maintenant, la question est posée, il faut la
résoudre. Le Cabinet est décidé à le faire : le droit est
incontestable, l'opération est favorable aux contribuables,
l'opportunité intérieure existe, et aussitôt que les questions extérieures pendantes auront reçu une solution
satisfaisante, la mesure sera mise à exécution, et à la
prochaine session, le Gouvernement rendra compte de ce
qu'il aura fait. »

Cette déclaration mettait fin aux débats, et, après deux
jours seulement de discussion générale, la Chambre pas-

sait à la discussion des articles. Le premier amendement était celui que M. Gauguier avait déjà présenté en 1838 : il n'eut pas un meilleur sort et ne fut même pas appuyé. Un amendement de M. de Berigny, qui proposait d'affecter les fonds de l'amortissement à un remboursement annuel, ne fut pas plus heureux.

L'article 1er voté, le débat sérieux s'engageait sur l'article 2, qui accordait aux rentiers l'option entre les rentes au pair ou au-dessous du pair. Cependant, la lutte de 1838 ne recommença pas avec la même ardeur ; les idées saines avaient fait des progrès évidents, et les défenseurs de la Conversion avec augmentation du capital étaient devenus plus timides. Le principal champion des rentes au-dessous du pair resta muet sur son banc. Un adversaire du principe de la loi, en 1838, ouvrit le feu contre les rentes au-dessous du pair, proposées par la Commission, et demanda la suppression du deuxième paragraphe de l'article 2, qui offrait aux rentiers les rentes 3 1/2. M. Gouin, devenu Ministre du commerce, répondit assez mollement.

M. Garnier-Pagès succéda au Ministre et reprit la thèse qu'il avait soutenue dans la précédente discussion ; avec la même vivacité de conviction, la même puissance de logique, et sans se répéter, il attaqua par des arguments nouveaux, les rentes avec augmentation de capital. « Il commence par déclarer que, même avec l'adoption des rentes 3 1/2, il votera la loi ; mais il espère qu'on élaguera les rentes avec augmentation du capital nominal, dont les inconvénients sont si nombreux. Elles ne seraient admissibles que si, comme le proposent les partisans de ces rentes, qui suivent jusqu'au bout les conséquences de leur système, l'amortissement était supprimé, et si on déclarait que les rentes ne seront jamais remboursables. Mais personne n'ose le proposer. Tous les pays, tous les financiers sérieux, tous les hommes politiques ont réprouvé ce système. M. de Villèle lui-même, qui est un habile financier et qui n'a proposé ses projets de 1824 et de 1825 que dans un but politique, reconnaît à présent que l'augmentation du capital est une chose déplorable. En 1838, il fallait assurer la mesure contre le mauvais vouloir du Cabinet; pour ce motif, pour empêcher tout obstacle, on admit le 3 1/2. La situation est changée : tout le monde est d'accord, la Chambre et le Gouvernement veulent la Conversion ; on n'a plus besoin d'avoir recours à un procédé détestable. On prétend que la mesure est dure pour les rentiers. Pourquoi restent-ils dans la rente ? Sans doute parce qu'ailleurs ils ne trouveraient pas encore un placement aussi favorable. Peut-on, en somme, faire une réduction plus douce qu'un dixième ? Si on donne du 4 1/2, on réduit l'intérêt d'un dixième ; mais, en réalité, on ne touche pas au capital, car ce fonds prendra vite la place du 5 %. Avec le 3 1/2, que se passera-t-il ? On annonce à ceux qui prendront ce fonds un bénéfice ; sur qui et par qui se fera ce bénéfice ? Les rentiers sont de deux espèces : le rentier spéculateur ou riche, et le rentier qui ne cherche dans la rente qu'un intérêt nécessaire à ses besoins. Les premiers tireront facilement profit de l'augmentation du capital ; les seconds ne feront un bénéfice que si vous les attirez à la Bourse, et, pour un bénéfice d'un jour, vous les jetez dans la spéculation, dans le jeu, où ils trouveront la ruine. Et ce bénéfice, d'où viendra-t-il ? Il semblerait que l'on va créer un capital en favorisant la hausse des fonds publics ? Cet accroissement de capital existera, mais à qui sera-t-il dû ? à l'amortissement qui, par ses rachats, fera monter les cours ; ce sera donc, en définitive, l'État, les contribuables qui paieront cette différence. Que faut-il donc faire ? Tous les financiers qui se sont succédé au Ministère des Finances ont montré la voie. Entrons-y courageusement, en décrétant une mesure simple, logique, facile, en faisant la Conversion en 4 1/2 ; en

repoussant le 3 1/2 et tous les fonds au-dessous du pair. »
M. Rivet répondit au député de la gauche; au nom de la
Commission, il défendit le projet, c'est-à-dire l'option
entre des rentes 4 1/2 % et 3 1/2 %. Mais M. Laplagne
porta l'appui de son expérience des affaires et de l'autorité
de sa parole à l'argumentation de M. Garnier-Pagès. Tout
en déclarant qu'il ne s'associerait pas à la loi encore
inopportune, il conseilla à la Chambre, pour empêcher le
déclassement de la rente, certain avec un fonds au-dessous
du pair, de voter en faveur du 4 1/2 seul, si elle croyait
qu'il serait accepté par les rentiers.

Malgré un dernier effort de M. Larabit, la Chambre
adopta le 1er paragraphe relatif au 4 1/2 et repoussa le
2me qui donnait l'option avec le 3 1/2.

Une nouvelle tentative contre la loi fut faite par M. de
Lamartine, à l'occasion de l'article 5, qui autorisait le
remboursement par séries. Le Ministre des Finances lui
répondit quelques mots et l'article fut adopté.

La séance du 23 avril est occupée par une discussion
assez confuse, relative aux droits des porteurs des 5 %
affectés à des majorats ou frappés de dotalité, et aux simples
usufruitiers. — La question de l'amortissement étant encore
soulevée par les défenseurs acharnés du 3 1/2, M. Thiers
déclare que la mesure, quoique rendue plus difficile par
le rejet du 3 1/2, n'en serait pas moins exécutable avec le
4 1/2 seul, et que l'action de l'amortissement ne serait
pas détruite par l'absence d'un fonds au-dessous du pair;
que cette action serait suffisamment alimentée par le
rachat des Bons royaux. Le point de savoir si les rentes
appartenant à des établissements publics seraient exemptés
de la réduction, fut également débattu, et la Chambre se
prononça pour la négative.

La loi fut enfin votée au scrutin public par 208 voix
contre 163 voix.

Discussion à la Chambre des pairs.

Le projet adopté par la Chambre des députés était simple et pratique ; il n'avait plus les défauts de celui de 1838. Trouverait-il grâce devant la Chambre des pairs ? On pouvait l'espérer ; un des principaux griefs contre le premier projet était l'augmentation du capital ; il n'existait plus. Cependant le choix des commissaires, et surtout du rapporteur, ne laissèrent guère d'illusions sur les intentions de la noble Chambre. M. Roy, dans son rapport de 1838, avait gardé une certaine impartialité et avait exposé les arguments favorables à la Conversion aussi bien que ceux qui devaient la faire repousser. En 1840, pour dissiper toute illusion, il se montre plus absolu, plus exigeant : la mesure n'offre plus seulement des inconvénients, le rapporteur émet des doutes sur sa légalité, et, sans se livrer à une discussion concluante, il la conteste nettement : les pairs voulaient probablement éviter le retour d'une proposition de Conversion.

Les débats, ouverts le 29 mai, furent terminés dès le lendemain : il semble que les pairs n'aient voulu discuter la question que pour la forme.

Le premier jour, M. le vicomte de Villiers du Terrage attaque vivement la mesure proposée, et M. Merilhou recommence son discours de 1838. L'un et l'autre mettent plus de violence dans leurs arguments contre la Conversion, et comme le rapporteur, ils en contestent la légalité, la moralité et la justice. Le Ministre des Finances, M. Pelet (de la Lozère), et M. d'Argout répondent à ces deux orateurs. Le premier s'efforce surtout de prouver que l'opération est légale. Le second apporte au service de la cause qu'il défend, son incontestable expérience et son talent. L'ancien Ministre des Finances, devenu gouverneur de la Banque, prend une à une les objections de M. Roy, et avec une grande vigueur, avec passion même, les réfute au nom de l'intérêt du pays et des droits du Trésor. Il rappelle que le rapporteur avait été membre de la Commission de 1824, et qu'à cette époque, il avait déclaré formellement que le droit de remboursement ne faisait pas de difficulté ! Cette première journée fut terminée par la lecture de l'opinion du marquis d'Audiffret. Son autorité financière ne lui permettait pas de garder le silence : il était le rédacteur du fameux Rapport, présenté en 1830 par M. de Chabrol, où le Ministre des Finances annonçait une prochaine Conversion ; il ne pouvait donc contester la légalité et l'équité de la mesure ; il la repoussait cependant dans l'application.

Le lendemain, le président du Conseil prit la parole ; il tenait à effacer l'impression qui pouvait rester de son premier discours de 1836. A cette époque, il avait dû s'opposer, au nom du cabinet Broglie, à l'adoption de la mesure qui semblait inopportune. Actuellement, dit-il avec une modestie bien exagérée, « quoiqu'il n'ait pas beaucoup d'autorité en finances, son devoir de chef du Gouvernement ne lui permet pas de rester silencieux dans une discussion si grave pour les droits et l'intérêt du Trésor. » Il reprend, point par point, tous les arguments des adversaires du droit de remboursement. Après M. Roy, il analyse les précédents, les lois de 1793 et de l'an X, il commente le rapport de Cambon, il interprète à son tour les lois sur l'amortissement, et arrive à cette conclusion évidente que le remboursement de la dette au pair est légal. Si nous avions à étudier la question de légalité, nous aurions à citer dans son entier l'irréfutable argumentation de M. Thiers. Nous réserverons cette discussion pour le moment où nous rechercherons les causes de la conduite de la Chambre des pairs.

M. Thiers, après avoir prouvé que l'État avait le droit de rembourser les titres de sa dette au pair, démontra que la Conversion était la conséquence inéluctable de ce droit. « Cette mesure n'est pas seulement légale, elle est juste,

elle est équitable, elle est morale, et, avec les tempéraments que le projet apporte au droit strict, les rentiers
eux-mêmes ne peuvent se plaindre du sort qui leur sera
fait. Ils auraient bien plus à se plaindre si le rejet de la
loi par la noble Chambre était considéré comme définitif
par le marché : les fonds publics monteraient d'une façon
inconsidérée, et le jour où la Conversion serait décrétée,
les nouveaux acheteurs seraient lésés et reprocheraient
aux pairs de les avoir induits en erreur. Il affirme qu'il
ne faut pas compter qu'un second rejet découragera la
Chambre des députés ; le pays tient à la mesure parce
qu'il a *le droit*. Un conflit est à craindre, il faut l'éviter à
tout prix. Chaque année, la loi sera représentée, et, la
question restant pendante, les cours seront déprimés. »
Le président du Conseil, après ces considérations légales,
financières et politiques, examine le projet dans ses
moyens d'exécution, et, tout en regrettant qu'une plus
grande latitude n'ait pas été laissée au Gouvernement,
trouve que la mesure peut être appliquée sans difficulté.
Il suffirait d'apporter quelques modifications dans la désignation des exceptions et dans le règlement de l'amortissement.

M. Persil se chargea de répondre à M. Thiers ; il le fit
avec son esprit mordant et cassant ; il alla jusqu'à prétendre que la Conversion n'était pas autre chose qu'une banqueroute déguisée. M. Thiers remonta à la tribune pour
adjurer une dernière fois la Chambre des pairs de ne pas
persister dans une résistance qui amènerait des conflits
déplorables. Après quelques nouvelles paroles acerbes de
l'ancien Garde des sceaux, M. le comte Roy fit un rapide
résumé de la discussion : il tint surtout à expliquer que si,
dans son rapport, il avait formellement refusé à l'Etat le
droit de rembourser la rente 5 %, c'était pour obéir au
désir de la majorité de la Commission : il avoue, du reste,
que, en 1824 et 1825, il n'avait pas lu le mémoire de
Cambon ; que l'étude de ce document avait complétement

modifié ses idées, et il maintint énergiquement ses conclusions.

L'éloquence de M. Thiers avait-elle changé les dispositions de la Chambre des pairs ? On pouvait l'espérer, à l'attention qui avait été prêtée à son discours et aux nombreuses marques d'approbation qui l'avaient accueilli : il n'en fut rien cependant. Tous les articles de la loi furent repoussés et, au vote sur l'ensemble, 46 pairs seulement refusèrent de s'associer au rejet de cette mesure, qui trouva 101 adversaires. Comme en 1838, le Chancelier avait fait précéder le scrutin de réserves expresses sur le sens du vote, qui portait seulement sur le projet présenté, et nullement sur les principes engagés. Il est à remarquer d'ailleurs que jamais la majorité ne fut aussi faible dans cette question : ce résultat est dû, sans aucun doute, au remarquable exposé de M. Thiers, et à sa discussion aussi lucide que brillante

Progrès accomplis de 1824 à 1840. — Mort de Garnier-Pagès aîné.

Après la discussion de 1840, la question de la Conversion était définitivement jugée et tranchée. Les rentes au-dessous du pair étaient abandonnées ; toutes les complications accessoires étaient repoussées ; le véritable principe était trouvé ; le remboursement devait amener une réduction de l'intérêt sans augmenter le capital nominal de la dette. Il est temps de jeter un coup d'œil en arrière et de voir la carrière parcourue.

En 1824, des banquiers ont l'idée de la Conversion ; la rente 5 % avait atteint le pair, elle ne leur laissait plus de chances de bénéfices. L'intérêt leur importait peu ; ils proposent à M. de Villèle de convertir le 5 % en 3 % au taux de 75 fr. La réduction d'intérêt était d'un cinquième, mais le capital pouvait recevoir une augmentation d'un

22

tiers. Les spéculateurs associés de l'Europe, se souciant peu du revenu annuel, achetaient les rentes 5 % au cours de 100 fr., et, confiant dans le *ravisé* des rentiers dont parle M. J. Laffitte, espéraient en quelques mois réaliser des bénéfices considérables, en revendant ces mêmes rentes converties en 3 %, au cours de 125 ou de 130 fr. Les droits du Trésor et des contribuables étaient sacrifiés; les rentiers subissaient une réduction hors de toute proportion avec le taux réel du crédit de l'État ; l'opération ne devait profiter qu'aux spéculateurs.

La Conversion facultative de 1825 reposait sur les mêmes principes que le projet avorté de 1824 ; mais, au moins, les rentiers restaient libres en apparence. Sans la pression morale exercée par M. de Villèle sur les communes, les établissements de charité, etc., il est probable que pas un seul rentier n'eût consenti bénévolement à subir une réduction d'un cinquième. La mesure avait un double but : permettre aux banquiers d'écouler sans perte les rentes achetées en 1824, et dissimuler l'augmentation de dépense résultant du paiement de l'Indemnité d'un milliard. Cette fois encore, rentiers et contribuables étaient lésés.

La Révolution de 1830 arrive. Le pouvoir est déplacé. Il n'appartient plus à la noblesse qui, pour redorer ses blasons, s'était alliée à la haute banque. La bourgeoisie s'empare du Gouvernement ; elle possédait la majeure partie des rentes inscrites au Grand-Livre ; l'intérêt des rentiers allait être protégé. En effet, le roi Louis-Philippe et son entourage, qui comprenaient la nécessité de s'appuyer sur l'égoïsme de la classe moyenne, s'opposent d'abord par tous les moyens à ce que la Conversion soit proposée aux Chambres. Lorsqu'en 1836, cette question est subrepticement posée par le Ministre des finances, M. Humann, coupable d'avoir compromis les intérêts des rentiers, est renvoyé du Ministère : le Cabinet tout entier déclare que la mesure est inopportune. La Chambre, sous la pression de l'opinion publique, n'ose pas s'associer à cette fin de non-recevoir. Un nouveau Cabinet se forme sous la présidence de M. Thiers; il cherche un terrain de transaction. D'accord avec la Commission de la Chambre, il annonce que la Conversion ne devra pas diminuer de plus d'un demi pour cent le revenu des rentiers, et il est tacitement convenu qu'une compensation leur sera, en outre, accordée sur le capital.

En 1838, un nouveau projet est proposé; la Chambre des députés est à peu près unanime sur la nécessité de la réduction de l'intérêt; mais elle paraît craindre que la Conversion ne soit rendue impossible dans son exécution et que les demandes de remboursements ne soient très-nombreuses, si l'appât d'un accroissement de capital n'est pas offert aux rentiers. Un membre de l'extrême gauche intervient. Il montre les inconvénients des rentes au-dessous du pair; il prouve que les rentes au pair peuvent seules satisfaire les intérêts du Trésor, des rentiers sérieux et surtout des contribuables; malgré tous les prétendus spécialistes de la Chambre, malgré les efforts de la Commission qui propose une augmentation de capital de 23 %, il parvient à faire partager sa conviction à la majorité. Celle-ci n'ose pas, cependant, prendre un parti définitif; elle vote la Conversion en rentes au pair, mais, en même temps, elle laisse aux rentiers la faculté de demander des rentes au-dessous du pair. La Chambre des pairs repousse ce projet.

Deux années après, en 1840, le Ministre des Finances propose la Conversion : il prévoit une augmentation de capital de 20 %. La Commission de la Chambre des députés est plus modérée : elle réduit l'accroissement de capital à 16 % pour les rentes au-dessous du pair. M. Garnier-Pagès aîné, comme en 1838, démontre que les contribuables seuls ont droit à la bienveillance, et, aidé par la parole autorisée de M. Lacave-Laplagne, obtient contre la Commission, les banquiers et le Gouvernement, que les rentes au-dessous du pair soient repoussées ; les rentes au pair seront seules offertes avec l'alternative du remboursement.

Cette fois, le succès était définitif. On ne s'occupait plus des spéculateurs ; quant aux rentiers, on usait à leur égard de modération, non par esprit de bienveillance, mais pour faciliter la mesure. La question était tranchée en faveur des contribuables. La solution ne devait plus laisser de doutes dans les esprits, et il faudra qu'un banquier devienne ministre des Finances pour que tout l'enseignement du passé soit oublié.

La Chambre des pairs avait repoussé le projet si sage voté par la Chambre des députés : nous rechercherons dans le chapitre suivant les mobiles de cette opposition. D'ailleurs, comme l'avait annoncé M. Thiers, la Chambre élue ne se laissa pas décourager par la résistance inexplicable de la Chambre haute. Si chaque année le projet de Conversion ne fut pas de nouveau présenté, c'est que les éventualités de la politique extérieure ne permettaient pas de réaliser la mesure. Les représentants du pays avaient « le droit », selon l'expression de l'illustre homme d'État ; ils ne pouvaient céder, et aussitôt que les circonstances le permirent, la question fut encore soulevée.

Garnier-Pagès aîné ne devait pas assister à de nouveaux débats sur la Conversion ; il s'était éteint le 23 juin 1841. Les luttes de la tribune, les surexcitations de la vie politique, l'abus de ses forces mises au service de sa passion du bien, de la patrie, de la démocratie, avaient épuisé avant l'heure cette nature délicate. Sa mort fut un deuil public. La part que Garnier-Pagès a prise dans les discussions de 1836, de 1838 et de 1840, l'influence que son éloquence a exercée sur les idées préconçues de ses collègues, son acharnement à défendre les contribuables contre la coalition des rentiers et des spéculateurs, et à soutenir les Conversions en rentes au pair et sans augmentation de capital, nous font un devoir, au moment où la disparition de ce grand citoyen va laisser un vide irréparable dans les rangs de la Gauche, de saluer sa noble figure de nos regrets et de notre respect.

L'influence de Garnier-Pagès sur le parti républicain était allée toujours en grandissant, depuis son entrée à la Chambre. Le jeune député de l'Isère n'était pas seulement un grand orateur, un ardent patriote : il avait, en outre, l'ampleur, le coup d'œil, le sang-froid, l'esprit de décision et de suite qui caractérisent l'homme d'État. Il ne devait pas être remplacé. Sous son inspiration, la démocratie française, pendant la République de 1848, aurait eu le guide sage, prudent, qui lui a manqué. Elle aurait marché pas à pas, aurait cherché le possible, et ne se serait pas perdue comme elle l'a fait dans des théories impraticables : l'Empire eût peut-être été épargné à notre pays. Cette démocratie si bafouée a prouvé, depuis 1870, qu'elle était capable de comprendre et d'adopter une conduite vraiment politique ; elle a su mettre un frein à l'ardeur de ses aspirations, et, plaçant sa confiance dans un chef reconnu de tous, elle a attendu, elle attend encore, calme dans sa force et dans sa volonté. Ce que M. Gambetta a été depuis huit ans, on peut croire que Garnier-Pagès l'aurait été après la Révolution de Février. N'existe-t-il pas, d'ailleurs, plus d'un point de ressemblance entre ces deux grands citoyens ?

Garnier-Pagès a eu de rudes débuts, a été aux prises avec les difficultés de la vie et a su conserver un fond de bonne humeur, une gaîté de caractère inaltérable ; alors même qu'il ne partageait pas l'avis de ses collègues, il savait se faire pardonner sa liberté d'allures et faire triompher son opinion sans froisser ses adversaires d'un moment. Parmi ceux qui l'avaient approché, il pouvait

avoir des envieux, il n'avait pas un ennemi : tous rendaient justice à son désintéressement, à la droiture de
ses intentions. Secrétaire de la Société : *Aide toi, le
ciel t'aidera*, il avait été en rapports continuels avec tous
les comités électoraux de France, et sa merveilleuse mémoire savait classer, retenir, apprécier tous les renseignements qui lui étaient communiqués. Nous l'avons vu
dans les discussions sur la Conversion, le député de la
gauche était non-seulement un orateur politique puissant,
mais un homme d'affaires habile ; sa réputation sous ce
rapport grandit encore dans la discussion sur le privilège de la Banque, pendant laquelle il prononça plusieurs
discours qui sont restés justement célèbres.

Cette esquisse de la grande figure de Garnier-Pagès ne
pourrait-elle pas s'appliquer à la personnalité du chef
actuel des gauches dans la Chambre des députés? La
succession du jeune député de l'Isère, enlevé avant l'âge
aux espérances de son parti, est restée vacante de
longues années. On peut dire qu'elle a été recueillie par
le Président de la Commission des budgets de 1877, 1878
et 1879, qui, en appliquant aux questions financières sa
puissance de travail, de talent et de bon sens, a voulu
prouver que la démocratie devait avant tout s'occuper
d'affaires. La reconnaissance due aux services de M. Gambetta ne doit pas faire oublier les efforts d'un de ses
prédécesseurs, qui semblait destiné à jouer un rôle
prépondérant dans la direction du parti républicain.

Nous demandons pardon au lecteur de nous être
laissé entraîner à indiquer un rapprochement qui venait
naturellement à l'esprit ; nous avons paru nous éloigner
de notre sujet ; cette digression a cependant une excuse.
Notre pensée a évoqué le nom de M. Gambetta, en raison
du rôle qu'il jouera dans les discussions prochaines sur la
Conversion, et notre espérance est qu'il voudra, comme
Garnier-Pagès, au risque de froisser certains intérêts et

certaines susceptibilités, prendre en main la cause des contribuables et de l'État, et soutenir le système que son aîné avait fait triompher en 1840, et qui nous paraît encore être le seul juste et équitable envers tous les intérêts engagés dans cette grave question.

CHAPITRE VIII

Discussions de 1844, 1845 et 1846.

Après la signature du traité de Londres, M. Thiers voulait donner à la France une attitude digne et ferme : il ne redoutait pas l'isolement pour son pays, dans la vitalité duquel il avait une foi entière qui ne devait jamais se démentir. Louis-Philippe, effrayé de la situation, abandonna le Cabinet du 1er mars, et appela aux affaires M. Guizot qui, par sa politique de résistance et d'atermoiement, devait mener la Monarchie de Juillet à la Révolution de Février. M. Humann eut le portefeuille des Finances. Il avait assez prouvé, en 1836, par sa conduite courageuse et loyale à l'égard des rentiers, qu'il considérait la Conversion comme une impérieuse nécessité, comme un devoir. Son caractère ferme jusqu'à l'entêtement, son autorité en finances seraient sans doute parvenus à vaincre l'opposition de Louis-Philippe, et à contrebalancer l'influence de M. Roy à la Chambre des pairs. Malheureusement, l'incertitude de la politique extérieure, pendant l'année 1841, ne permit pas la réalisation des intentions bien connues de M. Humann, qui mourut subitement, au mois d'avril 1842. Son successeur, désigné par les vœux de la majorité, était M. Lacave-Laplagne, le rapporteur de 1836, qui avait déjà été Ministre des Finances sous le ministère Molé. La Conversion était considérée, par le Ministère et le Souverain, comme une mesure politique, qui pouvait mécontenter les électeurs censitaires : administrateur consciencieux, mais un peu timoré, M. Lacave-

Laplagne, qui se renfermait dans sa spécialité financière, ne devait pas avoir la ténacité nécessaire pour entrer en lutte avec ses collègues et faire taire leurs craintes exagérées.

Quoiqu'il en soit, les années 1841 et 1842 s'écoulèrent sans que la mesure de la réduction du 5 % fût reprise par la Chambre des députés. Mais, dès 1843, le frère cadet de Garnier-Pagès, qui avait été élu député par l'arrondissement de Verneuil, annonça son intention de déposer un projet, si le Gouvernement ne prenait pas l'initiative. Le nouveau député avait, comme son glorieux frère et au même degré, l'amour du bien public, le patriotisme et le désintéressement. Dans les questions d'affaires son esprit pratique devait apporter de sérieuses qualités de clarté, de précision, de loyauté. En écrivant ce nom, nous ne pouvons oublier que, en 1848, M. Garnier-Pagès a fait preuve d'un rare courage et qu'il a osé affronter une injuste impopularité, pour sauver les finances et l'honneur de la République ; que, sous l'Empire, il s'est spécialement occupé des questions budgétaires, et a essayé de jeter un peu de lumière dans les comptes du Préfet de la Seine ; qu'il a fait partie du Gouvernement de la Défense nationale, et que toujours, et dans toutes les situations, il a su se faire respecter de tous les partis. Il appartenait au député républicain de reprendre cette question de la Conversion, et de secouer la torpeur et l'indifférence du pouvoir et d'une majorité trop docile.

1844. — *Rejet, par la Chambre des députés, d'une proposition de Conversion déposée par M. Garnier-Pagès jeune.*

M. Garnier-Pagès ne manqua pas à ce dernier devoir ; il déposa, le 31 mars 1844, conformément à sa promesse de l'année précédente, une proposition de Conversion, qui n'était, du reste, que la reproduction du projet voté en 1840 par la Chambre des députés. La discussion sur la prise en considération fut ouverte le 2 avril et se prolongea le lendemain.

Le député de la Gauche rappela « que le Ministre des Finances s'était montré favorable à la mesure ; il exprima l'espoir que le Gouvernement saurait enfin prendre un parti. L'opération était nécessaire à l'équilibre du Budget, nécessaire à la prospérité du commerce et de l'industrie, nécessaire au succès des emprunts futurs. Jamais occasion plus propice ne s'était présentée : sécurité intérieure, sécurité extérieure, sécurité commerciale, ces trois conditions se trouvaient réunies. Aussi, voyait-on toutes les nations s'empresser à l'envi de réduire leur dette : en 1842, c'était la Prusse ; dernièrement le royaume de Naples ; récemment la Belgique, à l'unanimité de ses représentants, votait la Conversion ; en Angleterre, le chancelier de l'Échiquier (1) s'occupait à convertir, pour un capital de 6 milliards, du 3 1/2 en 3 %. » En terminant, M. Garnier-Pagès adjurait ses collègues de ne pas repousser la proposition. « Ce que les financiers de la Chambre ont jugé
» convenable et opportun depuis 1836..... faites-le à votre
» tour ; ne restez pas en arrière de vos devanciers, ne
» reculez pas dans la voie tracée par les législatures pré-
» cédentes ; et, lorsque toutes les législatures ont accepté
» la mesure, ne venez pas dire à votre pays et à l'Europe
» que vous n'avez ni la puissance, ni la volonté de faire ce
» qu'on a fait dans le passé, et ce que font aujourd'hui les
» peuples de l'Europe. »

Le Ministre des Finances répondit à M. Garnier-Pagès. Tout en affirmant que son opinion ne s'était pas modifiée depuis 1836, il repoussa la mesure comme inopportune et donna à l'appui de sa thèse une raison ingénieuse : « On

---

(1) Au moment où parlait M. Garnier-Pagès, la Conversion du 3 1/2 % en 3 %. était un fait accompli depuis quelques jours en Angleterre. (Voir plus haut, pages 199 et suivantes).

était à la veille d'un emprunt et le Trésor avait besoin d'intermédiaires riches et puissants qui se chargeassent de cet emprunt en attendant que l'épargne pût en absorber les titres. De tous les dangers de la Conversion, le remboursement est le moins à craindre ; mais le danger réel, c'était la vente faite par la classe des rentiers véritables. Les intermédiaires seraient obligés de recevoir les rentes des titulaires sortants, et d'attendre que, l'opération étant terminée, ils pussent les écouler de nouveau. Les mêmes intermédiaires devraient donc se charger en même temps et des titres du nouvel emprunt, et des rentes vendues par les rentiers mécontents de la Conversion. Leurs capitaux disponibles seraient-ils assez considérables pour réaliser cette opération double ? Là était la connexité entre l'emprunt et la Conversion. » Le Ministre appuyait cette argumentation de faits précis : depuis 1836, un certain déclassement de la rente 5 % s'était réalisé. Ce déplacement avait constamment suivi les phases diverses des discussions précédentes, des votes dans l'une et l'autre Chambre ; il serait d'autant plus considérable, que les rentiers voulant sortir du 5 % seraient assurés de trouver un remploi utile dans le nouvel emprunt.

M. Baude et M. Gouin succédèrent au Ministre, et firent remarquer combien la Conversion serait favorable à l'État, si elle pouvait précéder l'émission des rentes 3 %, puisqu'elle aurait pour résultat certain d'amener une hausse de tous les titres de la dette au-dessous du pair. M. Achille Fould intervint également dans la discussion : plus habile que son frère, il admit le principe de la mesure, mais en repoussa la réalisation immédiate. Il était effrayé, comme le Ministre, de la connexité d'un emprunt considérable, et surtout de la situation des Caisses d'épargne : les sommes déposées dépassaient alors 400 millions. M. Fould aurait désiré avec raison, — les événements de 1848 l'ont trop prouvé, — que le Trésor fît disparaître cet embarras, et obligeât les déposants d'une somme supérieure à 500 fr., à recevoir de la rente 4 %.

Après de nouvelles observations du Ministre des Finances, de M. Garnier-Pagès et de M. Benoist, la prise en considération fut repoussée par 163 voix contre 154.

L'emprunt de 100 millions qui, selon le Ministre, s'opposait à la Conversion, ne fut adjugé que le 9 décembre; il eut été facile, avant cette date, d'opérer la mesure si utile du remboursement de la rente et d'améliorer ainsi le crédit de l'État. Malgré la concurrence du 5 %, cet emprunt fut soumissionné, par MM. de Rothschild frères, au prix de 84 fr. 75. La veille, le 3 % était coté à 83 fr. 70; l'adjudication s'était donc faite à 1 fr. 05 au-dessus du dernier cours, et l'État avait trouvé à emprunter à 3 fr. 54 %. Il est probable que si la Conversion du 5 % avait été accomplie dès le mois de juillet, ce taux se serait encore abaissé et n'aurait guère dépassé 3 fr. 40 %.

1845. — Projet de M. Muret de Bort. — Prise en considération par la Chambre des députés.

Le projet de M. Garnier-Pagès avait été repoussé parce qu'il émanait d'un membre de l'opposition; mais les moyens dilatoires opposés par le Cabinet lassaient même les plus patients des députés de la majorité. Aussi, ne fut-on pas surpris de voir, le 6 mars de l'année suivante (1845), un membre ministériel, M. Muret de Bort, déposer une proposition nouvelle de Conversion, dont voici les principales dispositions : — Le Ministre des Finances était autorisé à rembourser les porteurs de rentes 5 %, qui n'auraient pas demandé la Conversion dans le délai d'un mois. Les porteurs recevaient pour 5 fr. de rentes 5 %, 4 fr. 50 de rentes en titres 4 1/2 %. Les remboursements pouvaient être effectués par séries. — Ce projet reproduisait les principales dispositions du plan soumis, dès 1838, par Garnier-Pagès aîné, plan qui avait été adopté, en 1840, par la Chambre, et qui avait été vainement proposé, en 1844, par M. Garnier-Pagès jeune. On remarquera, en outre, que M. Muret de Bort, qui, en 1840, comme rapporteur de la Commission, avait énergiquement préconisé la Conversion en rentes avec augmentation du capital de la dette, se ralliait au système des rentes au pair. Les rentes au-dessous du pair ne devaient plus être défendues que par les banquiers et les spéculateurs.

Au moment où cette proposition de Conversion allait être de nouveau discutée publiquement, la rente 5 % était cotée 117 fr. 50 ; le 3 % était à 85 fr. 30 ; le 4 1/2 % ne figurait pas à la cote depuis plusieurs Bourses. Le 5 % était donc capitalisé alors à 4 fr. 25 %, tandis que le 3 % l'était à 3 fr. 51. Une Conversion immédiate du 5 % en 4 % au pair aurait donc pu être tentée, et son succès eut été assuré.

Le 8 mars, M. Muret de Bort fut admis à développer sa proposition : elle n'avait pas besoin de longs commentaires, et le souvenir des précédentes discussions était présent à tous les esprits. M. Lacave-Laplagne lui répondit. Le Ministère allait-il enfin adopter la mesure si désirée, si souvent promise, annoncée, et si facile par suite de l'état du crédit ? On aurait mal connu la politique de M. Guizot, si on l'avait espéré. L'opinion du Roi n'était pas modifiée ; il était toujours hostile à ce qu'on appelait à tort la réduction de la rente ; le Cabinet craignait toujours de mécontenter une partie du corps électoral restreint, d'entrer en lutte avec la Chambres des pairs, et de froisser les répugnances du Souverain. La mesure était-elle juste ? Ses avantages financiers et économiques étaient-ils évidents ? Chaque jour de retard en rendait-il l'exécution plus difficile et plus cruelle pour les porteurs de rentes ? Le Ministère n'en avait cure. Gagner du temps était tout son système ; les contribuables pouvaient attendre et continuer à payer un intérêt qui n'était plus légitimement dû.

La situation de M. Laplagne était bien difficile. En

1836, il réclamait la mesure ; en 1838, il l'avait repoussée comme Ministre ; en 1840, simple député, il avait refusé de la voter comme inopportune ; en 1844, il avait encore déclaré les circonstances peu favorables. Il devait certainement lui en coûter d'opposer toujours des moyens dilatoires à cette question ; mais il ne pouvait se séparer de ses collègues, et il dut encore une fois affirmer qu'il serait dangereux de tenter cette opération. Quels motifs donne-t-il ? « L'emprunt de 1844 n'est pas classé ; les chemins de fer ne sont pas encore organisés ; dans un an, la situation sera modifiée, et le Gouvernement prend l'engagement de présenter lui-même alors un projet de loi. Le Ministre l'avoue, il tiendrait à cœur de voir la question résolue et d'exécuter cette mesure, à laquelle il doit la faveur que la Chambre lui a constamment témoignée depuis son rapport de 1836. »

Cette prudence exagérée du Ministre, qui pouvait passer à bon droit pour de la pusillanimité, produisit une véritable déception sur tous les bancs de la Chambre, même sur ceux de la majorité. Eh quoi ! toujours renvoyer au lendemain les améliorations les plus faciles ! Le pays, si docile jusqu'à présent, ne finira-t-il pas par se lasser et se fâcher ? M. Bineau, qui devait attacher son nom à la seule opération sérieuse de Conversion qui ait été réalisée dans notre pays, se fit l'écho de ce sentiment pénible ; il attaqua vivement M. Lacave-Laplagne sur sa timidité. « L'année précédente, l'interpellation de M. Garnier-Pagès a obtenu une réponse identique à celle qui est faite à la proposition de M. Muret : le moment n'est pas propice. L'emprunt et les chemins de fer étaient, comme aujourd'hui, la cause de la frayeur de M. Laplagne. Alors on disait : attendez que les chemins de fer soient en voie d'organisation ; attendez que l'emprunt soit souscrit. L'emprunt est souscrit, les voies ferrées s'organisent, et emprunt et chemins de fer s'opposent toujours à la Conversion. »

M. Bineau montrait sur cette question la netteté et la résolution dont il fit preuve en 1852, et qui devinrent alors de la témérité : il ne voulait plus d'atermoiements. Malgré les paroles du Ministre des Finances, tout le monde convenait que l'instant était propice, que jamais le crédit de l'État n'avait été aussi puissant, qu'il ne fallait pas attendre la lutte produite par la concurrence des titres créés par les chemins de fer. Le Gouvernement, comprenant les dispositions de la Chambre et en faisant ses réserves sur le moment à choisir pour l'exécution du projet, consentit, par l'organe de M. Duchâtel, à ce que la proposition fût prise en considération.

Cette grave question allait donc être étudiée et discutée de nouveau, et pour la quatrième fois, d'une façon complète et solennelle. La Bourse ne s'en effrayait pourtant pas : les cours se maintenaient. La spéculation prévoyait-elle que la Chambre des pairs persisterait dans son ancienne manière de voir, et continuerait à résister aux désirs raisonnés du pays et de la seconde Chambre ? — Louis-Philippe connaissait la bourgeoisie et n'ignorait pas combien les querelles d'argent sont longues à oublier ; il ne voulait pas se brouiller avec les rentiers. Savait-on que le Roi, d'accord avec les pairs, refusait d'admettre que toute une classe nombreuse sur laquelle sa monarchie s'appuyait, fût lésée dans ses intérêts, sinon dans ses droits ? — Les cours, au contraire, étaient-ils établis d'une façon si sérieuse, que la menace d'une Conversion ne pouvait les entamer ? Le nouveau 4 1/2 % devait, en effet, acquérir aisément le taux de l'ancien 5 qu'il aurait remplacé ; à 117 fr. 50, il aurait encore rapporté 3 fr. 83, c'est-à-dire 32 cent. de plus que le 3 %. — Toujours est-il que pendant toute la durée de la discussion, la Bourse conserva une fermeté remarquable.

Adoption du projet de M. Muret de Bort par la
Chambre des députés.

La Commission chargée d'examiner le projet de M. Muret était composée de MM. de Tracy, Bineau, Baude, Fould, Aylies, Lestiboudois, Perrier (Ain), Rihouet et Benoist. Ce dernier fut nommé rapporteur.

Les études de la Commission durèrent à peine quelques jours. Elle modifia sur un seul point le projet de M. Muret de Bort ; il exigeait une déclaration des rentiers qui opteraient pour la remise du nouveau 4 1/2. Il fut décidé, au contraire, que le silence des rentiers serait interprété dans le sens de l'adhésion à la mesure. M. Garnier-Pagès avait, le premier, demandé cette innovation, et M. Lacave-Laplagne lui avait donné toute son approbation. Ce point, au premier abord, paraît secondaire ; il avait cependant une véritable importance. « Le remboursement au pair était infiniment moins avantageux pour les rentiers que l'échange de leur ancien titre contre une nouvelle rente de 4 1/2 % ; ne devait-on pas supposer, en conséquence, que les opposants à la mesure seraient dans une infime minorité et que la presque unanimité accepterait la Conversion ? Pourquoi donc imposer un dérangement, un ennui, une perte de temps à ceux qui adhéreraient aux offres du Gouvernement ? En outre, n'est-il pas logique et honnête d'admettre, dans le doute, que les porteurs du 5 % optaient pour l'alternative la plus lucrative ? Enfin, l'intérêt de l'État voulait que les demandes de remboursements fussent aussi peu nombreuses que possible. Il était donc naturel qu'elles fussent, sinon entravées et gênées, du moins rendues certaines par l'obligation d'une déclaration formelle. Bien des rentiers mécontents qui auraient refusé de demander la Conversion, devaient, en effet, reculer avant de s'imposer un dérangement qui, en définitive, aurait tourné à leur préjudice. » Ces diverses considérations étaient mises en lumière par le rapporteur. Nous n'analyserons pas les autres parties de son travail, qui portaient sur l'historique déjà connu de la question, et sur la légalité de la mesure que nous allons avoir l'occasion d'étudier au moment où le projet sera envoyé à la Chambre des pairs.

Les débats s'ouvrirent dès le 22 mars. La Chambre prouvait, par cet empressement, combien elle attachait d'importance au projet de loi et combien une solution définitive lui paraissait nécessaire et urgente. Le sujet était épuisé depuis 1840; les convictions étaient arrêtées ; les orateurs ne pouvaient que répéter leurs discours antérieurs. La question d'opportunité fit tous les frais de la discussion générale ; elle n'a plus d'intérêt aujourd'hui ; elle était résolue pour tous les esprits impartiaux par les cours de la Bourse, l'état prospère du Trésor, et la situation de l'Europe, où la paix paraissait assurée. M. de Lamartine, cependant, voyait toujours des points menaçants à l'horizon. Dans ce cinquième discours sur la Conversion, il prouva une fois de plus que ce sujet lui était complétement inconnu ; il ne voyait que la ruine des rentiers à laquelle son cœur généreux compatissait.

La discussion des articles fut plus intéressante : de nombreux amendements avaient été déposés. Le premier avait pour auteur M. Liadières qui, comme toujours, trouvait la mesure injuste, illégale, spoliatrice et illusoire. Pour éviter que la question ne fût continuellement soulevée, il demandait que les rentes ne pussent, à l'avenir, être remboursées qu'au moyen de l'amortissement ou par la substitution de valeurs librement acceptées par les propriétaires de ces rentes. C'était la négation du principe adopté par l'immense majorité de la Chambre : le système de M. de Liadières ne fut même pas appuyé.

Un second amendement de M. de Vatry ne pouvait avoir un meilleur sort : il demandait que les porteurs du 5 %

23

qui ne réclameraient pas le remboursement, reçussent 3 fr. 50 en rentes 3 1/2, et un titre assurant à son possesseur 1 fr. 50 de rente à toucher sur les revenus des chemins de fer, créés, rachetés ou concédés par l'État, dès que le premier milliard qui serait employé à leur confection aurait produit 6 %. Le bon billet de la Châtre qu'auraient eu les rentiers !

Les partisans des rentes avec augmentation du pair ne devaient pas rester silencieux ; ils avaient pourtant peu de chance de faire admettre leur système, qui avait été apprécié, jugé et condamné en 1840. Un jeune député, qui devait passer sa vie à spéculer, et qui, un jour, jouera une partie dont l'honneur et la liberté de la France seront l'enjeu, et un riche banquier, furent les seuls députés qui osèrent demander que le capital de la dette fût augmenté au moment même où on réduisait l'intérêt.

M. de Morny proposait le remboursement immédiat de toutes les rentes 5, 4 1/2 et 4 %, ou leur Conversion à différents taux en 3 %. Cet amendement fut très-habilement développé par son auteur ; son discours mérite une mention spéciale ; on y trouve la théorie de la Conversion de 1862, et de nombreuses idées qui devaient être reprises et amplifiées sous l'Empire. M. de Morny « se déclarait partisan de l'unification de la dette ; il avait remarqué les inconvénients de la concurrence que les divers fonds se faisaient entre eux, et de la fâcheuse influence sur les cours des menaces régulières de Conversion : la création d'un fonds unique éloigné du pair était le seul remède à cette situation. Les adversaires de la mesure voudraient faire croire à une lutte entre Paris et la province, entre la rente et l'agriculture : ces intérêts ne sont-ils pas solidaires, loin d'être opposés ? Si la rente baissait, l'argent irait vers elle, ou prendrait peur et se cacherait ; l'agriculture ne profiterait donc pas de cette baisse. Quant à Paris, qu'est-il ? sinon le grand consommateur de la province. Avec les Conversions continuelles et les menaces de

« Conversion, la spéculation profite de la situation, et il s'établit un tiraillement quotidien entre le 5 et le 3 : il en sera de même entre le 4 1/2 ou le 3 1/2 et le 3. On parle de supprimer la spéculation ; il vaudrait mieux la reconnaître. Un gouvernement fait mieux d'autoriser ce qu'il tolère que de tolérer ce qu'il interdit. Le marché à terme, c'est le levier, c'est l'espérance du crédit ; il joue le rôle de volant dans la machine à vapeur. Mais, au moins, il faudrait ne pas favoriser l'agiotage en maintenant plusieurs fonds qui amènent forcément des arbitrages, enrayent la hausse des cours, et, par suite, maintiennent le loyer de l'argent à un prix trop élevé. L'amortissement n'est pas un remède : c'est un système fictif et absurde. On achète du 3 et on paie 5 fr. de rente 130 fr., tandis qu'on ne paierait 5 fr. de rente en 5 % que 118 fr. On n'amortit qu'au-dessous du pair, ainsi le veulent les lois de 1825 et 1833, c'est-à-dire quand les cours de la rente sont affaissés, et que le pays est obéré ; l'amortissement cesse au-dessus du pair, c'est-à-dire quand le pays est riche. L'amortissement devrait se composer de l'excédant des recettes sur les dépenses, et il faudrait amortir seulement au-dessous du pair, et, quand le pair serait atteint, au moyen d'un tirage au sort. Le moment actuel est propice pour une Conversion ; l'opportunité d'une opération de ce genre, c'est l'instant où il en est question ; on devrait se hâter pour empêcher le déclassement et la baisse de notre premier fonds. »

L'influence qu'il devait acquérir plus tard sur les destinées de la France, nous a fait arrêter un instant sur le discours de M. de Morny : en 1845, elle était nulle sur ses collègues et l'amendement radical ne fut pas appuyé.

Il ne restait plus que deux amendements : le premier, de M. Jacques Lefèvre, banquier, proposait de convertir, au moyen d'un de titre 4 fr. 50 de rente, mais en 3 1/2 : on devait ainsi éviter les nouvelles Conversions. MM. Bineau et Laplagne s'opposèrent à l'adoption de cette proposition :

ils ne voulaient pas faire abandon des droits futurs du Trésor. Nous retrouverons, dans son rapport de 1852, la théorie que le premier développa : « Il y a deux systèmes de Conversions : dans l'un, on réduit faiblement l'intérêt, sans modifier le capital ; dans l'autre, on demande une plus forte réduction d'intérêt, mais, afin de retenir le rentier dans la rente, on lui offre l'appât d'une augmentation éventuelle du capital. Le premier système est le plus simple et le meilleur ; le second a pour effet, sinon pour objet, de permettre les Conversions prématurées. »

De son côté, le Ministre des Finances fit observer que l'amendement accordait une situation trop belle aux rentiers : « Le projet de la Commission est dans l'exacte vérité. Le Gouvernement aurait le droit, d'après les cours et le loyer de l'argent, de proposer à ses créanciers une réduction d'un pour cent ; il ne leur demande qu'une modération d'un demi pour cent ; c'est une transaction qui leur est offerte. Aller au-delà et leur offrir, en échange de la réduction d'intérêt, une augmentation de capital, serait dépasser le but. M. Laplagne invoque, en faveur de cette transaction, l'autorité de M. Humann, son prédécesseur, qui, depuis la discussion de 1840, s'était franchement rallié au système des Conversions en rentes au pair.

Après le rejet de l'amendement de M. Lefèvre, il ne restait plus que la proposition très-sérieuse de M. Crémieux : il offrait aux porteurs du 5 % la conversion de leurs titres en 4 %, non remboursable pendant quinze ans, mais avec addition, pendant les dix premières années, d'une annuité de 0,50 cent. Ce système méritait d'être examiné avec maturité dans la situation où se trouvait alors le crédit de l'État. La réduction en 4 % était possible, et l'avantage décennal offert transactionnellement aux rentiers pouvait être accepté par eux avec gratitude. Mais il ne fallait pas compliquer la question et compromettre le succès de la loi devant la Chambre des pairs par une réduction trop forte, même lointaine ; la

Chambre repoussa la proposition de M. Crémieux pour assurer le succès d'une plus faible réduction.

Ces diverses propositions ayant été repoussées, le vote de la loi ne pouvait être douteux : les articles furent rapidement adoptés. Une discussion sérieuse s'éleva seulement sur le terme pendant lequel les porteurs du nouveau 4 1/2 devaient être assurés contre le remboursement. La Commission pensait que les porteurs du 5 % étaient suffisamment prévenus depuis 1840, et qu'ils avaient déjà profité d'un sursis de cinq années par suite de l'opposition de la Chambre des pairs ; elle proposait donc de réduire à sept années le délai d'irremboursabilité. M. Laplagne, dans son esprit de bienveillance envers les rentiers, réclama le terme de dix ans ; il appuya encore sur l'idée d'une transaction à intervenir entre l'État et ses créanciers, et insista pour que ceux-ci fussent traités aussi favorablement que possible. « De même, dit-il, qu'on propose la Conversion en 4 1/2, quand elle pourrait se faire en 4 %, il faut accorder un délai de dix ans pour tranquilliser le rentier effrayé, quand un terme de sept ans serait suffisant au point de vue de la stricte équité. » Le Ministre eut gain de cause devant l'Assemblée. Il est bon de retenir cet enseignement et de se rappeler la prudence, la sagesse, la modération de M. Laplagne.

Des dispositions de la loi furent exceptées les rentes appartenant à la Légion d'honneur, aux Invalides de la marine et aux Hospices. Les rentes de la Caisse des Dépôts, des communes, des fabriques et des établissements de bienfaisance furent soumises à la règle commune. Ces exceptions étaient fort sages : on ne voulait pas être obligé de rendre d'une main à ces établissements, surtout à la Légion d'honneur et aux Invalides de la marine, ce qu'on leur aurait pris de l'autre. En 1852, M. Bineau n'a pas admis ces exceptions, et l'économie qui a été le résultat de sa Conversion est en partie fictive, en ce qu'on a dû augmenter les subventions de ces deux administrations d'une somme égale à la réduction de leurs rentes. M. le marquis d'Audiffret fait remarquer et critique cette inconséquence.

L'ensemble de la loi fut voté au scrutin par 202 membres contre 86.

Pendant tout le cours de la discussion, les cours du 5 %, loin d'être comprimés par la crainte de la Conversion, avaient suivi un mouvement ascensionnel. Au moment du dépôt de la proposition de M. Muret de Bort, notre principal fonds était coté à 117 50 ; le jour de l'adoption de ce projet par la Chambre des députés, il touchait au cours de 120 fr. Le 3 % rapportait moins de 3 fr. 50 % ; il était donc naturel qu'un titre de 4 fr. 50 de rente garanti pendant dix années fut capitalisé à environ 4 %.

Discussion à la Chambre des pairs. — Examen de la légalité du remboursement des rentes 5 %.

Le projet de M. Muret de Bort était sorti victorieux de la première épreuve ; mais il n'y avait guère d'illusions à se faire sur le résultat de la discussion devant la Chambre des pairs, qui avait déjà manifesté deux fois sa répulsion contre toute atteinte aux priviléges des rentiers. En 1840, le Ministère était favorable à la mesure ; il garantissait qu'il pourrait l'exécuter, et cependant la majorité avait été encore considérable contre le projet adopté par la Chambre des députés. En 1845, le Cabinet déclarait que l'opération était inopportune ; il était évident que les pairs seraient trop heureux de lui donner raison. Aussi, la Commission fut-elle composée des adversaires les plus implacables de la Conversion et même du droit de remboursement : MM. Odier, Persil, Mérilhou, le Bᵒⁿ de Barante, Barthe, Cᵗᵉ Roy et Ferrier. Ces choix annonçaient clairement dans quel esprit serait rédigé le rapport, confié pour la troisième fois au même pair qu'en 1838 et 1840.

Le rapport de M. Roy niait pour la seconde fois la légalité du remboursement de la dette, et surtout de la Conversion. Dès l'ouverture de la discussion, dans la séance du 29 mai, le Ministre des Finances, M. Lacave-Laplagne, tint à répondre aux arguments du rapporteur. Quoique cette question n'ait plus qu'un intérêt rétrospectif, il est nécessaire de la résumer rapidement, afin de donner une idée du peu de valeur des arguments mis en avant par les adversaires de la Conversion, et de bien faire sentir que la légalité n'était qu'un prétexte pour les prétendus conservateurs de la Chambre haute. La lutte était, en réalité, entre les rentiers et les contribuables, ou, pour mieux dire, en élargissant le point de vue, entre le capital et le travail.

Le droit de l'État avait été pour tous les esprits sans parti pris, élucidé et tranché par le savant rapport de M. Lacave-Laplagne, en 1836, qui avait voulu aller au devant des objections. Il fut à peine mis en doute dans la Chambre des députés, dont la presque unanimité l'adoptait. Le rapport de M. Roy, en 1838, avait soulevé quelques doutes sur ce point ; la Commission était partagée : trois membres niaient le droit de l'État, et trois l'admettaient. Le septième commissaire était M. Roy, qui n'avait pas voulu prendre de parti et qui s'était contenté d'indiquer les deux opinions. En 1840, on s'en souvient, M. Mérilhou, M. Persil et M. Roy, au nom de la Commission, étaient devenus plus précis, et, pour mettre obstacle à de nouvelles propositions de Conversion, avaient nié formellement la légalité du remboursement. M. Thiers et M. d'Argout avaient affirmé, au contraire, et démontré que les textes de loi, les précédents, le titre même des rentes étaient d'accord avec le bon sens et le Code civil, pour permettre au Trésor de se libérer en restituant, non ce qu'il avait reçu, mais le capital dont il s'était reconnu débiteur. Nous n'aurons qu'à résumer ces diverses opinions, pour présenter les arguments des adversaires et des défenseurs du droit de l'État.

Les partisans de la légalité du droit de remboursement s'appuyaient : 1° sur ce qu'il n'a jamais existé en France de rentes non remboursables ; 2° sur les termes formels de l'article 1191 du Code civil, qui ne fait que reproduire les prescriptions de l'ancien droit et qui dit : « La rente constituée en perpétuel est essentiellement rachetable. » « Le droit de remboursement, affirmaient-ils, est inhérent à la nature de la dette. Qu'est-il besoin de le formuler expressément ? Pour le détruire, l'État aurait dû y renoncer d'une façon formelle. Les lois de 1825 et de 1833, comme toute l'ancienne législation, reconnaissent le principe. Il n'a jamais été contesté en Angleterre, où il a été plusieurs fois appliqué ; on n'a fait d'exception chez nos voisins, où pourtant le crédit est si puissant, que pour les rentes qui, en termes exprès, avaient été déclarées non remboursables. »

Les arguments des adversaires du remboursement sont pour la plupart négatifs ; ils s'appuient sur le silence des textes de lois. « La dette, disent-ils, est constituée en rente perpétuelle sans désignation de capital. L'État s'est reconnu débiteur d'une somme fixe à payer annuellement et non d'un capital. L'amortissement, tel qu'il est organisé, n'est-il pas exclusif de toute idée de remboursement ? Le Code civil ne peut être applicable, puisque l'État et sa Dette sont en dehors du droit commun ; que la rente est insaisissable, à l'abri de l'impôt ; que, d'ailleurs, le droit de remboursement édicté par l'article 1191, autoriserait le Trésor à restituer simplement la somme reçue primitivement. — La Charte a reconnu que nul ne pourrait être dépossédé de sa pro-

priété sans une juste et préalable indemnité. Le rentier
a-t-il sur son titre un droit moins absolu que celui du
propriétaire sur sa terre? L'indemnité ne doit-elle pas
être la représentation exacte de la valeur réelle et actuelle
du titre? Si l'État veut rembourser, qu'il paie donc la
rente d'après le cours de la Bourse. »

Tels étaient les motifs tirés du bon sens et du droit
commun que s'opposaient les deux partis.

Les arguments puisés dans les textes précis de lois et
les documents législatifs, étaient-ils plus concluants?
Quelles étaient d'abord l'origine, la cause, la nature des
rentes perpétuelles?

Les premières créations de rentes remontent à François Ier; ses successeurs suivirent son exemple, et aux
rentes sur l'Hôtel-de-Ville s'en joignirent bientôt d'autres.
Quelles que fussent leurs dénominations, elles avaient
toutes le même caractère : c'étaient *des rentes constituées
à perpétuité*, semblables à celles que constituaient les
particuliers, dont les scrupules religieux ne leur permettaient pas le prêt à terme avec intérêt. On adoptait le
contrat qui était d'un usage général. Or, il était de principe que la perpétuité ne s'appliquait qu'au créancier qui
aliénait son capital, et s'interdisait à tout jamais la faculté
d'en réclamer le remboursement. Quant au débiteur,
lorsque c'était de l'argent qu'il avait reçu, il conservait
toujours le droit d'éteindre la rente, en remboursant le
prix pour lequel elle avait été constituée.

Ces principes absolus, admis par les jurisconsultes
comme Pothier, par les praticiens comme Denisart,
étaient appliqués à toutes les rentes perpétuelles, qu'elles
fussent sur le Roi, sur l'Hôtel-de-Ville, sur les tailles, sur
les particuliers, et ils furent ensuite reproduits par le
Code civil, — articles 530, 1911. — Les principes de
l'ancien droit eussent donc été favorables au droit de
remboursement; nous avons vu d'ailleurs que Sully, Col-

bert et Turgot les avaient interprétés dans ce sens, et avaient cru pouvoir faire de véritables Conversions.

Les nombreuses lois de la législation intermédiaire et les lois constitutives de notre dette interdisaient-elles à l'État le droit de se libérer envers ses débiteurs ? C'était là que les juristes, adversaires de la Conversion, puisaient leurs arguments.

La loi du 24 août 1793, qui avait organisé le Grand-Livre et unifié la dette, était muette sur le capital dû par l'État. Le fameux rapport de Cambon était-il plus explicite ? C'est ce qu'affirmait M. Roy. Ce rapport n'avait pas seulement la valeur d'un renseignement législatif, il était le commentaire officiel de la loi du 24 août 1793. Aux termes de l'article 229, il devait, en effet, être inséré *dans les journaux, et imprimé, publié, affiché par le Conseil exécutif pour servir d'instruction.*

Que disait donc ce rapport ?

« Nous avons cru, écrivait Cambon, que l'inscription
» sur le Grand-Livre *ne devait pas rappeler les capitaux,*
» et qu'on ne devait y porter que le net produit des rentes
» ou des intérêts, afin de faire disparaître ces capitaux
» fictifs au denier 100, au denier 40, qui rappellent d'an-
» ciennes injustices, etc.... *En ne faisant pas mention*
» *du capital,* la nation aura toujours dans sa main le
» taux du crédit public. Un débiteur en rentes perpé-
» tuelles ayant toujours le droit de se libérer, si une ins-
» cription de 50 livres ne se vendait sur la place que
» 800, la nation pourrait offrir le remboursement de 50
» livres d'inscription sur le Grand-Livre, sur le pied du
» denier 18, ou moyennant 900 livres. Dès ce moment
» le crédit public monterait au-dessus de ce cours, ou la
» nation gagnerait, sans injustice, en se libérant, un
» dixième du capital, puisque le créancier serait le maître
» de garder sa rente ou de recevoir son remboursement;
» au lieu que si on inscrivait le capital, cette opération

« serait impossible, ou aurait l'air d'une banqueroute
» partielle !... »

Voilà les seuls textes cités par M. Roy ! Voilà ce qu'il
appelle un fait constant et matériel que la dénomination
de *cinq pour cent*, édictée par la loi de l'an X, ne saurait
altérer ! Ces quelques mots lui suffisent pour déclarer que
le remboursement est contraire au droit et à la loi. Est-il
cependant admissible que la Convention et le fondateur
illustre du Grand-Livre de notre dette nationale aient
compromis l'avenir, engagé sans remission nos finances,
repoussé un droit évident de bon sens ? Peut-on supposer
que cette grande assemblée, qui voulait le bien du pays,
cherchait les bases du crédit et essayait de liquider un
passé désastreux, se soit à ce point méprise sur les nécessités de toute dette publique, qu'elle ait empêché la
libération de la nation pour le jour où ses finances
seraient prospères ? Ces mots cités et soulignés par le
rapporteur de la Chambre des pairs : « *L'inscription ne
devait pas rappeler les capitaux — en ne faisant pas
mention du capital,* » étaient-ils contraires au droit de
l'État ? Pour quel motif Cambon s'en servait-il ? Il l'explique lui-même : c'était pour faire disparaître ces dénominations humiliantes de rentes au denier 100, au denier
40. Comment aurait-on donné le nom faux de rentes au
denier 20 ou de 5 % à des rentes-d'origines si diverses ?
Il fallait tout d'abord liquider une situation obérée ; on
passe le niveau et la dette n'a pas de titre.

Il faut avouer qu'à cette époque, la possibilité de la restitution d'un capital représentant vingt fois l'intérêt n'entrait dans les prévisions ni de Cambon, ni des membres
de la Convention. Et cependant, ils entrevoyaient le moment où le remboursement pourrait avoir lieu. Le passage
même, copié par le rapporteur de 1845, ne dit-il pas :
*un débiteur de rentes perpétuelles a toujours le droit de se
libérer ?* Et il ajoutait que si l'État offrait le remboursement de 50 livres d'inscription sur le Grand-Livre, moyen-

nant 900 livres, il gagnerait un dixième du capital. Le capital était donc, en réalité, 1,000 livres pour 50 livres de rentes. Cambon a soin d'expliquer que la non inscription du capital est toute dans l'intérêt de la nation, qui pourrait se libérer en offrant le remboursement au-dessous du pair.

La loi de 1793 traite, du reste, dans de nombreux articles, la question du *remboursement*, mais, il est vrai, sans qu'aucune disposition spécifiât le sens du mot. (*Voir le chapitre XLIV sur les saisies-arrêts, articles 185, 186, 187, 188, 189 et 192*). On se demande, au surplus, comment les adversaires du droit de remboursement pouvaient arguer de bonne foi de cette loi de 1793. Les rentes créées par la Convention n'avaient aucun des caractères qui devaient leur être imprimés par la législation suivante ; elles étaient soumises au droit commun, étaient saisissables, étaient assujetties aux droits de mutation, et payaient même la contribution foncière, évaluée à un cinquième du revenu. Les rentiers de 1840 et 1845 auraient-ils consenti à se soumettre à de semblables prescriptions ? En admettant même que la loi de 1793, interprétée par l'opinion de Cambon, eût dénié à l'État la faculté de se libérer au pair pour le jour où les cours auraient dépassé 100 fr. pour 5 fr. de rente, cette loi serait indivisible dans ses effets, et la rente aurait dû être astreinte à des taxes annuelles. Mais toute cette législation de 1793 a été abrogée par des monuments législatifs postérieurs : il n'en est resté que l'organisation matérielle du Grand-Livre et l'unification des titres de la dette.

Que disent donc les autres lois ? Celle du 8 nivôse an VI, qui consacrait la banqueroute, existant en fait depuis plusieurs années, s'exprimait ainsi, art. 2 : « Les parties comprises dans l'état de liquidation de la dette constituée, » seront inscrites au nouveau Grand-Livre pour le tiers » du montant en rente, calculé sur le pied du denier 20.

» de la liquidation totale. » Voilà le point de départ réel et définitif de la dette actuelle. Un nouveau Grand-Livre était créé, il avait une triste origine, la banqueroute ; mais il n'en effaçait pas moins toutes les dettes antérieures. Le capital était clairement indiqué ; il était calculé sur le pied du *denier vingt*. Mais, il est vrai, il n'était point fait allusion au droit de remboursement : comment en aurait-il été autrement ? Les rentes, lors de la liquidation Ramel, valaient 7 ou 8 francs. L'État pouvait-il, au moment d'une banqueroute semblable, faire entrevoir aux porteurs de ces titres qu'il leur rembourserait un jour le capital de 100 fr. ? C'eût été, il faut l'avouer, une mauvaise plaisanterie.

La loi du 21 floréal an X, est encore plus explicite que la loi de l'an VI : elle donne un nom à la dette nationale. « La partie de la dette publique constituée en perpétuel portera, à l'avenir, le nom *de 5 % consolidés*. » C'était la consécration d'un fait admis par tous : l'État se reconnaissait débiteur d'un capital de 100 fr. par 5 fr. de rente. Ce texte gêne M. Roy ; il lui refuse toute importance. Il oppose à une loi formelle un rapport dont les termes sont ambigus et tout au moins sujets à interprétation. Les porteurs avaient-ils pourtant le droit de se plaindre ? Leurs titres n'étaient pas cotés encore plus de 30 fr. ; l'État se reconnaissait donc débiteur d'une somme trois fois plus forte. Les acheteurs suivants étaient prévenus ; ils ne pouvaient se plaindre davantage.

Certains adversaires de la Conversion tiraient un argument plus spécieux de la loi du 9 vendémiaire an VI, qui garantit le tiers consolidé de *toutes retenues ou réductions présentes ou futures*. « Nous admettons, disaient-ils, que l'État rembourse le capital de sa dette, c'est-à-dire le pair. S'il avait les ressources disponibles nécessaires, ce serait une opération franche, loyale, définitive. Mais l'État est dans l'impossibilité absolue de rembourser une dette de plus de deux milliards. Son offre de remboursement est illusoire; elle n'est autre chose qu'une menace, pour forcer les rentiers à accepter une *réduction* contre laquelle ils sont garantis. » En présentant cet argument, on faisait une confusion entre deux faits distincts ; la loi de l'an VI, par retenue ou réduction, entendait toute nouvelle spoliation et toute imposition, et nullement un remboursement au pair. Les lois proposées, en 1840 et 1845, par la Chambre des députés édictaient, d'une part, le remboursement pur et simple de toute la dette 5 °/° ; elles offraient, d'un autre côté, aux porteurs de recevoir le paiement de leurs titres, soit en 100 fr. en numéraire, par 5 fr. de rente, soit en un nouveau titre de 4 fr. 50 de rente. Le mot de réduction, pas plus que l'idée, n'existait dans ces projets ; c'était un véritable remboursement. En réalité, l'État contractait un emprunt dans des conditions meilleures avec de nouveaux prêteurs. Le créancier primitif et le prêteur nouveau auraient pu être réunis dans la même personne ; l'opération, pour être simplifiée, n'en était modifiée ni dans ses causes, ni dans ses conséquences. Le porteur de 5 fr. de rente en 5 °/°, ou recevait ses 100 fr. de capital, ou les prêtait à nouveau contre 4 fr. 50 de revenu. En fait, l'État l'avait remboursé ; il serait mal venu de prétendre que sa rente primitive a été réduite ; elle n'existe plus.

Dans un autre ordre d'idées, les défenseurs des rentiers trouvaient dans les lois constitutives de l'amortissement de nouveaux arguments contre le droit de remboursement. La loi de floréal an X, en même temps qu'elle attribuait à la dette publique le nom de 5 °/° consolidés, créait un mode de libération spécial sous le nom d'amortissement. Selon eux, ce mode était la négation du droit de remboursement. Cette prétention est bizarre : le principe est que le débiteur ne peut se libérer par partie, même d'une dette divisible, sans le consentement du créancier (art. 1244 du Code civil) ; la loi faisait une exception à cette règle en faveur de l'État. Le législateur de l'an X, en organisant un système de libération spécial, ne pouvait avoir la pensée d'interdire à l'État la faculté d'éteindre la totalité de sa dette. D'ailleurs, les lois de 1825 et de 1833 n'avaient-elles pas spécifié que les ressources de l'amortissement pourraient être affectées au remboursement de la dette au pair.

Toutes les objections des adversaires du droit de l'État, tirées des textes, étaient donc victorieusement réfutées. D'ailleurs, les hommes d'État qui réclamaient la Conversion, s'appuyaient non-seulement sur des lois plus ou moins claires, mais encore sur des faits indéniables. En 1816, lors de nos premiers emprunts, les banquiers n'avaient-ils pas refusé de prêter à l'État, sur la remise de rentes constituées au taux de 7 ou 8 % : quels étaient leurs motifs ? N'était-il pas évident qu'ils voulaient se réserver une marge plus grande de bénéfices, résultant de la différence entre la somme réellement versée au Trésor et le pair, c'est-à-dire le capital au moyen duquel le Trésor aurait pu se libérer ? Quel intérêt auraient-ils eu à n'accepter que du 5 %, si l'État n'avait pas eu la faculté de s'acquitter autrement que par l'amortissement, c'est-à-dire au cours du jour ? Et, en 1824, les banquiers qui proposaient à M. de Villèle la Conversion en 3 %, n'étaient-ils pas imbus de la pensée que le remboursement pouvait se faire au pair ? On peut être certain que ces habiles spéculateurs avaient su étudier les textes de lois et ne se trompaient pas sur les droits de l'État ; leur intérêt en est un sûr garant. Depuis cette époque, la Bourse et les rentiers ont toujours établi leurs calculs, comme si l'État allait user de la faculté de rembourser les rentes ayant dépassé le pair. Pendant que le 3 % s'élève au-dessus du prix de 80 fr., la rente 5 % atteint à peine le chiffre de 110 fr. L'une est capitalisée au taux de 3 fr. 60 environ et l'autre au taux de 4 fr. 50. D'où viendrait cette anomalie, si l'État ne pouvait éteindre sa dette qu'en en rachetant les titres sur le marché public ?

Il faut bien l'avouer, il n'y avait rien à répondre à ces arguments, tirés de faits patents et du sens commun. Les adversaires de la Conversion ont tristement prouvé qu'ils n'avaient aucun motif avouable de la repousser : ils ne la voulaient pas, et ils se refusaient à en comprendre le mécanisme si simple et si loyal. M. Roy, dans son rapport de 1845, suppose ou feint de croire que l'État propose aux rentiers de leur restituer ce qu'il a reçu, ce qui serait le droit d'un débiteur ordinaire, et, à ce sujet, il s'exprime ainsi : « Alors que le mode de rachat au cours, avec publi= » cité et concurrence, a été annoncé, et qu'il a été une » des conditions des emprunts, il ne pourrait être rem- » placé, à la volonté de l'un des contractants, par le mode » contraire du rachat forcé au moyen de la simple remise » DU CAPITAL REÇU par l'État. » Où le rapporteur de la Chambre des pairs avait-il vu de semblables prétentions ? Qui avait jamais proposé d'autoriser l'État à se libérer envers ses créanciers, en leur restituant le capital reçu, soit en moyenne 73 fr. par 5 fr. de rentes ? Une semblable illégalité devait révolter la conscience des honnêtes gens; mais nous pouvons nous rassurer, elle n'a jamais existé que dans l'imagination de M. Roy.

Le rapporteur de 1845 s'appuyait, en outre, pour nier la possibilité d'un remboursement de près de 3 milliards, sur le fait qu'en décembre 1844, l'État avait contracté un em= prunt de 200 millions. A quel taux cet emprunt avait-il été adjugé à la maison de Rothschild ? A 84 fr. 75 en 3 %; soit à un peu moins de 3,54 %. N'était-il pas dès lors évident que le Trésor pourrait facilement se procurer, en admettant que le remboursement dût se faire en numé= raire, toutes les sommes nécessaires à un taux fort infé= rieur à 5 %, et qu'il avait ainsi un avantage évident à éteindre la partie de sa dette constituée en ce fonds.

De l'argumentation des adversaires du droit de remboursement, il ne restait donc rien, absolument rien.
Comment donc s'expliquer la conduite anti-patriotique de
la Chambre des pairs ? Nous le rechercherons tout-à-
l'heure.

Quoiqu'il en soit, dès le début de la discussion, qui
s'ouvrit le 29 mars 1845, à la Chambre des pairs, sur le
projet de Conversion voté par la Chambre des députés, le
Ministre des Finances, comme nous l'avons dit, voulut
exposer la théorie gouvernementale du droit de remboursement. M. Lacave-Laplagne opposa, à toutes les objections de M. Roy, des raisons irréfutables, et sut se faire
écouter pendant deux heures. Mais où l'éloquence de
M. Thiers, l'autorité financière de M. Humann et de
M. d'Argout avaient échoué, la discussion claire, précise,
mais un peu froide de M. Lacave-Laplagne, pouvait-elle
réussir ? Le siége de la Chambre des pairs était fait ; les
membres de la Commission ne jugèrent même pas nécessaire de répondre au discours du Ministre.

Ce fut M. le M¹ˢ d'Audiffret qui lui succéda à la tribune.
Il est plus affirmatif que dans les discussions précédentes ;
« il déclare que le remboursement est dans le droit de
l'État et que la Conversion est nécessaire ; il regrette
même que le Gouvernement ait laissé le 5 % s'élever au-
dessus du pair, et n'ait pas su, en temps utile, prévenir
les écarts de la spéculation, sur des valeurs dont le
capital était légalement atteint. » M. le M¹ˢ d'Audiffret
proposa un contre-projet que nous avons déjà examiné
dans la partie théorique de ce traité (1) ; nous n'avons
pas à y revenir. Le lecteur se rappelle que dans le
système de M. d'Audiffret, les rentes 5, 4 1/2 et 4 %
étaient converties, au moment des mutations ou des

_____

(1) Voir plus haut, pages 165 et suivantes.

24

transferts, en rentes 3 %, au cours de ce dernier fonds coté le jour même de l'opération, et les rentes au porteur étaient supprimées. Les pairs comprirent-ils cette proposition ? Il est permis d'en douter, car à une simple lecture, il était difficile d'en saisir la portée et les effets.

M. Beugnot, à son tour, vint défendre la légalité du projet. Il lui paraît impossible qu'une mesure adoptée dans vingt-deux pays ne puisse pas être adoptée en France ; il fait remarquer avec raison que la spoliation dont on faisait tant de bruit, n'existait pas, et que le lendemain de la Conversion, le porteur du 5 % retrouverait un capital égal à celui qu'il possédait la veille, attendu que le 4 1/2 atteindrait certainement le cours du fonds qu'il remplacerait.

Les adversaires de la loi avaient gardé jusque-là le silence. M. le Vte Dubouchage, M. de Kératry rééditèrent cependant les arguments dont nous connaissons la valeur. M. de Cubières était moins absolu ; il admettait le principe du projet, mais repoussait seulement les moyens proposés. Comme M. de Vatry, à la Chambre des députés, il aurait voulu qu'on eût recours aux bénéfices futurs de l'exploitation des chemins de fer pour désintéresser les rentiers.

MM. H. Passy et d'Argout essayèrent encore une fois de sauver du naufrage le principe de la loi : ils avaient été Ministres des Finances, ils pouvaient le redevenir, et ils n'admettaient pas que la Chambre des pairs niât un droit évident de l'État. Ils ne furent pas plus heureux que M. Lacave-Laplagne ; ils n'obtinrent pas plus que lui que les membres de la Commission, MM. Mérilhou, Odier, Persil, se départissent de leur silence olympien et vinssent exposer au grand jour les arguments invoqués par le rapporteur.

Ce dernier, de son côté, dans le résumé d'usage de la discussion, fut très-sobre de motifs et s'en référa aux précédents débats ; il ne restait plus qu'à voter. 28 pairs

seulement protestèrent contre la doctrine anti-gouverne-
mentale de l'irremboursabilité de la dette; 118 donnèrent
raison à M. Roy.

Cette faible minorité s'explique par l'abstention des
membres politiques du Ministère. On comprenait que le
Cabinet, malgré le discours de M. Lacave-Laplagne, ne
voulait pas de la mesure. M. Guizot n'intervint pas dans
les débats. Son silence fut remarqué et mal interprété.
On compara cette prudente réserve à la courageuse intervention de M. Thiers, en 1840. La conduite politique et le
système des deux rivaux peut être jugé d'après cet exemple. M. Guizot refusait de laisser compromettre son
influence parlementaire par un échec. M. Thiers ne reculait devant aucune fatigue, aucune humiliation pour
défendre les intérêts mis sous sa sauvegarde. Des deux
hommes d'État, quel était le plus digne de présider aux
destinées d'un grand pays?

Projet de M. de Saint-Priest, en 1846.

Après le vote de la Chambre des pairs, il semblait que
la Chambre des députés dût renoncer à réaliser la Conversion; mais elle avait *le droit*, selon l'expression de
M. Thiers, et, irritée par la néfaste opposition des pairs,
elle faillit en abuser. Quelques jours, en effet, après le
dernier vote de la Chambre haute, plusieurs députés
demandèrent que le crédit ouvert pour les rentes 5 %,
au budget de 1846, fût renvoyé à la Commission; ils
avaient l'intention de proposer un impôt de 2 % sur la
rente et de briser ainsi la résistance des pairs. Le renvoi
à la Commission réunit 134 voix et fut repoussé par 143
voix seulement. Cette faible minorité prouvait que la
Chambre voulait en finir avec cette question toujours
renaissante et qui affectait si lourdement les cours des
rentes.

L'année suivante, en 1846, M. de Saint-Priest demanda que la réponse au discours de la Couronne renouvelât le vœu déjà exprimé dans les adresses de 1839 et de 1840, relativement à la réduction du principal fonds qui avait dépassé le pair ; mais, sur les observations de plusieurs de ses amis qui ne voulaient pas donner à la Conversion un caractère politique, l'auteur de l'amendement le retira, en se réservant de reproduire la même idée sous forme de proposition de loi.

En effet, le 13 février, M. de Saint-Priest déposa un projet qui était la reproduction de la loi votée par la Chambre des députés, en 1845 : le 9 mars, il développa sa proposition. Pour la sixième fois, M. de Lamartine essaya de s'opposer à cette mesure et fit entendre ces paroles prophétiques sur la Monarchie de Juillet : « Il y a dix ans, nous étions au matin, et maintenant nous sommes au soir. » La discussion qui était épuisée sur le fond de la question resta, du reste, sur le terrain politique, et appela à la tribune M. Odilon Barrot, le Ministre des Finances, M. Fould, M. Bineau et M. Gouin. Le Ministre des finances et M. Fould se contentèrent de contester l'opportunité de la mesure et d'en demander l'ajournement. Sur les observations de M. Gouin qui, rappelant le vote émis l'année précédente sur le projet de taxation de la rente, fit remarquer combien une solution définitive devenait urgente, la Chambre donna tort au Ministre par 201 voix contre 145.

La Commission nommée pour étudier la proposition de M. de Saint-Priest fut composée de MM. Lefebvre, Galos, Kœchlin, Cte de Morny, Mis de Larochefoucauld-Liancourt, de Lafarelle, Cte de Ségur, Benoist et Deslongrais. La Chambre avait tenu à choisir plusieurs membres qui, par leurs relations, devaient exercer une influence sur l'esprit des pairs. Les travaux de cette Commission n'ont pas abouti ; en raison de la crise financière, elle retarda le dépôt de son rapport, et ses membres durent se représenter devant les électeurs avant d'avoir fait connaître leurs résolutions. Les élections générales de la fin de 1846 annulèrent leur mandat de commissaires.

Cette fois, la question était bien définitivement enterrée; les événements politiques et économiques ne devaient pas permettre à la Chambre des députés, élue à la fin de 1846, de la soulever à nouveau. La disette et la crise financière de 1847, l'état d'inquiétude, de malaise, de sourd mécontentement qui régnait dans les esprits et qui laissait vaguement pressentir la terrible commotion de Février, ne rendaient pas cependant impraticable la Conversion, puisque les cours mêmes du 4 % se maintinrent au-dessus du pair. Mais pendant ces deux années, la Chambre des pairs aurait eu de trop bons prétextes pour repousser la mesure; la Chambre des députés ne voulut pas la compromettre; elle préféra s'abstenir et attendre. L'Empire, à ses débuts, devait profiter de cette situation et donner satisfaction aux contribuables, en exécutant cette opération si longtemps désirée; nous verrons plus tard dans quelles conditions.

Recherche des mobiles qui ont dirigé la Chambre des pairs dans sa résistance aux projets de Conversion.

Après avoir passé rapidement en revue ces brillantes discussions de 1824 à 1845, il est temps de se demander comment une opposition aussi persistante a pu résister aux vœux du pays et de ses mandataires, et faire obstacle à la réalisation d'une mesure aussi utile aux intérêts du Trésor. Quel était le but de la Chambre des pairs? Peut-on supposer que la grande majorité de cette noble assemblée ait douté de la légalité de l'opération qu'avait défendue successivement tous les Ministres des Finances, M. de Villèle, M. de Chabrol, M. Laffitte, M. Humann, M. Duchâtel, M. d'Argout, M. Pelet (de la Lozère), M. H. Passy, M. Lacave-Laplagne?

L'illégalité du remboursement, il faut l'avouer, n'était qu'un prétexte, et les membres les plus autorisés de la Chambre des pairs n'osèrent pas soutenir une semblable thèse ; M. Roy, seul, parmi les financiers de cette assemblée, consentit à compromettre son nom, en repoussant un droit incontestable ; il ne le fit même qu'en 1840 et 1845, après avoir épuisé tous les moyens dilatoires.

A quels mobiles obéissaient donc les pairs ?

Les uns, se souvenant de la Révolution, appartenant au parti de la Légitimité, conservant ses rancunes et ses espérances, considéraient la propriété comme l'arche sainte, le dernier rempart de la société. Tout ce qui entamait le droit de propriété dans son immutabilité était repoussé par eux. Ils refusèrent, dans le même esprit, de s'associer au vote de la loi de 1841 sur l'expropriation pour cause d'utilité publique ; et, après avoir fait rejeter, en 1840, le titre relatif à la prise de possession provisoire, ils se retrouvent encore 14, l'année suivante, qui ne peuvent se décider à voter cette loi bienfaisante. Elle devait pourtant permettre d'entreprendre tous les merveilleux travaux publics qui ont modifié le sol de la France.

Quelques membres de la haute assemblée, mais moins nombreux, se faisant l'écho des appréhensions du château et du roi Louis-Philippe, n'envisageaient la question qu'au point de vue politique. La plupart des rentes appartenaient aux électeurs censitaires de la bourgeoisie ; ils le savaient et ils ne voulaient pas mécontenter ces rentiers dont le concours était indispensable à la Royauté. M. de Kératry, d'abord dans la première Chambre, ensuite à la Chambre des pairs, et M. Dupin, avec sa brutalité et son esprit ordinaires, exposèrent ce sentiment. D'autres pairs, enfin, ne pardonnèrent pas à cette question de la Conversion d'avoir été la cause de la chute du cabinet de Broglie et l'origine de longues et pénibles complications ministérielles : ils voulurent tirer vengeance de cet échec.

Ces motifs politiques ne sont pas suffisants pour expliquer la résistance de la Chambre des pairs. Nous en trouvons la preuve dans la conduite du côté droit de cette Assemblée avant la Révolution de Juillet. Les pairs qui, par leurs habitudes, leurs principes et leur intérêt, défendaient avec le plus d'acharnement le droit de propriété, consentirent, en 1825, à voter la loi de M. de Villèle; l'année précédente, il avait fallu l'intervention de l'archevêque de Paris et des considérations d'humanité pour faire rejeter le projet du Ministre des Finances, bien plus dur cependant pour les rentiers que ceux de 1838, de 1840 et surtout de 1845. D'ailleurs, la Chambre des députés, élue en 1823 et composée presque uniquement de légitimistes ultras, n'hésita pas à voter, à une forte majorité formée des membres de la droite, la Conversion en 3 %. Plus tard, M. de Chabrol, au nom du ministère Polignac, prépara et annonça une loi de Conversion. La Droite de la Chambre des pairs, dont l'origine remontait à la Restauration, ne pouvait donc pas être hostile, par principe, au droit du remboursement des rentes 5 %.

Pourquoi ne l'avouerions-nous pas? Certains membres de cette Assemblée, peu nombreux, il faut le croire, en repoussant la Conversion, obéissaient à un triste mobile, indigne d'hommes politiques, de bons citoyens : l'intérêt personnel. Nous ne hasarderions pas une semblable affirmation, si elle n'était couverte par l'autorité et les renseignements précis d'un ancien Ministre des Finances.

Dans une note écrite de sa main (1), M. de Villèle appréciait sévèrement les motifs de la conduite de M. Roy, dans la discussion de 1824 : « Il avait, disait-il, » 500 mille livres de rentes sur le Grand-Livre. C'était » 100 mille livres de rentes qu'il perdait, il y tenait. Par » sa position politique, ses analogies, ses habitudes, ses

(1) Cette note est citée par M. de Vieil-Castel, dans son *Histoire de la Restauration*, tome XIII, page 341.

» relations, il tenait au précédent Ministère que nous
» avions renversé, tort difficile à pardonner. Il tenait, par
» ses opinions, à l'opposition sénatoriale, et il avait été
» député pendant les Cent Jours. » Cette accusation si
nettement formulée était-elle injuste? Les tergiversations
de M. le comte Roy ne permettent pas de le penser.

En 1824, M. Roy déclarait à M. de Villèle qu'il approuvait son projet de Conversion ; il s'empressait ensuite
de le combattre, tout en reconnaissant, avec la Commission, que le droit de remboursement ne pouvait
être contesté. En 1825, le plan de Conversion facultative
n'avait plus les mêmes défauts que celui de l'année précédente ; M. Roy s'oppose cependant à son adoption, mais
il déclare que l'offre du remboursement est dans le droit
de l'État et qu'une Conversion en rentes au pair n'aurait
pas d'inconvénients. En 1838, il est nommé rapporteur
de la Commission de la Chambre des pairs ; il n'a pas d'o-
pinion sur la légalité de la Conversion ; mais il repousse
le projet de la Chambre des députés, qui augmente
le capital nominal de la dette. En 1840 et 1845, le capital
de la dette n'est plus augmenté ; comme il l'avait demandé
en 1825, la Conversion est faite en rentes au pair ; il ne
restait plus de faux-fuyant à M. Roy. Que fait-il alors? Il
découvre le rapport de Cambon, si souvent cité et analysé
à la tribune de la Chambre des députés, et longuement
commenté dans le rapport de M. Laplagne, dès 1836 ; il
le lit, l'interprète, et, sur deux phrases mal comprises,
construit toute une théorie, qui consiste à nier à jamais le
droit pour l'État de rembourser sa dette dont le capital nominal n'existe pas. Seul, parmi les financiers compétents,
— car MM. Mérilhou, Persil, duc de Bassano, de Kératry,
vicomte Dubouchage, n'étaient pas des hommes spéciaux,
M. Mollien se taisait, et MM. d'Argout, Hip. Passy, Humann
défendaient le droit de l'État, — M. Roy soutient cette
thèse, déplorable dans ses conséquences, de l'irremboursabilité de la dette au pair. Décidément, M. de Villèle avait

raison : son adversaire avait bien 500,000 fr. de rentes sur le Grand-Livre, en 5 %, et il y tenait.

Serait-il téméraire de supposer que plus d'un des collègues du rapporteur de 1838, de 1840 et de 1845, obéissaient au même mobile, et craignaient, en votant une loi de Conversion, de voir réduire leur revenu ? Vraiment, comme le disait Garnier-Pagès aîné, en 1838, « les contribuables étaient dans une position bien fâcheuse ! »

Le doute n'est donc pas permis : le droit, la légalité, l'équité même du remboursement de la dette et de la Conversion, qui n'était que la conséquence forcée du remboursement, n'étaient pas contestés sérieusement. De mesquines considérations de politique, de rancunes, de tactique parlementaire, et surtout d'intérêt personnel, s'opposèrent seules à la Conversion. La Chambre des pairs de 1830 a encouru, en agissant ainsi, une grave responsabilité : elle a fait perdre au Trésor, c'est-à-dire à la France, aux contribuables des sommes considérables.

En effet, dès 1835 ou 1836, une première Conversion du 5 % aurait été possible ; elle eut touché 140 millions de rentes environ et aurait produit une économie réelle et définitive de 14 millions. En accordant un délai de dix années, pendant lesquelles les porteurs du 4 1/2 converti étaient garantis contre une nouvelle réduction, une seconde Conversion du 4 1/2 en 4 % pouvait être effectuée en 1845, et elle produisait encore un bénéfice de 14,103,000 francs, en tenant compte du 4 1/2 créé en 1825. Ces 28 millions, en chiffres ronds, auraient permis de consolider entièrement la dette flottante du Trésor, qui s'élevait, au 1er janvier 1848, à 630,793,000 fr. Si on n'avait pas eu recours à une consolidation, les 14 millions économisés pendant treize ans et les nouveaux 14 millions économisés pendant cinq ans, représentaient 224 millions, qui diminuaient d'autant les découverts du Trésor (1).

_____

(1) Ces chiffres ne sont pas d'accord avec ceux que mentionne M. Leroy-

Le mauvais vouloir de la Chambre des pairs a donc coûté au pays 224 millions, en prenant les chiffres les plus modérés. Trois fois, avec une patience, une prudence admirables, les représentants de la France en ont appelé au patriotisme de la seconde Chambre : elle est restée sourde à ces demandes réitérées, aux instances, aux supplications des financiers les plus autorisés ; elle n'a montré le même entêtement que sur la question du rétablissement du divorce, également trois fois voté par la Chambre élue.

Chose triste à dire, plusieurs des pairs de 1845, qui avaient repoussé la loi de Conversion, se retrouveront au Sénat en 1862, et devant une proposition bien plus critiquable, ils resteront muets sur leurs bancs. Les hautes classes, en France, ont trop souvent donné ce triste spectacle : résistance entêtée et sans cause aux vœux du pays, faiblesse et flatterie pour le pouvoir ; elles ont perdu leur influence, ne l'ont-elles pas mérité ?

Beaulieu, dans son *Traité de la Science des Finances*, t. II, p. 388 et 389. Il indique, comme économie possible, 28 millions sous la Restauration et 18 millions et demi de francs sous le règne de Louis-Philippe. Il suppose deux Conversions faites en 1824, du 5 °/₀ en 4 1/2 °/₀, et, en 1829, du 4 1/2 °/₀ en 4 °/₀. La seconde Conversion n'aurait pas été possible après cinq années ; un délai d'assez longue durée devant être toujours, et surtout après une première opération, assuré aux rentiers contre un nouveau trouble. Nous avons vu, en outre, qu'en 1824, une Conversion sérieuse du 5 °/₀ en 4 1/2 n'était pas praticable, le crédit de l'État n'étant pas encore assez affermi pour tenter une semblable opération. Dans ses calculs relatifs au règne de Louis-Philippe, le savant écrivain financier a négligé de défalquer des rentes inscrites aux diverses époques où il suppose des Conversions, les rentes rachetées par la Caisse d'amortissement ; de là une exagération dans l'économie produite.

CHAPITRE IX

Conversion de 1852.

Depuis la Révolution de Février, il n'avait pas été possible de songer à exécuter la Conversion du 5 %. Toute opération de crédit était interdite à la jeune République, contre laquelle s'étaient ameutés tous les intérêts troublés dans leur quiétude et affolés par les théories socialistes et le bruit de la guerre des rues. La lutte entre l'Assemblée et le Président maintint le marasme dans les affaires ; mais après le coup d'État, les intérêts égoïstes de la bourgeoisie se rassurèrent ; la Bourse, qui n'a pas d'opinion, qui vit au jour le jour, ou du moins ne se préoccupe pas d'un avenir éloigné, reprit confiance, et les cours des Fonds publics montèrent rapidement : la hausse avait suivi Waterloo, elle pouvait bien suivre le coup d'État. Pendant quatre mois, Louis-Napoléon s'arrogea tous les pouvoirs ; son premier acte financier fut la vente forcée des biens personnels de la maison d'Orléans, avec retour au domaine de l'État de ceux qu'avant son avénement le roi Louis-Philippe avait cédés à ses enfants. Le Ministre des Finances et deux de ses collègues reculèrent devant cette spoliation et déposèrent leur démission. Le 23 janvier 1852, le Président nomma le successeur de M. Fould ; ce fut M. Bineau.

Le nouveau Ministre avait pris une part active, on s'en souvient, aux discussions de 1844 et 1845 sur la Conversion. Ancien élève de l'École polytechnique, où il conserva toujours le premier rang, ingénieur en chef des Mines à

35 ans, M. Bineau avait été nommé député par le département de Maine-et-Loire, dès 1841. A la Chambre il s'était fait remarquer par son aptitude aux affaires, son esprit net, précis et un peu absolu, sa parole élégante et mordante. A l'Assemblée constituante, il avait été désigné par le Comité des Finances pour rédiger le rapport sur le budget rectifié de 1848. Le Président, élu le 10 décembre 1848, l'avait appelé, le 31 octobre 1849, à faire partie du *Ministère d'affaires,* et lui avait confié le département des Travaux publics, qu'il avait conservé jusqu'au 9 janvier 1851.

Les diverses fonctions qu'il avait remplies, ses études spéciales, une grande puissance de travail, sa netteté de conception, l'énergie de sa volonté et, par dessus tout, la probité de son caractère, rendaient M. Bineau digne d'occuper le ministère si important des Finances. Cependant, le monde des affaires, qui regrettait M. Fould, accueillit son successeur avec méfiance ; on redoutait, sans doute, la tournure de son esprit, qui était peu disposé à se soumettre à la routine financière, et qui ne reculait devant aucune initiative. La spéculation savait que le nouveau Ministre lui était peu sympathique ; elle se souvenait des paroles qu'il avait prononcées en 1845, à l'occasion de la présentation du projet de M. Muret de Bort sur la Conversion. « Que va-t-on faire, disait-il en interpellant le » Ministre, pendant tout le temps où la mesure sera mise » en discussion, pendant tout le temps qui s'écoulera » depuis ce jour jusqu'à l'instant où vous viendrez déclarer que, selon vous, il y a opportunité, et qu'enfin vous » allez entrer dans la voie de l'exécution ? Eh bien ! on va » spéculer sur tout : on va spéculer sur la nomination » des Commissaires qui seront chargés d'examiner la proposition ; on spéculera peut-être sur les réunions de la », Commission, sur les discussions qui auront lieu dans » son sein, sur ce qu'elle fera, sur ce qu'elle ne fera pas ; » puis, quand le projet sera arrivé ici, on spéculera sur

» la discussion générale, et le champ de la spéculation » sera d'autant plus vaste que l'exécution sera plus incertaine et plus éloignée. »

Rapport et Décret-Loi du 14 mars 1852 sur la Conversion du 5 °/₀ en 4 1/2 °/₀.

Dans les premiers mois de 1852, la discussion qui, en 1845, effrayait M. Bineau, n'était pas à craindre; les représentants légitimes du pays étaient dispersés; la tribune était muette; la presse avait un bâillon. Cependant, la nouvelle Constitution octroyait à la France une ombre de Parlement et les Chambres étaient convoquées pour la fin de mars. Le Corps législatif devait, il est vrai, selon toute probabilité, se montrer bien docile; et, avec des députés désignés par le pouvoir exécutif et imposés par la peur des baïonnettes et des Commissions mixtes, les longs débats n'étaient pas à redouter. Il semblait que le Ministre des Finances pût attendre sans inconvénient la réunion des Chambres pour réaliser ses projets de réformes. Il ne le voulut pourtant pas. Le 14 mars, quelques semaines seulement après la nomination de M. Bineau comme Ministre des Finances, le pays, étonné, apprit que la Conversion des rentes, si longtemps désirée par l'opinion, était un fait accompli. M. Bineau avait-il voulu rendre impossible la spéculation? Avait-il tenu à garder pour lui toute la responsabilité et tout l'honneur de cette mesure? Avait-il reculé devant le danger de mettre aux prises l'intérêt et la complaisance assurée des nouveaux députés?

Quoiqu'il en soit, le *Moniteur Officiel*, du 14 mars 1852, contenait un Décret-Loi qui appelait au remboursement toutes les rentes 5 °/₀ ou leur Conversion en 4 1/2. Le Décret était précédé du rapport du Ministre des Finances, dont il nous paraît indispensable de reproduire les principaux passages:

« La réduction de l'intérêt de la dette, disait M. Bineau,

» doit être la conséquence, dans tous les pays, de l'abais-
» sement général du taux de l'intérêt. L'Angleterre a.
» réduit par trois Conversions, de 1822 à 1844, sa dette
» de 5 °/₀ en 3 °/₀. En 1842, la Prusse a converti son 4 en
» 3 1/2. En 1844, la Belgique a converti son 5 en 4 1/2 °/₀.
» La France n'a presque rien fait dans ce sens. Dès 1824
» cependant, M. de Villèle proposait cette mesure, mais
» son projet prématuré restait à peu près sans succès.

» Depuis cette époque et à plusieurs reprises, cette
» mesure a été proposée de nouveau, et trois fois même,
» en 1838, 1840 et 1845, elle a été adoptée à la Chambre
» des députés ; mais elle a toujours échoué devant la ré-
» sistance du Gouvernement. — Le Gouvernement ne
» contestait pas et ne pouvait contester, en effet, ni le
» droit, ni les avantages, ni la nécessité de cette mesure,
» mais il se retranchait toujours derrière une prétendue
» inopportunité. — Aujourd'hui, je crois que le moment
» est arrivé de l'accomplir.

» Pour qu'une pareille opération puisse se faire, trois
» conditions sont nécessaires : il faut que, par suite de
» l'abaissement général du taux de l'intérêt dans le pays,
» le taux réel du crédit de l'État, l'intérêt auquel il pour-
» rait contracter un emprunt, soit inférieur à l'intérêt de
» la dette qu'il s'agit de convertir ; il faut, en outre, que le
» Trésor soit dégagé de tout embarras, afin d'être en
» mesure de pourvoir aux remboursements partiels qui
» pourraient être demandés. Il faut enfin que le pays soit
» calme et l'avenir assuré.

» Ces trois conditions existent aujourd'hui. Le taux
» général de l'intérêt s'est successivement abaissé pour
» toutes les transactions ; la Banque prête et escompte à
» 3 °/₀ ; l'intérêt auquel l'État pourrait emprunter, et,
» par suite, l'intérêt qu'il doit conserver à sa dette, est au-
» dessous de 5 °/₀. Le 5 °/₀ n'est qu'à 103 fr. 60, mais ce
» fonds est déprimé par la prévision, dès longtemps
» admise, de la Conversion ; et le 3 °/₀, dont le cours est

» la véritable mesure du crédit de l'État, est aujourd'hui
» à 68 fr. 60 (1), ce qui, déduction faite de la portion
» d'intérêt déjà acquise, met à un peu plus de 4 1/3 % le
» taux d'intérêt qu'il offre aux rentiers.... Le budget de
» 1852, qui va être publié, se règlera *sans découvert*... La
» Conversion est possible, elle est opportune, et, du jour
» où elle est possible, elle est nécessaire... Les nombreuses
» discussions qui, depuis quinze ans, ont eu lieu à ce sujet
» devant les Chambres, ont résolu toutes les questions de
» système, éclairé toutes les difficultés d'exécution,
» préparé même toutes les solutions de détail et de ré-
» daction.... »

Après un résumé de la question de droit, où il rappelle
l'ancienne jurisprudence, les principes du Code civil, la
loi du 1er mai 1825 qui, en défendant à l'amortissement
de racheter au-dessus du pair, et en garantissant le fonds
nouveau de 4 1/2 contre tout remboursement pendant dix
ans, a nettement consacré ce droit, et la loi du 10 juin
1833, qui a été plus positive encore, en statuant qu'une
portion du fonds d'amortissement pourrait être affectée
au remboursement de la dette, — le Rapport reprend :

« Puisque l'État a le droit de rembourser ses créanciers,
» il peut leur dire : consentez à une réduction d'intérêt,
» ou recevez le remboursement de votre créance. C'est là
» ce qu'on nomme la Conversion. Quelle réduction d'inté-
» rêt l'État doit-il demander aujourd'hui aux proprié-
» taires de la rente 5 % ? C'est là la première question
» qu'il faille résoudre. — La solution est facile, car elle
» dépend purement et simplement d'un fait, du taux
» actuel du crédit de l'État, du taux d'intérêt auquel il
» pourrait emprunter aujourd'hui. Aujourd'hui, l'État pour-
» rait sans peine emprunter au taux d'environ 4 1/2 : il
» peut donc offrir à ceux de ses créanciers auxquels il

(1) Jouissance du 22 décembre. — Ce cours de 68 fr. 60 avait été atteint seulement le 13 mars, à la fin de la Bourse. Le même jour, le cours d'ouverture
était 68 fr. 20.

» paie 5 %, ou le remboursement de leur créance, ou la
» réduction à 4 1/2 de l'intérêt qui leur est servi par le
» Trésor.... Ainsi faites, les Conversions sont des opéra-
» tions aussi simples qu'elles sont avantageuses pour le
» Trésor et équitables pour les rentiers. Elles ne sont pas
» autre chose que l'application à la dette de l'État, de
» l'abaissement progressif que le taux général éprouve
» dans le pays.

» A diverses époques, depuis 1824, on a proposé en
» France de substituer à ce mode si simple, si naturel, si
» équitable, un système de Conversion plus compliqué,
» qui aurait pour objet de réduire davantage l'intérêt de
» là dette en accroissant son capital. Dans ce système, on
» demandait aux rentiers une réduction d'intérêt plus
» considérable, en leur offrant comme compensation
» l'augmentation ultérieure de leur capital. — C'est ce
» qu'on nomme la Conversion en un fonds au-dessous du
» pair.... Ce mode de Conversion a toujours été écarté,
» aussi bien en France que chez les autres peuples, et, à
» mon avis, il devait l'être; car il n'est bon qu'à faire des
» réductions qu'on peut appeler prématurées, avant
» l'époque où l'abaissement du taux de l'intérêt permet
» d'accomplir naturellement la réduction de l'intérêt
» de la dette nationale. »

Le rapport entrait ensuite dans l'explication des points
de détails : il montrait que les rentiers n'auraient pas intérêt à demander le remboursement et que, dans tous les
cas, le Trésor avait à sa disposition une encaisse de
100 millions, 150 millions d'obligations de chemins de fer,
dont 100 à très courte échéance et facilement négociables,
les bons du Trésor et enfin l'autorisation qu'accordait le
décret de négocier au besoin des rentes.

Les termes de ce rapport témoignaient de la précipita-
tion avec laquelle il avait été rédigé. Il parlait de la tentative de 1824, qui n'a eu lieu qu'en 1825. Il accusait les

divers Cabinets du Gouvernement de Juillet, de s'être opposés à la réalisation de la Conversion du 5 % désirée par les Chambres. Quoiqu'il ne fût pas encore député, son auteur aurait dû se souvenir des discussions de 1840 et de la courageuse intervention de M. Thiers à la Chambre des pairs. La responsabilité du rejet des projets votés par l'assemblée composée des représentants des contribuables, devait tout entière remonter à la Chambre des pairs, dont plusieurs membres venaient d'être appelés à faire partie du nouveau Sénat. Voilà ce que M. Bineau n'a pas osé ou voulu avouer.

Le décret qui suivait ce rapport était ainsi conçu :

ARTICLE PREMIER. — Le Ministre des Finances est autorisé à effectuer le remboursement des rentes 5 % inscrites au Grand-Livre de la dette publique, à raison de 100 fr. par chaque 5 fr. de rente, ou à en opérer la Conversion en nouvelles rentes 4 1/2 %. — Tout propriétaire de rente qui, dans les délais ci-après fixés, n'aura pas demandé le remboursement, recevra, en échange de son inscription, un autre titre à raison de 4 fr. 50 de cette rente nouvelle, pour chaque 5 fr. de rente ancienne. — Pour ce nouveau fonds à 4 1/2 %, l'exercice du droit de remboursement est suspendu pendant dix années, jusqu'au 22 mars 1862. — Les rentes converties jouiront des intérêts à 5 % jusqu'au 22 mars courant.

ART. 2. — La demande de remboursement devra être produite dans le délai de vingt jours, à compter de la date du présent décret. — Ce délai sera porté à deux mois pour les propriétaires de rentes qui se trouveraient hors de France, mais en Europe ou en Algérie, et à un an pour ceux qui se trouveraient hors d'Europe ou d'Algérie, sans que cette exception puisse entraîner la prolongation des termes fixés par les deux derniers paragraphes de l'article 1er.

ART. 3. — Les remboursements qui seraient demandés pourront être effectués par séries.

ART. 4. — En ce qui concerne les propriétaires de rentes qui n'ont pas la libre et complète administration de leurs biens, l'acceptation de la Conversion sera assimilée à un acte de simple

25

administration et sera dispensée d'autorisation spéciale et de toute autre formalité judiciaire.

ART. 5 — Pour les rentes grevées d'usufruit, la demande de remboursement devra être faite par le nu-propriétaire et l'usufruitier conjointement. Si elle est faite par l'un d'eux seulement, le Trésor sera valablement libéré en déposant à la Caisse des Consignations le capital de la rente. — Si ce dépôt résulte du fait de l'usufruitier, celui-ci n'aura droit, jusqu'à l'emploi, qu'aux intérêts que la Caisse est dans l'usage de servir. — S'il résulte du fait du nu-propriétaire, ce dernier sera tenu de bonifier à l'usufruitier la différence entre le taux des intérêts payés et celui de 4 1/2 %. Toutefois, il n'est porté aucune atteinte aux stipulations particulières qui règlent les droits du nu-propriétaire et de l'usufruitier.

ART. 6. — Pour les rentes affectées à des majorats, si le remboursement en est demandé par les titulaires, le capital en sera déposé à la Caisse des Consignations, pour le remploi en être fait conformément à la législation spéciale des majorats.

ART. 7. — Le Ministre des Finances est autorisé, pour effectuer les remboursements de rentes 5 % qui seraient demandés : 1° à négocier des bons du Trésor ; 2° à faire inscrire, s'il en était besoin, sur le Grand-Livre de la dette publique, des rentes dont la négociation devrait être faite avec publicité et concurrence.

ART. 8. — La part d'amortissement attribuée aux rentes 5 %, qui seront converties ou remboursées, sera transportée aux rentes 4 1/2 % qui leur seront substituées.

ART. 9. — Tous titres ou expéditions à produire pour le remboursement ou la Conversion des rentes 5 %, en tant qu'ils serviraient uniquement aux opérations nécessitées par le présent décret, seront visés pour timbre et enregistrés gratis, pourvu que cette destination soit exprimée.

ART. 10. — Le Ministre des Finances est chargé de l'exécution du présent décret.

La Conversion de 1852 était-elle juste et opportune ?

Comme l'avait dit le Ministre, il n'avait eu, pour rédiger ledécret qu'on vient de lire, qu'à copier à peu près textuellement la loi votée, en 1845, par la Chambre des députés et le projet présenté, en 1846, par M. de Saint-Priest. Il existait cependant une légère différence de rédaction, qui appelle une observation. Par l'article 1er du décret, « le Ministre des Finances était autorisé à effectuer le remboursement des rentes 5 % ou à en opérer la Conversion en nouvelles rentes 4 1/2 %. » Le *remboursement* et la *Conversion* semblaient être deux opérations distinctes. Le projet soumis par M. Hip. Passy à la Chambre des députés s'exprimait au contraire ainsi : « Le Ministre des Finances est autorisé à rembourser les rentes 5 %, soit au moyen du remboursement direct au pair, soit au moyen de l'échange des titres 5 %, contre des rentes nouvelles. » Cette dernière rédaction nous paraît bien préférable : elle insiste sur le remboursement, qui est seul dans le droit de l'État ; l'échange des titres, la Conversion n'est autorisée que comme un mode de remboursement. Il n'y a là qu'une nuance, mais elle a son importance (1).

Le décret nouveau était inattaquable dans ses autres dispositions ; il était la résultante des longues discussions si complètes et si approfondies que nous venons d'analyser. Il consacrait le principe des Conversions de rentes sans augmentation de capital de la dette publique, avec une simple réduction d'un demi pour cent sur l'intérêt. Mais il ne suffit pas qu'une mesure de cette gravité soit simple et logique, il faut encore, pour qu'elle soit juste et loyale, qu'elle réunisse certaines conditions d'opportunité.

Ces conditions existaient-elles le 14 mars 1852 ? M. Bineau l'affirme, et l'histoire qui, le plus souvent, juge les événements d'après le succès qu'ils ont obtenu, semble confirmer l'opinion du Ministre. Il est cependant nécessaire de rechercher en toute impartialité, si la situation comportait une Conversion.

(1) Voir plus haut la définition de la Conversion et les observations théoriques sur cette question. Pages 64 et suivantes.

La première question qui se pose est de savoir à quel taux se capitalisaient les fonds publics à cette époque. Nous avons vu précédemment que la spéculation et les rentiers opéraient d'avance la Conversion dans les cours, lorsqu'elle était possible, et que la loi n'avait d'ordinaire qu'à enregistrer et rendre définitifs les faits prévus et consacrés par la clairvoyance des intérêts. Mais il faut que ces cours soient sérieusement et de longue date établis.

Or, le vendredi 11 mars, la Bourse avait coté le 5 % à 103 20 à l'ouverture et à 103 40 en clôture ; le 3 % à 68 20 et 68 60 ; le 4 1/2, à 89 et 89 50, et le 4 % à 83 fr. Le lendemain, à la veille du décret sur la Conversion, les projets du Ministre avaient sans doute transpiré et la cote du 3 % fut un peu plus élevée. Dans tous les cas, ces chiffres nous indiquent que la spéculation prévoyait la Conversion du 5 % et s'y préparait. Mais la mesure n'était pas encore possible, puisque le 4 1/2 % n'était coté qu'au-dessous de 90 fr. et rapportait ainsi un peu plus de 5 %. Du reste, ces cours étaient encore récents et le comptant se refusait à suivre l'impulsion du marché à terme. Au 31 décembre 1851, le 5 % dépassait à peine le pair, et le 3 % variait entre 66 et 67 fr. Les adhésions au nouveau Gouvernement qui, à l'occasion du renouvellement de l'année, arrivaient de toutes parts, donnèrent confiance à la spéculation ; celle-ci, par de brusques sauts, fit monter les deux principaux fonds jusqu'à 106 fr. et 72 fr. Mais ces cours surfaits n'avaient pas tardé à disparaître. Après la retraite de MM. de Morny, Rouher et Fould, le 5 % tomba à 101 fr. 25 et le 3 % à 64 fr. Ils oscillèrent ensuite entre ces prix minima et 105 65 pour le premier fonds, à la veille du détachement du coupon, et 69 pour le second.

On voit par ces chiffres que le 5 % n'était capitalisé qu'aux environs de 4 90 % et que la spéculation exigeait même du 3 %, malgré les chances prévues de hausse, un revenu annuel variant entre 4 68 et 4 40, en tenant compte de l'intérêt couru. Le 4 %, au contraire, et le 4 1/2, fonds préférés par l'épargne, s'étaient toujours capitalisés aux environs de 5 pour cent.

Le taux du crédit de l'État était donc loin d'être, comme le prétendait le Ministre, représenté par du 4 1/2 %. Si M. Bineau avait voulu réaliser un emprunt considérable, il est même douteux qu'il eût pu placer sur le marché des rentes 5 % au pair ; or, une Conversion, n'étant autre chose qu'un emprunt où les paiements se font en titres, cette mesure était, en fait, irréalisable au moment où elle fut tentée, et avec une presse libre elle aurait échoué misérablement.

En admettant la Conversion possible, et elle ne l'était pas, la seconde question à se poser était de savoir si l'État avait les ressources nécessaires pour rembourser immédiatement les capitaux réclamés par les rentiers. M. Bineau avait estimé à 200 millions les disponibilités du Trésor ; si le succès de la mesure était compromis, cette somme était bien insuffisante en présence d'une dette de plus de 3 milliards et demi.

La situation du Trésor était-elle au moins favorable à l'opération ? Le total de la dette flottante s'élevait, au 1er janvier 1852, à 614 millions, et, au 1er mars, elle montait à 642 millions, chiffres qui n'avaient été atteints et dépassés qu'au 1er janvier 1848. Le budget de 1851 s'était, en outre, soldé avec un déficit de 123 millions. Le budget de l'exercice courant que préparait M. Bineau au moment même où il faisait décréter la Conversion, devait-il au moins être présenté en équilibre ? « Le budget de 1852 qui va être publié, disait le Rapport du 14 mars, se réglera sans découvert. » C'était une contre-vérité, car les prévisions de ce budget faisaient ressortir une insuffisance de recettes de 54 millions, et ce résultat n'était obtenu qu'en reportant sur les exercices suivants un remboursement à la Banque, de 75 millions, exigible en 1852,

Si on tient compte des cours respectifs des rentes 5 %, 4 1/2 et 3 % et des conditions offertes aux porteurs du premier fonds par le décret du 14 mars 1852, on remarquera que plusieurs des principes établis dans le premier livre de ce traité (1) étaient violés. — L'offre du remboursement n'était pas sincère, parce que les demandes de remboursements, si les rentiers étaient libres, devaient dépasser les disponibilités du Trésor. — La rente à convertir n'était pas sérieusement et définitivement cotée au-dessus du pair : les cours n'étaient pas acceptés par l'épargne. — Le nouveau fonds n'était pas l'équivalent du pair de la rente à convertir, puisque le 4 1/2 n'était coté, la veille de la Conversion, que 89 fr. 50 au plus haut. — Aucun avantage immédiatement réalisable n'était accordé aux rentiers. — Dans ces conditions, on ne peut nier que la Conversion de 1852 ne fût injuste, ou tout au moins bien rigoureuse à l'égard des rentiers, et souverainement imprudente au point de vue de l'État.

Moyens d'exécution de la Conversion de 1852.

Le Ministre des Finances avait fait précéder le décret du 14 mars 1852 d'un autre coup d'État financier.

Aux termes de la loi du 30 juin 1840, le privilége conféré à la Banque de France était prorogé jusqu'au 31 décembre 1867 ; « mais il pouvait prendre fin ou être modifié le 31 décembre 1855, s'il en était ainsi ordonné par une loi votée dans l'une des deux sessions qui précéderaient cette époque ». Pour assurer le succès de la Conversion et pour décharger le budget de 1852, qui avait à faire face à une échéance de 75 millions dus à la Banque de France, M. Bineau renonça à la faculté que laissait la loi de 1840. Par un traité du 3 mars 1852, il consentit à assurer à la Banque de France son existence jusqu'en 1868.

En échange de cette faveur, que stipule le Ministre des

(1) Voir plus haut, livre II, chapitre II.

Finances au profit du Trésor ou du commerce ? Il obtient que l'escompte soit abaissé à 3 %, et que les 75 millions dus à cet établissement et payables en trois termes échéant en 1852, soient acquittés en quinze années, par a comptes de 5 millions. En outre, la Banque est autorisée à faire des avances sur actions et obligations de chemins de fer dans les mêmes conditions que les avances sur effets publics. Enfin, les comptes-rendus qui, depuis 1848, devaient être hebdomadaires, ne seront plus, à l'avenir, que semestriels ou trimestriels. — Telle était l'économie du traité intervenu entre M. Bineau et le Gouverneur de la Banque, traité qui fut ratifié par le décret du 3 mars. — Par un nouveau décret du 28 mars, la faculté de faire des avances sur effets publics était encore étendue aux obligations de la Ville de Paris.

L'abaissement du taux de l'escompte et la facilité accordée à la haute banque de se procurer des capitaux sur dépôt de titres de chemins de fer, étaient deux mesures prudentes à la veille d'une Conversion ; — nous n'apprécions pas, bien entendu, le procédé dictatorial employé par le Ministre. Ces mesures étaient-elles suffisantes ? M. Bineau le croyait ; il ne tarda pas à s'apercevoir qu'il s'était trompé et que sa tentative de remboursement du 5 % était prématurée. La Bourse se chargea de le lui apprendre.

Le lundi 15 mars, le lendemain du jour où le décret parut, le 4 1/2 % s'éleva subitement à 100 fr. 25, avec 10 fr. de hausse sur les cours du samedi, et le 3 % fut coté à 70 fr. Mais, en revanche, le 5 % tomba à 100 fr. 50, en baisse de 3 fr. ; le 16 et le 17, il fut coté seulement 100 fr. 35 et 100 fr. 10. La baisse ne devait pas s'arrêter là.

Le 18 mars, M. Bineau faisait décréter le budget de 1852, qui était préparé avec une insuffisance de recettes sur les dépenses de 53,985,242 fr. « Le Corps législatif, disait le » Ministre dans son Rapport au Président, se réunit le 29

» de ce mois; mais comme son vote ne pourrait avoir lieu
» avant un mois ou deux, pour lui réserver ce vote, il fau-
» drait ouvrir encore trois douzièmes provisoires. » En
conséquence, et pour éviter aux Chambres une perte de
temps, le Ministre avait jugé à propos d'enlever aux représentants du pays le vote des recettes et des dépenses. Ce
fait est unique dans notre histoire : il impressionna péniblement la Bourse, qui cependant n'aime pas, par principe,
les vaines discussions. Trois coups d'État financiers en
quinze jours, c'était beaucoup ! Ils faisaient craindre à la
haute finance que le Gouvernement dictatorial ne prit de
nouvelles mesures sans l'assentiment du Corps législatif.
Tant d'audace et de sans-gêne, une semblable désinvol-
ture à la veille de la réunion de la représentation nationale, étaient bien de nature à inquiéter les esprits.

Aussi, dès le jour où ce Budget décrété était connu, le
cours de 100 fr. pour le 5 % était difficilement défendu.
Le lendemain 19, et le 20, le pair était perdu et on tombait à la cote de 99 fr. 05. La Conversion était devenue
impossible : les demandes de remboursements pouvaient
affluer d'un instant à l'autre ; une panique devait s'en-
suivre. C'était une véritable catastrophe qui semblait devoir
engloutir la renommée du Ministre, et compromettre le
crédit du nouveau régime.

M. Bineau avait voulu agir seul, sans consulter et sans
réclamer l'aide de la Finance ; il croyait pouvoir se passer
de la spéculation. Les cours du 18 et du 19 mars lui prou-
vèrent qu'il s'était trompé et que sa Conversion était prématurée, aussi bien que celle de M. de Villèle. Mais, en
1824 et 1825, le Ministre de la Restauration s'était assuré
le concours de banquiers maîtres du marché. Ces précautions, que le Ministre de 1852, confiant dans la puissance
du crédit de l'État, avaient négligées avant le 14 mars,
étaient indispensables. Ce que M. Bineau aurait dû faire la
veille, il fut amené à le réaliser le lendemain, par la force

des circonstances et dans des conditions moins favorables. Heureusement pour lui et le crédit public, la haute Finance et les Compagnies de chemins de fer comprirent, en présence du désastre qui se préparait, qu'elles avaient tout intérêt à favoriser les vues du Gouvernement et à assurer le succès de la mesure qui, en élevant les cours des rentes sur l'État, devait faciliter les émissions de valeurs nouvelles et les grandes opérations de crédit.

La spéculation ne demandait pas mieux que de se mettre contre les rentiers du côté du Ministre. Elle vint le trouver et lui fit des offres qu'il fut bien obligé d'accepter par la nécessité. Quelles furent ces propositions ? Quel traité intervint entre le représentant du Trésor et les délégués de la haute banque ? Il est assez difficile de préciser sur ce point; les documents officiels sont muets aussi bien que les journaux de l'époque. Les aveux ne sont venus que plus tard et sans grands détails.

Dans un panégyrique de M. Bineau, dû à la plume de M. A. de la Guéronnière et paru en 1858, nous ne trouvons qu'une indication discrète des difficultés auxquelles dût faire face le Ministre. « On pouvait craindre, y est-il dit (1),
» que, mal conseillés par la défiance ou l'ignorance, certains rentiers ne vinssent à vendre leurs inscriptions au
» dessous du pair..... Pour prévenir cette dangereuse
» éventualité, M. Bineau prit aussitôt d'habiles et sages
» dispositions. Par suite d'une récente concession, l'État
» avait une créance sur une grande Compagnie représentée par les principaux banquiers de Paris. Cette
» Compagnie était un auxiliaire tout naturel pour le
» Trésor, et le concours d'une importante maison de banque y fut ajouté... En outre, une clause introduite dans
» le traité passé le 3 mars avec la Banque de France, avait
» autorisé ce grand établissement financier à faire des

(1) Souvenirs et notes sur M. Bineau et les Finances de l'Empire, par A. de la Guéronnière. Paris, F. Didot, 1858. Page 94.

» avances et des prêts sur les valeurs industrielles, à
» raison de 3 %, et il en était résulté une hausse sur les
» valeurs de chemins de fer, hausse qui, en diminuant
» leurs revenus, avait paralysé la concurrence qu'ils eus-
» sent pu faire à la rente. »

M. le Mis d'Audiffret, malgré la réserve que lui impo-
saient ses fonctions officielles et la bienveillance de son
caractère, est un peu plus explicite et avoue, dans ces termes, le danger que la mesure de M. Bineau a fait courir au
crédit : « Résolument engagé dans une lutte incertaine avec
» les créanciers du 5 %, le Gouvernement a dû recourir
» à l'assistance de la Caisse des Dépôts, de la Banque de
» France, des Receveurs généraux et des principales
» maisons de la place de Paris, pour en obtenir, à cer-
» taines conditions particulièrement débattues, de puis-
» sants subsides, qui ont sauvé le crédit de l'État et celui
» du commerce d'une crise incalculable, en assurant le
» prompt succès d'une Conversion en 4 1/2 (1). »

Nous trouvons des renseignements plus précis dans des
articles publiés, en 1876, par le journal *la Liberté*. Leur
auteur, M. Isaac Péreire, était bien placé pour être
exactement informé : « Nous nous souvenons, dit-il, que
» l'opération de la Conversion, présentée par M. Bineau,
» en 1852, faillit avorter au moment même de sa réali-
» sation ; elle ne fut préservée d'un échec que par l'inspi-
» ration d'un financier, qu'il est ici superflu de nommer.
» On sait que la rente 5 % n'était qu'à 103 fr. 60, quand
» parut le décret de cette Conversion. La marge était
» faible, et les adversaires en profitèrent pour battre en
» brèche le projet ; il était alors d'autant plus facile de
» ramener la rente au pair, qu'aucune mesure n'avait été
» prise pour s'y opposer. — C'eût été une catastrophe.
» La rente commençait à baisser d'une manière inquié-
» tante, et M. Bineau cherchait en vain des appuis,

(1) M. d'Audiffret. — *Système financier*, t. II, page 300.

» lorsque le financier en question vint mettre à la dispo-
» sition du Ministre aux abois cent millions pour com-
» battre, par des achats *effectifs*, par des achats *au*
» *comptant*, les ventes de rentes qui étaient faites à
» découvert sur une grande échelle. — On le comprend,
» l'offre fut acceptée avec une vive joie, et la maison
» Rothschild vint, de son côté, y ajouter un contingent
» de 40 millions. — Il ne fallait rien moins qu'un se-
» cours aussi puissant pour assurer une opération déjà
» fortement ébranlée. — Quant aux 140 millions si mira-
» culeusement trouvés au moment même où le besoin
» s'en faisait sentir, ils se réduisaient en fait au cin-
» quième, c'est-à-dire à 28 millions, qui furent fournis
» par un groupe de banquiers et de capitalistes, et
» donnés à la Banque en garantie d'un emprunt de 112
» millions sur dépôt de 140 millions de rentes. »

Nous voici à peu près fixés. Il est certain que la mesure
prématurée faillit échouer et entraîner une catastrophe.
La situation fut sauvée par des achats au comptant.
A quelle somme doit-on les évaluer ? M. Pereire indique
le chiffre de 28 millions ; il ne peut être accepté que sous
bénéfice d'inventaire. Les bilans seuls de la Banque nous
montrent que les capitaux employés à soutenir les cours
ont été beaucoup plus élevés. Au 4 mars, en effet, les
avances sur effets publics n'atteignaient pas 17 millions ;
le 8 avril, elles dépassaient 94 millions, auxquels il faut
ajouter 14 millions pour avances sur titres de chemins de
fer. Au 14 octobre, les avances sur effets publics étaient
retombées à 37 millions, et à cette époque les opérations
des banquiers qui avaient prêté leur concours à M. Bineau
étaient loin d'être terminées. On peut affirmer, sans présomption, que l'augmentation de près de 90 millions sur
ce seul chapitre du bilan de la Banque, était due presque
totalement aux demandes des auxiliaires du Ministre.
Nous verrons d'ailleurs plus tard que les rentes 5 %

achetées par les banquiers se sont certainement élevées à plus de 100 millions.

Au surplus, la Bourse et les rentiers étaient prévenus; l'État avait à sa disposition 140 millions effectifs pour soutenir les cours et enrayer l'effet de la panique inévitable qui avait suivi les décrets des 14 et 18 mars. Ces sages précautions ne tardèrent pas à ramener un peu de calme dans les esprits. Dès le 19, le 5 % remontait au-dessus du pair, et il se maintenait entre 100 fr. 10 et 100 fr. 60 jusqu'à la clôture de la Conversion. Le 4 1/2 était coté à un prix un peu plus élevé; le 4 % restait aux environs de 91 fr., et le 3 % ne perdait plus le cours de 70 fr. 45. Les rentiers porteurs du 5 %, ne trouvant plus un placement aussi avantageux que le nouveau 4 1/2 qui leur était offert, étaient bien obligés de se soumettre à la réduction de leur revenu. Le succès de la Conversion était assuré; les demandes de remboursements en masse étaient conjurées.

Quoi qu'il en soit, et sauf les réserves faites sur l'opportunité de la mesure, il est juste de reconnaître que l'opération, une fois engagée, fut énergiquement conduite et fermement exécutée. Les instructions du Ministre à ses agents furent sobres, et il n'employa aucun des moyens de pression auxquels, plus tard, M. Fould devait avoir recours; il voulait simplement que les rentiers fussent éclairés. Le 16 mars, il envoyait une circulaire dans ce sens aux Receveurs généraux : « Les demandes de rem-
» boursements, disait-il, ne peuvent être nombreuses
» au cours auquel les nouvelles rentes se négocient sur
» la place, les porteurs du 5 % ont déjà un avantage
» certain à accepter la Conversion. Il est du devoir de
» l'Administration de les éclairer sur ce point. Vous don-
» nerez donc ces explications aux rentiers avant de rece-
» voir leurs demandes qui, une fois formées, seront irré-
» vocables. Vous vous entendrez, en outre, avec M. le

» Préfet, à qui je transmets un exemplaire de la présente
circulaire, pour donner à cet avertissement le plus de
publicité possible. » Ce langage eût été irréprochable,
si les cours dont parlait le Ministre n'avaient été soutenus
et élevés d'une manière factice.

Résultats financiers de la Conversion de 1852.

Les avertissements du Ministre produisirent un heureux
effet : les rentiers effrayés vendaient, mais ne demandaient pas le remboursement de leurs titres ; ceux au
contraire qui envisageaient la situation avec plus de calme
attendaient les événements. Au 19 mars, il n'avait pas
encore été reçu au Ministère des Finances une seule demande de remboursement. Le 23 mars, les demandes ne
montaient qu'au capital représenté par 34,843 fr. de
rentes. Le 2 avril, à minuit, expirait le délai pour les porteurs d'inscriptions résidant en France. Le *Moniteur* du 3
annonçait que le Gouvernement avait reçu de tous les
départements, sauf la Corse, les procès-verbaux de clôture
des registres destinés à recevoir les demandes de remboursements : le total de ces réclamations ne s'élevait qu'à
1,936,783 fr. de rentes, et en capital à 38,735,660 fr. Le
nombre des inscriptions présentées était de 19,000 environ ; la moyenne de ces titres était ainsi seulement de
100 fr., tandis que la moyenne des inscriptions existant
au 1er janvier 1852 n'était que de 250 fr.: c'étaient donc
les petits rentiers qui avaient refusé de se soumettre à
la Conversion.

Après le second délai, qui était de 60 jours et qui avait
été accordé aux porteurs de titres résidant en Europe,
mais hors de France, 242 titres furent de nouveau présentés pour être remboursés ; ils formaient un total de
plus de 1,700,000 fr. de rentes et nécessitèrent le paiement
d'un capital de 35 millions environ. Cette fois, la moyenne

des rentes était de plus de 7,000 francs. Il est difficile d'estimer le nombre des rentes possédées par des étrangers ; ce chiffre de 35 millions réclamé par eux était relativement assez considérable ; il doit représenter au moins le dixième du capital de leurs titres. Si cette proportion avait existé en France, le Trésor aurait eu à rembourser plus de 350 millions, et il faut reconnaître que l'embarras eût été grand pour répondre à de telles exigences des rentiers. Les demandes élevées faites par les étrangers prouvaient que l'Europe ne croyait pas à la stabilité du nouveau régime et estimait que son crédit était surfait. La Russie surtout s'était fait remarquer par ses réclamations, qui avaient atteint le chiffre de 29 millions. Deux années après, le nouvel Empereur devait punir cette puissance de son manque de confiance.

Nous devons remarquer que le *Moniteur* ne fit pas connaître le montant des réclamations des rentiers étrangers. Le public put croire que les demandes de remboursements n'avaient pas dépassé 38 millions. Du reste, M. Bineau s'abstint de rendre compte publiquement au Souverain et aux Chambre des résultats définitifs de l'opération. Il fallut attendre la distribution du *Compte général des Finances de l'année 1852*, pour connaître les chiffres officiels. Les résultats définitifs de la Conversion de 1852, d'après ce document, peuvent être résumés ainsi :

Les rentes 5 % inscrites au 2 avril s'élevaient en capital à....................... F. 3.586.992.052 »

Et en rentes à............... F. 179.349.602 60

Il a été présenté aux guichets du Trésor, pour être remboursés, des titres montant en rentes à... 3.685.592 51

Il est donc resté à convertir en rentes 4 1/2 %, des rentes 5 % pour .... F. 175.664.010 09

Report.... F. 175.664.010 09

Les nouvelles rentes 4 1/2 délivrées par suite de la Conversion,
se sont élevées à.............. 158.083.566 44

L'économie produite par l'é-
change des titres convertis était
donc de .... F. 17.580.443 55

Et si on compare le chiffre des
nouvelles rentes 4 1/2 % avec
celui des rentes primitives 5 %, de 21.266.036 16

Nous rechercherons dans un instant à quelle somme
exacte doit être évaluée l'épargne annuelle dont la Conversion a fait bénéficier le Trésor ou les contribuables.
Mais auparavant, nous devons analyser les renseignements donnés par le *Compte général des Finances*, de
1852, et signaler plusieurs chiffres inexacts ou au moins
insuffisamment expliqués par ce document officiel.

Les rentes 5 % appelées à la Conversion étaient
de .... F. 175.664.010 09

La Conversion en 4 1/2 devait produire une réduction d'un dixième,
soit......................... 17.566.401 »

Les nouvelles rentes 4 1/2 auraient
dû s'élever à .... F. 158.097.609 09

Les rentes 4 1/2 inscrites ont été
seulement de................. 158.083.566.44

Il existe ainsi une différence de.. F. 14.042 65

Cette différence a une explication toute naturelle : elle
provient de portions de rentes non-inscriptibles, qui ont
dû être remboursées. Mais au lieu de figurer pour cette
somme au Compte général des Finances, cette différence y est portée pour 15,742 fr. 65. En acceptant ce

chiffre, les remboursements de ce chef auraient été
de............................... F.   314.853 »

En outre, les capitaux que le Trésor a
dû verser aux porteurs des 3,685,592 f. 51
de rentes 5 %, qui avaient réclamé le
remboursement, s'élevaient à.........   73.711.850 »

Le total des remboursements était
ainsi de.......................... F. 74.026.703 »

Ce chiffre résulte des calculs les plus élémentaires; il
est d'ailleurs corroboré par M. de la Guerronnière, qui
avait puisé certainement ses renseignements au Ministère
des Finances. « Le Trésor, dit-il (1), n'eut pas à rem-
» bourser plus de 74 millions. » Cependant, le Compte
général des Finances de 1852, et tous les Comptes qui ont
suivi, font figurer dans le montant des découverts et
avances du Trésor un article ainsi conçu (2) :

Remboursements de capitaux de rentes 5 % (décret du
14 mars 1852).................. F. 78.706.849 76

Or, les remboursements réels n'ayant
pas dû dépasser.................   74.026.703 »

Il en ressort une différence de.... F.   4.680.146 76

D'où vient cette différence ? Les documents officiels
sont muets sur ce point. Résultent-ils des frais matériels
occasionnés par la Conversion et le renouvellement des
titres ? de commissions remises aux banquiers, etc. ? Il est
impossible de rien affirmer. On ne peut que déplorer cette
lacune : un Ministre aussi intègre que M. Bineau ne peut
être soupçonné ; le régime sous lequel il administrait
l'avait entraîné, lui qui, si longtemps, avait défendu
la liberté, à mépriser les règles les plus élémentaires de
franchise, de clarté, de précision dans les comptes-
rendus financiers. Fort de sa conscience et de l'appro-

(1) Loc. cit., page 96.
(2) Le dernier Compte publié est celui de 1874. Voir page 559.

bation du Maître, le Ministre comptait pour rien les représentants du pays et leur contrôle.

Les chiffres sur lesquels nous venons de raisonner sont empruntés au *Compte Général des Finances de 1852*. Depuis lors, les documents officiels ont indiqué comme montant des remboursements de portions de rentes non inscriptibles la somme de 206,432 fr. de rentes qui, en 4 1/2 %, représentent un capital de 4,587,320 fr. Cette somme, ajoutée aux capitaux remboursés sur demandes des rentiers, n'arriverait qu'à 78,299,170 fr. Il y aurait donc encore une insuffisance de 407,679 fr. pour balancer le total des capitaux remboursés. — D'ailleurs, en acceptant ce chiffre de 206,432 fr., on arriverait à un total de rentes existant au 2 avril, supérieur à celui qui est indiqué au *Compte de 1852*. — Nous remarquerons enfin que cette somme de 206,432 fr. est portée, aux Comptes des Finances, dans le *tableau* de la dette *par période*, comme provenant de rentes 5 %, tandis que dans l'*État des rentes annulées*, elle figure dans la colonne des rentes 4 1/2. Cette différence n'a d'importance que pour le calcul du capital représenté par ces rentes.

Quoiqu'il en soit, l'opération portait sur un capital de 3,587 millions, et les remboursements avaient été de 74 millions. En acceptant ce dernier chiffre, la proportion des demandes de remboursements avait donc dépassé 2 % du capital engagé. Le lecteur se souvient qu'en Angleterre, dans les opérations régulières de 1822, de 1830, de 1834 et de 1844, cette proportion n'a jamais été atteinte, et qu'en Belgique, les demandes de remboursements ont été nulles. Ce seul fait prouve que la Conversion de 1852 a été prématurée. On peut ajouter que la mesure aurait certainement échoué si la presse avait été libre, et si le marché n'avait pas été faussé par les manœuvres de la spéculation alliée du Ministre.

On a vu que la différence entre les anciennes rentes

26

5 % et les rentes 4 1/2 remises atteignait 21,266,000 fr. : il ne faut pas croire que l'économie réelle résultant de la Conversion fût aussi élevée. On doit, en effet, tenir compte des intérêts que, depuis 1852, le Trésor paie pour les 78,700,000 fr. remboursés en capital ; à 4 %, ces intérêts exigent une somme annuelle de 3,148,000 fr. Il est, en outre, nécessaire de déduire de l'économie les subventions que l'État a dû payer à la Légion d'honneur, aux Invalides de la Marine, etc., en compensation de la perte que ces institutions avaient subi par la réduction de leurs rentes, et la diminution des bénéfices de la Caisse des dépôts et consignations, dont les ressources avaient également diminué. Dès le 27 mars, d'ailleurs, un décret concédait à la Légion d'honneur une rente de 500,000 fr. pour compenser la perte provenant de la Conversion du 5 % en 4 1/2 %. — Il ne faut pas oublier, en outre, que les communes propriétaires de rentes 5 % ont dû augmenter les droits d'octroi et les centimes additionnels pour retrouver la portion de revenus dont elles étaient privées par la Conversion. — Toutes ces déductions faites, l'économie ne peut être estimée à plus de 16 millions pour le Trésor, et de 15 millions pour les contribuables. Du reste, M. Bineau l'avait évaluée lui-même à 18 millions, dans son Rapport, et il négligeait de tenir compte des augmentations de dépenses auxquelles nous venons de faire allusion.

Ces charges n'étaient pas les seules résultant de la Conversion : la Finance avait donné son concours au Trésor, il fallait payer ce service. M. Bineau découvrit un moyen économique qui fait honneur à son esprit de ressources, de désintéresser les banquiers, dont le concours lui avait été si utile. Il leur remit, en échange des rentes nouvelles 4 1/2 qu'ils avaient en portefeuille, par suite de leurs achats de 5 %, des rentes en 3 %. Le décret du 27 avril 1852, qui autorisa le Ministre à faire cet échange, contient cette unique explication : « Considérant

» que pour terminer les opérations de la Conversion du
» 5 % en 4 1/2, il convient de substituer des rentes 3 %
» à des rentes 4 1/2. » Il faut avouer que ce commentaire
n'était pas suffisant pour faire comprendre au public la
légitimité de cette substitution. — Nous ne parlons pas
du Corps législatif qui n'existait que de nom.

Ce décret prononçait l'annulation de 4,475,655 fr. 90 de
rentes 4 1/2 % ; ces rentes provenaient toutes de l'ancien
5 % converti, car les rentes 4 1/2 anciennes restèrent
sans mouvement, en 1852. Ces rentes en 5 % représentaient 4,972,951 fr. et étaient, sans aucun doute, entre les
mains du syndicat des banquiers qui avaient mis à la disposition du Ministre leurs capitaux, pour maintenir le
cours des fonds publics. Elles étaient donc la représentation exacte des achats au comptant, opérés par ce syndicat, pendant la période qui s'écoula du 19 mars au 3
avril. À ce moment, le cours du 5 % étant de 100 fr. 10 à
100 fr. 50, l'achat de ces 4,972,951 fr. de rentes 5 %
avait exigé un capital de 100 millions environ. Nous sommes loin des 28 millions, indiqués plus haut par M. Péreire,
comme le chiffre des opérations effectives engagées par
les banquiers.

En échange des rentes 4 1/2 annulées, le Ministre des
Finances était autorisé à créer des rentes nouvelles 3 %,
pour une somme de 4,403,436 fr.

Le capital nominal de ces nouvelles
rentes 3 % était de................... F. 146.781.200

Le capital des rentes 4 1/2 annulées
était de......................... 99.959.100

L'augmentatation du capital de la
dette s'élevait, en conséquence, à..... 46.822.100

Elle était peu importante eu égard au résultat obtenu ;
mais elle mérite d'être signalée au point de vue de la moralité de l'opération.

Ces rentes 3 % furent sans doute vendues par le syndicat des banquiers, dans le courant de l'année 1852; grâce à leurs efforts, les cours se maintinrent et s'élevèrent même jusqu'à 87 fr., vers la fin de l'année. En admettant que les banquiers aient écoulé peu à peu leurs titres aux rentiers effrayés par la Conversion et attirés vers le fonds encore éloigné du pair, et qu'ils aient, en moyenne, vendu à 80 fr. seulement, les 4,403,436 fr. de rente 3 % représentent encore 117 millions 1/2; leurs achats n'ayant exigé qu'un capital de 100 millions, ils tirèrent donc de la mesure un bénéfice de 17 millions environ. Ce gain n'était pas trop élevé, si l'on ne considère que le service rendu à l'État et au Crédit, mais il était payé par les rentiers et c'est ce qu'il faut déplorer.

Conséquences de la Conversion de 1852 sur le Crédit.

La Conversion était ainsi un fait accompli : elle avait réussi au-delà de toute espérance. Elle produisait une économie nette de 16 millions, et, par l'appât offert à la spéculation, donnait un élan à la hausse des fonds publics. Cette hausse eut pourtant une certaine peine à s'établir; pendant le mois qui suivit la clôture de l'opération, les cours du 4 1/2 % se maintinrent aux environs de 101 fr. 50 et ceux du 3 % restèrent au-dessus de 71 fr. Mais dès le 6 mai, les rentiers, dont la confiance était ébranlée, mécontentés par la brusque réduction qu'ils avaient dû subir, abandonnaient le 4 1/2 % nouveau. Ce fonds perdait le cours de 100 fr. et oscillait ensuite, pendant plusieurs semaines, aux environs de ce prix, mais le plus souvent au-dessous. C'était une nouvelle preuve que la Conversion était prématurée et que le crédit réel de l'État n'était pas représenté par du 4 1/2 % au pair.

M. Bineau, pressé par les banquiers, qui ne pouvaient écouler leurs rentes 3 %, chercha un remède à cette situation inquiétante. En conséquence, le 6 juin 1852, il fit paraître au *Moniteur officiel* une note annonçant que le taux des bons du Trésor était réduit à 3 1/2 % pour les bons d'un an, et à 2 % pour les bons de quatre à cinq mois d'échéance : il informait, en outre, le public que l'encaisse du Trésor s'élevait à 94 millions, malgré le remboursement des rentes non converties. L'effet attendu ne tarda pas à se produire, et le cours de 100 fr. fut reconquis définitivement par le 4 1/2. Les rentiers rassurés, gardèrent leurs titres qu'ils étaient dans l'impossibilité d'échanger contre des valeurs plus fructueuses. D'ailleurs, les nouvelles rentes 4 1/2 restèrent parfaitement classées. Au 1er janvier 1853, les inscriptions au porteur ne s'élevaient qu'à 4 millions, tandis que les titres nominatifs comprenaient 93 millions 1/2.

L'opération réalisée, en 1852, par M. Bineau, ne doit pas être appréciée, comme nous l'avons dit, d'après ses résultats financiers. Elle a réussi ; elle a produit une économie ; les demandes de remboursements ne se sont élevées qu'à 2, 1 pour cent du capital des rentes soumises à la mesure. Voilà les faits patents, tangibles, d'après lesquels on est disposé à juger. Nous ne saurions cependant trop protester contre cette opinion superficielle, et nous croyons devoir maintenir les objections que nous avons faites au sujet de cette Conversion. Si, par suite de considérations politiques, M. Bineau avait voulu faire, dès le commencement de 1852, une opération loyale, il aurait proposé la Conversion avec une augmentation de capital de 2 ou 5 fr. comme on le fit en Angleterre, en 1822, dans des circonstances identiques. La dette de l'Etat se serait accrue en capital nominal de 70,000,000 de francs environ, au lieu des 44,000,000 de francs qu'a coûté l'aide des banquiers : la différence de 26,000,000 de francs aurait été bien largement compensée par l'amélioration de crédit qui aurait été le résultat de la confiance du rentier. L'Angleterre nous prouve qu'un gouvernement gagne toujours à être strictement honnête et loyal ; le respect des engagements est le premier des devoirs et la plus grande des habiletés, surtout entre l'État qui est tout puissant, et ses créanciers qui sont divisés, ignorants et faibles. Nous ajouterons que pour rester fidèle aux principes développés par lui, en 1845, à la Chambre des députés, et dans son Rapport même du 14 mars, le Ministre des Finances n'aurait pas dû réaliser une Conversion du 5 % en 4 1/2, alors que le 4 1/2 ancien était capitalisé à plus de 5 %, que le 5 % n'était coté au dessus du pair que grâce aux efforts de la spéculation, et que le 3 %, qui pourtant présentait l'appât d'un bénéfice sur le capital, n'avait pas encore été capitalisé à moins de 4 fr. 40 %.

Depuis 1852, la clientèle ordinaire des rentes a toujours conservé le souvenir et la crainte des Conversions. L'opération faite par M. Bineau, n'ayant été ni préparée, ni prévue et ayant été arbitrairement réalisée sans le concours du Corps législatif, restait une menace pour l'avenir. Moins d'un an après le décret du 14 mars, des bruits de Conversion se répandaient dans le public ; il fallut faire paraître une note pour les démentir : « On » répand le bruit, disait l'organe officiel du Gouverne» ment, qu'un décret va prononcer la Conversion du 4 1/2 » en 3. Ce bruit est doublement erroné. On oublie, d'une » part, qu'une pareille mesure ne pourrait être prise qu'a» vec le concours du Corps législatif, et, de l'autre, que » l'opération ne saurait être, dans tous les cas, que facul» tative pour les porteurs de rentes. » Cette note, parue le 18 décembre 1852, nous donne la mesure exacte de la confiance inspirée aux rentiers par l'administration impériale. Triste époque que celle où un gouvernement est dans l'obligation de se défendre contre l'imputation de vouloir violer les lois et de manquer à ses engagements envers ses créanciers !

Sous l'Empire, les cours furent toujours comprimés par cet effroi d'une Conversion, qui pourtant était impossible.

Le 4 1/2 ancien n'était pas garanti contre le droit de remboursement : il aurait dû cependant être coté à peu près aux mêmes cours que le 4 1/2 jouissant de ce privilège, lorsque ce dernier fonds était au-dessous du pair. Dans tous les cas, la différence entre les deux rentes aurait dû être de quelques centimes seulement, d'un franc au plus, toutes les fois que la position de place rendait impraticable l'exercice du droit de remboursement. Or, que voyons-nous? En 1855 et en 1856, années où le Trésor faisait d'immenses appels au crédit et ne pouvait songer à compromettre le succès de ses emprunts par une Conversion, le 4 1/2 ancien se cote, en moyenne, 3 fr. 80 et 3 fr. au dessous des cours du 4 1/2 nouveau. L'année suivante, où la position était meilleure pour le Trésor, et, par suite, plus menaçante pour les rentiers, l'écart est de 7 fr. 50 et il atteint 10 fr., en moyenne, pendant l'année 1858. A partir de cette année, cette différence s'atténue rapidement, et, en 1862, date de la fusion des deux fonds, elle était réduite à 1 fr. 20, ce qui était dans la vérité exacte (1).

(1) Voici, à titre de renseignements, les cours des deux fonds 4 1/2 et du 3 %, de 1852 à 1862 :

	COURS MOYEN DU 4 1/2 %.		COURS MOYEN du 3 %.
	Nouveau.	Ancien.	
	fr.	fr.	fr.
1852.............	103 22	94 87	74 95
1853.............	102 72	99 81	79 52
1854.............	96 09	93 48	70 30
1855.............	93 43	89 69	67 12
1856.............	92 »	89 14	70 42
1857.............	93 48	84 99	68 02
1858.............	95 22	85 24	70 65
1859.............	95 35	94 13	67 49
1860.............	96 66	95 58	68 99
1861.............	96 70	93 87	68 29
1862.............	97 97	95 74	69 26

Comment expliquer ces anomalies des cours? N'est-il pas évident que les porteurs du 4 1/2 ancien supposaient le Gouvernement impérial capable d'accomplir une mesure injuste? Le marché ne comprenait-il pas que les combinaisons les moins avouables pouvaient être tentées? En admettant la frayeur peu éclairée des rentiers, la spéculation n'aurait-elle pas immédiatement comblé l'écart énorme de 10 fr. entre les deux fonds, qui pourtant étaient autant l'un que l'autre, par suite de la faiblesse du crédit de l'État, à l'abri de toute mesure comminatoire? Comment une Conversion pouvait-elle être redoutée, alors que le 4 1/2, garanti contre tout remboursement, était lui-même à des cours au-dessous du pair? Elle était théoriquement et honnêtement impossible; la différence de 10 fr. prouvait cependant qu'on supposait le Gouvernement capable de la tenter : ce soupçon est la condamnation la plus éclatante du système financier de l'Empire. M. Fould ne devait pas tarder à donner raison aux appréhensions des porteurs de rentes, en accomplissant l'opération la plus bizarre, la plus ingénieuse, mais la plus néfaste qu'il ait été donné à un Ministre des Finances de proposer et de réaliser.

En résumé, la Conversion de 1852 était prématurée, et, par conséquent, injuste à l'égard des rentiers. Au lieu d'arriver à la suite d'une amélioration incontestée du crédit de l'État, elle escomptait cette amélioration. Et cependant, quoique cette opération n'ait pas été complétement légitime, quoique les rentiers soient restés craintifs et mécontents, on peut dire, avec M. Leroy-Beaulieu, « qu'elle n'était pas impolitique et qu'elle ne nuisit en rien à l'autorité de l'administration qui l'exécuta. » Au point de vue du crédit, on doit regretter et blâmer cette mesure trop hâtive; mais sous le rapport politique, il faut constater qu'elle n'eut aucune conséquence fâcheuse pour le régime qui osa l'entreprendre, au moment où il avait le plus grand besoin de s'appuyer sur les masses électorales. Le Ministre de Louis-Napoléon comprit qu'il froisserait les rentiers dans leurs intérêts, mais il vit qu'en même temps il donnerait satisfaction à la conscience publique, en réalisant une mesure annoncée, discutée, désirée depuis plus de trente années, et en réduisant les charges de la dette. Il fit son calcul, et, comme les électeurs-contribuables étaient trente fois plus nombreux que les électeurs-porteurs du 5 °/₀, il n'hésita pas. — Cette remarque a une grande importance, et les faits passés contiennent un enseignement qui ne doit pas être perdu.

CHAPITRE X

Conversion de 1862.

Nous n'avons pas à tracer la triste histoire des finances de l'Empire. Les cours de nos fonds publics ne permirent à aucun moment de réaliser une seconde Conversion, contre laquelle étaient, du reste, garantis les porteurs du nouveau 4 1/2 jusqu'au 22 mars 1862. Aussi, les esprits ne se dirigeaient pas vers cette question, qui n'aurait eu qu'un intérêt théorique et, lorsque le 24 novembre 1861, M. Fould fut appelé au ministère des Finances, la rentrée aux affaires du riche banquier ne tira pas les rentiers de leur quiétude. Ce retour, qui ressembla à une révolution du Palais, fut accueilli avec confiance : il était attendu depuis longtemps. Le remplacement de l'honorable M. Magne par M. de Forcade-Laroquette était considéré comme transitoire, et le monde politique et financier pensait avec raison que ce dernier gardait la place pour une personnalité plus en vue, qui ne voulait pas succéder immédiatement au Ministre dont il blâmait les procédés.

M. Magne et M. Fould représentaient, en effet, deux systèmes : le premier était partisan de l'ordre, de l'économie et de la franchise; il pensait, avant tout, aux contribuables. Si ses collègues avaient fait de la bonne politique, il aurait fait, de son côté, d'excellentes finances. Sous un gouvernement parlementaire, son talent de parole, ses vues d'homme d'État, sa lucidité, sa *respectabilité*, lui eussent toujours assuré un rôle considérable. Sous le Gouvernement impérial, il s'épuisait en efforts stériles pour maintenir l'ordre dans les finances, pour lutter contre l'entraînement de ses collègues à dépenser sans compter, pour empêcher ou combler par des mesures honnêtes les déficits des Budgets. Il ne craignait pas d'avoir recours au crédit ; il trouvait qu'il était plus honorable pour un Gouvernement d'avouer et de régulariser ses dettes, que de les dissimuler, et il pensait que la crainte des emprunts publics serait le commencement de la sagesse pour l'Empereur.

M. Fould avait un système et des mœurs tout différents. Homme de plaisir, possesseur d'une immense fortune, il redoutait les luttes de la tribune et il portait dans l'administration de la fortune publique ses habitudes, son sans-gêne de banquier. Il ne pensait pas au pays. L'avenir même de la dynastie qu'il servait l'inquiétait peu ; il ne songeait qu'au moment présent et au lendemain qui était nécessaire à sa réputation et à ses intérêts. Pour lui, l'ordre et l'économie n'étaient pas le but à atteindre ; ils étaient uniquement des moyens d'assurer le crédit. Le crédit est du temps ; M. Fould voulait gagner du temps. M. Magne s'était servi parfois d'expédients financiers, parce qu'il ne pouvait les éviter ; les expédients entraient dans le système de M. Fould, et il n'était pas difficile dans leur choix.

Comment le retour aux affaires de ce financier fut-il accueilli avec faveur par l'opinion publique ? — Le pays avait soif de liberté, de contrôle, de discussion. Au Conseil privé, M. Fould avait osé dévoiler à l'Empereur la vérité sur notre situation financière, et lui signaler le remède : « Le véritable moyen, avait-il dit, de conjurer une crise, » c'est d'agir avec promptitude et décision, et de fermer » la source du mal, en supprimant les crédits extraordi- » naires et supplémentaires. » Ces paroles furent publiées par le *Moniteur officiel*, en même temps que leur auteur était appelé au Ministère des Finances, et que l'Empereur annonçait à son Ministre d'État son intention d'abandonner des droits qu'il s'était arrogés en 1851. Supprimer les crédits supplémentaires, dont les inconvénients avaient déjà été signalés par MM. Bineau et Magne, par les rapporteurs du Budget, et notamment par M. Schneider; rendre au Corps Législatif un contrôle financier plus sérieux, au moyen de la votation du Budget par chapitre, c'était plus qu'il n'en fallait pour expliquer la sympathie avec laquelle le monde politique apprit la nomination de M. Fould au Ministère.

Quant au monde de la Bourse, il avait d'autres motifs, et plus sérieux, pour se réjouir du décret du 14 novembre 1861. M. Fould était banquier; il n'avait jamais abandonné la direction de son importante maison; il était facile de prévoir que son passage aux affaires donnerait des bénéfices considérables aux hommes de la Finance. Les emprunts derniers étaient à peu près classés; quelle serait la mesure qui permettrait à la spéculation de continuer ses fructueuses opérations? Nul ne pouvait le dire, mais on savait par les aveux du Ministre que la situation était grave; le remède spéculatif qu'il prônait était insuffisant pour couvrir le découvert; un expédient financier était indispensable, et la Bourse était certaine, dans un expédient de M. Fould, de trouver l'occasion de donner un concours lucratif.

Au point de vue politique, la rentrée de M. Fould au Ministère, ressemble à celle de Necker, en 1789; cependant l'Empereur n'eut pas grand'peine à céder; il ne redoutait pas beaucoup le parlementarisme du Ministre alors populaire. Sous le rapport financier, on peut trouver une grande analogie entre l'année 1861 et l'année 1823 : on se rappelle le tableau (1) que traçait M. Pasquier de l'embarras des grandes maisons de banque qui, n'ayant plus d'emprunts publics à se faire adjuger, proposèrent

_____

(1) Voir plus haut, page 248.

à M. de Villèle la Conversion du 5 %. M. Fould, banquier, n'eut pas à déployer une grande habileté pour persuader à M. Fould, ministre, que le crédit de l'État rendait nécessaire une mesure de ce genre.

Rapport de M. Fould à l'Empereur. — Annonce d'une Conversion facultative.

Deux mois après le décret du 14 novembre 1861, le 21 janvier 1862, le public apprit en même temps l'état réel de nos finances, et les remèdes que comptait apporter à cette situation alarmante le nouveau Ministre. Dans le rapport qu'il adressait à l'Empereur, M. Fould, après avoir indiqué les changements importants qu'il avait dû introduire dans la législation financière, par suite des prescriptions du *Senatus-Consulte* du 31 décembre, exposait à l'Empereur la situation de la dette flottante. Elle s'élevait à plus d'un milliard. Cet accroissement si rapide était dû au résultat financier des années 1860 et 1861, qui s'étaient soldées, la première par un déficit de 104 millions, et la seconde par un déficit probable de 181 millions. Le Ministre donnait cependant à l'Empereur l'assurance que l'on pourrait atténuer ce découvert inquiétant sans avoir recours à l'emprunt.

« La progression du revenu, disait-il, nous conduira
» vers ce but : il sera plus promptement atteint, si les
» pouvoirs publics autorisent, par leur vote, une opération
» qui réaliserait un progrès bien désirable dans notre ré-
» gime financier, en nous faisant faire un pas décisif vers
» l'unité de la dette publique et en procurant des res-
» sources importantes au Trésor.
» Depuis longtemps, tous les hommes versés dans les
» Finances regrettent que l'État mette lui-même une en-
» trave au mouvement ascensionnel des fonds publics, en
» entretenant la rivalité des deux fonds qui constituent la
» dette nationale, et dont l'un se trouve limité dans son

» essor par la crainte d'un remboursement. Le 14 mars
» 1862 (1), l'État recouvre le droit qu'il avait lui-même sus-
» pendu pour dix ans, d'offrir à ses créanciers l'alterna-
» tive d'une Conversion ou d'un remboursement. Si les
» circonstances ne permettaient pas alors de leur faire
» cette offre, la concurrence que le 4 1/2 ferait au 3 %
» n'en deviendrait que plus fâcheuse pour les intérêts de
» l'État et de la majorité des rentiers.

» La rente 4 1/2 est, en général, le fonds de placement
» des petites fortunes, et le Gouvernement doit se préoc-
» cuper de situations dignes de ménagements. Ne serait-il
» pas possible, sans abandonner les intérêts et les droits
» de l'État, d'assurer aux rentiers, ce qui fait l'objet de
» leur préoccupation principale, la conservation de leur
» revenu actuel ?

» On satisferait à la fois aux intérêts de l'État et à ceux
» de ses créanciers, en offrant aux porteurs de 4 1/2, la
» faculté d'échanger leurs titres de rente contre un nou-
» veau titre, leur assurant un même revenu en 3 %. Mais
» cet avantage ne pourrait leur être accordé sans une
» compensation pour le Trésor ; car l'État, par le fait de
» cet échange, deviendrait débiteur d'un capital plus con-
» sidérable, et sacrifierait à l'avance le bénéfice éventuel
» que pourrait lui procurer la Conversion obligatoire du
» 4 1/2 en 3 %.

» Si les porteurs du 4 1/2, pour se garantir contre le
» remboursement, voulaient en ce moment faire eux-
» mêmes leur Conversion, ils ne pourraient échanger
» leur titre contre une inscription produisant le même
» revenu en 3 %, sans débourser une somme assez con-
» sidérable. Au taux actuel des deux fonds, et en tenant
» compte de la différence de jouissance, cette soulte serait
» d'environ 800 fr. pour 450 fr. de rente. Toutefois, les ren-
» tiers seraient fondés à attendre du Trésor, aujourd'hui,
» des conditions plus favorables que celles qui leur se-

(1) Le Ministre se trompe, ce n'était que le 22 mars.

» raient imposées lorsque l'État serait rentré dans le
» droit du remboursement.

» Une concession pourrait donc être faite aux rentiers
» qui useraient de la faculté d'échanger leurs titres. Un
» autre avantage pourrait leur être accordé, celui de tou-
» cher les arrérages tous les trois mois, au lieu de les
» recevoir par semestre.

» La soulte qui serait payée au Trésor serait appliquée
» tout entière à la réduction de la dette flottante. Les
» rentes 4 1/2 s'élèvent, en ce moment, à 173,353,243 fr.
» Une soulte de 800 fr. par 450 fr. de rente, produirait
» une somme de 300 millions environ.

» La Conversion serait entièrement facultative ; mais le
» succès ne semble pas douteux, si la somme à demander
» aux rentiers en échange d'un accroissement de leur
» capital, est établie d'après un calcul équitable et prudent.
» Votre Gouvernement pourrait alors se féliciter d'avoir
» complétement achevé la Conversion et recueillerait
» promptement le bénéfice de cette opération par l'essor
» que prendrait le 3 %, désormais dégagé des entraves
» que lui crée aujourd'hui un fonds rival. »

Le rapport du Ministre annonçait, en outre, que l'on
pourrait proposer également aux porteurs du 4 % et des
obligations trentenaires l'échange de leurs titres contre
des rentes 3 %, à des conditions spéciales. — M. Fould
avouait enfin, en souverain, qu'il était nécessaire de réclamer du Corps législatif des impôts nouveaux, ou l'aggravation des charges existantes, pour établir un équilibre
sérieux du budget.

Exposé des motifs du projet de Conversion.
— Opinion indulgente de la Presse. —
Rapport de M. Gouin au Corps Législatif.

Le plan financier de M. Fould était connu ; la mesure la
plus importante était, sans contredit, la Conversion facultative, annoncée par le Ministre.

Cette opération devait porter sur des chiffres considérables. Au 1ᵉʳ janvier 1862, les rentes 4 1/2 % provenant de
la Conversion du 5 % en 4 1/2 opérée en 1852, et des
trois emprunts de 1854 et 1855 s'élevaient à........................ F. 172.425.877
de rentes. Les rentes 4 1/2 anciennes,
d'origine de 1825, montaient à......   884.560

Soit au total pour le 4 1/2........   173.310.437

Représentant un capital nominal de F. 3.851.343.022
Il existait, en outre, 2,112,015 fr.
de rentes 4 % pour un capital de...   52.800.375
et 675,160 obligations trentenaires
pour un capital nominal de........   337.580.000

L'opération de M. Fould devait donc
porter sur un capital total de........ 4.241.723.397

Pouvait-on s'attendre à une Conversion dans les premiers mois de 1862? Loin de là. Les cours des fonds publics rendaient une mesure loyale complétement impraticable. Le samedi 9 novembre, à la veille de la nomination
de M. Fould, le 3 % était en clôture à 68 fr. 95, et le 4 1/2
à 95 fr. 65. Une hausse de 6 à 7 fr. sur le premier fonds
et de 9 à 10 fr. sur le 4 1/2 était nécessaire pour qu'une
Conversion efficace pût être tentée. Malgré les espérances
qu'avaient fait naître l'arrivée du Ministre réformateur et les
efforts de ses amis confidents de ses projets, au commencement de janvier, le 3 % n'était encore qu'aux environs
de 70 fr. et le 4 1/2 n'avait pu atteindre le pair : il restait
coté à 98 fr. 50. La Conversion était toujours impossible.

Cet état du marché de nos fonds publics n'avait pas empêché, on le voit, la conception ingénieuse, mais anormale de M. Fould. Il proposait une Conversion d'un nouveau genre, qui, au lieu de réduire la dette annuelle de
l'État, lui procurait les ressources immédiates qui lui étaient
nécessaires. L'affaire était lancée, pour nous servir du
style qui convient à une semblable opération. Il fallait

la mener rondement, et il n'y avait pas de temps à perdre pour empêcher la discussion d'ouvrir les yeux aux rentiers.

Le projet fut donc rapidemeut envoyé au Corps législatif par le Conseil d'État. L'exposé des motifs ne nous apprend rien, quoiqu'il fût dû à la plume habile de MM. Vuitry et de Lavenay. Il paraphrase simplement le rapport du 21 janvier ; il contient cependant une phrase qui doit être relevée : « Le droit de remboursement a donné lieu autrefois à de longues controverses, mais aujourd'hui, après qu'en 1852, *il a été exercé avec succès,* il ne peut être sérieusement contesté dans son principe et son application. » Le succès est-il donc tout ? Peut-il remplacer le droit ? La Conversion de 1852 a réussi ; mais elle a été imposée aux rentiers, sans discussion, sans approbation des mandataires du pays, et sous un régime dictatorial qui avait mis un baillon sur la presse. On ne peut tirer un argument de son succès inévitable en faveur de la légalité du droit de remboursement qui, heureusement, a d'autres bases plus sérieuses.

Le projet de loi sur la Conversion facultative et l'exposé des motifs furent déposés sur le bureau du Corps législatif, le 28 janvier 1862.

Le Président de la Chambre aurait désiré faire nommer immédiament la Commission ; la Chambre, si soumise d'ordinaire, résista. Le 29, M. de Morny revient à la charge ; M. Darimon et deux députés bien modérés et bien dévoués, M. Kœnigswarter et M. Monier de la Sizeranne, demandent encore un délai de quarante-huit heures ; malgré l'influence du Président, la Chambre, hésitante, finit par accorder ce répit. Enfin, la Commission est élue ; elle se compose de MM. Desmaroux de Gaulmin, Cte Le Hon, Faugier, le Vte de Kerveguen, Monier de la Sizeranne, Ed. André, Segris, Larrabure et Gouin : ce dernier est nommé président et rapporteur.

M. Gouin, dans son rapport, se demande « si le projet

27

porte atteinte à des droits acquis et se renferme dans les
conditions d'équité dont un Gouvernement ne saurait
s'écarter ; si sa réalisation peut faire naître la moindre
difficulté ; et enfin quels sont les avantages qui en résul-
teront au point de vue de l'économie dans nos dépenses
actuelles et de l'élévation de notre crédit. » Les questions
ainsi posées , les solutions ne pouvaient être douteuses.
M. Gouin approuve sans rectriction le projet du Ministre,;
il est vrai qu'il passe complétement sous silence les objections qu'il pouvait soulever. Chose incroyable ! il ne dit
pas un mot de l'augmentation de capital, qui sera le résultat de cette Conversion ; il n'y fait même pas une allusion discrète. Le Ministre et le Conseil d'État avaient eu
plus de franchise ; le député ne voit qu'un point : 150
millions probables produits par la soulte, et une diminution annuelle de 7 millions dans les intérêts de la dette
flottante. Si le Rapport n'était pas l'œuvre d'un homme
dont la compétence ne peut être contestée , on croirait à
son ignorance complète de la matière ; il ne faut accuser
que le régime qui ne permettait pas de dire publiquement
une vérité désagréable.

La presse elle-même imite la prudente réserve du rapporteur : un écrivain remarquable , dans la *Revue des
Deux-Mondes*, n'a que des éloges pour l'œuvre du Ministre : « Nous nous expliquons aisément les raisons qui ont
» dû conduire M. Fould au dessein de travailler à l'unifi-
» cation de la dette.... La menace immédiate de réduc-
» tion toujours suspendue sur le 4 1/2 en rendait, au-delà
» du pair, l'essor impossible. Mais tous les fonds sont
» solidaires ; la stagnation permanente du 4 1/2 devait
» empêcher toute hausse du fonds, qui est le véritable
» étalon du crédit de l'État, le 3 %.... Comment, dans les
» circonstances présentes, venir à bout du 4 1/2 ? Les
» temps ne sont pas propices aux Conversions.... A nos
» yeux, le projet de M. Fould concède trop aux rentiers ,

» et fait trop bon marché des ressources futures de la
» France.... L'Angleterre a pu réduire son 5 % en 3 par
» des Conversions successives. La France n'aurait-elle pas
» eu le droit d'espérer qu'il lui serait possible, à elle
» aussi, dans un temps donné, de réduire de 4 1/2 à 3 la
» charge d'une portion si considérable de sa dette ?....
» Quoiqu'il en soit, nous aurions mauvaise grâce à refu-
» ser un accueil courtois aux efforts qui se font vers la
» politique que nous avons conseillée. » (1er février. —
Bulletin de M. Forcade).

On ne peut être plus gracieux : à peine une légère réserve à propos des réductions futures, qui sont rendues
impossibles par le projet.

Dans le numéro suivant, M. Casimir Périer est un peu
moins indulgent ; il loue d'abord le Ministre, dans un article sur la *Réforme financière*, « d'avoir eu le courage
de dire la vérité et d'avoir cherché des remèdes sérieux à
un état intolérable. Pour réduire la dette flottante, trois
moyens s'offraient à M. Fould : l'économie, l'emprunt,
l'impôt ; on a préféré un moyen empirique, une Conversion avec soulte ; réussira-t-elle ? » M. Périer en doute ;
en cela, il avait tort : il ne connaissait pas le petit rentier
et l'influence que les comptables du Trésor peuvent exercer sur son ignorance des affaires. Il démontre par des
chiffres que « si la totalité du 4 1/2 était convertie, l'État
toucherait environ 208 millions ; mais que, comme on
renonce en même temps à effacer du Grand-Livre 19 millions de rentes, l'argent qu'on recevrait équivaudrait à un
emprunt à 9 %. » Il ne partage pas les idées de M. Forcade, et ne croit pas aux avantages de l'unification de la
dette. Il rappelle qu'avant 1848, sous la menace continuelle de la Conversion avec réduction, le 5 % était à 123
et le 3 à 85. « C'est une grave détermination que la Conversion actuelle ; c'est emprunter à gros intérêts ; c'est,
suivant l'expression d'un écrivain, vendre son droit
d'aînesse pour un plat de lentilles. » (No du 15 février).

La critique se fait jour ; mais encore, quelle modération !
La presse libérale imite, en général, l'exemple prudent
de la célèbre *Revue*. On discute l'œuvre, mais on épargne
le Ministre, auquel on fait crédit d'une opération détestable, en raison des bonnes intentions qu'il a annoncées. Il
a osé dire la vérité à l'Empereur ; il veut rétablir l'ordre,
le contrôle et l'équilibre dans nos budgets, et relever le
crédit ; cela suffit. On ne voit pas que le seul moyen d'affermir le crédit d'un État est de respecter les contrats qui
le lient avec ses créanciers, et de ne pas égarer ces derniers par des promesses fallacieuses. Les publicistes
étaient pris à l'improviste par cette question qui n'avait
pas été traitée depuis de longues années : ils n'eurent pas
le temps de l'approfondir. C'était ce que désirait le Ministre : une discussion sérieuse aurait percé à jour les
vices de l'opération ; il fallait l'éviter.

Adoption par le Corps législatif et le Sénat du projet de M. Fould.

Le Rapport qui annonçait la Conversion, avait paru le
21 janvier : quinze jours après, le 7 février, les débats
s'ouvrent devant le Corps législatif. Les discussions de
1823 et de 1824, sous la Restauration, celles de 1838, 1840,
1845, sous Louis-Philippe, ont toutes duré sept ou huit
jours, dans la Chambre composée des mandataires des
contribuables. Le Corps législatif de 1862 fit un véritable
acte d'indépendance, en accordant deux séances à cette
grave question, et en permettant à trois des cinq membres
de la gauche d'exposer les conséquences de la mesure
proposée par M. Fould.

M. Darimon prend le premier la parole et donne lecture
d'un discours bien composé. Il démontre : 1° que la combinaison projetée est immorale ; 2° qu'elle repose sur des bases
factices ; 3° qu'elle n'offre aucun avantage sérieux aux rentiers ; 4° qu'elle est désastreuse pour le Trésor. — M. Bar-

tholony lit à son tour un discours : sa compétence financière est connue ; il n'a pas le droit de se taire ; il n'apporte qu'un argument qui avait été abandonné dans les discussions de 1840 et de 1845 : « Relever le crédit public, dit-il, » abaisser ainsi le taux du loyer des capitaux et augmen- » ter, dans d'énormes proportions, le capital des valeurs » mobilières si nombreuses dans le pays, c'est travailler » à la reprise générale des affaires et préparer à l'État » des excédants de recettes. » C'était le langage d'un député officiel et d'un administrateur d'une grande Compagnie de chemin de fer.

Le discours de M. Kœnigswarter doit nous arrêter un instant ; c'est le seul banquier qui, dans notre pays, ait combattu les rentes au-dessous du pair. Le député de la Seine avait été candidat officiel, il était financier, et cependant « il n'approuve pas la mesure, quoiqu'il rende hommage à la générosité de l'Empereur, qui renonce à une de ses prérogatives, et justice au Ministre... dont il repousse le projet. Il ose dire sa pensée, qui était celle de beaucoup de ses collègues moins courageux. Il trouve que renoncer à une économie possible de 50 et quelques millions, et augmenter la dette d'un capital de 1,900 millions, c'est bien cher pour obtenir 200 millions. Dans la situation du Ministre des Finances, il n'aurait pas hésité à faire un emprunt de 300 millions, qui se serait appelé l'emprunt des petites guerres. Au lieu de cela, on s'est jeté dans une aventure, et, à l'appui de son allégation, l'orateur donne lecture du rapport de M. Bineau, en 1852 ; il n'était pas de condamnation plus éclatante du système du nouveau Ministre. Le prédécesseur de M. Fould critiquait la Conversion en un fonds au-dessous du pair, qui compensait la diminution trop forte de l'intérêt par l'augmentation du capital. Qu'aurait-il dit d'une mesure qui aurait augmenté le capital sans diminuer l'intérêt ? M. Kœnigswarter examine ensuite si le moment est opportun ; en comparant la situation de 1852 et la situation actuelle, en exposant le bilan de la Banque et son taux d'escompte, qui est à 4 %, et qui était quelques jours auparavant à 4 1/2 ; en faisant remarquer que pour équilibrer le budget, le Ministre réclame une aggravation d'impôts de 110 millions, il n'a pas de peine à prouver que l'instant n'est pas favorable pour entreprendre une semblable mesure. Mais, ajoute-t-il, un syndicat achète du 4 1/2, achète du 3, et la Chambre n'osera rejeter la loi, de peur d'être obligée de supporter les pertes de cet acheteur mystérieux ; ce danger n'est pas à craindre ; les porteurs du 4 1/2 et du 3 qui, effrayés, ont vendu, s'empresseront de racheter. »

Ce discours rempli de faits avait produit une certaine impression : l'exemple d'un membre révolté de cette majorité soumise pouvait être suivi ; il était nécessaire d'enrayer ces velléités d'indépendance. M. Vuitry fut chargé de défendre l'œuvre de M. Fould, au nom du Gouvernement. Il le fit avec un talent auquel on ne peut que rendre hommage, en regrettant toutefois qu'il fût employé au service d'une cause aussi détestable. Nous devons analyser avec soin le discours de l'honorable membre du Conseil d'État : il est nécessaire de montrer à quels arguments un homme d'une grande valeur a été obligé de recourir pour soutenir une Conversion faite contre toutes les règles du bon sens.

Le Gouvernement se fait spéculateur, avait dit M. Darimon ; il existe un acheteur mystérieux, avait assuré M. Kœnigswarter. « Est-ce exact ? demande l'orateur du Gouvernement. Telle que l'opération est proposée, elle tient beaucoup moins au cours absolu des fonds qu'à l'écart qui existe entre le cours du 4 1/2 et le cours du 3 %. Or, cette différence ne varie pas ; elle est la même qu'au moment des emprunts contractés pour la guerre de Crimée et d'Italie, elle reste entre 27 fr. et 28 fr. et quelques centimes. La hausse n'a donc aucun intérêt. Mais on parle de déclassement : « C'est la conséquence inévitable » de toute opération de cette nature. Croyez-vous qu'en

» 1852, quand on a fait la Conversion, il n'y ait pas eu un
» déclassement considérable des fonds publics ? En pa-
» reille circonstance, quel est le devoir d'un Ministre des
» Finances ? c'est, non pas d'encourager l'agiotage, mais
» de préparer les moyens qui l'empêchent et le para-
» lysent ; et ces moyens consistent uniquement en ceci :
» réclamer le concours de la Banque, des banquiers,
» pour qu'ils mettent à la disposition du public les capi-
» taux nécessaires pour pourvoir à ce déclassement
» momentané de la rente. » M. de Villèle a aussi été
accusé de favoriser l'agiotage. « L'histoire peut émettre
un jugement sévère sur la politique de M. de Villèle ; mais
il y a un point que n'ont jamais contesté les esprits sérieux, c'est que dans l'administration des finances de
notre pays, M. de Villèle a été un Ministre habile et un
honnête homme. »

Après ce préambule, M. Vuitry abordait les deux ordres
d'objections adressées au projet : « On lui reproche d'être
désavantageux, et pour l'État et pour les rentiers. Le
Gouvernement renonce, dit-on, aux réductions futures ;
mais on ne remarque pas qu'on a fait subir une première
réduction d'un dixième aux rentiers, que la seconde serait
d'un neuvième, la troisième d'un huitième, la quatrième
d'un septième. La première réduction serait possible dans
un avenir prochain ; mais les autres ne pourraient être
faites que successivement et dans de nombreuses années.
L'État renonce à ce droit et fait une transaction avec les
rentiers ; cette transaction est équitable, sensée et politique. Mais la situation faite à l'État est déplorable.
Objecte-t-on encore, puisqu'après la Conversion, si elle
réussit, la dette aura augmenté de 1,900 millions. Qui a
jamais songé à critiquer les emprunts contractés en 3 % ?
Que fait-on de plus aujourd'hui ? On emprunte en 3 % :
la Conversion n'est-elle pas un emprunt ? L'État n'aurait
intérêt à rembourser le nouveau fonds que si la rente 3 %
était au-dessus du pair : ce jour-là est bien éloigné encore.

A cette époque, les 230 millions produits par la soulte, vaudraient par le jeu des intérêts composés 3 milliards 600 millions. On peut opposer ces 3 milliards 600 millions aux 1,900 millions dont on parlait tout à l'heure. Mais y a-t-il jamais intérêt pour l'État à amortir à un taux peu élevé? « Quand on a contracté un emprunt dans un » fonds au-dessous du pair, on n'a qu'à gagner à amortir » à un taux élevé. Si le Gouvernement rachète la rente » émise dans de bas cours, à des conditions plus oné- » reuses, il y trouve un large dédommagement dans le » développement de la prospérité publique. Contracter » des emprunts en fonds au-dessous du pair, et c'est à » cela qu'équivaut l'opération qui est proposée, c'est ce » que font tous les hommes les plus expérimentés, toutes » les grandes Compagnies de chemins de fer. »

M. Vuitry examine ensuite la situation des rentiers: « D'abord, la Conversion est facultative : les rentiers sont libres ; leur silence, leur inertie les laissera dans leur situation actuelle. Mais s'ils acceptent la Conversion, l'opération sera-t-elle bonne pour les porteurs du 4 1/2? Il est évident qu'il serait préférable pour eux de déclarer qu'ils conserveront à jamais leur revenu intégral et que leurs titres ne sont pas remboursables. Personne n'a osé faire une semblable proposition. Il faut donc admettre que, « dans un avenir plus ou moins éloigné, le porteur » de 4 1/2 se trouvera dans cette alternative, ou de rece- » voir le remboursement de 100 fr. pour 4 fr. 50 de rente, ou » de consentir à une transformation de la rente 4 1/2 en » 4 %. Que lui offre-t-on aujourd'hui? L'opération pro- » posée au rentier, bien qu'en sa forme elle consiste en » une addition au capital déjà fourni par lui à l'État, » vient aboutir, en définitive, à une réduction d'un quart » pour cent, car, suivant que le taux de la soulte sera de 5 » ou de 6 fr., la diminution du revenu sera de 24 ou de » 25 centimes. » Dans cette transaction, l'intérêt des » rentiers est mieux traité que l'intérêt de l'État. » Et ce

qui fait cependant que l'État a intérêt à faire cette opération, c'est qu'il y trouve un avantage considérable au
point de vue financier et politique. Cet avantage, c'est
celui d'arriver à l'unification de sa dette. Le Gouvernement veut tendre à n'avoir que du 3 %. Aussi, a-t-il dû
comprendre dans la mesure, non-seulement le 4 1/2, mais
encore le 4 % et les obligations trentenaires. « En ré-
» sumé, l'atténuation des découverts du Trésor n'étant
» qu'un petit côté de la question, le projet, dans sa con-
» ception vraiment essentielle, consiste à demander la
» Conversion facultative, pour arriver à l'unification de la
» dette. S'il y a des difficultés à refaire aujourd'hui l'opé-
» ration de 1852, cela tient surtout à ce qu'elle s'appli-
» quera à une masse de rentes de 173 millions. Mais si la
» moitié seulement de ces rentes est convertie en 3 %.
» l'opération, non pas impossible, mais difficile, devient
» d'une exécution très facile et très prochaine. » Et l'orateur du Gouvernement terminait par cette menace : « Il
» pourrait arriver cependant que les rentiers, croyant que
» le remboursement est impossible, persistassent à conser-
» ver leur rentes 4 1/2. Dans un avenir prochain, ils
» regretteraient d'avoir refusé les conditions plus avanta-
» geuses qu'on leur offre aujourd'hui. »

M. de Morny aurait désiré que la loi fut votée, séance
tenante ; il comprit cependant qu'il ne pouvait empêcher
de répondre à l'orateur du Gouvernement. Il donna donc
la parole à M. Ernest Picard. Nul mieux que le courageux
et regretté membre de la Gauche, avec son esprit vif, in-
cisif et tout plein de bon sens, ne pouvait montrer combien était spécieuse l'argumentation de M. Vuitry.

Après avoir rappelé les précédents, M. Ernest Picard
« s'étonne que la première question qui aurait dû être
traitée dans une discussion de ce genre, la question d'opportunité, eût été éludée si habilement par le défenseur du
projet. Il y a un an, l'État faisait un emprunt à quel taux?
à 5 %. — Il y a deux ou trois années, le crédit de l'Etat

joint à celui des grandes Compagnies, ne trouvait encore le moyen d'emprunter qu'à un intérêt supérieur à 5 %. Et c'est dans cette situation, lorsqu'on est obligé d'avouer quel est le découvert, qu'on présente un projet de Conversion. « Que propose-t-on ? Une mesure complexe, que
» l'on appelle Conversion et qui n'est pas la Conversion
» entendue dans le sens habituel du mot, mais qui en est,
» au contraire, l'opposé. On propose de permettre aux
» rentiers de racheter, moyennant une soulte, le droit
» qu'a l'État de rembourser les rentes à 4 1/2 au pair de
» 100 fr. Ce n'est pas la réduction d'intérêt obtenue par
» l'abaissement du loyer des capitaux ; ce n'est pas cette
» réduction qui a été appliquée successivement à la dette
» anglaise et qui a produit l'unification véritable, » c'est
une opération où l'État partage avec les rentiers la hausse
du 3 %. »

« Que coûtera cette mesure à l'État, continue le futur Ministre des Finances de la République ? — C'est l'abandon, en premier lieu, de la faculté de réduire. La première réduction du 4 1/2 en 4 % produira 19 millions ; avec les autres réductions successives, les économies se chiffreraient par 56 millions. Le second préjudice causé à l'État, c'est d'élever le taux nominal de sa dette : cette augmentation sera de 1,900 millions, et de 1,125 millions si l'opération ne réussit que pour les 2/3. Cette perte, combinée avec l'abandon de la possibilité de la réduction, arrive à des chiffres invraisemblables, si on procède par l'accumulation des intérêts composés, et elle ne trouve pas une compensation dans le paiement de la soulte. Mais, se demande le spirituel député de la Gauche, quels sont les avantages de la mesure que l'on pourrait opposer à ses dangers ? L'avantage numérique s'élèvera probablement à 190 millions, et l'économie annuelle sera de 7 millions sur les intérêts de la dette flottante. Il est évident qu'il n'y a pas d'emprunt plus onéreux, plus défavorable à l'État que la mesure proposée ; en outre, l'opération n'est pas digne de l'État, de la Chambre, du pays. La proposition frappe d'effroi le rentier ; il ne la comprend pas. Il sait seulement qu'il est menacé : il vend, et l'acheteur inconnu dont on a parlé, que tout le monde connaît, soutient les cours. La rente se déclasse et passe des mains du rentier dans celles du spéculateur. En 1825, le même fait s'est produit : quand la Conversion facultative a été achevée, le 3 % a baissé de 15 fr. L'avantage sur lequel s'appuie surtout le Gouvernement, existe-t-il au moins ? L'unification de la dette est-elle une idée ou un simple mot ? M. Gouin n'y croyait pas hier, et le Gouvernement n'y a jamais cru. En 1840, M. Gouin réclamait la création d'un fonds 3 1/2, au moyen duquel on diviserait la dette en plusieurs natures d'effets, ce qui la rendrait moins compacte, et donnerait la liberté d'action nécessaire pour les opérations de crédit. M. Fould parlait dans le même sens. Tous les emprunts ont été constitués en 4 1/2 et en 3 %. La diversité des fonds n'a pas empêché le 5 % de monter à 124 fr. et le 3 % à 86 et 87 fr. L'unification est donc une chimère, ou plutôt un prétexte pour faire un emprunt onéreux. Grâce à l'annonce de cette mesure, ce qui prouve le désarroi du rentier, la rente italienne a monté, en trois jours, de 4 fr., et on a pu émettre en une seule journée, 30 ou 40,000 obligations lombardes. Ce qu'on donne aux rentiers, c'est la hausse future, et notre histoire financière défend d'y trop compter. »

Après ce discours, le président tenta encore de faire voter la clôture. M. de Piré demanda le renvoi au lendemain, quoiqu'il fût résolu « à voter toutes les mesures » proposées par M. Fould qui, sous un régime sinon » despotique, du moins et à coup sûr absolu, avait eu » le courage de dire la vérité. » La Chambre donna raison au spirituel marquis et tort au président.

Le lendemain, la discussion continua par un discours de M. Auguste Chevalier. Le frère du célèbre économiste entreprit de démontrer que le projet donnerait un bénéfice annuel et immédiat à l'État. Son raisonnement mérite d'être cité comme exemple des tours de force d'esprit auxquels peut se livrer un député officiel, pour expliquer et faire excuser sa complaisance. « L'État, disait M. A. Chevalier, oubliant dans son calcul les économies produites par les réductions successives, l'État perd les 19 millions que lui procurerait la réduction du 4 1/2 en 4 %. Mais il gagne les 7 millions d'intérêt environ que produiraient les 150 millions qui seront le résultat de la soulte. La perte n'est donc plus que de 12 millions. Mais la mesure va faire baisser le loyer de l'argent ; cette baisse procurera une augmentation de salaires et de bénéfices industriels, qu'on peut évaluer à 150 millions ; le dixième de cette somme reviendra au Trésor par l'impôt ; donc, de ce chef, bénéfice de 15 millions, qui reste net à 3 millions, après défalcation des 12 millions ci-dessus. » La majorité applaudit ces admirables calculs.

Avec M. Emile Ollivier, la discussion fut ramenée sur son véritable terrain. M. E. Picard avait envisagé la Conversion sous le rapport financier. Son collègue, qui était encore républicain, s'appliqua surtout à démontrer le côté immoral de l'opération dans les conditions où elle était présentée. Par les cours respectifs du 3 % et du 4 1/2 %, elle était impossible, et le Gouvernement, pour la rendre praticable, avait dû se rendre coupable de manœuvres qui tombaient sous le coup de l'art. 419 du Code pénal. L'argumentation de M. Ollivier établit ce point avec une clarté indiscutable. « M. Vuitry avait dit que l'écart entre les deux fonds variait de 27 à 28 fr., cela était exact, mais pourquoi? C'est que les rentiers étaient certains que dans la situation actuelle, au sortir d'une guerre, avec des budgets en déficit, il était impossible de songer au remboursement, tant que les cours du 4 1/2 ne se rapprocheraient pas du pair. Mais si le porteur du 4 1/2, dans cette persuasion, gardait son titre, l'opération ne pouvait être tentée ; il fallait donc amener le 4 1/2 aux environs du cours de 100 fr. Pour obtenir ce résultat, il était inutile d'acheter du 4 1/2 ; la spéculation, assurée d'un bénéfice, s'en chargeait ; il suffisait de maintenir l'écart entre le 4 1/2 et le 3 %. Tout le monde le sait, personne, sur la place, n'achète du 3 % : comment se fait-il que ce fonds soit à 71 fr. ? Il devrait baisser et il se maintient, pourquoi ? « Parce qu'il existe un syndicat de banquiers, » derrière lequel est l'État, qui achète et soutient les » cours d'une façon factice. Par suite, le contrat auquel » vous demandez que les porteurs du 4 1/2 s'associent, » n'est pas réel, effectif ; il y manque les conditions » élémentaires de loyauté, de sincérité, de toute conven- » tion : l'évaluation vraie de la chose offerte. » Le Gou- vernement, dit-on, a le droit de faciliter la mesure, de la préparer et de la soutenir, et on cite l'exemple de M. de Villèle en 1824 et 1825. La conduite de ce Ministre et l'opération aussi politique que financière qu'il avait imaginée, ont été sévèrement jugées, en 1840, par M. Fould, qui a établi que cette opération, mal conçue, onéreuse, injuste, n'avait donné un bénéfice à l'État que grâce aux rachats de l'amortissement, à la suite de 1830, dans des cours dépréciés. L'exemple de M. de Villèle a été invoqué aussi par un homme (1) qui est sous la main de la justice, accusé, notamment, d'avoir provoqué facticement la hausse des effets publics. On rougit de cette coïncidence. »

M. E. Ollivier donna ensuite lecture de deux articles du *Times*. « Le journal anglais annonçait avec les plus grands détails, que le Gouvernement français venait d'emprunter, sous le nom de tiers, à MM. Conts, Baring, Hambro et fils, une somme de 2 ou de 4 millions de liv. st. sur dépôt de titres, afin de faciliter la mesure de la Conversion ; une opération du même genre aurait, en outre, été faite à Paris,

____

(1) M. Mirès.

au moyen d'une émission de 100 à 200 millions en obligations de chemins de fer, achetées par les porteurs affolés du 4 1/2, et cette somme aurait également été mise à la disposition du Ministre contre dépôt de rentes. Ces faits sont-ils exacts ? »

Après ces questions, et après avoir répondu quelques mots courtois à l'étrange théorie de M. A. Chevalier, M. Ollivier terminait par ces paroles :

« J'attendais de M. le Ministre un plan réparateur ; » beaucoup pensaient comme moi, et murmuraient, à l'oc- » casion de ce retour, le nom de Necker. Malheureusement » ma déception a été plus forte que je ne l'attendais ; ce » que nous a rendu le nouveau Ministre des Finances, » c'est Calonne, avec cette insouciante prodigalité, qui » mettait l'avenir en gage pour surmonter les difficultés » du présent. Quant à moi, ce que j'appelle et ce que je » conseille au Gouvernement de nous donner, c'est » Turgot, Turgot ! ce grand ministre, le seul grand » peut-être qu'il y ait eu en France. »

Ce fut M. Baroche qui répondit à M. Ollivier. Selon son habitude, le Ministre-président le Conseil d'État, le prit de haut avec l'opposition ; il dénatura l'argumentation de MM. Picard et Ollivier, et opposa des dénégations complètes aux bruits dont ce dernier s'était fait l'écho. Il avoua, il est vrai, « que le Gouvernement se défendait en finances comme en politique ; que son devoir était de s'opposer à l'écrasement des cours, et que, si le Ministre n'avait pas fait l'opération relatée par le *Times*, il était bien possible que des spéculateurs eussent profité de la différence du taux de l'escompte entre la France et l'Angleterre pour se procurer des fonds. L'émission prétendue d'obligations de chemins de fer était aussi inexacte : le Gouvernement n'avait donné aucune autorisation de ce genre pour éviter une concurrence aux effets publics ; pourtant, devant des nécessités absolues, deux exceptions avaient été faites, l'une pour 25,000 obligations et l'autre pour 10,000. » Le Président du Conseil d'État, passant ensuite au but de la mesure, affirmait que le Gouvernement voulait, avant tout, arriver à l'unification de la dette, pour amener la baisse du loyer des capitaux : il insista surtout sur ce point. M. Fould désirait que cette vaste opération d'agiotage, qui n'était qu'un moyen de Trésorerie, fût considérée comme une œuvre de patriotisme, et M. Baroche promettait à son collègue que l'histoire le vengerait des accusations passionnées que l'ingratitude de l'opposition ne lui ménageait pas.

Après ce faible discours, qui fut cependant accueilli par les applaudissements de la majorité fidèle, il n'y avait plus qu'à passer au vote. Dans cette Chambre, dont on connaît l'origine et la soumission absolue, 19 voix contre 224 refusèrent cependant d'approuver l'expédient financier du nouveau Ministre. Les noms de ces 19 membres méritent d'être conservés ; c'étaient MM. E. André, de Belleyme, J. Brame, de Chambrun, Curé, Darimon, Devinck, J. Favre, Gareau, Gellibert des Séguins, Guyard-Delalain, Hénon, Javal, Kœnigswarter, Vte Lemercier, E. Ollivier, Er. Picard, Pouyer-Quertier et de Wendel.

Le projet fut immédiatement envoyé au Sénat, où la discussion ne fut pas longue. Le rapporteur était M. le Mis d'Audiffret ; il ne pouvait mentir aux théories de toute sa vie : ses collègues le choisirent parce que le nom de cet honnête homme devait servir de chaperon à la loi. M. d'Audiffret, ne pouvant faire l'éloge du procédé proposé par M. Fould, déclara rapidement et d'un ton mélancolique, que la loi ne violait aucun principe constitutionnel, et, qu'à défaut d'autre mérite, elle avait celui de tendre à l'unification de la dette, qui toujours avait été chère au rapporteur. Le Sénat ne pouvait s'opposer à la promulgation de la loi qui, malgré le désir du spirituel Mis de Boissy, ne fut même pas discutée. Une demi-heure après la lecture du rapport, un vote unanime permettait au Ministre de s'assurer si les rentiers étaient aussi naïfs qu'il le pensait: son attente fut certainement dépassée.

Exécution de la Conversion facultative de 1862.

La loi de *Conversion facultative en rentes* 3 % *des rentes* 4 1/2 %, 4 % *et des obligations trentenaires*, fut promulguée le 12 février. En voici les articles principaux :

ARTICLE PREMIER. — Le Ministre des Finances est autorisé à inscrire au Grand-Livre de la dette publique de nouvelles rentes 3 %, portant jouissance du 1er avril 1862 et payables de trois mois en trois mois, à partir de ladite époque, pour les échanger contre les rentes 4 1/2 %, 4 % et les obligations trentenaires du Trésor, dont les propriétaires demanderont la Conversion, aux conditions déterminées par la présente loi.

ART. 2. — Les propriétaires de rentes 4 1/2 % et 4 % qui en formeront la demande dans le délai de vingt jours, à partir de la promulgation de la présente loi, recevront de nouveaux titres, d'une somme égale, en rentes 3 % créées en vertu de l'article précédent, en échange de leurs rentes 4 1/2 % et 4 %, qui seront immédiatement annulées.

ART. 3. — Cet échange aura lieu moyennant l'engagement souscrit par le rentier de verser au Trésor public une somme proportionnelle au montant des rentes à convertir. — Un décret impérial déterminera le versement à faire pour chaque quotité de 4 fr. 50 c. ou de 4 fr. de rentes, les termes et conditions de paiement, ainsi que de l'échange des titres.

ART. 5. — Les obligations trentenaires du Trésor, autorisées par des lois antérieures, pourront être échangées contre les nouvelles rentes 3 %, à raison de 20 fr. pour chaque obligation. Les déclarations relatives à ces échanges devront être faites dans le délai de vingt jours, fixé par l'article 2. »

Le même jour, paraissait le décret déterminant les termes et conditions de la soulte à payer :

ART. 2. — La soulte à verser au Trésor, pour l'échange des

rentes 4 1/2 et 4 % contre des rentes 3 % de création nouvelle, est fixée, savoir :

A la somme de 5 fr. 40 c. pour 4 fr. 50 de rentes 4 1/2 % ;

A la somme de 1 fr. 20 c. pour 4 fr. de rentes 4 %.

La libération en aura lieu en six termes égaux et trimestriels, du 1er juillet 1862 au 1er octobre 1863.

Les requérants auront la faculté de se libérer d'un ou plusieurs termes, par anticipation. Il leur sera, dans ce cas, bonifié un intérêt calculé au taux de 4 % par an.

Le Ministre des Finances n'avait attendu ni la discussion du Parlement, ni le vote de la loi, pour envoyer des instructions à ses agents. Il comptait tellement sur la docilité du Corps législatif que, dès le 24 janvier, il faisait adresser aux Receveurs généraux une première circulaire.

« Le Ministre, écrivait le Directeur du mouvement des » fonds, compte, pour assurer le succès de l'opération, » sur le concours, le zèle et l'influence de MM. les Rece- » veurs généraux..... C'est à eux et aux Receveurs parti- » culiers sous leurs ordres, qu'il appartiendra de faire » apprécier aux rentiers l'importance de la mesure pro- » posée. S. Exc. se réserve de vous donner ultérieurement » les instructions nécessaires. »

Les instructions annoncées ne se firent pas attendre ; jamais il n'y eut au Ministère des Finances un tel luxe de circulaires. On peut y suivre les inquiétudes du Ministre ; on y voit son désir ardent de faire réussir l'affaire, et les moyens auxquels il ne craint pas d'avoir recours pour tromper les rentiers et pour faire monter la rente 3 %.

Le 28 janvier, le Directeur du mouvement des fonds interdit le placement des valeurs industrielles, par l'entremise des Receveurs généraux ; il était nécessaire d'empêcher les nombreux porteurs de 4 1/2 qui vendaient leurs rentes, de remployer leurs fonds autrement qu'en 3 %.

Le 3 février, une dépêche confidentielle, signée par le

28

Ministre, traçait aux Receveurs des finances leur ligne de
conduite :

« Je suis informé, disait M. Fould, que les propriétaires
» de 4 1/2 et de 4 % se sont émus des conséquences
» d'une opération dont ils ne comprennent pas bien le
» mécanisme, et semblent disposés à céder à des sug-
» gestions intéressées…. Le sentiment de bienveillante
» sollicitude pour les rentiers, qui a dicté la proposition
» de la Conversion facultative, ne me paraît pas avoir été
» bien compris partout, et je viens réclamer votre con-
» cours pour faire mieux apprécier le caractère de cette
» mesure…. Le Gouvernement s'est efforcé de concilier
» l'obligation qui lui est imposée, de diminuer les charges
» de l'État, avec l'intérêt qu'ont les rentiers de conserver
» l'intégralité de leur revenu.

» Les résultats de la combinaison proposée ont été
» mieux appréciés à Paris, où de nombreux spéculateurs
» et capitalistes accaparent les titres qui se présentent
» sur le marché, certains de trouver dans la Conversion
» l'occasion de réaliser d'importants bénéfices. Mais l'opé-
» ration n'atteindrait pas le but qu'on s'est proposé, si les
» avantages offerts aux rentiers étaient détournés au profit
» d'habiles intermédiaires, et je compte, Monsieur, sur
» votre zèle et votre expérience pour éclairer, sur leurs
» véritables intérêts, les propriétaires du 4 1/2 % qui
» réclameraient votre entremise pour en opérer la vente.

» Vous trouverez dans les extraits de la *Presse Pari-*
» *sienne*, que je vous envoie ci-joints, des arguments qui
» me paraissent de nature à faire apprécier à sa juste
» valeur la portée du projet de loi qui est en ce moment
» soumis aux délibérations du Corps législatif, et que
» j'aurais aimé à voir reproduire dans les journaux des
» départements. »

Une nouvelle dépêche confidentielle, émanée du cabinet du Ministre et signée par lui, est adressée le 6 février
aux comptables supérieurs.

« Monsieur, le *Moniteur* de ce jour contient le rapport
» présenté au Corps législatif sur le projet de loi relatif à
» la Conversion. Je verrais avec plaisir que quelques
» extraits de ce document fussent insérés dans la presse
» départementale, surtout en ce qui concerne les avan-
» tages que l'opération présente aux rentiers, et les faci-
» lités qui leur seront accordées pour le paiement de la
» soulte. Il est d'une grande importance que les rentiers des
» départements reçoivent tous les éclaircissements pro-
» pres à leur faire comprendre le mécanisme de l'opéra-
» tion de la Conversion, qui ne pourrait rencontrer d'obs-
» tacle que dans l'inertie des propriétaires des rentes.

» Il est donc essentiel que chaque porteur soit bien
» pénétré de l'intérêt très-réel qu'il a à profiter de la com-
» binaison qui lui est offerte, et je vous prie de ne rien
» négliger pour arriver à ce résultat. Je vous engage, en
» conséquence, à réclamer le concours actif de ceux de
» vos percepteurs, que leur intelligence et leurs relations
» désigneront à votre choix, comme devant avoir de l'in-
» fluence sur les rentiers. »

Le Ministre invitait, en outre, les Receveurs généraux
à se concerter avec les fonctionnaires des autres Administrations, pour qu'ils secondent leurs efforts. Il leur
annonçait qu'en ce qui concernait les communes, hospices
et établissements de bienfaisance, le Gouvernement se
préoccupait de leur faciliter, par l'intermédiaire du Crédit
Foncier, les moyens de payer la soulte d'échange.

Le 7 février, nouvelle circulaire du Mouvement des
fonds, qui autorise l'envoi au Trésor de titres aux porteurs, et qui laisse la faculté aux rentiers de donner des
procurations sous seing-privé pour arriver à la vente de
leurs titres.

Le 12 février, la loi est promulguée; elle est envoyée
immédiatement aux Receveurs généraux, avec le décret et
un arrêté ministériel du même jour. Ces documents
avaient été imprimés avant même le vote du Corps Légis-

latif: un amendement ayant été adopté sur l'article 9, cet article dut être rectifié sur les textes par un carton. D'après les instructions qui étaient adressées à l'appui de la loi, il était alloué aux Receveurs une indemnité de un pour cent sur le montant des soultes, et le Ministre leur exprimait le désir qu'ils fissent sur leurs fonds particuliers des avances aux porteurs de rentes pour le paiement de la soulte.

Le lendemain, le Ministre tenait à exposer, pour la troisième fois, aux comptables les avantages de la loi, et « les engageait à employer tous les moyens à leur dispo- » position pour démontrer aux rentiers que le Gouver- » nement, au lieu d'user de son droit incontestable, mais » rigoureux, de réduire l'intérêt de la rente, en offrant » le remboursement au pair de leurs rentes, avait » protégé leurs intérêts véritables en faisant adopter la » loi sur la Conversion. »

Malgré toutes ces instances, les demandes de Conver- sion n'arrivaient pas. Une circulaire confidentielle, du 17 février, autorise les Receveurs à avancer le montant du semestre suivant, aux propriétaires de rentes 4 1/2, qui désireraient l'affecter au paiement de la soulte d'échange, et continue ainsi : « Je verrais avec plaisir que vous » prissiez l'initiative de démarches tendant à faire opérer » la Conversion de rentes appartenant aux fabriques et » établissements religieux. » Certains Receveurs géné- raux sont, en conséquence, invités à se rendre auprès des Évêques pour leur demander leur concours. Les Préfets agissent de même auprès des Maires et des Com- missaires des établissements de bienfaisance. Tout le personnel administratif et financier est en mouvement, comme pour un plébiscite. Ces efforts sont couronnés de succès, et, le 5 mars, une note publiée dans le *Moniteur officiel*, fait connaître les résultats obtenus :

« Le chiffre des rentes 4 1/2 présentées à la Conversion » jusqu'au 4 mars, s'élève à 110 millions de rentes. Le

» nombre des porteurs est de 292,381. Les obligations
» dont la Conversion en 3 % a été demandée, sont au
» nombre de 428,173. »

Grâce à cette note, les porteurs du 4 1/2 qui hésitaient
encore, se portèrent en foule aux guichets du Trésor. Ils
craignaient de rester en si petit nombre que le remboursement de leurs titres au pair ne souffrît plus aucune difficulté. Cette crainte les décida ; elle agit surtout sur les
petits rentiers. En effet, la moyenne des rentes 4 1/2
était de 321 fr. par inscription, au 1er janvier 1862 ;
jusqu'au 4 mars, la moyenne des titres convertis avait été
de 376 fr., ce qui indique que les établissements publics
et les gros détenteurs de rentes avaient les premiers
adhéré aux offres ministérielles. Pendant les deux derniers jours, les rentes pour lesquelles des demandes de
Conversion furent adressées, ne représentèrent plus que
190 fr. par titre. Mais le succès ne fut pas complet, et les
plus récalcitrants furent les porteurs de faibles coupures,
qui ne pouvaient arriver à fournir la soulte. La moyenne
des titres 4 1/2 % qui resta entre les mains de leurs propriétaires ne s'élève qu'à 134 fr. ; c'était pourtant en leur
faveur que le Ministre prétendait avoir proposé la mesure.

Le délai pour les demandes de Conversion expirait le
6 mars.

Dans le *Moniteur* du 10, on lisait le Rapport de M. Fould,
rendant compte du succès de l'opération. Nous ne cite-
rons pas les chiffres de ce Rapport, parce qu'ils ne concor-
dent pas avec les résultats définitifs. Au 6 mars, il n'avait
été présenté, en effet, que 388,000 inscriptions de rentes
4 1/2, et le total des rentes de cette nature qui ont été
converties, s'est élevé à 415,840. Cette différence de plus
de 27,000 inscriptions provient de ce que, contrairement
à tous les usages, le terme indiqué par la loi du 12 février
n'avait pas été un terme de rigueur. Les Receveurs généraux furent autorisés, par une circulaire du 3 avril, à
accueillir, malgré l'expiration des délais, les demandes

des absents ; ils étaient seuls juges des motifs qui avaient empêché les rentiers de se présenter avant le 6 mars. Cette tolérance indique à quel point M. Fould désirait augmenter le chiffre de la soulte.

Le Rapport du Ministre se terminait ainsi : « Le but que » se proposait votre Gouvernement est donc atteint ; car » un grand pas est fait vers l'unification de la dette, et le » Trésor a réalisé, en même temps, un capital considé- » rable..... J'attends que les comptes définitifs de la Con- » version soient apurés pour me livrer à l'étude des me- » sures que j'aurai à soumettre ultérieurement à l'Empe- » reur, dans le but de faire disparaître définitivement du » Grand-Livre de notre dette nationale, les rentes 4 1/2 » et 4 %, dont l'existence n'est plus, aujourd'hui, qu'une » exception plus apparente que réelle à l'unité de nos » fonds publics. »

Cette menace inqualifiable avait deux buts ; le premier, de forcer encore quelques rentiers à se soumettre à la Conversion : on a vu que 27,000 incriptions avaient été présentées à la suite de cette conclusion comminatoire du Rapport ; le second but était d'amener la hausse du 3 %, le fonds favori de M. Fould et de ses collègues de la haute banque. Pour arriver à ce résultat, le Ministre eut recours à d'autres moyens non moins condamnables ; il invita, par la circulaire déjà citée du 3 avril, les Receveurs géné- raux à faire porter, autant qu'il dépendrait d'eux, les achats de rentes sur le 3 %. Des instructions furent don- nées par le Ministre de l'intérieur pour que les place- ments des fonds appartenant aux communes et établis- sements hospitaliers, fussent toujours faits en 3 %. Le 1er juillet suivant, il est de nouveau expressément interdit aux Receveurs généraux de servir d'intermédiaires pour les ventes et achats de valeurs industrielles ; des avan- tages furent accordés, en outre, aux Receveurs des Finances, par l'entremise desquels des achats de rentes étaient opérés.

Toutes ces mesures tendaient à maintenir les cours du

3 °/₀ et à permettre, par suite, à l'acheteur mystérieux dont avait parlé M. Kœnigswarter, de liquider, sans perte, les rentes de ce fonds, achetées pour favoriser la Conver-sion. Elles échouèrent complétement : les cours du 3 °/₀ qui, au 8 février, jour de la discussion de la loi, était coté 71 fr. 20, baissèrent à 68 fr. 40, le 6 mars, jour de la clôture de la Conversion ; les mêmes jours, le 4 1/2 était coté 100 fr. 60 et 99 fr. 50 ; le 28 juin, le 3 °/₀ était encore à 68 fr. 40 ; pendant le second trimestre, la moyenne n'atteignit pas 69 fr.; l'année suivante, ce fonds fut coté, en moyenne, à 68 fr. 55, et, en 1864, à 66 fr. 05, le chiffre le plus faible du second Empire.

Résultats financiers et économiques de la Conversion de 1862.

Comme nous l'avons dit, l'amélioration du crédit de l'État, était un prétexte, ou au moins une illusion ; le véritable motif de la Conversion était la nécessité de se procurer des ressources sans avoir recours à l'emprunt. Le tableau suivant donne les résultats généraux de l'opération et indique les sommes qui entrèrent dans les caisses du Trésor, par suite de la soulte à verser par les rentiers.

	RENTES 4 1/2		RENTES 4 °/₀		OBLIGATIONS trentenaires		TOTAL des rentes et obligations converties égal aux nouvelles rentes 3 °/₀ inscrites
	Parties.	Sommes.	Parties	Sommes.	Parties.	Sommes.	
		fr.		fr.		fr.	fr.
Rentes existant avant la Conversion......	710.759	173.510.437 »	2.899	2.112.015 »	675.160	13.503.200	
Rentes non-converties.......	294.899	59.690.850 »	922	476.192 »	70.534	1.410.680	
Rentes et obligations trentenaires converties........	415.840	133.619.587 »	1.977	1.635.823 »	604.626	12.092.520	147.347.630
Soultes provenant de la Conversion des rentes.		160.343.974 80		490.746 90			

Le total des soultes était donc de.. F. 160.834.721.70
et il faut déduire de cette somme les
frais de l'opération jusqu'en 1867..   3.010.469.09

Le Trésor n'a donc encaissé,
comme produit net de cette opéra-
tion, que .... F. 157.824.252 61

En regard de ce résultat, il faut tenir compte du capital
nominal représenté par les 147,347,630 fr. de rentes 3 %
inscrites à la suite de la Conversion, et qui s'élève
à .... F. 4.911.587.666
  Le capital nominal des rentes 4 1/2
converties était de F. 2.969.324.155
  Celui des ren-
tes 4 % de......   40.895.525
  Et celui des
604,626 obliga-
tions trentenaires
de 302.313.000
  Total .... F. 3.312.532.680 ci 3.312.532.680
L'augmentation du capital nominal
de la dette publique, provenant de la
Conversion, s'élève donc à........ F. 1.599.054.986

Voilà l'opération réduite à ses plus simples expressions,
en ce qui concerne le Trésor, c'est-à-dire les contribuables. Elle a coûté, en chiffres ronds, 1 milliard 600 millions, et elle a produit un capital disponible de 157,800,000
fr., qui ont permis de diminuer d'autant la dette flottante
du Trésor, et d'économiser annuellement les intérêts de
cette somme, soit 7,891,000 fr., et le montant de l'amortissement affecté aux obligations trentenaires. Tels sont
les deux termes de l'opération, une économie annuelle
de 8 millions environ et un accroissement du capital nominal de la dette de 1,600 millions. Si les principes de
l'amortissement avaient été pratiqués sous l'Empire, et ils

auraient dû l'être dans une année de paix comme 1862, il aurait fallu augmenter la dotation de l'amortissement de 1 % de cette somme de 1,600 millions, ce qui aurait exigé une dépense de 16 millions par année, soit 8 millions de plus que l'économie produite.

L'unification des titres de la dette, qui était le but avoué de la mesure, était loin d'être obtenu : il restait encore 39,690,850 fr. de rentes 4 1/2 %, divisées en 294,899 inscriptions, et 476,192 fr. de rentes 4 %, réparties en 922 inscriptions. Les obligations trentenaires n'avaient pas non plus été toutes converties : 70,534 titres avaient été conservés par leurs propriétaires.

Avec une indulgence qui, à distance, peut paraître de la complaisance, M. Forcade, dans la *Revue des deux Mondes*, appréciait ainsi la mesure qui restera attachée au nom de M. Fould : « Les critiques que l'on peut adres- » au projet de Conversion n'auraient pas porté sur » M. Fould ; le Ministre des Finances s'est proposé un » grand but : relever le crédit de l'État. Nous supposons » qu'il n'eût pas demandé mieux que de pouvoir obtenir » des rentiers l'abandon d'un neuvième de leur revenu. » La modestie des conditions de la Conversion actuelle » provient donc de la langueur même du crédit public, » que le Ministre des Finances a pour mission de relever. » Quant à nous, nous refusons d'admettre que M. Fould qui, à défaut d'autre mérite, avait au moins celui de l'habileté, ait pensé que sa mission ait été de relever le crédit. Le banquier savait trop bien qu'aucune mesure arbitraire ne peut amener ce résultat, et que l'amélioration du crédit ne saurait être la conséquence d'une opération qui violentait le rentier dans ses goûts, le lésait dans ses intérêts, et le trompait dans ses espérances. Le Ministre des Finances, en qui s'incarne le système financier de l'Empire, ne cherchait, dans la Conversion de 1862, qu'un moyen de se procurer un capital immédiatement disponible et ne portant pas intérêt : il a réussi, et on ne peut que reconnaître l'ingéniosité du procédé. Mais M. Fould a affiché d'autres prétentions. Nous sommes donc obligé de rechercher si ses promesses se sont réalisées, et d'examiner l'opération de 1862 dans sa moralité et ses conséquences sur le crédit.

Tous ceux qui se rappellent cette triste époque ont gardé le souvenir de l'affolement des rentiers, de leurs appréhensions, de leurs hésitations. Ils demandaient des conseils, des explications à tous venants ; si un guide désintéressé leur donnait le sage avis de conserver précieusement leurs titres 4 1/2 et leur argent, et de laisser passer les vaines menaces du Ministre, ils se rendaient chez le Receveur des Finances, où ils avaient l'habitude de porter leur épargne. Celui-ci, par ordre, ne pouvait que répéter mot à mot les instructions formelles que nous avons reproduites. S'ils allaient chez un agent de change, l'officier ministériel leur répétait les mêmes arguments puisés aux mêmes sources, et se refusait presque à exécuter les ordres de ses clients qui n'entraient pas dans les vues du Ministre. S'il ouvrait un journal de la presse parisienne, gagnée tout entière à la cause de M. Fould, le rentier y lisait des articles dithyrambiques en faveur de la mesure et de son auteur. Le temps pressait ; vingt jours seulement étaient accordés pour profiter de la bonne aubaine ; déconcerté, abusé par cette coalition de tous les hommes spéciaux, le rentier se décidait alors à vendre une portion de sa rente pour pouvoir aller déposer au Trésor la soulte que l'on réclamait de son ignorance.

Les porteurs du 4 1/2 qui avaient cédé aux instances du Gouvernement et de ses nombreux auxiliaires, ne tardèrent pas à s'apercevoir qu'ils avaient été dupés, bernés, volés, le mot a été dit.

M. Fould avait, en effet, promis aux porteurs du 4 1/2 % qui prendraient du 3 % une augmentation de capital ; il avait menacé les rentiers récalcitrants du remboursement au pair et cette menace devait alourdir les cours du 4 1/2 %. Les faits ont-ils donné raison au Ministre ? Interrogeons les chiffres. — De 1853 à 1861, pendant les neuf années qui ont précédé la Conversion de 1852, le cours moyen du 4 1/2 qui était à l'abri d'un remboursement, a été de 95 fr. 62 c. ; le 3 % a été coté en moyenne à 70 fr. 39 c. Le premier était capitalisé à 4,70 pour cent, le second à 4,27 pour cent. La différence de capitalisation était de 0,43 centimes. — Après la Conversion de 1862, si les menaces de M. Fould avaient produit leur effet, et si ses espérances en faveur de son fonds favori s'étaient réalisées, le 4 1/2 % eût été lourd, et le 3 % aurait reçu une plus-value ; la différence de capitalisation entre les deux natures de rentes se serait accentuée. Or, que voyons nous ? Exactement le contraire. En 1863, le 4 1/2 est capitalisé à 4,65 pour cent, et le 3 à 4,37 pour cent : l'écart n'est plus que de 26 centimes. L'année suivante, il ne varie pas. En 1866, l'épargne ne demande au 4 1/2 que 4,64 pour cent d'intérêt ; la spéculation exige du 3 un revenu de 4,41 pour cent ; la différence n'est plus que de 23 centimes. Enfin, en 1868 et 1869, le 4 1/2 est coté 100 fr. 61 c. et 102 fr. 27 c., le taux de capitalisation est de 4,48 et de 4,39 pour cent ; les cours du 3 ne sont que de 69 fr. 91 c. et 71 fr. 41 c., c'est-à-dire que ce fonds rapporte 4,29 et 4,19 pour cent. L'écart entre ces deux rentes est réduit à 19 et à 20 centimes, tandis qu'avant la Conversion, il était de 43 centimes.

Que signifient ces chiffres ? que l'épargne était restée fidèle au 4 1/2 % et qu'elle ne redoutait plus la Conversion. La mesure alambiquée, fausse, anormale, déloyale de 1862 avait rendu toute nouvelle Conversion impossible pour de longues années : on ne recommence pas deux fois une semblable aventure. Loin de rendre l'élasticité au 3 %, loin d'améliorer le crédit de l'État, M. Fould avait détruit la confiance, en violant le contrat qui lie le Trésor à ses

créanciers, et le fonds qui est en général soutenu par la
spéculation, c'est-à-dire par le crédit, par la foi en l'avenir, souffrait de cette situation.

Du reste, les rentiers trop nombreux qui ont cru aux
menaces et aux promesses du Gouvernement impérial,
ont été bien punis de leur naïveté. Depuis seize ans, ils
ont perdu l'intérêt du capital qu'ils ont versé à titre de
soulte, et ils n'ont eu aucun avantage d'aucun genre.
Ceux qui, au contraire, ont conservé leur 4 1/2 ancien et
ont refusé de subir la Conversion facultative, n'ont pas
été obligés de débourser la soulte : cette soulte, depuis
lors, par les intérêts composés, s'est plus que doublée. Ils
ont donc pour 4 fr. 50 de rente 4 1/2 %, la valeur actuelle
du 4 1/2, soit 107 fr. environ ; plus, deux fois la soulte de
5 fr. 40, soit 10 fr. 80. Leur capital est donc aujourd'hui de
117 fr. 80, tandis que 4 fr. 50 en 3% ne valent que 115 fr. 55.

Mais ce n'est pas pour les rentiers que la mesure de
1862 a eu les effets les plus désastreux. On se souvient
que, par suite de l'échange des 4 1/2 et des 4 % en 3 %,
le capital de la dette s'est trouvé fictivement accru de
1,600 millions. L'État ayant reçu, à titre de soulte, 158
millions environ, a pu économiser annuellement l'intérêt
de ce capital, soit, à 4 1/2 %, à peu près 8 millions. Il
faudrait capitaliser pendant 70 années ces 8 millions,
pour reconstituer le capital artificiel de 1 milliard 600
millions. C'était bien, selon l'expression citée par M. Casimir
Périer, vendre son droit d'aînesse pour un maigre plat de
lentilles.

M. Baroche avait promis à son collègue des Finances
la reconnaissance de la postérité. Il s'est bien trompé :
tous les écrivains financiers ont critiqué avec la plus
grande sévérité l'expédient de M. Fould. Le lecteur se
rappelle que M. Émile Ollivier avait appliqué aux manœuvres préparatoires de la Conversion l'art. 419 du Code
pénal, qui vise « les coalitions ayant pour but d'opérer, par
des voies ou moyens frauduleux quelconques, la hausse

où la baisse des papiers et effets publics, au-dessus ou au-dessous des prix qu'aurait déterminés la concurrence naturelle et libre. » La Conversion achevée, l'opinion indignée se montra encore plus sévère et on n'hésita pas à qualifier cette mesure de véritable escroquerie. N'y avait-il pas, en effet, « emploi de manœuvres frauduleuses, pour persuader l'existence d'un pouvoir ou d'un crédit imaginaire, et pour faire naître l'espérance ou la crainte d'un succès ou d'un accident chimérique, dans le but de se faire remettre des fonds ? » [Cod. Pénal, art. 405]. Le Ministre n'avait-il pas promis une hausse du 3 %? ne l'avait-il pas provoquée par les moyens les moins avouables ? n'avait-il pas menacé les porteurs récalcitrants du 4 1/2 d'un remboursement prochain qui, en réalité, était impossible ? Grâce à ces promesses et à ces menaces, n'avait-il pas procuré au Trésor une somme considérable? — Sans ratifier les exagérations excusables auxquelles se laissaient entraîner les porteurs du 4 1/2, on doit reconnaître que cette mesure n'était rien moins qu'honnête, et que les procédés employés par M. Fould, pour décider les rentiers à convertir le 4 1/2, sont regrettables sous tous les rapports.

Un expédient comme celui de 1862, exécuté au moyen des procédés que nous avons rappelés, devait avoir des conséquences néfastes. On l'a vu, cette opération a détruit la confiance qui doit exister entre le Trésor et ses créanciers ; elle a eu une influence déplorable sur le crédit ; elle a été aussi nuisible à l'État, dont la dette s'est trouvée considérablement accrue en capital, qu'aux rentiers qui ont été trompés. « Dans les Conversions facultatives, avons-nous dit au second Livre de ce Traité[1], l'État propose aux rentiers un bénéfice, s'ils veulent consentir amiablement à des clauses nouvelles ; mais, pour les décider, l'État est amené à exagérer la valeur de ce béné-

---

[1]. Voir plus haut, page 78.

fice ; tout en faisant un marché onéreux pour lui, l'État lèse ses créanciers. » L'examen de la Conversion de 1862 corrobore cette opinion.

L'aventure financière réalisée en 1862, par M. Fould, a euencore une conséquence déplorable. Le remboursement au pair n'étant pas offert par l'État à ses créanciers, on a oublié que la Conversion n'était qu'une conséquence iné- luctable du droit de remboursement. La demande d'une soulte n'étant pas faite à la suite d'une amélioration du crédit, on s'est figuré que l'État pouvait s'arroger le droit de pressurer, de rançonner ses créanciers. — Depuis cet expédient, l'idée de Conversion est restée liée, dans l'opi- nion, à celle de fraude, de manœuvres, de duperie. Le public ne comprend plus les causes, la légitimité, le mé- canisme de ces opérations si simples, si loyales.

Seize années se sont écoulées, et cependant le souvenir de cette néfaste opération est loin d'être effacé ; il épou- vante toujours les rentiers. Au contraire, les banquiers, les agents de change, les coulissiers, les hommes de bourse, se rappelant le mouvement considérable d'affaires qui, en 1862, a été dû à l'effroi des rentiers et au déclas- sement des rentes, se figurent de bonne foi, en ne consi- dérant que leur intérêt, que la meilleure Conversion est celle qui leur procure les plus beaux bénéfices, et que toute Conversion n'est qu'un moyen de Trésorerie. Nous voulons espérer qu'en voyant les résultats de la mesure prise en 1862, tous les esprits impartiaux reviendront sur cette illusion, et se rallieront au seul système de Conver- sion qui soit honnête à l'égard des rentiers, et avantageux pour les contribuables.

CHAPITRE XI

Conversion des Obligations Morgan. — Conversions de rentes perpétuelles en rentes viagères. — Résumé des chapitres précédents.

Depuis 1862, les cours ne permirent pas au Gouvernement impérial de convertir les rentes 4 1/2, dont les porteurs s'étaient refusés à accepter en échange les rentes 3 %. Après 1870, jusqu'à la fin de 1876, il n'a pas été davantage possible de songer à d'autres opérations de crédit, que les emprunts nécessaires pour payer la rançon de la France. Cependant, dans ces deux périodes, il a été pris deux mesures qui ont porté le nom de Conversions, et, en outre, il a été fait des échanges de rentes perpétuelles en rentes viagères, que nous devons examiner.

La première de ces mesures, connue sous le nom de *Conversion des titres mexicains*, n'est, en réalité, qu'une répartition aux porteurs de ces titres, de sommes numéraires et de rentes 3 %, que la loi du 2 août 1868, art. 29, leur avait attribuées. Elle n'a nullement le caractère des Conversions ordinaires de rentes ; loin d'éteindre une dette ancienne, dans un but de réparation politique et de bienveillance envers les capitalistes qui, ayant eu confiance dans les promesses du Gouvernement français, avaient souscrits aux emprunts de l'empire éphémère du malheureux Maximilien, elle créait, au contraire, une dette nouvelle de 4 millions. Nous n'avons donc pas à nous y arrêter.

La seconde opération est récente : elle a été réalisée en

1875 ; c'est la Conversion des titres de l'emprunt de 250 millions, dit emprunt Morgan.

Conversion des obligations de l'emprunt Morgan.

Le 24 octobre 1870, un emprunt de 250 millions a été contracté, à Londres, entre le délégué du Gouvernement de la Défense nationale et MM. J.-S. Morgan et Cie, banquiers. A cette triste époque, la situation de la France semblait désespérée ; la moitié de son sol était envahi par les troupes allemandes ; sa capitale était cernée ; le Gouvernement qui avait accepté, au 4 septembre, la tâche d'organiser la défense nationale, n'avait pas une origine légale ; il était, d'ailleurs, divisé en deux tronçons, sans communication régulière entre eux. Les actes de la délégation de Tours seraient-ils reconnus par le Gouvernement central, investi à Paris ? Celui-ci risquait d'être désavoué par la Représentation nationale, que les circonstances n'avaient pas encore permis de réunir et de consulter ; dans les départements non envahis, les impôts ne rentraient pas régulièrement, les coffres du Trésor étaient vides. Pendant ces tristes événements, un recours au crédit ne pouvait réussir, que si les conditions offertes aux prêteurs étaient très avantageuses pour eux et très dures pour le débiteur.

Il faut reconnaître que les conditions obtenues par le délégué de la Défense nationale ont été aussi peu onéreuses qu'on pouvait l'espérer. L'emprunt de 250 millions contracté en obligations à 6 %, remboursables en trente-quatre ans, par voie de tirage au sort, à partir du 1er avril 1873, rapporta au Trésor 208,899,770 fr. Grâce au taux élevé reconnu, l'État recevait ainsi 83,56 pour cent du capital nominal de la dette nouvelle, qui ne ressortait qu'à 7,18 pour cent, et, en comprenant le montant de l'amortissement, les frais de change, etc., à partir du 1er avril, à 8,37 pour cent.

Les rédacteurs du traité intervenu entre le Gouverne-

ment français et la maison Morgan, avaient eu la sage
précaution d'introduire un article 13, ainsi conçu : « Le
» Gouvernement français aura, en tout temps, le droit de
» rembourser au pair les obligations créées en vertu du
» présent contrat, après avis préalable, inséré six mois à
» l'avance, au *Journal officiel*, en France, et dans le
» *Times*, à Londres. Le remboursement ainsi prévu, ne
» pourra être indiqué que pour une époque concordante
» avec un paiement de coupon. »

Après la signature de la paix et l'émission des deux
grands emprunts de deux et de trois milliards, les obligations Morgan s'élevèrent rapidement au-dessus du pair,
et leur Conversion aurait été possible. Mais la prudence
exigeait que le marché ne fût pas troublé par une nouvelle
opération de crédit. Ce n'est qu'au commencement de
1875, lorsque le 5 % eut franchi le cours de 100 fr. et
se fut établi solidement à ce taux, que la question du
remboursement de ces titres, produisant un intérêt de
6 %, a été soulevée. Le 11 mars de cette année, M. de
Soubeyran proposa à l'Assemblée nationale d'user de la
faculté réservée à l'État par le traité du 24 octobre 1870,
et de convertir les obligations Morgan en rentes 5 % au
pair. Selon ce député, la dépense pour le service de l'emprunt était de...................... F. 17.759.795

Les rentes 5 % à émettre ne devant
s'élever qu'à........................   12.118.150

L'économie annuelle résultant de l'opération aurait été de................. F.   5.641.645

Ce chiffre était exagéré. D'une part, les frais divers résultant de la commission de 1 % sur les paiements des
coupons et les remboursements, et de la perte sur le
change, étaient portés pour une somme de 359,795 fr.,
tandis qu'au compte de 1873, ils n'ont figuré que pour
185,000 fr., et pour 108,000 fr. en 1874. D'autre part, le
projet du député de la Haute-Vienne faisait disparaître

29

l'amortissement, et il n'était pas juste de comparer les charges d'un emprunt qui devait être éteint en trente-quatre années, avec les frais d'une dette perpétuelle sans fonds d'amortissement. Toutes choses égales, l'économie aurait été réduite à trois millions environ : elle était encore suffisante pour séduire les esprits, et la proposition fut renvoyée à la Commission du Budget.

Le nouveau Ministre des Finances, M. L. Say, ne pouvait laisser à un député l'initiative d'une mesure aussi grave ; aussi, dès le 14 mars, il déposa à son tour un projet de loi relatif au remboursement de l'emprunt Morgan, mais sans indiquer dans quelles conditions les obligations de cette dette seraient remplacées. Le remboursement devant être précédé d'un préavis de six mois, concordant avec un paiement de coupon, il y avait nécessité de donner ce préavis avant le 1er avril, si l'on voulait effectuer le remboursement au mois d'octobre 1875. En raison de cette urgence, le projet de loi de M. Léon Say fut voté sans contestation le 18 mars, et le Ministre annonça son intention de déposer, en même temps que le projet de Budget, un projet spécial déterminant les voies et moyens de l'opération.

Le jour même de la reprise des travaux de l'Assemblée Nationale, le 14 mai 1875, M. L. Say tint sa promesse. Il ne pouvait être question d'imposer la charge du remboursement de l'Emprunt Morgan au budget obéré ; c'était donc dans une opération de crédit qu'il fallait rechercher les ressources nécessaires. Le Ministre s'exprimait ainsi dans l'exposé des motifs : « Malgré l'avantage immé-
» diat et certain (d'une économie), il nous a semblé
» que le remplacement pur et simple d'une dette amor-
» tissable dans un délai relativement court (31 ans), par
» une dette perpétuelle, présentait un inconvénient sé-
» rieux ; que ce procédé faisait trop facilement bon
» marché de l'avenir ; qu'il était empreint d'une préoccu-
» pation trop exclusive du présent, auquel il ne procurait

«» cependant pas un avantage suffisant peut-être pour
» justifier ce qu'il pouvait avoir de défectueux au point de
» vue des principes. — Nous avons donc été amenés à
» chercher la solution du problème, dans une opération
» qui maintiendrait le caractère de dette amortissable à
» la nouvelle dette contractée par le Trésor, évitant ainsi
» d'aggraver les charges de l'avenir, et qui, en même
» temps, permettrait de réaliser une ressource d'une cer-
» taine importance, faisant ainsi au présent la part à la-
» quelle il n'a malheureusement que trop de droits. »

Ces sages et prudentes paroles ne sauraient être trop
approuvées. Le système proposé par le Ministre était
aussi ingénieux que celui qui avait été inventé par
M. Fould, en 1862; mais il avait, de plus, le mérite d'être
loyal et de reposer sur des faits indiscutables. Voilà en
quoi il consiste :

La Caisse des Dépôts et Consignations était propriétaire
d'une rente 3 % de 21,936,938 fr., provenant du compte
d'emploi des Caisses d'Épargne. Ces rentes appartenaient
en fait au Trésor, bien qu'elles fussent achetées avec les
fonds des Caisses d'Épargne, attendu que l'acquisition en
avait été faite pour le compte du Trésor, qui était débiteur
des intérêts et du capital des sommes reçues. Il devait
supporter les pertes comme il aurait profité des bénéfices
résultant de l'emploi de ces fonds. La Caisse des Dépôts
et Consignations, comme les Caisses d'Épargne, n'avait
pas à se préoccuper du mode de représentation des
sommes déposées, puisqu'elle administre ces fonds pour
le compte et aux risques et périls du Trésor public.

Le Ministre proposait donc d'emprunter au portefeuille
de la Caisse des Dépôts *(compte d'emploi des fonds des
Caisses d'Épargne)*, une somme de rente 3 % de
14,541,780 fr., en paiement de laquelle il serait servi une
annuité à peu près égale à celle qui était inscrite au
Budget pour l'intérêt et l'amortissement de l'Emprunt
Morgan. Cette annuité de 17,300,000 fr. devait assurer

l'intérêt à 4 %, et l'amortissement en trente-neuf ans de la nouvelle dette contractée par le Trésor. — L'Emprunt Morgan devait être amorti en trente-et-un ans; l'emprunt fait à la Caisse des Dépôts grevait les budgets pendant trente-neuf ans. Cette aggravation des charges de l'avenir était atténuée par la différence entre l'annuité de l'Emprunt Morgan, qui s'élevait avec les frais à 17,650,000 fr. environ, et la nouvelle annuité qui ne devait être que de 17,300,000 fr. Le Trésor bénéficiait ainsi de 350,000 fr. par année, pendant trente-et-un ans, et cette économie était une compensation partielle de l'augmentation du délai d'amortissement.

Au moyen de la négociation de ces 14,541,780 fr. de rentes 3 %, le Ministre se proposait de rembourser les porteurs des obligations Morgan. Ces obligations, par suite de l'amortissement effectué, n'étaient plus qu'au nombre de 484,726, représentant un capital nominal de 242,363,000 fr. et exigeant, à 30 fr. par obligation, un intérêt annuel égal exactement à la rente empruntée au portefeuille de la Caisse des Dépôts.

Mais une inscription de 30 fr. en rentes 3 % ne pouvait être remise en échange d'une obligation 6 % remboursable à 500 fr., sans une compensation au profit de l'État. La rente 3 % était, en effet, cotée à la Bourse 64 fr.; 30 fr. de rente valaient 640 fr. En négociant ses titres sur le marché, le Trésor se serait procuré 640 fr. par 30 fr. de rente; il aurait pu rembourser, au moyen de cette opération, une obligation de l'Emprunt Morgan, au pair de 500 fr., et s'assurer un bénéfice de 140 fr. Au lieu d'agir ainsi, et afin d'éviter un mouvement de capitaux, il était plus simple de s'adresser directement aux porteurs de ces obligations et de leur offrir de prendre eux-mêmes la rente 3 % de 30 fr. et de verser une soulte équivalente à peu près au profit garanti au Trésor par les cours de la Bourse. C'est ce que le Ministre des Finances se proposait de faire.

La Commission du budget ne pouvait que donner son approbation au projet de M. Léon Say. Il avait le grand avantage, sans compromettre l'avenir, de procurer immédiatement à l'État des ressources qui lui étaient nécessaires pour le compte de liquidation, et que le Gouvernement ne pouvait demander, à cette époque, au crédit, dans la crainte de froisser les susceptibilités de l'Allemagne. Le rapporteur, M. Mathieu-Bodet, vit même dans le système du Ministre, un précédent qui devait être encouragé et développé. Il rappela que, de 1863 à 1869, le Gouvernement anglais a racheté près d'un milliard de rentes perpétuelles et les a converties en obligations d'État, remboursables par annuités terminables. « Ne pourrait-on » pas, disait-il, adopter le même système en France, et » convertir également en obligations de cette nature les » rentes achetées avec les fonds des Caisses d'épargne, et » arriver ainsi à amortir une partie de notre dette pu- » blique ? »

Le projet fut adopté sans discussion par l'Assemblée nationale ; elle comprenait la nécessité de faire disparaître un fonds à 6 %, qui n'était plus en rapport avec le taux du crédit de l'État, et de procurer au Trésor une somme importante : un seul membre de la droite, M. Courcelle, vota contre la loi, qui était ainsi conçue :

ARTICLE PREMIER. — Le Ministre des Finances est autorisé à affecter à la Conversion ou au remboursement de l'emprunt de 250 millions, dit Emprunt Morgan, au mieux des intérêts du Trésor, une somme de rente 3 % de 14,541,780 fr., empruntée au portefeuille de la Caisse des Dépôts et Consignations *(Compte d'emploi des fonds des Caisses d'Épargne.)*

ART. 2. — Une annuité de 17,300,000 fr. sera inscrite au budget de 1876 et aux budgets suivants, pendant une période de trente-neuf ans, pour servir l'intérêt à 4 % et l'amortissement du capital représenté par la rente de 14,541,780 fr. ; cette annuité sera payée par termes semestriels et représentée par des obligations du Trésor.

ART. 3. — L'intérêt à 4 % du capital représenté par la rente ci-dessus, pendant les six derniers mois de 1875, et les frais de la Conversion ou du remboursement, seront imputés sur le solde disponible du crédit ouvert au budget de 1875, pour le service de l'Emprunt Morgan, et subsidiairement sur les bénéfices de l'opération. L'excédant de ces bénéfices sera porté à l'actif du compte de liquidation. »

La loi votée le 31 mai ne permettait pas de rembourser les obligataires de l'Emprunt, ce qui ne pouvait être fait avant le 1er octobre; mais elle laissait au Ministre la faculté de leur offrir la conversion de leurs titres. Aussi, dès le 2 juin, des affiches annoncèrent que le Gouvernement allait user de cette faculté, et, le 5 juin, un décret et un arrêté ministériel réglèrent les conditions de la Conversion. Chaque obligation de 30 fr. devait recevoir en échange une rente également de 30 fr. en 3 % : le revenu des porteurs de l'Emprunt Morgan n'était donc pas atteint. Mais comme 30 fr. de rente 3 % avaient une valeur supérieure à une obligation remboursable à 500 fr., une soulte était réclamée : elle aurait pu s'élever, d'après les cours des fonds publics, à 150 ou 160 fr.; par un sentiment de bienveillance envers les porteurs des titres à convertir, et pour éviter d'alourdir le marché par la négociation de rentes, le Ministre fixa la soulte à 124 fr. seulement pour chaque obligation.

Les porteurs eurent un délai de trois jours pour déposer leurs titres et déclarer qu'ils acceptaient la Conversion, et qu'ils s'engageaient à verser le montant de la soulte fixée. Cette opération fut réalisée facilement, dans les journées du samedi 12, du dimanche 13 et du lundi 14 juin.

La soulte était payable du 1er juillet au 31 août; à défaut de versement, les débiteurs étaient passibles, de plein droit, de l'intérêt à 5 % des sommes non versées; en outre, le Ministre se réservait le droit de déclarer le déposant déchu, et de faire opérer la vente de la rente lui revenant, pour l'affecter au remboursement de la somme due au Trésor.

Nous ne pouvons donner les résultats exacts de cette opération ; ils se trouveront dans le Compte général des Finances de 1875, qui n'a pas encore paru. Nous ignorons donc le nombre des obligations qui se sont présentées pour la Conversion, et celui des titres qui ont dû être remboursés par le Trésor après le 1er octobre. Il est d'ailleurs peu probable que ces derniers se soient élevés à un chiffre considérable. La Conversion offrait un avantage certain, immédiatement réalisable : la rente 3 %, pendant le mois de juin, était cotée en moyenne 64 fr. 55, tandis que le taux auquel ressortaient les 30 fr. remis aux obligataires était de 62 fr. 40, et ces derniers n'avaient pas à payer les frais de courtage.

Dans tous les cas, le chiffre des adhésions à la mesure importait peu au point de vue du Trésor, puisqu'il avait bénéfice à vendre 30 fr. de 3 % sur le marché, et à rembourser ensuite 500 fr. par obligation. On peut ainsi considérer la soulte de 124 fr. comme le produit net de l'opération : pour les 484,726 obligations, le Trésor aurait donc touché 60,116,024 fr.

Cette Conversion de l'Emprunt Morgan fut simplement et loyalement conduite. Avantageuse pour l'État et pour les rentiers, elle fut généralement comprise et approuvée ; elle fait certainement honneur au Ministre qui l'a conçue et réalisée. Pour la faire réussir, il n'eut pas besoin d'avoir recours, comme le Ministre de l'Empire, en 1862, à des actes de pression sur les porteurs de titres, à des manœuvres sur le marché, à des circulaires nombreuses à ses agents. Cette mesure respectait tous les principes qui doivent présider aux Conversions ; elle avait pour base l'offre sérieuse du remboursement qui avait même précédé les nouvelles propositions de l'État à ses créanciers.

Nous devons ajouter que cette opération a un caractère

spécial et unique dans l'histoire des Conversions. Le
Gouvernement n'était pas obligé de chercher des ressources pour rembourser le fonds ayant dépassé le pair,
ni de créer des rentes nouvelles ; il avait entre ses mains
des valeurs qui pouvaient être purement et simplement
remises aux porteurs de titres convertis, ou négociées en
vue du remboursement. La situation était donc plus facile
que d'ordinaire, et n'offrait aucune chance d'aléa, aucun
danger.

Quelques personnes ont regretté que cette Conversion
n'eût pas été faite, comme l'avait proposé M. de Soubeyran,
en 5 %. Théoriquement, elles ont raison. Mais il ne faut
pas oublier que l'état de nos finances exigeait des ressources pour le compte de liquidation, et que les circonstances ne permettaient pas d'avoir recours au crédit : les
principes devaient fléchir devant la nécessité. Quels eussent été, d'ailleurs, les résultats financiers de la Conversion, si elle avait été réalisée en rentes 5 % ?

La somme de 14,541,780 fr., servie pour intérêts aux
obligations Morgan, aurait été réduite d'un dixième et ne
se serait plus élevée, annuellement, qu'à 12,118,150 fr.
Mais il aurait fallu emprunter 60 millions pour la reconstitution du matériel de guerre, et, à ce moment, un emprunt n'aurait pu être contracté en 5 % qu'au pair, et aurait
coûté 3 millions annuellement. A ces intérêts de
12,118,150 francs, représentant un capital nominal de
302,363,000 fr., il aurait fallu ajouter l'annuité nécessaire
à l'amortissement de ce capital en trente-neuf années,
pour que la situation fût semblable à l'expiration de ce
délai. Or, dans ce cas, l'annuité, payable par semestre, se
serait élevée à 17,690,000 fr., et aurait ainsi coûté à
l'État 390 mille francs par an, de plus que la combinaison
ingénieuse du Ministre des Finances.

En résumé, la Conversion de l'Emprunt Morgan a eu les
effets suivants :

1° Les porteurs d'obligations ont reçu un titre donnant un revenu égal à celui qu'ils touchaient précédemment; ce titre avait une valeur supérieure à celle de leur titre ancien et de la soulte qu'ils versaient, et possédait de grandes chances d'accroissement.

2° Les Caisses d'Épargne ont reconstitué, à leur compte, un actif égal au montant des sommes engagées pour l'acquisition de la rente cédée à l'État, c'est-à-dire un actif de 344,198,631 fr., tandis que cet actif ne représentait au cours d'alors, de 64 fr. 60, que 313,132,996 fr., soit une différence de 28,065,635 fr.

3° Les budgets de 1875 et suivants ont bénéficié d'une économie annuelle de 350,000 fr., et d'une somme immédiatement disponible de 60 millions environ; un fonds à 6 %, qui ne pouvait qu'entraver, dans l'avenir, le développement du crédit, a disparu de la cote; aucune nouvelle rente perpétuelle n'a été créée, puisque l'annuité remise à la Caisse des Dépôts et substituée à l'annuité de l'emprunt converti, est également terminable. Enfin, si le délai d'amortissement est prolongé de huit ans, il faut tenir compte que l'économie et la réalisation actuelle d'un capital de 60 millions font plus que compenser ce retard.

Rentes perpétuelles de la dette publique converties en rentes viagères.

Depuis 1875, il n'a pas été fait de Conversion proprement dite; mais, chaque année, une faible portion de rentes perpétuelles disparaît et est remplacée par des rentes viagères. Nous devons indiquer le mécanisme de cette opération, qui a quelque analogie avec le système anglais et qui amène une lente Conversion des titres de la dette.

La *Caisse de retraites ou de rentes viagères pour la vieillesse* a été fondée en exécution de la loi du 18 juin 1850, modifiée par celle du 28 mai 1853, et du règlement d'administration publique, du 18 août 1853. Cette Caisse, créée sous la garantie de l'État, est gérée par l'administration de la Caisse des Dépôts et Consignations. Le capital de la rente à servir est formé par des versements volontaires ; l'intérêt du capital dont il est tenu compte pour la formation de la rente est calculé à 4 1/2 %. Le maximum de la rente constituée sur une tête avait été fixé à 1,000 fr. par la loi du 12 juin 1861 ; il a été élevé à 1,500 fr. par celle du 4 mai 1864. Toutes les sommes disponibles, provenant soit des versements, soit des intérêts perçus, sont successivement, et dans les huit jours au plus tard, employées en achats de rentes sur l'État pour le compte de la Caisse des retraites.

Jusqu'à présent, l'intérêt de l'État n'est pas en jeu : la Caisse des retraites reçoit des capitaux, elle les emploie en rentes sur l'État, comme pourrait le faire toute société d'assurances sur la vie, et le Trésor continue à payer les arrérages de ces rentes à ce nouvel acquéreur. L'annulation des titres remis à la Caisse des Dépôts ne commence qu'au moment où les parties ont droit à une pension de retraite ou rente viagère. Tous les trois mois, cette Caisse fait inscrire, au livre de la dette publique, les rentes viagères liquidées pendant le trimestre. Elle fait transférer, aux mêmes époques, au nom de la Caisse d'amortissement, par un prélèvement sur le compte de la Caisse des retraites, la quotité de rentes nécessaire pour produire, au cours moyen des achats opérés pendant le trimestre, un capital équivalent aux rentes viagères à inscrire. Les rentes ainsi transférées à l'amortissement sont rayées du Grand-Livre de la Dette et définitivement annulées.

Quels sont les résultats de cette Caisse de retraite pour la vieillesse? Le tableau suivant les fera saisir.

PÉRIODE.	INTERÊTS DES RENTES annulées.	RENTES VIAGÈRES		
		concédées.	éteintes.	restant à servir
	fr.	fr.	fr.	fr.
1851 au 1er janvier 1870........	3.157.628	7.597.953	1.808.105	5.589.848
1er janvier 1870 au 1er janvier 1876.	1.631.144	3.550.354	1.524.699	2.025.655
Total de 1852 à fin 1875....	4.788.772	10.948.307	3.332.804	7.615.503

On remarquera à quelle somme modique se sont élevées les rentes annulées pendant cette période de 25 années ; l'État ne peut compter sur cette organisation pour amener une diminution sérieuse dans les charges de l'avenir. Il est juste, d'ailleurs, d'ajouter que pendant les premières années, les résultats ont été négatifs et que, maintenant, la proportion entre les rentes perpétuelles annulées et les rentes viagères éteintes devient plus favorable chaque année. De 1851 à 1870, l'extinction des rentes viagères n'a été que de 57 % des annulations de rentes : l'État avait donc à payer en rentes viagères une somme presque double de celle qu'auraient exigée les anciennes rentes perpétuelles. De 1870 à 1876, ce rapport est descendu à 94 % : le progrès est remarquable, et on peut espérer que dans un avenir prochain, les rentes à servir pour la Caisse de retraites de la vieillesse seront inférieures à celles qui auraient dues être payées pour les rentes perpétuelles.

Nous pensons, au surplus, qu'il ne faut pas juger l'établissement humanitaire qui a été organisé en 1850 au point de vue financier. Le législateur n'a pas eu pour but d'atténuer le poids de la dette ; il a voulu simplement venir en aide aux classes laborieuses, en leur permettant, au moyen d'épargnes modestes, de se créer des ressources pour les jours de la vieillesse.

Cette institution a été développée, en 1868, par la création d'une Caisse d'assurances en cas de décès, placée également sous la garantie de l'État, et gérée par la Caisse des Dépôts et Consignations. La Caisse de retraite pour la vieillesse et la Caisse d'assurances en cas de décès ont basé leurs calculs sur la table de mortalité de Déparcieux; ils donnent des résultats favorables aux assurés. Il suffit de comparer les primes demandées par les Sociétés d'assurances sur la vie et celles que réclame la Caisse créée par la loi du 11 juillet 1868, pour comprendre que cette dernière ne peut donner de bénéfices sérieux.

AGE DES ASSURÉS.	PRIMES ANNUELLES ASSURANT UN CAPITAL DE 100 FR. AU DÉCÈS.	
	à la Caisse garantie par l'État.	aux Compagnies d'assurances.
	fr.	fr.
21 ans...............	1 46	2 01
30 —	1 77	2 49
35 —	2 02	2 84
40 —	2 41	3 28
45 —	2 93	3 87
50 —	3 57	4 66
55 —	4 36	5 71
60 —	5 20	7 13

La Caisse des Retraites donne, en outre, des rentes immédiates à 50 ans, calculées à 8,53 %; à 55 ans, à 9,41 %; à 60 ans, à 10 fr. 64 %, et à 65 ans, à 12,58 %. Des sociétés privées qui voudraient servir des rentes viagères ou faire des assurances sur la vie dans ces conditions, seraient certaines de se ruiner rapidement.

Nous n'avons insisté sur le fonctionnement de ces institutions de prévoyance que pour détruire une illusion assez répandue. Des publicistes ont comparé la Caisse des Retraites pour la vieillesse au système des rentes viagères, pratiqué en Angleterre, et ont pensé que les deux méthodes donneraient des résultats analogues. Il faut renoncer à cette espérance.

L'organisation créée en 1850, doit être maintenue dans l'intérêt des classes laborieuses, chez lesquelles elle peut développer les instincts de prévoyance; mais loin d'être utile au Trésor, elle exigera des sacrifices. Si les pouvoirs publics veulent diminuer les charges de la dette dans l'avenir, ils doivent adopter le système préconisé par M. Gladstone, et autoriser tout porteur de rente perpétuelle à convertir son titre en une rente viagère. L'État n'a pas à s'inquiéter de savoir si le capital représenté par la rente perpétuelle est perdu pour la famille du souscripteur; il doit agir dans l'intérêt de la communauté qu'il représente et non dans l'intérêt des particuliers. Le capital abandonné par le souscripteur d'une rente viagère fait retour au contribuable qui, au moment où cette rente viagère est éteinte, n'a plus à payer les intérêts de ce capital. En procédant comme le font nos voisins avec tant de succès, depuis 1829, l'État réduit même immédiatement le capital de sa dette, si les rentes viagères sont calculées d'après des tables de mortalité favorables, et il profite des bénéfices réalisés par les compagnies d'assurances.

Résultats des quatre Conversions opérées en France.

Après avoir passé en revue les diverses opérations de crédit qui ont été proposées et réalisées en France, dans le but de réduire les charges annuelles de la dette publique, il est nécessaire de résumer dans leur ensemble les résultats effectifs qui ont été obtenus, et de rechercher ce qu'ils auraient pu être.

Sur les quatre Conversions qui ont été mises à exécution, il n'en est pas une qui, au point de vue théorique, ne mérite quelques critiques ; celle de 1875 a été seule appliquée loyalement, et sans pression sur le marché des fonds publics et sur les rentiers. On peut être certain que les ministres de 1825, de 1852 et de 1862, n'ont pas reçu, comme Robert Walpole, en Angleterre, l'expression de la gratitude des créanciers de l'État, dont les titres étaient convertis. Ces mesures faites à ces dernières dates, loin d'amener une hausse des fonds publics et d'améliorer le taux du crédit, ont été suivies immédiatement d'une baisse générale. Ce fait regrettable prouve qu'elles étaient mal conduites, prématurées, et on ne s'explique que trop, en présence des mauvais souvenirs qu'elles ont laissés dans l'esprit des rentiers, la prudence timorée des administrateurs actuels de la fortune publique.

Nous ne voulons pas nous attarder sur les conséquences morales des Conversions réalisées ; nous désirons seulement résumer les chiffres et montrer combien les résultats matériels ont été modestes.

La Conversion facultative du 5 % en 3 %, de 1825, a produit une économie de 6,230,157 fr., et a augmenté le capital de la dette de 203,816,802 fr.

La Conversion du 5 % en 4 1/2 %, de 1852, a laissé une économie de 17,580,444 fr. sur les rentes converties, et un bénéfice de 72,218 fr., par suite de l'annulation de rentes 4 1/2 et de leur remplacement par des rentes 3 % ; elle n'a augmenté le capital de la dette que de 46,822,180 fr.

La Conversion facultative des rentes 4 1/2 et 4 %, et des obligations trentenaires en rentes 3 %, réalisée en 1862, n'a pas réduit les intérêts de la dette, mais a mis à la disposition du Trésor une somme nette de 157,824,252 fr. ; en revanche, elle a ajouté au capital nominal de la dette 1,599,054,986 fr.

Enfin, la Conversion de l'Emprunt Morgan, en 1875, a eu pour résultat de faire verser dans les Caisses de l'État 60 millions environ. Nous ne faisons pas entrer en ligne de compte l'économie actuelle de 350,000 fr., qui est compensée par la prolongation du délai d'amortissement.

Ces quatre opérations ont amené les effets suivants :

1° Différence entre les rentes converties et les rentes créées, sans déduction de l'augmentation de dépenses pour l'État, provenant de la réduction des ressources de la Légion d'honneur, de la Caisse des Dépôts et Consignations, de la Caisse des Invalides de la marine, etc....................... F.   23.882.819

2° Bénéfice net, provenant du versement des soultes, en 1862 et 1875..................... F.   217.824.252

3° Augmentation du capital nominal de la dette publique, par suite de la création de rentes au-dessous du pair, remises en échange de rentes au pair. F. 1.849.693.968

On voit combien ces résultats sont modestes et mesquins. En calculant à 5 %, ce qui est exagéré, le capital obtenu par les opérations de 1862 et 1875, l'économie annuelle produite par les quatre opérations, ne s'élève qu'à 37,774.000 fr., et, en déduisant une annuité de 1 %, qui aurait dû être appliquée à l'amortissement du capital fictivement augmenté, le bénéfice net réel n'atteint pas 20 millions par année.

Avec des Ministres plus énergiques, des Chambres initiées au mécanisme des opérations de crédit et plus dévouées aux intérêts des contribuables, des Conversions nombreuses auraient pu être opérées à la fin de la Restauration et pendant tout le règne de Louis-Philippe.

La Conversion de 1825 était, selon nous, prématurée, mais, à la fin de 1829, le 4 1/2 avait dépassé, depuis plus d'une année, le pair, et se maintenait sans contestation à ce taux. Le 5 %, qui représentait 197 millions avant la la mesure de M. de Villèle, aurait pu être facilement converti en 4 1/2 %, avec garantie contre un nouveau remboursement pendant dix années. A l'expiration de ce délai, le 4 % était, depuis cinq ans, au-dessus du pair, et le 4 1/2 était coté 105 fr.; une nouvelle Conversion du 4 1/2 en 4 °/₀ était indiquée et n'offrait aucun inconvénient. La première opération aurait produit 19,700,000 fr., et la seconde, par suite des annulations de rentes appartenant à la Caisse d'amortissement, compensée pour partie par les emprunts de 1831 à 1833, aurait laissé encore un bénéfice de 17,200,000 fr. Les rentes 4 1/2, créées en 1825, auraient pu être également converties, en 1840, en 4 °/₀ et auraient donné une nouvelle économie de 1,114,000 fr.

Une Conversion du 4 °/₀ en 3 1/2 aurait été possible en 1845, ou au commencement de 1846 ; mais nous ne la faisons pas entrer en compte, parce que nous pensons qu'un délai de sept à dix ans doit être laissé entre deux opérations de ce genre, pour ne pas effrayer et mécontenter la clientèle ordinaire du Trésor.

En 1853, une Conversion des rentes 5 % émises pendant la période de 1848 à 1851, pouvait être réalisée facilement en 4 1/2 : l'économie eût été de 2,600,000 fr.

Ces diverses opérations, à l'abri de toute critique, faites dans des conditions normales, à des époques où le crédit incontestablement établi de l'État les rendait légitimes, et à des intervalles suffisamment longs pour respecter toutes les habitudes et tous les droits, auraient produit, à partir de 1840, une économie annuelle de 38 millions, et, à partir de 1853, une économie totale de plus de 40,600,000 fr., sans augmenter d'un centime le capital nominal de la dette. Des résultats plus rapides et plus considérables auraient même pu être obtenus, si on n'avait pas employé la prudence et les tempéraments que nous venons d'indiqués. M. Leroy-Beaulieu, dans son savant ouvrage sur la *Science des Finances*, estime à 46 millions la réduction totale qui aurait pu être atteinte, dès 1840, sur le service des intérêts de la dette, et encore ne fait-il subir la réduction qu'aux rentes appartenant à des particuliers. Pour les motifs que nous avons déjà mentionnés (1), nous ne croyons pas devoir accepter ces chiffres.

(1) Voir page 381 en note.

D'ailleurs, l'économie réelle, définitive de 40 millions, dont il était si aisé de faire bénéficier les budgets de la France, est déjà assez importante pour que l'on déplore la conduite des Pouvoirs publics, depuis un demi-siècle. Au lieu de réaliser des Conversions loyales et opportunes qui, loin d'affecter le Crédit public, l'auraient amélioré, les divers Gouvernements qui se sont succédé dans notre pays ont semblé s'appliquer à éviter les occasions favorables : lorsqu'ils se sont décidés à tenter des mesures de ce genre, ils ne les ont considérées que comme des expédients financiers.

Sous la Restauration, des reproches sévères doivent être adressés à M. de Villèle qui, par son projet de 1824 et par la mesure prématurée et exagérée de 1825, a, le premier, contribué à fausser les idées du public sur la portée, les principes, la nature et les conséquences de la Conversion. — Pour la période de la Monarchie de Juillet, la responsabilité de l'échec des propositions de Conversion incombe, en partie au roi Louis-Philippe, dont l'hostilité était connue, mais surtout à la Chambre des pairs, qui par un inconcevable aveuglement, s'est opposée trois fois à l'adoption de cette mesure. — M. Bineau lui-même, malgré la droiture de ses intentions, doit être blâmé pour avoir fait prononcer dictatorialement une Conversion, à un moment où elle ne pouvait être loyalement exécutée. — Mais le Ministre dont la responsabilité est le plus engagée, c'est certainement M. Fould qui, par la néfaste opération de 1862, a compromis pour l'avenir le succès des Conversions régulières.

Légèreté et imprudence sous la Restauration ; de 1830 à 1848, résistance aveugle et inertie ; sous l'Empire, coups de force et coups de Bourse, n'est-ce pas là, en résumé, toute l'histoire de nos trois Monarchies?

Longtemps la France a été assez riche pour payer la gloire de ses maîtres ; il était vraiment grand temps qu'elle fût assez sage pour liquider leurs fautes et pour en empêcher

30

le retour! Quoiqu'aient pu faire les députés démocrates, véritables et éloquents défenseurs des droits de l'État et des contribuables, ces derniers, depuis cinquante ans, ont toujours été sacrifiés aux intérêts d'une oligarchie financière qui, sous tous les régimes, a su imposer ses volontés! Quand voudra-t-on rompre avec ces tristes traditions, comprendre les leçons de l'expérience, se souvenir du passé, et réaliser enfin une Conversion qui décharge le présent sans compromettre l'avenir!

LIVRE IV

CONVERSION DU 5 % NOUVEAU

CHAPITRE Ier

Constitution du nouveau 5 %

Dans les chapitres précédents, nous avons examiné les principes des Conversions de rentes, et nous avons passé en revue les opérations de cette nature réalisées ou proposées dans notre pays et à l'étranger. Comme il existe actuellement, en France, des rentes qui ont dépassé le pair, et qui, par suite, peuvent donner lieu à une Conversion, nous devons nous demander à quel moment, dans quel but et dans quelle forme cette mesure, indiquée par la situation, peut être tentée. Après la théorie et les exemples du passé, l'application dans le présent des principes et des enseignements fournis par la science et l'histoire financières.

Après la Conversion de 1852, le 5 % avait disparu et avait été remplacé par du 4 1/2 %. Par la Conversion facultative de 1862, ce nouveau fonds était réduit dans de fortes proportions. Au 1er janvier 1870, la Dette publique, en France, était constituée ainsi qu'il suit :

30·

Rente 4 1/2 %	169.173 titres	37.445.729 fr. de rentes
— 4 %	769 —	446.096 —
— 3 %	1.084.098 —	320.195.685 —
	1.254.040 —	358.087.510 —

Il faut ajouter à cette somme le montant des rentes 3 % résultant de l'emprunt de 750 millions, autorisé par la loi du 12 août 1870, soit..........   39.830.306   —

Et diverses autres opérations ayant créé des rentes pour...   5.059.700   —

Montant de la dette, au 1er janvier 1871.................   402.977.516   —

Depuis cette dernière date et à la suite de la guerre désastreuse de 1870-1871, il a fallu faire face au paiement de l'indemnité de 5 milliards imposée par nos vainqueurs, aux dépenses exigées par la lutte contre la Commune, par la reconstitution du matériel de guerre, etc. Il était nécessaire de recourir au crédit ; les insuffisances de recettes de 1870 à 1873 dépassaient 13 milliards ; cependant, grâce aux sages dispositions du Gouvernement de la Défense nationale et du Gouvernement de M. Thiers, qui obtinrent de la Banque de France des avances considérables, la France ne demanda à l'emprunt que moins de 6 milliards. Cette somme fut obtenue par les deux emprunts de 2 et de 3 milliards, constitués en 5 %. Depuis 1848, l'État n'avait pas demandé de capitaux à ce taux ; il nous paraît intéressant de rappeler rapidement les emprunts qui avaient été contractés, dans notre pays, en rente 5 %.

Au 1er janvier 1816, toute la dette était constituée en 5 % ; elle provenait de la consolidation *au tiers*, opérée en vertu de la loi du 9 vendémiaire an VI, et de diverses créations de rentes pour paiement des arriérés. Elle s'élevait à 80,527,240 fr. de rentes.

Le 1er mai 1816 et le 1er avril 1817, 6 millions de rentes sont émis sur la place et à l'étranger, au prix moyen de 57 fr. 26. En 1817 et en 1818, 30 millions de rentes sont encore négociés sur la place, par des compagnies françaises et étrangères, au prix moyen de 57 fr. 51, pour un capital de 345,065,000 fr.

Le 9 mai 1818, le crédit amélioré permet de trouver des souscripteurs à 66 fr. 50 pour 14,925,500 fr. de rentes. La même année, un emprunt de 165 millions est négocié au taux de 67 fr., par les maisons Hope et Cie, et Baring frères et Cie. Trois années s'écoulèrent sans nouvel appel au crédit ; le 9 août 1821 est adjugé aux maisons Hottinguer et Cie, Hope et Cie, Bagneault et Cie, Delessert et Cie, un emprunt également de 165 millions, au prix de 85 fr. 55. Le 10 juillet 1823, 414 millions furent encore demandés par la Restauration et furent adjugés à la maison Rothschild frères, au taux de 89 fr. 55. Le dernier emprunt de ce régime fut contracté en 4 %, à 102 fr. 07 1/2, c'est-à-dire à 2 fr. 07 1/2 au-dessus du pair.

La crise financière qui suivit la Révolution de Juillet obligea de recourir de nouveau au 5 %. Le 21 avril, divers banquiers et Receveurs généraux, après adjudication, fournirent au Trésor 120 millions de rentes à ce taux, au prix de 84 fr. Quelques jours après, on crut pouvoir ouvrir une souscription à un emprunt national au pair, qui ne produisit que 20 millions. L'année suivante, le 8 août 1832, un emprunt de 150 millions fut adjugé, au prix de 98 fr. 50, aux maisons Rothschild, Davilliers et Hottinguer. Depuis cette époque, il n'a plus été émis de rentes 5 %, que par l'emprunt national de 1848, qui produisit 26 millions.

A partir de 1832, la Monarchie de Juillet avait renoncé à emprunter à 5 % et s'était adressée au 3 %. Les Ministres des Finances de ce régime sont excusables jusqu'à un certain point, d'avoir eu recours à ce fonds éloigné du pair. D'une part, l'élévation du crédit de l'État permettait de placer les rentes 3 % à un prix élevé ; les emprunts de 1841, 1844, 1847, ont été adjugés, en effet, au prix de 78 fr. 52 1/2, 84 fr. 75, et 75 fr. 25. D'autre part, les menaces continuelles de Conversion interdisaient d'émettre des rentes 5 %, 4 1/2 et 4 %, qui avaient dépassé le pair. Sous l'Empire, au contraire, on ne s'explique pas que les administrateurs de la fortune publique ne se soient pas adressés aux rentes 5 %. Dans les emprunts occasionnés par la guerre de Crimée, les souscripteurs ont eu le choix entre les rentes 4 1/2 et 3 % ; le prix d'émission a été pour ce dernier fonds de 65 fr. 25. Dans les emprunts suivants, le 3 % seul a été offert aux rentiers. Pour l'emprunt de la guerre d'Italie, en mai 1859, le taux d'émission a été de 60 fr. 50. En janvier 1864, en août 1868 et 1870, trois autres emprunts ont été contractés en 3 %, livré au prix de 66 fr. 30, 69 fr. 25, et, enfin, de 60 fr. 60. Sans aucun prétexte valable, l'Empire a ainsi augmenté le capital de la dette d'une somme de près de 40 pour cent plus forte que le capital réellement reçu.

M. Thiers ne pouvait tomber dans la même faute ; il aimait trop sincèrement son pays pour compromettre l'avenir par des expédients. Il eut donc recours au vieux fonds 5 %, lorsque, le 6 juin 1871, il demanda à l'Assemblée nationale l'autorisation d'emprunter 2,225 millions. A cette époque, des rentes 6 % au pair auraient été à peu près la représentation exacte du crédit de l'État, et, théoriquement, ce mode d'emprunt eût été préférable, puisqu'il ne majorait pas le capital nominal de la dette ; mais il fallait songer que l'épargne accumulée et l'épargne de quelques mois étaient incapables de livrer au Trésor les 5 ou 6 milliards qui devaient lui être demandés. Il était nécessaire d'avoir recours à la spéculation et de lui laisser, par suite, une chance de plus-value, jusqu'au moment où les emprunts seraient classés. La rente 3 %, qui n'aurait pu être émise qu'aux environs de 53 ou 54 fr., aurait constitué l'État débiteur d'une somme presque double de celle qu'il aurait réellement reçue ; le 4 1/2 et le 4 °/₀ auraient eu aussi le défaut d'augmenter considérablement le capital de la dette, et, en outre, de contrarier les goûts et les habitudes de la Bourse, en exigeant des calculs plus longs et plus compliqués. Le 5 °/₀ était donc le fonds indiqué par la situation : il avait surtout un avantage incontesté ; il était aussi rapproché du pair que possible dans les circonstances implacables où se trouvait la France, et il permettait ainsi d'espérer que les intérêts pourraient être réduits aussitôt que le crédit public se serait relevé.

Dans l'exposé des motifs du projet d'emprunt, présenté le 6 juin 1871, le Ministre des Finances de M. Thiers exprimait le regret de s'adresser à un fonds au-dessous du pair. « Le chiffre de notre dette, disait-il, se trouvera considé-
» rablement accru ; mais le Gouvernement est tellement
» résolu à introduire dans nos Finances l'économie la
» plus stricte et la plus sévère, qu'à l'exemple des États-
» Unis, il pourra réduire par des mesures d'un effet ra-
» pide et certain, ces charges nouvelles. » Dans son rapport, au nom de la Commission de l'Assemblée nationale, le regretté M. Casimir Périer donna son approbation entière aux vues du Gouvernement, et repoussa les rentes 3 °/₀, qui auraient doublé fictivement le capital de la dette, et le système des obligations amortissables préconisées par M. Bartholony, parce que les circonstances étaient trop graves pour tenter une expérience douteuse. Nous verrons, plus tard, que M. Casimir Périer et M. Thiers s'étaient décidés en faveur du 5 °/₀, par cette raison que ce fonds donnerait lieu à des Conversions ultérieures. Au moment où le crédit était le plus affecté, le libérateur du territoire, qui a eu la gloire de ne jamais douter de la fortune de son pays, prévoyait que, dans un avenir rapproché, la France se relèverait et pourrait obtenir des conditions meilleures de ses prêteurs.

L'Assemblée Nationale n'hésita pas d'ailleurs à s'associer

aux vues de l'illustre Président de la République, et, par une première loi, du 20 juin 1871, elle autorisait le Ministre des Finances à faire inscrire sur le Grand-Livre de la dette publique la somme de rentes 5 % nécessaire pour produire au taux de la négociation un capital de .... F. 2.000.000.000 affectés à l'évacuation du territoire, et, pour couvrir les dépenses matérielles de l'emprunt, et frais d'escompte, change, etc. une somme de..   225.994.045

Le montant de ce premier emprunt devait donc être de................ F. 2.225.994.045

Un décret du 23 juin 1871 fixa à 82 fr. 50 le taux de l'émission : la souscription était ouverte le mardi 27 juin, et devait être close dès que l'emprunt aurait été couvert. Le versement de garantie était de 12 fr. par 5 fr. de rentes: les paiements en plus de ces 12 fr. était échelonnés en seize termes mensuels, exigibles à partir du 24 août 1871 jusqu'au 24 novembre 1872, et une faculté d'escompte au taux de 6 % était accordée pour les versements anticipés.

Voici les résultats principaux de la souscription et de la répartition :

	NOMBRE de SOUSCRIPT^TS	RENTES 5 % DEMANDÉES.	CAPITAL au cours de 82 fr. 50.
		fr.	fr.
Souscriptions irréductibles de 5 fr..........	90.934	454.670	7.502.055
Souscriptions réductibles................	240.972	296.367.090	4.890.056.985
Totaux..................	331.906	296.821.760	4.897.559.040
Réduction à la répartition...........		161.913.050	2.671.564.995
Résultat après la répartition..........	331 906	134.908.730	2.225.994.045

Les souscriptions réductibles, reçues à Paris, étaient au nombre de 28,053, et avaient demandé en moyenne 7,862 fr. de rentes ; celles de la province étaient beaucoup plus nombreuses : elles s'élevaient à 212,819 ; mais le chiffre moyen, par souscription primitive, n'était que de 300 fr. Les trois quarts de l'emprunt furent absorbés par Paris, et un quart par les départements et l'Algérie.

En sus des rentes à créer pour 2 milliards et les frais, la loi du 20 juin 1871 autorisait le Ministre à remettre aux déposants des Caisses d'Épargne, qui en feraient la demande, des titres libérés de l'emprunt, pour une somme n'excédant pas le montant de leurs livrets et aux conditions stipulées pour les autres souscripteurs.

Les déposants demandèrent 4,066,565 fr. de rente pour un capital de 67,098,320 fr. 50.

Le succès de cette première opération ne laissait plus de doute sur l'efficacité du procédé employé. Aussi, l'année suivante, un second emprunt fut autorisé par la loi du 15 juillet 1872 en rentes 5 %. Il devait produire la somme de..................... F. 3.000.000.000
et pour paiement des arrérages de 1872 et 1873, dépenses matérielles de l'emprunt et frais de toute nature, une somme évaluée à............   498.744.639

Le montant de l'emprunt à réaliser était donc de.................. F. 3.498.744.639

Un décret et un arrêté ministériel du 20 juillet stipulèrent les conditions de la souscription. Le taux de l'émission fut fixé à 84 fr. 50 ; la souscription était ouverte les dimanche 28 et lundi 29 juillet. Le versement de garantie était de 14 fr. 50, et le surplus échelonné en vingt termes mensuels exigibles, savoir : le premier, le 21 septembre, et les autres le 11 de chaque mois, du 11 octobre 1872 au 11 avril 1874.

Voici les résultats principaux de la souscription :

	NOMBRE de SOUSCRIPT"	RENTES 5 % DEMANDÉES.	CAPITAL au cours de 84 fr. 50.
		fr.	fr.
Souscriptions irréductibles de 5 fr.	381.415	1.907.075	32.229.567
Souscriptions réductibles...............	552.861	2.590.761.360	43.783.866.984
Totaux....................	934.276	2.592.668.435	43.816.096.551
Réduction à la répartition.............		2.385.642.125	40.317.351.912
Résultats après la répartition..........	934.276	207.026.310	3.498.744.639

Ce résultat était inespéré. Le Gouvernement avait demandé à la France et à l'Europe 3 milliards et demi. Des prêteurs, venus du monde entier, s'étaient empressés de lui offrir presque treize fois plus, soit près de 44 milliards. Le versement de garantie avait seul fait déposer dans les caisses du Trésor, en numéraire ou en titres, une somme de 7 milliards et demi. Cette opération, la plus colossale qui ait jamais été réalisée, avait donc eu un succès dont pouvaient être fiers, à bon droit, la France et les pouvoirs publics. — Aussi, M. de Goulard, Ministre des Finances, en rendant compte des premiers résultats de ce mémorable emprunt, disait, aux applaudissements répétés de la gauche de l'Assemblée : « N'oublions pas que c'est à la » République conservatrice — oui, à la République con- » servatrice, fidèle aux principes qui sont la base éter- » nelle de toute société civilisée, que nos concitoyens et » les étrangers ont donné témoignage d'une absolue » confiance. » — Nous verrons tout à l'heure à quel taux imprévu s'est élevée la confiance accordée à la République sans épithète.

Pour l'emprunt de 3 milliards, les souscriptions réductibles de Paris furent quatre fois plus nombreuses qu'en

1871, et celles des départements deux fois plus seulement. La moyenne des sommes en rentes, souscrites à Paris, atteint le chiffre énorme de 18,800 fr. La moyenne dans les départements ne dépassa pas 620 fr. Il ne faut pas oublier d'ailleurs que, sous le titre de souscriptions de Paris, sont comprises dans les Comptes des Finances les souscriptions de Paris et de l'étranger.

Depuis 1872, aucune grande opération n'a augmenté le chiffre des rentes. Quelques annulations annuelles, provenant des rachats de la Caisse des Retraites pour la vieillesse, l'inscription d'une rente de 400,000 fr. en faveur des princesses d'Orléans, et le remplacement de titres disparus pendant l'incendie du Ministère des Finances, ont été les seules causes de modification dans la situation des rentes de toute nature qui, au 1er janvier 1875, s'élevaient au total de................... F. 748.989.802

Sur lesquelles les rentes actives figuraient pour........................ F. 744.585.515

Et les rentes de la Caisse d'amortissement pour..................... 4.404.287

Ces sommes ont continué à être annuellement réduites par les achats de la Caisse de la Vieillesse. Les crédits demandés pour l'exercice 1878 par la Dette consolidée, sont les suivants :

Rentes 5 %, montant au total des emprunts de 1871 et 1872, et des rentes remises aux déposants des Caisses d'Épargne.................. F. 346.001.605

Rentes 4 1/2 %.................. 37.443.636

Rentes 4 %..................... 446.096

Rentes 3 %................... 363.337.147

Total des intérêts de la Dette consolidée........................ F. 747.228.484

Le capital de la dette consolidée représenté par ces intérêts annuels s'élève à.......... F. 19.874.503.533

Savoir :

Rentes 5 %................. F. 6.920.032.100
Rentes 4 1/2 %.............   832.080.800
Rentes 4 %...............   11.152.400
Rentes 3 %................   12.111.238.233

Les charges de la dette perpétuelles sont déjà énormes et cependant ce ne sont pas les seules qui grèvent nos budgets. M. Léon Say, pour permettre aux membres de nos Assemblées législatives de connaître avec exactitude les charges annuelles de l'État, a fait réunir dans un document spécial le montant des divers engagements existant, en 1876, en dehors de la Dette consolidée. Cet état *des engagements du Trésor, contractés pour le remboursement d'avances faites à l'État et pour l'exécution de divers services publics*, a été appelé avec raison le *vade-mecum* des Députés. Nous donnons le chiffre total des annuités à payer par l'État, pour engagements contractés avant le 1er janvier 1877 :

A payer en 1877.......... F. 509.829.559		1886 et 1887. F. 175.000.000 environ.	
— 1878.......... 345.903.652		1888 à 1898. 145.000.000 en moyenne.	
— 1879.......... 354.477.198		1899........ 124.906.924.	
— 1880.......... 359.949.911		1900 et 1901. 120.055.424.	
— 1881.......... 358.604.265		1902 à 1912. 115.500.000 en moyenne.	
— 1882.......... 290.800.578		1913 à 1916. 80.000.000 —	
— 1883.......... 199.428.454		1917 à 1956 65.650.000.	
— 1884.......... 194.158.521		1937 à 1960 moins de 10.000.000.	
— 1885.......... 180.810.188			

Depuis la publication de ce document, ces chiffres ont été modifiés, mais ce n'est certainement pas dans le sens d'une diminution; ils ont été augmentés, au contraire, et le seront encore davantage dans l'avenir, par suite de l'émission des rentes nécessaires à l'accomplissement du vaste programme de M. de Freycinet, pour l'achèvement du réseau des voies ferrées et navigables de la France. La réalisation de ce programme exigera, d'après le calcul du Ministre des Travaux publics, un capital de 8 à 10 milliards.

Malgré ces charges accablantes, il ne faut pas s'effrayer de la situation financière. La France, par ses habitudes de travail et d'épargne, a pu supporter vaillamment, depuis 1870, des budgets qui dépassent 2 milliards 700 millions. Les exercices 1875 et 1876 se sont soldés avec des excédants de recettes. L'exercice 1877 se réglera, sans doute, également sans déficit. L'exercice courant présentera un boni net assez considérable, grâce aux plus-values des impôts qui, pour les huit premiers mois de 1878, se montent à 44 millions 1/2 (1). — L'exercice 1879, enfin, est présenté par le Ministre des Finances avec un excédant d'un million et demi, que M. Gambetta croit devoir être très-supérieur. Le président de la Commission du Budget de cet exercice pense que ce budget présentera des disponibilités suffisantes pour accorder des dégrèvements d'impôts pour une somme de 20 millions et demi (2).

La France républicaine est donc assez riche pour supporter les charges qui sont les conséquences des fautes et des crimes des Gouvernements précédents, et qui s'élèvent annuellement à plus de 1,100 millions, dont 747 millions pour la dette consolidée. Ces 747 millions ne peuvent être

(1) Ce chiffre est indiqué dans le discours que M. Léon Say, ministre des Finances, a prononcé le 9 septembre 1878, à Boulogne-sur-Mer.

(2) Discussion du budget de 1879 dans les bureaux de la Chambre des députés. — 12 mai 1878.

réduits par l'amortissement ; dans l'état de nos Finances, au moment même où l'on prévoit la nécessité de réclamer annuellement 4 à 500 millions à l'épargne pour les Travaux publics, il serait insensé d'affecter dans chaque budget, à l'extinction du capital de la dette, une somme, quelque faible qu'elle fût. Il existe cependant un moyen d'atténuer le poids de cette dette colossale, c'est de CONVERTIR la partie de la dette qui a dépassé le pair.

La Conversion du 5 % est-elle possible ? Il suffit, pour répondre à cette question, d'interroger les cours de ce fonds.

Peu de temps après le premier emprunt en 5 %, émis le 27 juin 1871, les cours de la nouvelle rente s'élevaient rapidement. En janvier 1872, le cours moyen était de 90 fr. 16 c. 1/2. La perspective d'un nouvel appel au crédit, qui était nécessaire pour achever la libération du territoire, alourdit les cours ; mais quelques mois à peine après la souscription de l'emprunt de 3 milliards, qui eut lieu les 28 et 29 juillet 1872, au prix de 84 fr. 50, le nouveau 5 % reprit sa marche ascensionnelle. Le cours moyen de l'année 1873 était de 94 fr. 75. Au mois d'avril 1874 échéait le vingtième des termes mensuels du dernier grand emprunt ; pendant ce mois, le 5 % était coté 95 fr. 21 c. Au mois de septembre de la même année, le cours de 100 fr. était atteint. En vingt-six mois, les souscripteurs de l'emprunt de 1872 pouvaient réaliser un bénéfice de 17 fr. 50, par 5 fr. de rente.

Le 3 %, de son côté, avait suivi une progression rapide de hausse. Au mois de mars 1871, son cours moyen n'était que de 51 fr. 09 ; au moment de l'émission des deux emprunts de 2 et de 3 milliards, il était coté 54 fr. 92 et 56 fr. 30. Nous donnons d'ailleurs, ci-après, le tableau du cours moyen au comptant des rentes 3 %, 4 1/2 % et 5 %

à partir de 1874. Le lecteur pourra suivre ainsi, pas à pas, les progrès du crédit de la France.

	3 %.	4 1/2 %.	5 %..
Année 1874..........	60ᶠ 7989	87ᶠ 5694	96ᶠ 5403
Année 1875..........	64 9068	94 49	103 5558
Année 1876..........	68 8175	98 9421	105 2516
Année 1877..........	70 8577	100 5654	105 0988
Janvier 1878..........	72 9605	103 5577	109 1462
Février —	73 7859	104 9719	109 7195
Mars —	73 4668	105 6415	109 6565
Avril —	73 1971	102 5010	109 2298
Mai —	74 0182	105 5010	109 7650
Juin —	75 998	105 04	112 197

Si on examine avec attention ces chiffres, on restera convaincu que la Conversion du 5 % est possible. Depuis le mois d'août 1876, le 4 1/2 % a été presque constamment coté au-dessus du pair. L'État aurait donc pu se procurer des capitaux au taux de 4 1/2 % au pair. A partir de la même date, le 3 % était coté au-dessus de 70 fr., et capitalisé, par suite, à 4.25 %, et le 5 % ne perdait pas le cours de 105 fr.; les capitaux ne lui demandaient qu'un intérêt de 4.75 %. La moyenne entre ces deux taux était donc de 4.50. Si le lecteur se rappelle ce que nous avons dit, dans la partie théorique de ce traité (1), il admettra avec nous que cette moyenne indique avec certitude et exactement le taux auquel l'État pourrait emprunter. On peut donc affirmer qu'à partir du mois d'août 1876 jusqu'à présent, la Conversion du 5 % a toujours été théoriquement réalisable. Comment cette opération n'a-t-elle pas été exécutée? Quelles sont les causes qui ont

(1) Voir plus haut, page 74.

empêché le Ministre des Finances des Cabinets présidés
par M. Dufaure et M. Jules Simon de la proposer? A quel
moment devra-t-elle être réalisée? C'est ce qu'il est nécessaire d'examiner avec soin, pour établir ou dégager les
responsabilités.

CHAPITRE II

Opportunité de la Conversion du 5 %.

La question d'opportunité d'une Conversion est une question complexe qu'il est bien difficile et presque imprudent de discuter. La *République Française*, du 25 mai 1878, s'exprimait ainsi sur ce point délicat : « Nous le » répéterons autant de fois qu'il sera nécessaire, les » projets de Conversion qui portent sur un chiffre de » rentes de sept milliards ne sont pas du domaine de l'ini- » tiative parlementaire : ils appartiennent en entier au » Gouvernement. C'est une opération pour laquelle la réus- » site est obligatoire, et qui engage singulièrement la res- » ponsabilité du Ministre qui oserait l'entreprendre sans » avoir au préalable pris toutes les précautions nécessai- » res. » On doit approuver la réserve du journal inspiré par M. Gambetta. Cependant, comme nous n'engageons que notre responsabilité, et que nous ne raisonnerons que sur des faits certains et connus, nous croyons devoir recher- cher les causes qui ont empêché l'honorable M. L. Say de proposer cette mesure aussitôt que les cours des rentes la rendaient possible.

Dès 1876, l'opportunité de la Conversion était discutée par de nombreux publicistes, qui en réclamaient la réalisa- tion. La haute banque, les financiers prouvaient qu'ils con- sidéraient cette mesure comme imminente, en arbitrant le 5 % contre du 3 % ; l'opinion s'attendait chaque jour à voir le Ministre des Finances déposer sur le bureau de la Chambre, un projet de loi. Des indiscrétions faisaient

31

connaître déjà le plan présumé de M. Léon Say : des brochures paraissaient, on discutait ce plan, on lui opposait d'autres combinaisons. Malgré les démentis du *Journal des Débats*, le monde de la Bourse ne voulait pas croire que cette opération fût retardée ; il en escomptait les bénéfices. On ne s'expliquait pas la réserve du Ministre, qui devait pourtant désirer attacher son nom à cette grande mesure.

Les événements ont donné raison à la prudente temporisation de M. L. Say, et ont fait comprendre à quels mobiles il obéissait. Ils appartenaient, sans aucun doute, à trois ordres d'idées et de préoccupations.

Les sombres nuages qui s'amoncelaient du côté de l'Orient et d'où devait éclater l'orage qui n'est que temporairement apaisé, ne permettaient pas d'entreprendre une opération, qui exigeait, pour être faite honnêtement, plusieurs mois de calme et de prospérité. Pour le Trésor, un mois ou un mois et demi au plus suffit pour mener à bien une Conversion de rentes ; mais l'intérêt du Trésor n'est pas seul engagé, l'intérêt des rentiers est également en jeu et il mérite d'autant plus d'être pris en considération qu'ils subissent déjà une diminution de revenu. L'État doit donc leur garantir moralement que leur capital au moins ne sera pas réduit. Serait-il bien loyal à un Ministre qui connaît les secrets de la politique européenne, de proposer de faire subir aux créanciers de l'État une réduction d'intérêt, lorsqu'il sait que dans un avenir plus ou moins lointain, mais probable, les fonds publics seront affectés par un événement extérieur? Encaisser un bénéfice immédiat est un devoir pour celui qui a la direction des Finances publiques ; mais il a un autre devoir tout aussi impérieux, c'est de ménager le crédit national. Pense-t-on que l'État retrouverait sa clientèle si fidèle des rentiers, si une baisse considérable, et que les mandataires du pays devaient prévoir, survenait peu de temps après une réduction dans le taux de l'intérêt ?

M. Léon Say avait peut-être une raison plus grave de ne

pas proposer la Conversion. Les élections de la fin de 1875 et de février 1876 avaient mis en présence deux Assemblées divisées profondément par les idées, les instincts, les habitudes, l'origine et les espérances. Le Sénat était composé des mêmes hommes politiques qui avaient porté à la Présidence de la République le maréchal de Mac-Mahon, qui avaient sa confiance, qui avaient été appelés dans ses conseils depuis le 24 mai 1874, et qui, réunis dans leur antipathie contre la forme républicaine, avaient pour but d'enrayer le fonctionnement des nouvelles institutions. Les députés élus par le suffrage universel étaient, au contraire, dans leur immense majorité, résolus à défendre la République. Un conflit entre le Sénat et la Chambre des députés était inévitable : le Président de la République, dont les habitudes militaires avaient peine à comprendre les fictions de son rôle parlementaire, ne pouvait hésiter entre ses anciens amis et les nouveaux députés, qui pour la plupart lui étaient inconnus et dont on dénaturait à ses yeux le caractère et les intentions.

Cette situation compliquée et sans issue n'était un mystère pour personne : les membres des cabinets présidés par M. Dufaure et M. J. Simon étaient aux prises avec des difficultés quotidiennes. Malgré leur profond respect pour la personne du Président de la République, ils avaient à craindre que les habiles menées de leurs prédécesseurs évincés ne fissent éclater le conflit qui couvait depuis février 1876. Dans ces circonstances, comment M. Léon Say aurait-il osé présenter un projet de Conversion ? Pouvait-il risquer de compromettre le succès de cette mesure ? — Les événements lui ont donné pleinement raison. Conçoit-on le 16 mai survenant pendant la période laissée aux rentiers pour opter entre le remboursement et la Conversion ? Malgré les manœuvres que le collègue de M. de Fourtou n'aurait pas hésité à faire pour soutenir les rentes, un effondrement des cours eût été inévitable ; l'opération serait devenue impossible, non-seulement dans le présent, mais pendant un long avenir.

La prudence imposée au Ministre des Finances, en 1876 et pendant les premiers mois de 1877, par les éventualités intérieures et extérieures, devait être d'autant plus grande que la France n'était pas dans une situation monétaire normale. Le cours forcé des billets de la Banque de France s'opposait, au point de vue financier, à la réalisation de la Conversion. Il eût été difficile d'admettre que les remboursements pussent se faire avec une monnaie fiduciaire, non remboursable en espèces métalliques, surtout aux étrangers qui sont encore détenteurs d'une forte partie de nos rentes 5 %.

La politique extérieure, la situation intérieure, des considérations financières exigeaient donc une grande réserve. On voit que, malgré les objurgations de financiers intéressés, la Conversion qui, théoriquement, était possible depuis 1876, était pratiquement impossible ou au moins pleine de périls, et qu'aucun reproche ne saurait être adressé au Ministre des Finances des cabinets Dufaure et J. Simon pour avoir différé cette mesure.

Depuis le 14 décembre 1877, les circonstances sont devenues plus propices à l'intérieur. Le patriotisme du Président de la République, éclairé par les élections d'octobre et de novembre, désabusé par l'impuissance de ses anciens conseillers, a accepté sans arrière-pensée le rôle honorable que lui assigne la Constitution. Les Ministres peuvent être sûrs de leur lendemain, s'ils continuent à marcher d'accord avec la majorité républicaine. Le Sénat ne refuserait certainement pas son adhésion à la Conversion, mesure si favorable à l'amélioration de notre situation budgétaire ; sa Commission des Finances, pour l'année 1878, est en majorité dévouée au Cabinet, ce qui est un point considérable à noter. Une Commission hostile pourrait, en effet, prolonger l'examen du projet de loi qui lui serait soumis, et en retardant le dépôt de son rapport, maintenir dans un état d'inquiétude les nombreux intérêts engagés, et favoriser l'agiotage ou risquer une panique. Ce danger n'est plus à craindre avec les Commissaires qui ont été choisis par les bureaux du Sénat.

En outre, les billets de la Banque de France, tout en restant monnaie légale, ne jouent plus dans la circulation le même rôle que de 1870 à 1877. En effet, en vertu de l'art. 28 de la loi de finances du 3 août 1875, l'art. 2 de la loi du 12 août 1870 devait être abrogé et les billets redevenir remboursables en espèces à présentation, lorsque les avances faites à l'État par la Banque, en vertu des lois des 20 juin 1871 et 5 août 1874, auraient été réduites à 300 millions de francs. Le moment prévu par la loi du 3 août est arrivé, et notre pays a recouvré sa liberté monétaire.

D'un autre côté, le Congrès de Berlin a achevé son œuvre le 14 juillet : la paix de l'Europe est assurée pour quelques mois au moins. Des inquiétudes subsistent cependant ; mais pour entreprendre une grande opération de crédit, faut-il attendre que l'Europe ait retrouvé un équilibre stable, rompu par le démembrement de la France et la dislocation de l'empire Ottoman ? On s'exposerait à rester de longues années dans l'expectative. Notre pays veut la paix ; il restera spectateur impassible de ce qui se passera en Europe, tant que son honneur ou sa liberté ne seront pas directement engagés. Dans le développement de sa richesse, dans l'expansion de l'instruction sous toutes ses formes, dans la consolidation de ses institutions libres, il cherche, sinon l'oubli, du moins des consolations pour les revers de 1870-1871 et des espérances. Ce rôle modeste et digne a été compris et apprécié par l'Europe, et nos relations avec nos voisins, et surtout avec nos vainqueurs, n'ont jamais été plus cordiales : le mot est de M. de Saint-Vallier, ambassadeur à Berlin.

On peut donc affirmer, sans présomption, que, depuis le 14 décembre 1877, aucun fait intérieur n'interdit plus de songer à cette vaste entreprise de la Conversion, et que, depuis le 14 juillet 1878, les obstacles qui, à l'extérieur, s'opposaient à la réalisation de cette mesure, ont disparu. Depuis cette dernière date, le Ministre des Finances aurait pu demander aux Chambres l'autorisation de rembourser la rente 5 % : aucun péril sérieux ne menaçait l'horizon. M. L. Say a cependant encore attendu ; on peut le regretter, il n'est pas permis de le blâmer. Trois faits nouveaux réclamaient un redoublement de prudence.

L'Exposition universelle s'ouvrait le 1er mai. « Est-il bien sage, disait-on, d'entreprendre une opération de crédit, au moment où l'État convie à ces grandes assises du travail tous les étrangers et tous les habitants des départements ? Les étrangers et les provinciaux, à la suite d'une réduction de leurs rentes, ne chercheront-ils pas à réparer la brèche faite à leur revenu, et ne reculeront-ils pas devant un voyage dispendieux ? Beaucoup de rentiers mécontents ne viendront pas à Paris, et ceux qui visiteront l'Exposition réduiront leurs dépenses au strict nécessaire. Le succès de cette Exposition, qui prouvera la vitalité de la France républicaine, serait peut-être compromis en partie par l'effet moral et économique d'une Conversion ; pour un bénéfice de quelques millions, est-il prudent de s'exposer à un semblable péril ? » Tel était le langage de certains financiers, qui cherchaient tous les prétextes pour différer la Conversion. Ces craintes étaient exagérées ; il est d'ailleurs inutile d'y insister, puisque le 31 octobre ou le 30 novembre au plus tard, les portes des palais du Champ-de-Mars seront fermées.

Il est un autre fait nouveau qui pouvait empêcher le Ministre des Finances de proposer aux Chambres le remboursement du 5 %. Pour permettre de racheter les petites Compagnies de chemins de fer, et de faire les travaux indispensables à l'exploitation des lignes ainsi rachetées, une loi du 11 juin 1878 a autorisé le Ministre

à émettre des rentes du nouveau type 3 % amortissable (1), pour un capital de 139,878,547 fr. Était-il possible de réaliser une opération aussi délicate qu'une
Conversion, pendant qu'on faisait des appels au crédit ?
La difficulté était sérieuse. Le nouveau type de rente
amortissable n'était pas connu du public, il fallait le faire
admettre, le faire entrer dans les habitudes ; certains ménagements devaient être gardés à l'égard du marché.

On se souvient qu'en 1844, M. Lacave-Laplagne craignait que les intermédiaires de la spéculation ne fussent
pas assez riches pour se charger en même temps des
rentes d'un emprunt à émettre, et des rentes qui seraient
déclassées à la suite de la Conversion. La situation de
ces derniers mois présentait certaines analogies avec
celle de 1844. La prudence était même encore plus nécessaire : il s'agissait, en effet, d'un emprunt de 440 millions,
et la Conversion devait porter sur près de 7 milliards,
tandis qu'en 1844, le capital demandé par le Trésor n'était
que de 100 millions, et les rentes 5 % soumises au remboursement n'atteignaient pas un milliard et demi.

D'ailleurs, cette objection sérieuse est tombée plus rapidement qu'on ne devait l'espérer. La première émission
des rentes amortissables a été faite, le 17 juillet 1878, à
la Bourse de Paris ; depuis, à la fin du mois d'août, un
second lot a été offert au public par l'entremise des
comptables du Trésor ; 113 millions avaient été ainsi
recueillis et on pouvait penser que les négociations du
3 % amortissable continueraient par lots de 100 ou
150 millions. Il n'en a pas été ainsi ; les 326 millions restants ont été placés dans la journée du 21 septembre

(1) Depuis que les premières feuilles de ce travail sont imprimées, il a paru
dans le *Petit Bulletin de Statistique*, un article sur le système d'amortissement
adopté par le Ministre des Finances, pour le 3 %, amortissable. Nous y lisons :
« Les *inconvénients graves* inhérents aux tirages, par numéros individuels ou
» collectifs de titres, ont amené le Trésor à recourir au système des séries. »
Nos observations (*voir pages 46 et 47*) sont donc pleinement confirmées.

1878, et à la suite, un avis du *Journal officiel* a annoncé que l'émission des rentes amortissables était terminée. La connexité entre l'emprunt et la Conversion a donc cessé et le Trésor a retrouvé sa liberté d'allures.

Le Ministre des Finances actuel fera-t-il comme M. Lacave-Laplagne, en 1845, qui, après avoir repoussé la Conversion avant l'emprunt, demandait, après l'emprunt, que l'on attendit le complet classement des rentes émises ? On peut être assuré du contraire. M. L. Say, qui n'a pas à plaire à un Roi, n'obéira qu'aux inspirations de sa conscience ; il sait que, si la Conversion est réalisée avant la négociation des nouveaux emprunts réclamés par son collègue des Travaux publics, le Trésor pourra trouver des capitaux à meilleur marché, parce que la hausse des effets publics ne sera plus enrayée par la crainte du remboursement.

Il ne reste plus qu'une objection toute temporaire. Le 5 janvier 1879, les électeurs du second degré seront appelés à élire le tiers des membres sortants du Sénat. Les colléges électoraux sénatoriaux étant composés de membres des Conseils départementaux et de délégués des Conseils municipaux, qui appartiennent le plus souvent aux classes riches de la société, on peut penser que les rentiers y figureront en grand nombre. Il y a lieu d'espérer que les élections du 5 janvier seront inspirées par le courant d'opinion qui a présidé aux élections du 14 octobre ; mais il ne faut pas oublier que la République a été fondée à une voix, et que la voix d'un seul électeur sénatorial peut déplacer la majorité de la Chambre modératrice. Or, la Conversion, quelque juste, légitime, opportune qu'elle soit, laisse toujours après elle un certain mécontentement, et les rentiers-électeurs pourraient faire retomber leur colère sur la République ; les conséquences politiques des élections prochaines sont tellement graves pour l'avenir de notre pays, le calme, la confiance dans la stabilité des nouvelles institutions, la bonne harmonie des pouvoirs publics y sont tellement engagées, qu'il serait sage de retarder la réalisation de la Conversion jusqu'au moment où le Sénat sera renouvelé. Ce sursis n'aurait pas une grande gravité, puisque les Chambres ne pourraient pas autoriser cette mesure avant le milieu de novembre : le retard ne dépasserait pas deux mois.

C'est donc, selon beaucoup de bons esprits, vers la seconde quinzaine de janvier qu'il faudra s'occuper sérieusement d'entreprendre cette grande opération du remboursement des rentes 5 %, ou de leur transformation en rentes constituées à des conditions différentes. Si aucun fait nouveau ne survient, il n'y aura plus aucun motif de différer cette mesure, et ce qui a été prudence dans ces derniers mois, deviendrait de la pusillanimité.

Il est temps de laisser de côté les questions extérieures et d'examiner l'opportunité financière de la Conversion, dont nous avons à peine dit quelques mots. Elle est si évidente, qu'il faudrait être aveugle pour la contester. Sauf le point inquiétant de l'émission de rentes nouvelles, il n'a, en effet, jamais existé à aucune époque une semblable pléthore de capitaux ; jamais le Trésor n'a été dans une situation aussi prospère ; les budgets se règlent en équilibre ; selon toutes les prévisions, quatre exercices successifs seront balancés sans découvert ; il faut remonter à la Restauration, pour trouver un fait semblable dans notre histoire financière. Il serait donc presque inutile de prouver que les comptes du Trésor et l'état du marché permettraient de faire face aux demandes de remboursements qui pourront suivre la Conversion. Cette démonstration est pourtant nécessaire pour rassurer quelques esprits trop timorés.

Nous l'avons vu, lorsqu'une Conversion est faite dans des conditions normales, c'est-à-dire lorsque l'État offre aux rentiers, avec l'alternative du remboursement, un titre qui a une valeur actuelle supérieure au pair du fonds à convertir, la presqu'unanimité des porteurs de rentes accepte la mesure. En Belgique, cette unanimité absolue a été obtenue ; en Angleterre, le chiffre des remboursements, par rapport au capital engagé, a été de 1.8 pour cent en 1822, de 1.7 pour cent en 1830, et de 1/2 pour cent seulement en 1844 ; en France, enfin, quoique l'opération de 1852 ait été prématurée, les remboursements ont à peine dépassé 2 pour cent. Le 5 % actuel représente un capital de 6,900 millions ; on peut affirmer que si la Conversion est bien faite, le Trésor n'aura pas à rembourser plus d'un pour cent de ce capital, soit 69 millions. Mais, admettons que les demandes des non-consentants soient plus considérables, qu'elles s'élèvent à 200, 300 millions, même 500 millions ; le Trésor serait-il embarrassé pour faire face à ces réclamations ? L'offre du remboursement serait-elle sérieuse ? L'État aurait-il à sa disposition les capitaux nécessaires pour satisfaire immédiatement à toutes les demandes ? La réponse est facile.

Le Trésor représente le passé avec ses comptes passifs ou actifs ; ses avances et ses découverts ne s'élevaient, d'après l'Exposé des motifs du budget de 1877, qu'à 934 millions ; le rapport de M. Cochery sur ce même budget, constate qu'ils étaient déjà réduits à 944 millions, somme qui sera atténuée par les excédants restés libres sur les exercices 1875 et 1876. Au 31 décembre 1876, les ressources ordinaires de la dette flottante étaient de 867 millions ; au 31 août, elles n'étaient plus que de 839 millions. Elles se trouvaient donc inférieures aux charges. C'était le résultat de l'affluence des fonds dans les Caisses du Trésor, par suite du paiement par anticipation des impôts. A aucune époque, la dette flottante n'a été relativement aussi faible ; elle était, de 1840 à 1869, de 713 millions en moyenne, c'est-à-dire de la moitié à peu près du montant total du budget ; elle ne dépasse pas actuellement le tiers des sommes demandées par année pour les besoins de l'État.

D'un autre côté, le Trésor trouve plus facilement des ressources pour parer à ses besoins. Les bons du Trésor étaient en moyenne de 190 millions ; ils ont atteint jusqu'à 380 millions au 1er janvier 1864. Or, au commencement de l'année 1877, ils ne s'élevaient qu'à 84,368,300 fr. — Au 31 août, ils étaient descendus à 21,884,700 fr., et enfin, le 18 janvier 1878, ils étaient tombés à 19,102,000 fr. Ce chiffre n'avait jamais été aussi faible, si ce n'est au 1er janvier 1849, après les consolidations de 1848, et au 1er janvier 1870.

Nous ne connaissons pas le montant actuel des bons du Trésor ; il ne peut être élevé, car, d'après le taux d'intérêt qui leur est alloué, le Ministre des Finances semble vouloir éloigner les capitaux. En effet, depuis quelques mois, l'intérêt des bons était de 1/2 % pour les bons de trois à six mois, de 1 % pour les bons de six à douze mois et de 1 1/2 pour les bons à douze mois d'échéance. Par un arrêté du 15 juillet 1878, cet intérêt a encore été réduit ; il n'est plus que de 1/2 %, pour les bons à six mois, et de 1 %, pour les bons à douze mois. Il est arrivé au dernier minimum. En élevant de 1/2 %, l'intérêt des divers bons, le Trésor serait assuré de se procurer tous les capitaux qui lui seraient nécessaires. Au 31 décembre 1874, l'intérêt était de 3, 3 1/2 et 4 % pour les trois catégories de bons, et les bons, en capital, atteignaient la somme de 268,975,000 fr. Depuis cette date, les capitaux disponibles ont augmenté, en France, dans une proportion énorme, et il n'est pas douteux que le Trésor n'attire facilement dans ses caisses, 3 ou 400 millions, en élevant l'intérêt de ses bons. Il pourrait également obtenir de ses comptables supérieurs des sommes considérables, le jour où il consentirait à leur reconnaître un intérêt rémunérateur. Nous ne parlons pas du compte du Trésor à la Banque, ni de la faculté que devrait demander le

Ministre, de rembourser les rentiers par séries ; il serait
inutile, selon toute probabilité, d'avoir recours à des
mesures extraordinaires.

Au moyen d'une émission de bons du Trésor et des
avances des comptables, le Ministre des Finances serait
donc certain de faire affluer dans ses caisses 5 ou
600 millions, au minimum. Nous avons déjà vu que
cette somme est hors de proportion avec celle qui serait
réclamée par les rentiers non adhérents à la Conversion,
pour le remboursement de leurs titres ; mais, lorsqu'on
entreprend une opération aussi grave, il faut être assuré
du succès et avoir à ses ordres des ressources bien supérieures à celles qui seront indispensables selon les probabilités. La Conversion réussira d'autant mieux et les demandes de remboursements seront d'autant plus rares que
le Trésor pourra satisfaire plus facilement à toutes les
exigences de la situation. En 1852, M. Bineau n'avait pas
pris toutes les précautions nécessaires, et sa Conversion
faillit échouer. Actuellement, l'élévation des cours, leur
fixité, leur ancienneté et l'accumulation des ressources
disponibles de toute nature épargneraient au Ministre des
Finances tous les embarras qui ont assailli son prédécesseur et qui l'ont obligé à avoir recours à l'intervention
coûteuse de la Banque de France et de financiers bien
connus.

La certitude de faire face aux demandes de remboursements n'est pas suffisante. Le Ministre des Finances doit
être assuré que les titres à convertir sont bien classés, et
que la Conversion ne jettera pas un trouble profond dans
toutes les transactions de la Bourse.

Il est assez difficile d'avoir à ce sujet des renseignements certains. Le *compte* de 1874 est le dernier document
officiel ; il donne la situation des rentes au 31 décembre
de cette année ; pour les années 1875 et 1876, nous n'a-
vons pas d'informations. A partir du mois de janvier 1877,
le *Bulletin de statistique* du Ministère des Finances

fait connaître le mouvement mensuel des rentes ; mais la lacune de 1875 et 1876 ne permet pas de fournir des chiffres certains. Malgré leur insuffisance, il convient néanmoins de résumer les renseignements livrés à la publicité pour se rendre compte du degré approximatif du classement des rentes.

Au 1er janvier 1875, les crédits accordés pour le 5 % s'élevaient à 346,001,605 fr., sur lesquels il restait encore à employer 245,550 fr. Les rentes délivrées s'élevaient, en conséquence, à 345,756,055 fr.; elles étaient réparties ainsi :

Rentes immobilisées appartenant à la Légion d'honneur, à la Caisse des dépôts, s/c de Caisse de retraite pour la vieillesse, la Caisse des Invalides de la marine, divers pour cautionnements en rentes, etc............. F.	14.047.275
Domaine de l'État, Caisse des dépôts et Banque de France.................	2.457.501
Compagnies d'assurances et Sociétés..	5.470.177
Inscriptions départementales........	13.605.542
Rentes mixtes....................	21.774.407
Inscriptions nominatives...........	109.010.616
Rentes au porteur.................	174.199.946
Banquiers........................	2.530.399
Agents de change.................	2.660.192
Total........ F.	345.756.055

Pendant 1874, les rentes 5 % avaient augmenté de 58,586,285 fr., par suite de la délivrance des titres définitifs. Les comptes suivants s'étaient surtout accrus :

Légion d'honneur.................. F.	2.100.000
Inscriptions départementales........	1.744.619
Rentes mixtes	4.565.145
Propriétaires divers ....,.........	20.880.074
Rentes au porteur.................	25.161.533

On remarque immédiatement dans ces deux tableaux, la

proportion énorme des rentes au porteur : au 1er janvier 1875, elles absorbent plus de la moitié du total des rentes 5 %. Les rentes au porteur ne sont pas, en général, considérées comme définitivement classées ; on suppose qu'elles sont entre les mains de la spéculation ou du haut commerce qui veut obtenir des avances sur dépôt de titres. Si la moitié des rentes 5 % appartenait à la spéculation, la Conversion serait bien difficile, sinon impossible. La question demande donc un examen sérieux.

Autrefois, le capitaliste qui voulait mettre un titre de rente dans son portefeuille, demandait une inscription nominative. Il était ainsi à l'abri de tout risque, de toute inquiétude. Si on examine la distribution des titres des autres fonds de l'État, et si on compare la situation au 1er janvier 1870 et au 1er janvier 1875, on sera convaincu que les habitudes prudentes de la clientèle du Trésor ne se sont pas modifiées.

Au 1er janvier 1870, les titres au porteur 4 1/2 s'élevaient à 3,017,410 fr. sur un total de 35,683,270 fr. de rentes ; au 1er janvier 1875, ils sont de 3,947,150 fr.

Aux mêmes époques, les rentes au porteur en 4 % s'élevaient à 28,840 fr. et 26,630 fr.

Sur la rente 3 %, la différence est plus apparente que réelle. De 25,613,530 fr., au 1er janvier 1870, les rentes au porteur se sont élevées, en 1875, à 55,483,859 fr. Mais le total des rentes 3 % a été porté, dans la même période, de 320 à 364 millions ; d'autre part, les rentes immobilisées ont été réduites de 44 millions à 25 ; il y a donc, en chiffres ronds, 63 millions de rentes qui ont été mises à la disposition du public, pendant cette période, et moins de 30 millions ont été demandés en rentes au porteur. Si l'on tient compte, en outre, d'un certain déclassement inévitable, à la suite des désastres de 1870-1871, et des deux grands emprunts qui ont attiré des porteurs du 3 %, on demeure convaincu que les rentiers sont restés fidèles à leurs vieux titres nominatifs : si les titres au porteur ont augmenté, on ne peut guère arguer de ce fait en faveur d'un changement d'habitudes des porteur du 3 %.

Les porteurs de rentes 5 % auraient-ils eu des raisons particulières pour agir autrement que les porteurs des autres rentes françaises? Il n'existe aucun motif de le supposer.

On pourrait penser que depuis le 1er janvier 1875, la proportion entre les inscriptions nominatives (1) et les inscriptions au porteur s'est modifiée. Les renseignements précis et officiels font défaut complétement pour 1875 et 1876; nous croyons pouvoir affirmer cependant que les inscriptions nominatives n'ont augmenté beaucoup, ni comme nombre, ni comme somme. Depuis 1877, le *Petit Bulletin de Statistique* donne, en effet, les mouvements de rentes par mois; il en résulte qu'en 1877, les titres nominatifs ne se sont accrus que de 4,443,260 fr., et, pendant les premiers mois de 1878, ils ont diminué de 317,012 fr. La différence est peu sensible. En outre, un document communiqué à la Commission du budget, par le Ministre des Finances, indique comme nombre d'inscriptions, au 1er janvier 1878, le chiffre de 2,626,052. D'après le *Compte général* de 1874, ce chiffre était, au 1er janvier 1875, de 2.768,107. La diminution en trois années n'est donc que de 142,055 titres. Cette diminution est d'autant plus insignifiante qu'à la suite de tous les grands emprunts, des réunions de titres sont demandées par les rentiers.

On le voit, d'après ces chiffres, il est probable que les inscriptions au porteur s'élèvent toujours à plus de la moitié du total des rentes inscrites en 5 %, et représentent près des deux cinquièmes des titres appartenant à des particuliers. Si cette situation anormale signifiait que la spéculation détient encore la plus forte partie des rentes

(1) Sous le nom général d'inscriptions nominatives, nous comprenons toutes les inscriptions qui ne sont pas au porteur ou qui n'appartiennent pas à des comptes particuliers, c'est-à-dire les inscriptions mixtes et départementales, aussi bien que les inscriptions nominatives directes.

5 %, que le classement de nos deux grands emprunts est peu avancé, il faudrait s'en effrayer au point de vue du succès d'une Conversion. Mais il est loin d'en être ainsi : il est très facile de trouver l'explication de cette proportion exceptionnelle entre les titres nominatifs et les titres au porteur.

On se souvient que lors du premier emprunt de deux milliards, les souscriptions s'élevèrent à 4,890 millions. D'après les renseignements qui furent donnés par le Ministre des Finances, 2,500 millions avaient été offerts par Paris, 1 milliard par les départements, et 1 milliard par les étrangers. Les souscriptions réductibles ayant subi une réduction proportionnelle de 53 pour cent environ, le milliard souscrit par les étrangers qui, après la déclaration du Ministre, a dû augmenter de 2 ou 300 millions, a obtenu environ 30 millions de rentes.

Après le second grand emprunt, M. de Goulard fit aussi connaître les premiers résultats arrivés au Ministère des Finances. « La souscription, dit-il, nous a fourni en » rente 2,464 millions ; en capital, plus de 41 milliards. » Dans ces chiffres, notre pays figure pour un chiffre de » rente de 1,037 millions, qui se décompose ainsi : Paris, » 790,886,000 fr. ; les départements, 246,460,000 fr. ; le » contingent de l'*étranger* s'est élevé à 1,426,779,000 fr. » en rentes. » Ces chiffres ont été augmentés, puisque le total des souscriptions a dépassé 43 milliards 800 millions, et il est probable que ce sont les souscriptions de l'étranger qui sont surtout arrivées tardivement. Il est donc certain que dans ce dernier emprunt, les étrangers ont reçu au moins 120 millions de rentes.

Les rentes remises aux étrangers, à la suite de l'emprunt de deux milliards, s'élevaient à 30 millions. Pour l'emprunt de trois milliards, 120 millions ont dû également passer nos frontières ; nous arrivons donc à un total de 150 millions de rentes, qui représentent le chiffre pour lequel les étrangers, ont été inscrits, en 1871 et en 1872, sur notre Grand-Livre. Or, il est infiniment probable que ces rentes ont donné lieu presque exclusivement à la délivrance d'inscriptions au porteur, qui sont plus facilement négociables, et dont les coupons sont acceptés en compte par les banquiers du monde entier.

Le total des rentes au porteur, qui s'élevait, au 1er janvier 1875, à 174 millions, et qui, depuis cette époque, n'a pas sensiblement varié, n'a donc aucun caractère inquiétant; il indique simplement qu'une très-forte portion de nos rentes n'est pas entre les mains de nos nationaux.

Il est possible, cependant, que depuis la hausse imprévue de ces derniers mois, une partie de ces rentes nous ait été rendue par l'étranger; mais il est peu probable que les ventes aient été considérables, puisque la proportion des rentes nominatives et des rentes au porteur est restée à peu près la même. Il n'y aurait donc aucune exagération à conclure de ces chiffres, que sur les 345 millions de rentes 5 %, plus de 130 millions appartiennent à des capitalistes qui n'habitent pas la France. Rapprochons de ce fait les cours actuels du 5 %, qui a atteint 115 fr. et qui dépasse 112 fr., et nous pouvons, à bon droit, nous enorgueillir de la confiance que les étrangers, aussi bien que nos nationaux, accordent à la France, à son crédit, et au Gouvernement républicain qu'elle s'est donné.

Si nos hypothèses sont fondées, il n'y aurait donc pas plus de 40 ou 50 millions de rentes représentées par les inscriptions au porteur circulant en France. Ce chiffre n'a plus rien de bien redoutable, sur un total de 345 millions de rentes. Il est d'ailleurs certain que tous les titres au porteur, en France, ne sont pas entre les mains de la spéculation, ni même de la haute banque ou du grand commerce. Des rentiers, prévoyant dès le début une hausse rapide de nos fonds publics, et craignant pour l'avenir une Conversion, se sont fait délivrer des titres au porteur.

32

Jusqu'en 1870, les inscriptions de cette nature, dans les années normales, ne dépassaient pas, pour le 3 %, 20 millions sur lesquels la Bourse ne détenait certainement pas plus de 8 à 10 millions. La spéculation, depuis les emprunts de 1871 et 1872, a pris une extension considérable : 12 ou 15 millions de rentes doivent pourtant largement suffire à ses opérations fictives. S'il en était ainsi, et tous les chiffres connus permettent de le croire, l'état de classement des rentes 5 % ne serait pas un obstacle à leur Conversion.

Au surplus, alors même que sur les 174 millions d'inscriptions au porteur, une portion considérable appartiendrait à la spéculation, il n'y aurait pas encore, dans ce fait, un motif suffisant pour différer la mesure. Les cours actuels de nos fonds publics ne sont pas dus aux demandes de l'épargne ; c'est la spéculation qui a conduit le 5 % au dessus de 115 fr. En entreprenant cette campagne de hausse, les joueurs de la Bourse savaient qu'au milieu de leur partie, ils pourraient être interrompus par la Conversion : ils l'ont prévue et ne seront pas surpris. La quantité des titres dont la spéculation est chargée, ne serait un danger que si un déclassement considérable devait être la conséquence du remboursement des 5 %, et si des intermédiaires ne pouvaient se charger des rentes vendues. Mais ce sont les opérations à terme, et non les achats au comptant, qui ont porté les rentes au cours actuel. Le marché à terme est donc assez puissant pour absorber les réalisations de portefeuille. Le jour où ses forces seraient dépassées, il s'ensuivrait une baisse d'une ou deux unités, qui arrêterait les ventes, et l'épargne se jetterait encore sur la rente.

Ajoutons que si la Conversion avait pour effet de faire disparaître une partie des inscriptions au porteur, le Ministre des Finances devrait s'en féliciter ; car, par suite des dissimulations qui peuvent s'accomplir au moment des mutations, au moyen de ces titres, le Trésor perd annuellement, d'après des calculs très sérieusement établis, une somme de 3 à 4 millions.

En résumé, le Ministre des Finances a fait preuve de prudence et de sagesse en ne proposant pas la Conversion dès 1876 ou 1877 : il ne peut être blâmé pour avoir continué le même système de circonspection, pendant les premiers mois de 1878. Mais, actuellement, et de quelque façon qu'on envisage la situation, cette grande opération de crédit ne peut rencontrer aucune difficulté sérieuse, et elle doit être réalisée dans l'intérêt des contribuables.

CHAPITRE III

Mode d'exécution de la prochaine Conversion.

D'après les cours du 5 %, la Conversion de ce fonds est possible, depuis le milieu de 1876. L'opportunité politique et financière existe depuis le 14 juillet 1878. Des considérations particulières peuvent cependant conseiller la réserve jusqu'au commencement de 1879 ; mais, à cette époque, il n'y aura plus aucun danger, aucune menace, aucune inquiétude ; la Conversion sera alors un véritable devoir pour les pouvoirs publics.

Dans quelles conditions devra-t-elle s'accomplir ?

De nombreuses propositions ont été faites. On a demandé que la Conversion du 5 % fut réalisée au moyen de l'échange de 5 fr. de rentes 5 % contre :

Une inscription de 4 fr. 50 en 3 % (M. Germain, 12 mai 1878).

Une inscription en 3 % proportionnée au cours de ce dernier fonds au moment de la Conversion (M. Pereire, dans la *Liberté*).

Une inscription de 4 fr. de rentes en 3 % amortissable du nouveau type (M. Ed. Marion, député).

Une inscription de 4 fr. de rentes en 4 % (M. A. Beaurre), etc., etc.

Est-il nécessaire de démontrer les défauts de ces divers systèmes ?

Nous ne pourrions que répéter ce que nous avons déjà dit dans la partie théorique de ce traité, et reproduire, en les altérant, les arguments irréfutables de Garnier-

Pagès aîné. Quelques courtes observations complémentaires suffiront donc pour élaguer de la discussion les propositions que nous venons de rappeler.

Si la Conversion se faisait en 4 fr. 50 de rentes 3 % au pair, comme le demande M. Germain, le capital de la dette se trouverait augmenté d'un seul coup de 2 milliards 300 millions, et les intérêts ne seraient réduits que de 34 millions. L'État renoncerait, en outre, à la faculté de réaliser de nouvelles Conversions jusqu'à ce que le 3 % ait dépassé le pair. Jusqu'à présent on n'avait osé réclamer la Conversion en 3 % que parce qu'elle devait produire une réduction immédiate plus forte que la Conversion en rentes au pair. L'augmentation de capital était compensée alors jusqu'à un certain point par la réduction plus forte qui était obtenue sur le intérêts. Quel est le sentiment qui a dicté à M. Germain sa proposition ? Il le dit lui-même : il a voulu éviter « qu'aucun des porteurs de rentes ne pût perdre une portion de son capital sur les cours les plus élevés » (1). Franchement, la bienveillance de l'honorable député de l'Ain est trop grande à l'égard des rentiers. Ceux-ci sont prévenus depuis trop longtemps que la Conversion est imminente, pour que l'État et les contribuables leur fassent gratuitement un cadeau de 2 milliards 600 millions.

Le projet mis en avant par M. Pereire, de convertir en 3 %, selon le taux de ce fonds au moment de la Conversion, nous est connu depuis longtemps. C'est le système de tous les banquiers passés, présents ou futurs. Depuis 1840, grâce aux éloquents discours d'un député républicain, il semblait abandonné. Dans le passé, les défenseurs du 3 % avaient au moins un prétexte ; dans les discussions de 1824, 1825, 1838, 1840 et 1845, tous les orateurs

<hr>

(1) Discussion du budget de 1879, dans les bureaux, — 12 mai 1878.

qui réclamaient un fonds au-dessous du pair mettaient en
avant deux motifs : les exigences de l'amortissement ou
la facilité de l'opération. Qu'on relise les discours de
M. Passy, en 1838, de MM. Thiers, Humann, Gouin,
d'Argout, Muret de Bort, en 1840, tous parlent de l'amortissement qui, aux termes des lois de 1825 et de 1833, est
impossible avec un fonds qui a dépassé le pair. Ils réclament donc la Conversion en 3 % ou 3 1/2 %, afin que
les rachats de l'amortissement puissent saisir ce fonds
au-dessous du pair. En 1840, M. Thiers regrette que la
Chambre des députés ait voté la Conversion en 4 1/2 %
seulement, parce qu'avec l'option entre le 4 1/2 et le 3 1/2 %
le succès de l'opération aurait été plus certain. Mais
jamais on n'a mis en parallèle les rentes au pair et les
rentes avec augmentation de capital en se plaçant au
point de vue de l'intérêt des rentiers ; M. Laffitte est le
seul député qui ait prétendu que l'État devait une compensation aux rentiers convertis. M. Pereire cite souvent
la fameuse brochure de M. Laffitte ; nous avons analysé
cette œuvre, et le lecteur se souvient des théories du
célèbre banquier : « Conçoit-on un moyen de ne pas
» *élever* le capital d'une certaine somme supposée ? —
» S'il ne remboursait que le pair, l'État *volerait* les ren-
» tiers. — L'État ne peut échapper à cette condition de
» rembourser au taux du jour où se fait le rembourse-
» ment, sinon, je le répète, il *volerait* les rentiers, car
» il ne leur paierait pas la valeur que leurs effets ont
» acquise. » (1) Le propriétaire de « *la Liberté* » n'a
jamais placé sous les yeux de ses lecteurs ces passages
de la brochure de 1824.

Pour défendre le 3 %, on ne met plus en avant que
l'intérêt des rentiers ; est-il bien certain d'abord qu'entre
une réduction d'intérêt plus forte, immédiate et définitive, avec chance problématique d'augmentation de ca-

_____

(1) Voir plus haut, pages 155 et 157,

pital, et une diminution d'intérêt plus modérée sans modification du capital, les porteurs du 5 % optassent en majorité pour la première alternative ? On a lieu d'en douter ; l'homme est égoïste ; avant tout, il songe au présent. D'ailleurs, les contribuables ne doivent-ils pas passer avant les rentiers. Nous avons établi précédemment par des calculs nombreux que la Conversion en 3 % produit une économie *définitive* pour l'État bien inférieure à la Conversion en rentes au pair. En affectant à l'amortissement toute la portion d'économie supérieure à 50 centimes, l'augmentation du capital nominal de la dette produite par la Conversion en 3 % ne peut être absorbée qu'en 54 années, ou au maximum en 37 années, selon que la Conversion d'un fonds 5 % serait faite en 4 fr. 20, ou en 4 fr. de rentes 3 %. En ne s'occupant même pas de l'amortissement, on a vu que la valeur actuelle de l'économie supplétive obtenue par le 3 % était inférieure à la valeur actuelle des bénéfices qui seraient obtenus ultérieurement par des réductions successives en rentes au pair. (1)

Selon une expression parfaitement exacte, convertir en 3 % ce serait tuer la poule aux œufs d'or. Il vaudrait mieux différer indéfiniment la Conversion que de la réaliser en augmentant d'un tiers le capital de la dette.

Le système proposé par M. Marion, de convertir le 5 % en 3 % du nouveau type, est plus séduisant. — Avec le 3 % amortissable, le remède se trouve à côté du mal ; l'amortissement à côté de l'augmentation fictive du capital nominal de la dette. Cependant il nous paraîtrait dangereux d'adopter le plan du député de l'Isère. Comme nous l'avons dit, il serait imprudent de vouloir contrarier les habitudes des rentiers, au moment où l'on entreprend une Conversion, mesure délicate dont la réussite n'est assurée que si les créanciers de l'État lui conservent toute leur

(1) Voir plus haut, page 116 et suivantes.

confiance. Toute disposition qui complique la mesure peut en compromettre le succès ; il est donc sage de ne modifier les conditions du contrat primitif qu'en ce qui concerne l'intérêt. On se souvient d'ailleurs qu'il n'y a aucun avantage à entrer précipitamment dans la voie de l'amortissement (1).

Les partisans trop pressés du nouveau 3 % amortissable, voudraient que toute la dette fût convertie en rentes de cette nature, et insistent sur les avantages de l'unification de la dette. Nous avons déjà longuement démontré que la diversité des types de rentes ne pouvait avoir aucun inconvénient sérieux, et que l'unification de la dette ne devait pas être demandée à une Conversion (2). Nous n'avons pas à revenir sur ce que nous avons dit à ce sujet. Notre opinion est d'ailleurs partagée par plusieurs économistes. Le 2 mars 1878, paraissait dans l'*Économiste français*, un article qui approuvait la création du 3 % amortissable en 75 ans, en remplacement des obligations trentenaires dont le terme d'amortissement est trop court ; mais il critiquait sévèrement la Commission budgétaire, dans laquelle on avait demandé l'unification des rentes en 3 % du nouveau type. « L'idée de l'unification, disait l'auteur de cet article, qui a pris naissance dans la première révolution, et qui a été patronnée par Cambon est une grosse erreur : les États-Unis, la Hollande n'ont pas craint de multiplier les types de leur dette, et l'Angleterre n'est parvenue a avoir une dette unique qu'au moyen de conversions successives. » Nous ne croyons mieux faire que de nous approprier les conclusions de cet article : 1° le prétendu principe d'unification est faux ; 2° le 3 % nouveau ne doit servir qu'aux travaux publics ; 3° il n'y a aucune raison d'employer ce fonds à la Conversion des rentes perpétuelles.

(1) Voir à ce sujet les calculs que nous avons établis pour une dette de 500 millions : il serait facile de les appliquer à une dette de 7 milliards (pages 138 et suivantes).

(2) Voir plus haut, pages 87 et suivantes.

La Conversion en 4 fr. de rentes 4 % ne donnerait lieu
à aucune objection théorique. Le 3 % a dépassé 77 fr., il
se capitalise donc à 3 90 %; mais, comme il est soutenu
par la spéculation, et qu'il reçoit une plus value calculée
sur ses chances de hausse dans l'avenir, ce fonds ne
donne pas le taux réel du crédit de l'État; c'est ce qu'on
oublie trop souvent. — Si l'on veut trouver le chiffre exact
auquel le Trésor pourrait emprunter au pair, il faut établir une moyenne entre le fonds qui est comprimé par la
crainte du remboursement, et le fonds qui est encore très-
éloigné du pair, et examiner le taux de capitalisation des
autres valeurs émises par le Trésor. La moyenne de capitalisation entre le 3 % et le 5 % qui est établi solidement
au-dessus de 112 fr., est de 4 17. Le 4 1/2 est capitalisé à
4 24 %; ce dernier fonds étant dans une certaine mesure
comprimé par la crainte du rembourement, il ressort encore à environ 4 15 %. Certaines obligations du Trésor
sont, il est vrai, capitalisées exactement à 4 %; mais
elles ne s'adressent qu'à un public restreint et sont toutes
placées en France. On ne peut donc établir une comparaison absolue entre ces obligations et les rentes françaises, qui sont divisées à l'infini, qui donnent lieu à des
transactions quotidiennes considérables, et qui, pour un
capital de plusieurs milliards, se trouvent entre les mains
de l'étranger.

De ces diverses indications, nous croyons pouvoir conclure que le taux véritable du crédit de l'État ne dépasse
pas 4 15 %, et qu'il serait impossible de faire un emprunt
considérable au pair, si on n'offrait pas aux capitaux un
intérêt de 4 20 ou 4 25 %.

La Conversion étant un emprunt, il serait très-difficile et
très-dangereux de convertir le 5 % en 4 % au pair. Les
rentiers auxquels on n'offrirait en échange de leur 5 %
qu'un titre ayant une valeur inférieure au pair de leur rente,
réclameraient en grand nombre leur remboursement : il
y aurait là un véritable péril. En outre, la réduction immé-

diate d'un cinquième de leur revenu, serait bien dure pour la plupart des rentiers, et il y aurait un bouleversement dans une foule d'existences. Dans notre esprit, cette considération n'est que secondaire ; car nous ne mettrons jamais en balance l'intérêt des contribuables et l'intérêt des rentiers.

En résumé, aucune des propositions que nous venons d'examiner bien rapidement n'est exempte d'inconvénient, soit au point de vue de l'intérêt bien entendu des contribuables, soit sous le rapport des chances de réussite de l'opération.

Quelle est donc la solution à laquelle on doit s'arrêter ?

Pour les défenseurs convaincus des droits des contribuables, la question n'est pas douteuse. La Conversion, aussitôt qu'elle peut être réalisée, doit remplir trois conditions : elle doit laisser dans le présent une économie aussi forte que possible ; elle doit permettre d'obtenir dans l'avenir toutes les réductions qui seront corrélatives à l'amélioration successive du taux du loyer des capitaux dans le pays ; pour ménager l'avenir et ne pas compromettre le crédit de l'État, il est nécessaire enfin de ne pas mécontenter la clientèle ordinaire du Trésor. C'est de la combinaison de ces trois éléments, qui semblent contradictoires, que résultera la meilleure solution du problème.

Actuellement, d'après le cours des rentes françaises, d'après toutes les indications indiscutables du marché, le Gouvernement pourrait trouver tous les capitaux qui lui seraient nécessaires au taux maximum de 4 fr. 25 pour cent. Une rente perpétuelle de 4 fr. 25 remboursable à 100 fr. vaudrait actuellement un peu plus de 100 fr.; en l'offrant à ses prêteurs primitifs, aux porteurs du 5 %, l'État serait assuré de leur livrer un titre qui serait coté à la Bourse plus de 100 fr.; il leur donnerait donc plus que la somme qu'ils auraient le droit de lui réclamer. La

Conversion en 4 25 % au pair ne pourrait donc souffrir aucune difficulté ; elle produirait pour les budgets de l'État une économie immédiate, certaine, définitive de 51 millions.

Dès le mois de mars de cette année, alors que le 5 % n'avait pas atteint le cours de 110 fr., un écrivain financier remarquable et avec lequel nous voudrions pouvoir être toujours d'accord, arrivait à cette solution. Dans le numéro du 16 mars 1878 du journal l'*Economiste français*, qu'il dirige avec tant de succès, M. Paul Leroy-Beaulieu disait : « Pas de Conversion, pas de travaux publics. » Il demandait que cette mesure fût annoncée d'avance ; il proposait de la réaliser en 4 1/4 %, et il exprimait l'espoir qu'après un délai de 20 années, on pourrait convertir le 4 1/4 en 3 1/2 %, et qu'à l'expiration d'une nouvelle période de 20 années, le 3 1/2 serait à son tour converti en 3 %. « Toutes les hésitations doivent cesser, écrivait-il
» en terminant : le principe de la Conversion, la proximité
» de la Conversion doivent être officiellement, solennelle-
» ment proclamés. Alors on pourra sans crainte adopter
» les plans de M. de Freycinet pour la construction de
» nouveaux chemins de fer et de nouveaux canaux. L'in-
» dustrie en profitera, le contribuable en profitera, et si
» nous avions à parer un jour à quelque grand danger,
» nous n'aurions pas le cuisant remords d'avoir laissé
» passer pendant plusieurs années l'occasion d'alléger
» de 50 millions le poids annuel de nos dettes. »

Depuis lors, les cours du 5 % ont monté de plus de 5 fr.; la Conversion devrait donc, à plus forte raison, s'accomplir en 4 1/4 %, comme le demandait M. Leroy-Beaulieu, et comme auraient le droit de l'exiger les contribuables auxquels on fait payer des intérêts qui ne sont plus en rapport avec le taux réel du crédit de l'État. Et cependant nous n'oserions pas conseiller de faire subir d'un seul coup aux rentiers une réduction d'un quinzième de leur revenu.

Il faut bien remarquer d'abord que la création d'un fonds 4 25 % présenterait de graves difficultés. La Bourse et la spéculation tout entière le repousseraient ; avec un fonds semblable, les calculs énormes qui doivent être réalisés en quelques heures à la suite des liquidations mensuelles seraient rendus presque impossibles. Le rentier lui-même s'habituerait difficilement à cette dénomination bizarre de 4 1/4 %. Au moment de réaliser une Conversion, on doit compter avec la spéculation et même avec la routine. La plus légère faute peut faire manquer une opération qui remue un capital de 7 milliards.

D'un autre côté, si on voulait parer à cet inconvénient, tout en obtenant une réduction de 75 centimes par 5 fr. de rentes 5 %, on serait entraîné à proposer aux rentiers 4 fr. 25 de rentes, mais en 4 %. La mesure ainsi exécutée amènerait une augmentation du capital nominal de la dette. Cette augmentation ne serait pas bien considérable, elle ne serait que de 6 fr. 25 par 100 fr. de capital nominal ; mais comme il s'agit d'une dette d'un capital de 6,900 millions, ce léger accroissement atteindrait encore le chiffre très-respectable de 432 millions.

Nous ferons encore une observation. Notre pays n'est pas habitué aux Conversions de rentes: depuis l'opération déplorable, sous tous les rapports, de 1862, le rentier croit que le mot Conversion est synonyme de réduction arbitraire ou de chantage ; il n'a pu encore s'expliquer pour quel motif l'État lui avait fait verser une soulte.

L'état des esprits exige pour une première opération normale, de grands ménagements, une grande prudence. La France se trouve actuellement dans la même situation que la monarchie de Juillet, qui avait à opérer une Conversion du 5 % après une Conversion facultative. En 1845, on s'en souvient, les cours du 5 % et du 3 % dépassaient 118 fr. et 85 fr. 50 ; en outre, les rentes 5 % ne s'élevaient qu'à 147 millions, dont 27 environ appartenaient à la Caisse d'amortissement. La réduction du 5 %

en 4 % ou 4 25 % au plus, n'aurait donné lieu à aucune difficulté. Malgré cette situation exceptionnelle, le Ministre des Finances, M. Muret de Bort, M. Bineau, furent d'accord pour ne demander au rentier qu'un premier sacrifice d'un dixième.

Nos cours actuels sont moins élevés qu'en 1845 ; les rentes 5 % présentent un chiffre trois fois plus fort ; la Conversion de 1862 a laissé de plus pénibles souvenirs que l'opération de M. de Villèle. Sous tous les rapports, donc, le Trésor est tenu à une grande réserve, à une circonspection qui, dans d'autres circonstances, pourrait paraître exagérée et qui pourrait s'appeler de la timidité. Une première Conversion doit réussir à tout prix : son succès prépare et facilite de nouvelles opérations du même genre. Plus les conditions proposées aux rentiers seront favorables, moins nombreuses seront les demandes de remboursements, et moins durables seront la mauvaise humeur, l'irritation des rentiers.

Ces diverses considérations ont une telle gravité que nous n'hésiterons pas à préconiser la Conversion pure et simple du 5 % en 4 1/2 %. L'État se privera, il est vrai, d'une partie du bénéfice que le taux de son crédit lui permettrait d'obtenir, mais il pourra compenser cette perte en diminuant le délai pendant lequel la rente nouvelle serait garantie contre un nouveau remboursement. Ce délai a été de dix ans après la Conversion de 1852 ; en Belgique, il a toujours été de huit années ; en Angleterre il a varié entre six ans et trente ans. Si la Conversion du 5 % était faite en 4 1/2, jamais une opération de ce genre n'aurait traité le rentier avec autant de bienveillance ; il serait donc naturel que le terme d'irremboursabilité fût réduit à son minimum, c'est-à-dire à cinq années. Ce délai serait certainement suffisant pour rassurer les rentiers, et pour empêcher le déclassement à la suite de la Conversion.

Comme l'a dit M. Bineau, dès 1852, toutes les questions

de système, d'exécution et de rédaction même, ont été résolues dans les discussions de 1840 et de 1845. Nous recommanderions toutefois, comme rédaction, les deux premiers articles du projet de M. Passy, Ministre des Finances, en 1840, et il nous paraîtrait désirable que le Ministre des Finances fût autorisé, dans l'avenir, à appeler au remboursement les rentes ayant dépassé le pair, sauf à en référer au Parlement pour en obtenir les voies et moyens nécessaires à ce remboursement.

On se souvient que les Chambres ont été longtemps hési- tantes sur la question de savoir si les rentiers consentant à la Conversion, devaient être astreints à une déclaration. Nous ne pensons pas que ce point soit à nouveau discuté; le droit strict exigerait une déclaration du rentier qui veut renouveler les conditions du contrat synallagmatique qui le liait à l'État; mais le bon sens, aussi bien que l'intérêt de l'État et des rentiers, veulent que ceux-ci ne soient pas obligés à un ennui, à un déplacement pour déclarer qu'ils préfèrent un titre valant 110 fr. à un remboursement de 100 fr.

La durée du délai pendant lequel les demandes de rem- boursements sont accueillies doit être aussi courte que possible. En 1852, M. Bineau avait fixé ce délai à 20 jours pour les rentiers habitant en France, et à 3 mois pour les rentiers résidant hors de France, mais en Europe et en Algérie. Il ne faut pas oublier que cette Conversion était réalisée en vertu d'un décret inattendu que n'avait précédé aucune discussion dans les Chambres. Depuis cette époque, les communications sont devenues plus faciles et plus rapides; il n'y aurait donc aucune difficulté à réduire le terme d'option à 8 ou 10 jours au plus. En réalité, il serait beaucoup plus long, puisque les créanciers de l'État seraient prévenus depuis le jour où le projet de loi de Con- version serait déposé par le Ministre des Finances sur le bureau de la Chambre des députés. Entre ce dépôt et la promulgation de la loi, il s'écoulerait au moins 8 jours ; les rentiers auraient ainsi 16 ou 18 jours pour faire leurs calculs et prendre un parti.

On a vu, du reste, que la Conversion de 1844, en Angleterre, qui devait porter sur un capital de 6 milliards 220 millions, n'a été annoncée au Parlement que le 8 mars ; que l'avis officiel de la mesure, publié le 11, ne donnait aux dissidents que 12 jours, jusqu'au 23 mars, pour faire connaître leur opposition. La réduction d'intérêt imposée aux rentiers, était en outre très dure, puisqu'il s'agissait d'un septième de leur revenu. Le succès de cette opération prouve que le délai d'option était suffisant pour satisfaire tous les intérêts.

CHAPITRE IV

Conséquences financières, économiques et politiques de la Conversion du 5 %.

Si la Conversion du 5 % était réalisée, si l'État offrait à chaque porteur de 5 fr. de rente en ce fonds l'alternative pure et simple entre le remboursement de 100 fr. et la remise d'un nouveau titre de 4 fr. 50 de rente en 4 1/2 %, quelles seraient les conséquences de cette opération ?

Au point de vue financier, la conséquence évidente serait une économie, immédiate et définitive, du dixième des intérêts annuels qui sont inscrits au budget pour le service des 5 %. Au 1er janvier 1878, ces intérêts s'élevaient à 346 millions ; le bénéfice annuel serait donc de 34 millions 600,000 francs. Après un délai de cinq années, si le loyer des capitaux continue à s'abaisser, une seconde économie de 34 millions pourra être obtenue par la réduction du 4 1/2 en 4 %. Dix ou quinze ans plus tard, peut-être moins, si, comme nous l'espérons, le gouvernement républicain tient ses promesses, si la France jouit du bienfait de la paix et d'institutions libres, si l'ordre est maintenu dans les finances et la confiance dans les esprits, une troisième opération, qui consistera à convertir le 4 % en 3 1/2, sera encore possible. Ces trois mesures diminueront les charges annuelles de la dette de 104 millions. Nous ne faisons pas entrer en ligne de compte les autres mesures qui pourront ramener le 3 1/2 à 3 et même à 2 1/2 % ; nous rappellerons seulement qu'au milieu du siècle dernier, le 3 % anglais a été à 107 fr. et

que la Hollande a pu emprunter à 2 1/2 %. Dans notre
temps, les capitaux se multiplient avec une rapidité inconnue, et tout doit faire supposer que le taux du loyer
des capitaux s'abaissera en proportion. Mais nous ne voulons pas sortir du domaine des faits et nous égarer dans
des considérations spéculatives. Nous nous arrêterons
donc à ce chiffre de 104 millions, qui doit être obtenu par
les trois premières Conversions, si elles sont réalisées
en rentes au pair.

Quel usage devra être fait de la première épargne de
34,600,000 francs? Pour répondre judicieusement à cette
question, il faudrait nous livrer à un examen approfondi
de la situation budgétaire, qui nous entraînerait hors de
notre cadre restreint. A priori, cependant, on peut déclarer qu'il serait nécessaire d'affecter à des dégrèvements
d'impôts une portion au moins de l'économie : ces dégrèvements devraient porter surtout sur les taxes qui pèsent
le plus lourdement sur les travailleurs. Le pays saisirait
alors immédiatement la portée et les résultats de la Conversion et il en apprécierait les bienfaits.

La Conversion aura une autre conséquence : au point
de vue économique, elle permettra au prix du loyer des
capitaux de reprendre son équilibre, rompu par la crainte
du remboursement qui affecte le principal fonds français.
Tous les effets publics franchiront la digue qui les arrête
dans leur essor. L'État, qui est obligé d'emprunter pour
compléter le réseau des voies navigables et ferrées du
pays, trouvera des capitaux à meilleur marché. Si, pendant les cinq années qui vont venir les appels au crédit
s'élèvent à 2 milliards, et si les émissions de rentes peuvent se faire à un taux de 25 centimes plus faible, le bénéfice de ce chef sera encore de 5 millions. En outre, la
part que les capitaux exigeront étant moins élevée dans
les entreprises industrielles ou commerciales, le travail
en profitera, soit que les salaires reçoivent un accroissement, soit que les produits diminuent de prix.

33

Bienfait pour le Trésor, bienfait pour les contribuables, bienfait pour les travailleurs, voilà trois conséquences indéniables de la Conversion.

Mais, objecte-t-on, (1) « ce que la République gagnerait les rentiers le perdraient. » Il est incontestable que, par la Conversion, le revenu des rentiers serait réduit. N'est-ce pas inévitable ? Si l'on ne voulait pas toucher au revenu des rentiers, il fallait le déclarer hautement. Le 5 % serait alors à 125 fr., à 130 fr. peut-être ; le 3 % ne serait pas éloigné du cours de 80 fr.; et le 3 % amortissable aurait pu être émis à 84 ou 85 fr., au lieu de l'être à 80 fr. environ. Mais, loin d'annoncer aux souscripteurs et ensuite aux acheteurs du 5 % qu'on ne profiterait pas de l'élévation de la rente au-dessus du pair pour leur demander de nouvelles conditions, tous les hommes qui ont été au pouvoir les ont prévenus que le Trésor userait de la faculté du remboursement au pair, aussitôt que les circonstances le permettraient.

Que disait M. Casimir Périer, dans son rapport du 17 juin 1871, sur l'emprunt de deux milliards ? « Avec le 5 %, » le capital nominal de la dette est moins élevé et cette » raison... peut sembler décisive alors qu'un emprunt fait » fort au-dessous du pair offre à l'emprunteur des chances » futures d'un remboursement avantageux, tout en lais- » sant au prêteur, dans la différence entre le prix d'émis- » sion et celui *du remboursement,* une large marge. »

M. Thiers était encore plus explicite dans l'admirable discours qu'il prononçait le 20 juin 1871 pour faire con- naître aux futurs souscripteurs de l'emprunt la situation du pays à qui ils allaient prêter leurs capitaux. « Alors, » disait le Président de la République (quand la rente » sera aux environs du pair), nous pourrons renouveler

(1) Nous prenons textuellement ces objections sur la portée politique de la Conversion, dans un article remarquable, paru dans le *Rappel* du 27 août 1878. et dû à la plume éloquente de M. Auguste Vacquerie.

» le contrat ; alors le 5 % que nous émettons à 82, 83,
» je ne sais pas au juste, sera bientôt à 90, et, même
» avant qu'il soit au pair, il sera possible de *renouveler le*
» *contrat à de meilleures conditions.* — Voilà, Messieurs,
» l'avantage qu'il y a à ne pas trop élever le capital no-
» minal au profit du prêteur ; c'est lorsque l'on n'est plus
» aussi loin du terme, que l'on peut renouveler le contrat
» et, en le renouvelant, améliorer le crédit. » Sans nous
demander dans quelles conditions M. Thiers aurait voulu
la Conversion, nous devons constater qu'il la prévoyait,
qu'il l'annonçait publiquement, solennellement, à la veille
même de l'emprunt.

Depuis nos deux emprunts, aussitôt que les cours du
5 % ont dépassé le pair, il n'a pas cessé d'être question
de la Conversion. Dès le 27 octobre 1876, M. Léon Say,
Ministre des Finances, annonçait à la Commission du
budget, d'une façon formelle, qu'elle était dans les vues
du Gouvernement. « Mais, disait-il, personne ne saurait
» dire à quelle époque la Conversion pourra être entre-
» prise. On peut même en parler d'autant plus librement
» en ce moment qu'elle est absolument impossible. Mais,
» quels que soient l'époque de la Conversion et le mode
» qu'on emploiera, il est certain qu'on y trouvera au mi-
» nimum, 25 millions. »

Les rentiers étaient donc bien prévenus ; pourquoi les
premiers souscripteurs restent-ils dans la rente ? Pourquoi
n'ont-ils pas vendu leurs titres aussitôt que le pair a été
atteint ; ils auraient réalisé un bénéfice de plus de 18 fr.,
c'est-à-dire un bénéfice de 22 pour cent sur le capital, au
bout de trois années pendant lesquelles ils auraient touché
un revenu de 6 pour cent. S'ils ne l'ont pas fait, c'est que
leur intérêt bien entendu était de conserver leurs titres.

Depuis lors, il est vrai, de nouveaux acquéreurs sont
entrés dans la rente 5 % ; ils ont acheté leurs titres 100
fr., 105 fr., 110 fr., 116 fr. même ; ceux-là ont-ils été
trompés ? Ont-ils été lésés ? Ne savaient-ils pas qu'ils

s'exposaient à une réduction, certaine et prochaine, d'au moins un demi pour cent? Ils le savaient si bien, que la rente 3 % était toujours capitalisée à 50 centimes de moins que le taux de capitalisation du 5 %.

Que l'on compare, du reste, les cours des diverses valeurs servant de placement ordinaire à l'épargne et les cours des rentes françaises, depuis ces sept dernières années, et on s'expliquera le choix des rentiers.

Si l'on examine les cotes de la Bourse, on reste convaincu que les souscripteurs ou les acheteurs du 5 % ont toujours fait une bonne affaire. En ce moment, il n'existe pas une seule valeur, offrant des garanties absolues de sécurité, qui, impôt déduit, rapporte plus de 4 pour cent. Or, les acheteurs du 5 %, qui ont payé 112 fr. leurs titres, distraction faite des intérêts courus (et il est certain que bien peu de rentes ont été prises par l'épargne à un taux plus élevé), auront fait un placement à 4 pour cent, alors même que leurs 5 fr. de rente seraient réduits en 4 fr. 50. On peut donc dire qu'en réalité, la Conversion ne fera pas subir une perte aux rentiers ; leur revenu sera réduit, parce qu'ils avaient pu placer leurs capitaux dans un fonds dont les cours étaient comprimés par suite de la crainte du remboursement : ce revenu sera simplement ramené à celui que les capitaux obtiennent dans le pays.

Au contraire, si on annonçait que la Conversion est retardée indéfiniment, les cours s'élèveraient subitement, et alors les rentiers actuels feraient un bénéfice ; mais sur qui ? sur leurs vendeurs qui leur auraient cédé leurs rentes à un prix inférieur parce qu'ils savaient que la Conversion était prochaine ; — et au détriment de qui ? du Trésor et des contribuables qui feraient gratuitement un cadeau aux rentiers. Est-ce juste ?

Allons plus loin ; ce que l'on appelle à tort une perte, n'existera pas. La théorie l'affirme, l'expérience le confirme, le nouveau fonds acquerra immédiatement les cours de la rente convertie, et probablement les dépassera. 5 fr. de rente en 5 % valent aujourd'hui 112 à 113 fr.; le lendemain de la Conversion, 4 fr. 50 de rente en 4 1/2 % vaudront 112 ou 113 fr. et peut-être plus par suite de la garantie d'irremboursabilité pendant un certain nombre d'années. Donc, pas de perte sur le capital pour les rentiers; si ceux-ci le veulent, ils pourront retrouver leur capital intact en vendant leurs rentes; mais ils ne le feront pas, parce que tous les effets publics, toutes les valeurs de portefeuille suivront une progression proportionnelle, et que le remploi du capital réalisé serait impossible dans des conditions meilleures.

Les conséquences de la Conversion ne seront donc pas injustes à l'égard des rentiers. Mais quelles en seront les conséquences politiques? Ici nous touchons à l'objection la plus grave, la plus accréditée. « Il ne suffit pas, dit-on, » qu'une mesure soit légitime, il faut qu'elle soit politique. » Rien ne serait plus impolitique que la Conversion. » L'impôt des 45 centimes n'était pas seulement » légitime, il était nécessaire, et il a été funeste à la » République de Février. — Pour quelques millions, » ajoute-t-on, la République mécontenterait les innom- » brables familles entre lesquelles se partagent les sept » milliards. Nous demandons par quelle aberration un » Gouvernement républicain éprouve le besoin de faire » tant de mécontents, quand les partis n'ont pas désarmé, » quand la Monarchie et le Cléricalisme conspirent avec » rage, au lendemain du Seize-Mai, quand il faut rallier » et non éloigner. La République n'a-t-elle pas assez » d'ennemis déjà sans qu'on lui en fasse avec ses amis » même? »

Nous avons tenu à reproduire les paroles de M. Aug. Vacquerie, pour laisser à l'argument toute sa force. M. E. de Girardin a, du reste, exprimé la même appréhension : « Est-on bien sûr, a dit l'infatigable publiciste, que notre

» stabilité politique, encore insuffisamment affermie, ne
» se ressentirait pas du coup ainsi témérairement porté à
» notre stabilité financière ? » Un grand nombre de personnes dévouées aux institutions républicaines, partagent
cette crainte, ont les mêmes doutes ; elles se figurent que
la rente est divisée à l'infini comme le sol, qu'elle s'est
popularisée, démocratisée, et que chaque paysan a une
inscription sur le Grand-Livre. On redoute la colère, la
rancune de tous ces petits rentiers qui ne comprendront
pas la légitimité de la Conversion, et n'y verront que la
réduction de la rente.

Ce sentiment respectable n'est-il pas tout au moins fort
exagéré ? Selon notre système, nous allons interroger les
chiffres froidement, sans passion : ils se chargeront de
répondre, et leur éloquence irrésistible vaudra mieux que
tous les arguments.

On doit d'abord se rappeler que lors des deux grands
Emprunts, près de la moitié des souscriptions totales ont
été faites par les étrangers qui ont été inscrits sur le
Grand Livre des 5 % pour 150 millions de rentes. Une
partie des titres ont repassé la frontière ; sur ce point, on
ne peut se livrer qu'à des conjectures ; mais, d'après le
nombre anormal des inscriptions au porteur en 5 %, on
doit conclure que plus de 120 millions de rentes sont
encore détenus par des étrangers ne résidant pas en
France. Quelques millions de rentes appartiennent, en
outre, à des étrangers habitant notre pays et surtout Paris.
De ce côté, la Conversion ne peut avoir aucune conséquence fâcheuse au point de vue de notre politique
intérieure. Prêchera-t-on à l'égard des étrangers la *reconnaissance* pour leur confiance à la France et à la République ? On a beaucoup parlé du patriotisme de l'argent,
en rappelant que la France mutilée a dû la libération de
son territoire aux 5 milliards. Nous sommes bien éloigné
de nier ce patriotisme ; mais nous voudrions bien que
l'on se souvînt que l'étranger nous a offert plus de 20

milliards, et que l'on parlât quelquefois du cosmopolitisme des capitaux.

Il convient également de remarquer que les souscriptions de Paris ont été, de leur côté, plus importantes que les souscriptions des départements. Or, nous ne ferons pas l'injure à la capitale de supposer que la Conversion puisse ébranler ses convictions républicaines, si fortement enracinées.

Il reste donc la province, les départements. Les documents officiels nous permettent de dire presque exactement la somme des rentes qui y sont répandues.

Les souscriptions reçues dans les départements pour l'emprunt de 2 milliards se sont élevées à F. 574.673.962

Et pour l'emprunt de 3 milliards à...   394.458.337

Soit au total à.................... F. 969.132.299

Sur les 5 milliards 725 millions, il a donc été souscrit moins d'un milliard par les départements qui n'ont ainsi reçu que 58 millions de rentes 5 % environ.

Il faut ajouter à cette somme les 2/3 des 4 millions de rentes 5 % qui ont été demandés, en 1871, par les déposants aux Caisses d'épargne.

En dehors des emprunts de 1871 et 1872, quelles sont les sommes qui ont été employées par les départements en rentes 5 % ? Voici exactement (1) les achats et les ventes faits par les comptables du Trésor pour le compte de leurs clients :

Périodes.	Achats.	Ventes.	Différence en plus des achats sur les ventes.	Moyenne des cours.
Années 1872.	16.864.360	517.778	16.346.582	86.104
— 1873.	22.279.626	1.909.692	20.369.934	89.947
— 1874.	24.757.593	3.564.103	21.193.490	96.540
— 1875.	17.459.373	5.270.752	12.188.621	103.355
— 1876.	16.550.666	7.026.042	9.524.624	105.231
— 1877.	14.551.969	7.419.414	7.132.555	105.098
1ᵉʳ semᵉ 1878.	5.448.357	4.509.997	938.360	110 environ.
Totaux...	117.911.944	30.217.778	87.694.166	

(1) Ces chiffres sont empruntés au *Petit Bulletin de Statistique.*

Certaines opérations ont été faites, il est vrai, par des intermédiaires autres que les comptables du Trésor. Nous pensons, cependant, que le total des rentes acquises par les départements, depuis 1871, n'a pas dépassé 87 ou 90 millions, parce que très souvent les achats sont faits ostensiblement et que les ventes sont opérées, au contraire, en cachette directement à Paris (1).

En réunissant ces trois chiffres, nous arrivons au total des rentes 5 % qui doivent appartenir à des personnes résidant en province; il ne dépasse pas 160 millions. Nous avons le chiffre des rentes; quel est le nombre des rentiers?

Au 1er janvier 1878, le nombre des inscriptions était de 2,626,052 pour 346 millions de rentes ; la moyenne des inscriptions était donc de 131 fr. Nous n'avons pas, à cette dernière date, la division des inscriptions par catégories. Mais, comme la diminution n'est pas très-importante depuis 1875, nous pouvons prendre comme base de raisonnement les chiffres indiqués par le *Compte des Finances* de 1874. Au 31 décembre 1874, les rentes étaient réparties ainsi qu'il suit :

Inscriptions au porteur	2.235.208. Moyenne par titre F.	78
— départementales	50.322. —	270
— mixtes	176.229. —	123
— nominatives dir^les	304.460. —	357
Total des inscriptions appartenant à des particuliers.........	2.766.219. —	F. 115

On pourrait prendre la moyenne des inscriptions départementales, qui est de 270 fr., comme moyenne des rentes appartenant à des particuliers habitant la province. Le total de ces rentes est, au maximum, de 160 millions;

(1) Nous savons pertinemment que la clientèle de certaines Trésoreries des Finances achetait des rentes, alors que la clientèle des agents de change, des notaires, etc., en vendait.

noùs aurions alors 592,000 porteurs de 5 % répartis dans tous les départements.

Mais ce chiffre nous paraît trop élevé. D'après les recherches qui ont été faites en 1840 et 1845 au Ministère des Finances, chaque rentier possédait en moyenne environ quatre inscriptions; le nombre des rentiers était donc quatre fois moins fort que le nombre des titres. S'il en était ainsi, il n'y aurait pas 700,000 personnes ayant un compte sur le Grand-Livre de la dette 5 %. La moyenne des rentes des départements étant probablement plus faible que la moyenne des rentes de Paris et de l'étranger, on ne serait pas éloigné de la vérité en disant que la moitié des rentiers habite la province, quoique beaucoup plus de la moitié des rentes soient entre les mains d'habitants de Paris ou de personnes résidant à l'étranger. Il y aurait alors 350,000 rentiers dans les départements. Si l'on examine avec attention les chiffres de la répartition des inscriptions, et si l'on songe que les titres nominatifs sont surtout recherchés par la clientèle prudente et économe de la province, le nombre de 350,000 rentiers ne semblera pas exagéré.

Mais admettons qu'il existe 500,000 porteurs de 5 % dans les départements. Pour se rendre compte de l'influence que la Conversion peut exercer sur l'avenir de la République, il faut encore analyser ce chiffre. Les partis hostiles aux institutions actuelles se recrutent malheureusement dans les classes aisées, qui doivent posséder une grande quantité de rentes. En outre, des rentes ne sont-elles pas la propriété de mineurs, de femmes, de couvents, d'établissements de charité, etc.? Mettons que la moitié des rentiers se trouvent dans ces diverses catégories, dont l'hostilité est connue ou indifférente; il ne reste plus que 250,000 rentiers en province, dont il serait nécessaire de ménager les intérêts, dont la rancune ou le mécontentement seraient à redouter. Mais encore, dans ce nombre, ne doit-on pas supposer qu'il se trouve des rentiers qui comprendront la légitimité et l'équité de la Conversion? Peut-on concéder que tous les rentiers républicains changeront d'opinion, renonceront à leurs idées, parce que leur revenu se trouvera réduit? Certes non. Les convictions républicaines sont plus fermes qu'on ne le donne à entendre; la classe laborieuse qui place ses épargnes dans la rente est assez intelligente, assez patriotique pour consentir à un sacrifice nécessaire et juste. Quelques rentiers pourtant seront mécontents et abandonneront la République; nous le voulons bien. Mais combien seront-ils? Dix mille, vingt mille, cent mille? Concédons ce chiffre, qui nous paraît bien exagéré. Nous sommes encore loin de « l'immense multitude qui se dit » que la République l'a enrichie et qui se dirait que la » République l'a appauvrie, et dont la gratitude se chan- » gerait en rancune. »

La République a-t-elle d'ailleurs besoin de ces cent mille voix qui l'abandonneraient et iraient grossir les rangs de ses adversaires? A-t-on oublié déjà les résultats des élections du 14 octobre 1877 et le nombre des suffrages obtenus par le parti républicain, malgré la pression du Gouvernement du Seize-Mai? Il est bon de remettre certains chiffres en mémoire. Les candidats républicains ont obtenu alors 4,292,731 voix, c'est-à-dire 2,459,988 voix de plus que les bonapartistes, et 2,639,292 voix de plus que les royalistes. Ils l'ont emporté de 806,549 voix sur tous les impérialistes et monarchistes réunis. En présence de ces chiffres, que pèsent dans la balance les 100,000 égoïstes porteurs de 5 %, qui pourraient trahir la République à la suite de la Conversion?

Au surplus, ces 100,000 dissidents ne seraient-ils pas largement compensés par les adhésions d'électeurs qui profiteraient des dégrèvements d'impôts et des porteurs des autres rentes françaises du 3 %, du 4 %, du 4 1/2, du 3 % amortissable, qui verraient leurs titres augmenter de valeur?

Résumons-nous sur ce point et affirmons hautement que la réalisation de la Conversion qui est légitime, n'aurait, au point de vue politique, aucun inconvénient sérieux, n'offre aucun danger, ne menace en rien la stabilité de nos institutions. Comparer cette mesure à l'impôt des quarante-cinq centimes, nous semble être une injustice flagrante. En 1848, la République n'était pas comprise par les masses ; on était à la veille d'élections d'où dépendait le sort du nouveau Gouvernement ; une augmentation de taxe frappait la majorité des électeurs. Aujourd'hui, au contraire, la République est fondée, aimée, puissante ; à la date que nous avons fixée pour la Conversion, on aura devant soi près de trois années avant qu'un appel soit fait au suffrage universel ; la réduction de la rente ne frappera guère que des adversaires du Gouvernement ou ses partisans les plus dévoués ; la masse des contribuables en profitera.

La Conversion du 5 % en 4 1/2 % au pair nous paraît donc être légitime, politique, disons mieux, nécessaire. Nous voulons avoir la confiance que la majorité républicaine et progressiste de la Chambre des députés qui sera aidée, dans quelques semaines, par la majorité républicaine et conservatrice du Sénat, réalisera prochainement cette mesure au grand profit des contribuables et des travailleurs.

CONCLUSION

Nous sommes arrivé au terme de ce long travail sur les Conversions de rentes. Les théories de la science financiére, les opérations réalisées à l'étranger, les discussions complètes qui ont eu lieu dans nos Assemblées parlementaires, les effets produits par les mesures prises prématurément dans notre pays, tout démontre que les Conversions doivent être accomplies sans augmentation du capital nominal de la dette. Elles sont alors un moyen aussi facile que légitime de réduire les charges annuelles de la dette et de ramener l'intérêt reconnu aux créanciers de l'État au taux corrélatif au loyer ordinaire des capitaux.

Les banquiers, les hommes de la finance, les spéculateurs, grâce à leur prétendue connaissance des exigences du crédit, ont obtenu que les dettes fussent contractées en rentes au-dessous du pair avec augmentation du capital nominal. Par tous les moyens, ils ont cherché à abuser de l'ignorance du public pour amener les divers Gouvernements à réaliser également des Conversions en rentes au-dessous du pair. Ils ont eu recours successivement à tous les arguments : impossibilité de trouver des prêteurs si on ne leur assurait pas des chances de gain égales aux chances de perte ; les nécessités de l'amortissement, qui ne pouvait racheter au-dessus du pair des rentes remboursables au pair ; le succès de l'opération ; l'équité qui commande d'offrir une compensation aux rentiers ; et enfin, la gratitude due aux capitalistes qui ont libéré la patrie. Notre but unique a été de démontrer l'inanité de tous les prétextes invoqués par « ces personnages dont l'intérêt est d'embrouiller autant que possible les finances des

États, de recommander les combinaisons les plus compliquées, et qui, pour la conduite des Finances publiques, méritent précisément le moins de confiance » (1) Nous avons essayé, à la suite de Garnier-Pagès aîné, de protéger les intérêts des contribuables, qui, « éparpillés sur le territoire, n'étant pour chacun d'eux intéressés que pour une petite portion, ne sont pas en position de venir en masse défendre leurs droits. »

Pendant le cours de cette étude, les contribuables ont toujours été présents à notre pensée. Avons-nous réussi à faire partager notre ardente conviction par le lecteur? Si un doute subsistait encore dans les esprits, il ne faudrait accuser que notre insuffisance, qui n'aurait pas su mettre en lumière ce qui nous paraît l'évidence même? Mais, au moins, si dans la partie théorique nous ne sommes pas arrivé à faire comprendre notre pensée, l'éloquence des faits sera victorieuse. Est-il un pays qui ait jamais songé à faire entrer en balance les droits des contribuables et les priviléges des rentiers? A-t-on jamais vu les hommes d'État de l'Angleterre, où pourtant les rentes au-dessous du pair ont été inventées, oser proposer une Conversion avec une augmentation sérieuse du capital de la dette? La Belgique, la Hollande, la Prusse, tous les États de l'Allemagne n'ont-ils pas réduit les charges actuelles de leur dette sans accroître, en compensation, les charges futures? Encore maintenant, les État-Unis qui procèdent à l'échange des obligations 6 %, en fonds ne produisant qu'un intérêt de 5, 4 1/2 ou 4 %, n'ont-ils pas décidé qu'aucun accroissement de capital ne pouvait résulter de cette transformation de la dette? Ce qui a été possible partout à l'étranger, serait-il irréalisable dans notre France, trop confiante, trop généreuse, trop faible à l'égard d'intérêts bruyants et égoïstes? Nous ne voulons pas le croire.

En outre, la Chambre des députés en 1840 et 1845, se

(1) Voir plus haut, page 114.

serait-elle trompée? La majorité monarchiste et bourgeoise était décidée à protéger les intérêts des rentiers, et pourtant elle n'a pas osé repousser les propositions faites par un député républicain et démocrate. Après avoir voté en 1838 la Conversion en rentes au-dessous du pair, les mandataires du pays se sont ralliés au seul système loyal et pratique. En sera-il autrement en 1879 ?

Une République démocratique doit être dirigée, dans toutes ses actions, par deux grands principes immuables: la SOLIDARITÉ et la JUSTICE. L'un et l'autre exigent que les Conversions soient réalisées aussitôt qu'elles sont possibles, aussitôt que l'amélioration du crédit de l'État permet de trouver des prêteurs à des conditions meilleures que celles qui avaient été consenties aux prêteurs primitifs.

Le contribuable et le rentier ne sont-ils pas de véritables associés? Le rentier a avancé ses capitaux accumulés, dans l'intérêt de la patrie, pour panser les plaies des révolutions, pour solder les frais d'une guerre glorieuse, ou pour payer la rançon exigée d'un vainqueur inexorable, pour effectuer de grands travaux qui augmentent la richesse, ou pour construire des écoles qui, en élevant les intelligences, assurent l'ordre et la tranquillité. Le contribuable, de son côté, sert à ces capitalistes l'intérêt de leurs avances; lui aussi, en payant l'impôt au prix de lourds sacrifices, assure à la patrie la gloire, la liberté, la richesse ou la sécurité. Rentiers et capitalistes ne doivent-ils pas être solidaires ? Le rentier profitera-t-il seul de la paix, de l'ordre, de la stabilité qui augmentent son capital ? Le contribuable ne doit-il pas avoir sa part dans ces bienfaits et dans leurs heureuses conséquences économiques ? Rendons le capital et le travail solidaires, pour qu'ils cessent d'être ennemis.

Mais avant tout, soyons justes. « Athéniens, disait » Aristide, la mesure qu'il s'agit de vous proposer serait

» extrêmement utile, mais elle serait injuste. » Et le peuple refusa d'entendre la proposition. Nous aussi, nous refuserions de provoquer la Conversion, malgré son utilité, si elle était injuste. En écrivant ce livre, nous avions présent à la mémoire le sage précepte de Cicéron : « Il faut » toujours remonter à ces principes fondamentaux de la » justice : d'abord, ne nuire à personne ; ensuite, diriger » toutes ses actions vers l'utilité commune » (1). Aussi nous sommes-nous efforcé de prouver que le remboursement de la dette au pair et sa conséquence inéluctable, la Conversion, ne violaient aucun droit, ne nuisaient à aucun intérêt légitime, et avaient une utilité incontestable pour la communauté. Nous croyons avoir accompli un devoir. Nous avons la confiance que les enseignements de la science financière et de l'histoire ne seront pas perdus. Les représentants républicains du pays, dont le patriotisme, le désintéressement et la compétence ne sauraient être mis en doute, seront fidèles à leur mission, et ils diront avec leur glorieux devancier. Garnier-Pagès aîné : *Tout pour les contribuables.*

(1) Referri enim decet ad ea fundamenta justitiæ : primum, est ne cui noceatur ; deinde ut communi utilitati serviatur. Cic. *de off.* lib. 1. 10.

FIN

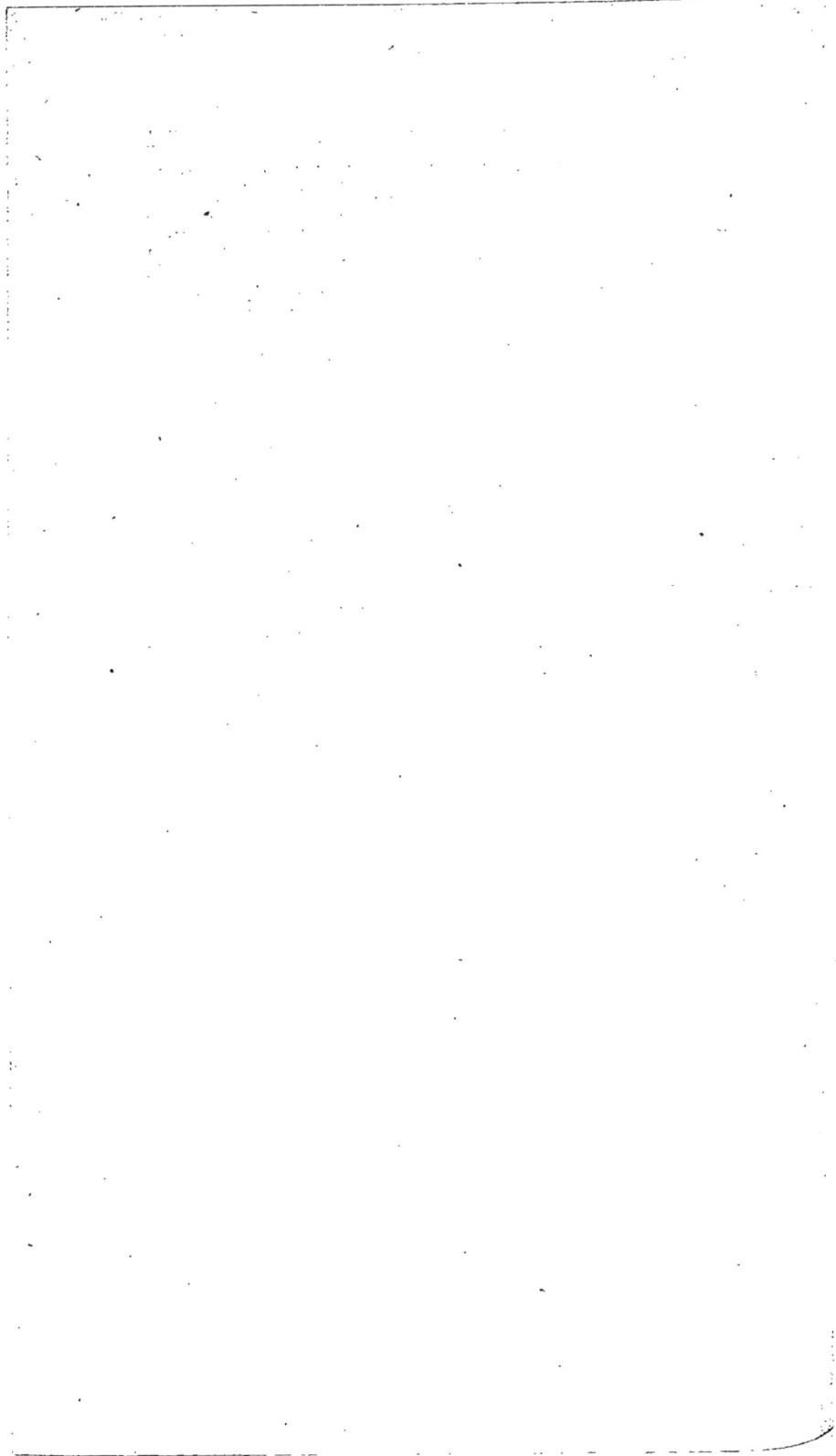

TABLE DES MATIÈRES

LIVRE III. — Histoire des Conversions.

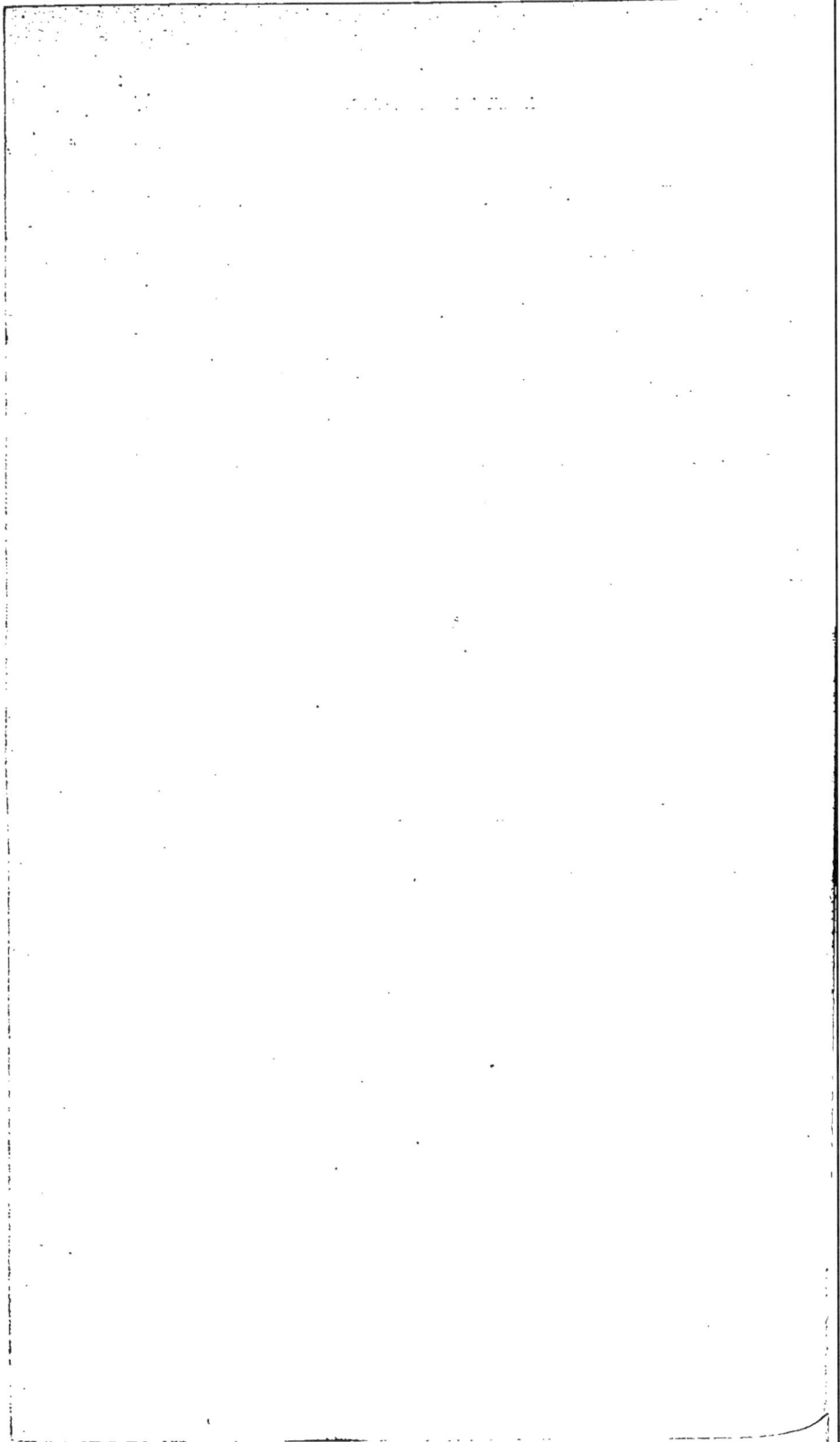

NANTES. — IMPRIMERIE DE H. BELLINGER ET FILS, RUE SANTEUIL, 8.

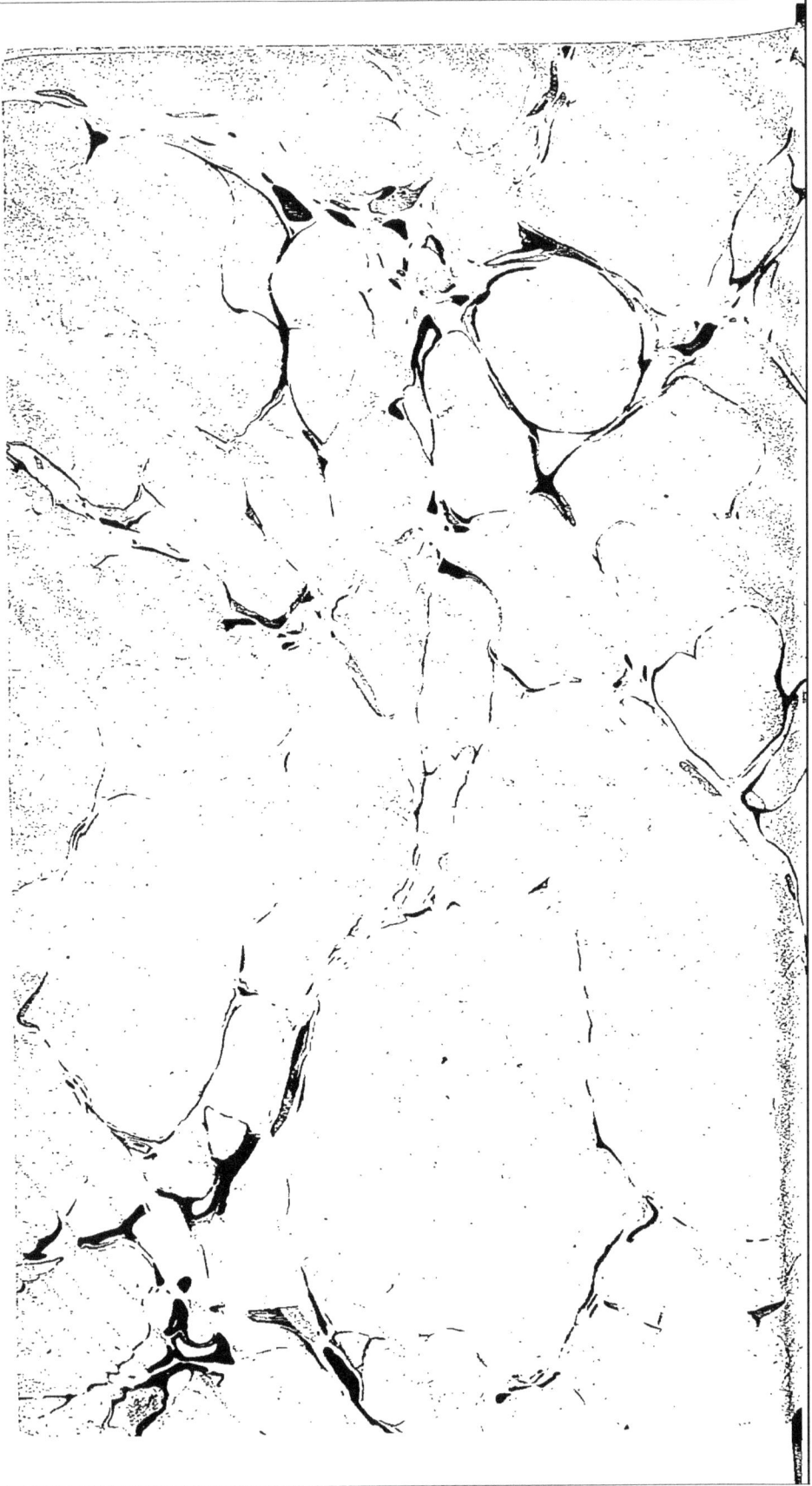

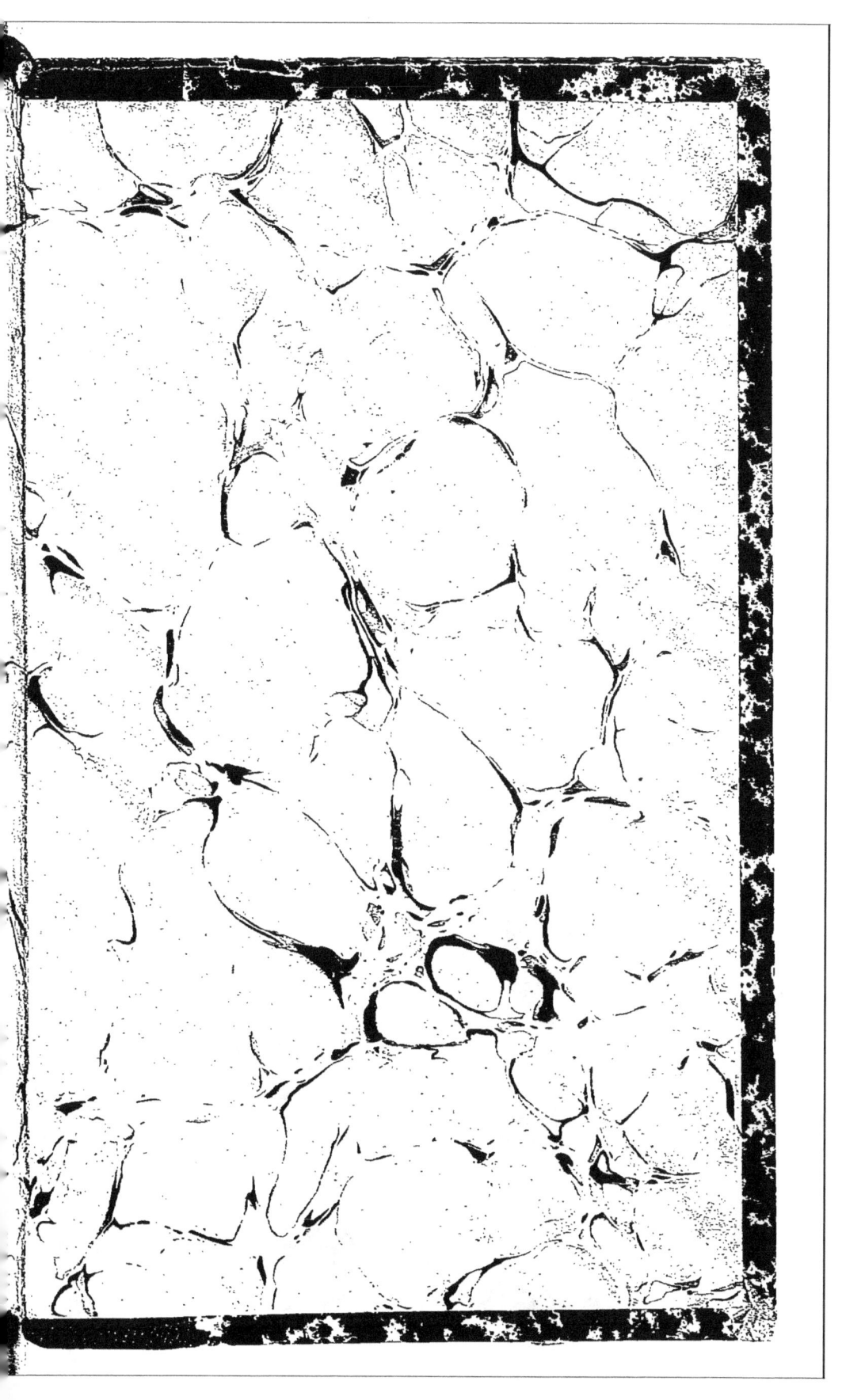